U0503712

索绪尔手稿初检

（修订版）

屠友祥　著

上海人民出版社

作 者 简 介

屠友祥 男，1963 年 7 月生，浙江萧山人。中山大学中国语言文学系（珠海）教授，博士生导师。在复旦大学中文系获学士、硕士和博士学位。以语言问题为研究重点，著《言境释四章》、《修辞与意识形态》、《索绪尔手稿初检》；译罗兰·巴特《S/Z》、《文之悦》、《神话修辞术》，尼采《古修辞学描述》，索绪尔《第三次普通语言学教程》、《索绪尔手稿集》。

少年索绪尔(1873 年, 16 岁)

　　索绪尔 15 岁时的处女作《试论希腊语、拉丁语和德语的词可约简为少量词根》(*Essai pour réduire les mots du grec，du latin et de l'allemand à un petit nombre de racines*)具有严密的体系，"对语言的整个普遍体系"(语出索绪尔 1903 年《关于青少年时期和求学年代的回忆》)满怀激情。

日内瓦公立高中求学期间（1873—1875）
三位宿舍舍友的合影（摄于 1875 年），中为索绪尔

　　莱比锡的瑞士法语区同好会合影（大抵摄于 1880 年），前排坐者左二为索绪尔。　1876 年秋天到 1880 年第一学期，索绪尔在莱比锡大学学习将近三年。　1878 年 7 月，曾去柏林大学修习梵文专门课程；1878 年 12 月（版权页标为 1879 年）在莱比锡出版著名长篇论文《论印欧语元音的原始系统》（*Mémoire sur le système primitif des voyelles dans les langues indo-européennes*）；1879 年末，索绪尔回到莱比锡，1880 年 2 月博士论文《梵文独立属格句的用法》（*De L'emploi du génitif absolu en Sanscrit*）答辩通过（1881 年发表）。

索绪尔祖父挚友、语言古生物学创始人庇克岱
(Adolphe Pictet，1799—1875)女儿夫妇俩为他设计的化装舞会造型(摄于 1901 年)。

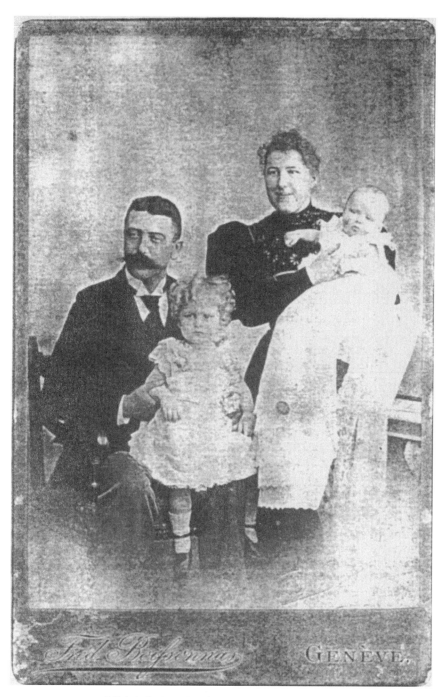

索绪尔与妻子 Marie、孩子 Jacques 和 Raymond 合影

CHATEAU DE VUFFLENS-SUR-MORGES

索绪尔的乡间别墅：位于莫尔日的维夫朗堡

弗洛诺乙和通灵者"爱勒娜·丝迷黛"（参见本书第六章）

引　言

　　索绪尔是极具魅力的语言理论家和东方学家（印度学家），其学说渗透到了人文学术的各个层面。半个多世纪以来，索绪尔语言理论一直受到赞美或质疑。索绪尔仿佛预见到身后会出现这般境况，以留下的将近9 000页手稿陆续地回答了后人的责难。索绪尔理论在他的学生及再传弟子那里平均以40年左右的间隔不断展现活力：1916年，巴利（C. Bally）和薛施蔼（A. Sechehaye）编辑出版《普通语言学教程》；1954年，学生的听课笔记也较前收罗得更为完备；1955年，巴利夫人将丈夫收藏的索绪尔札记手稿交给日内瓦大学图书馆；1958年，索绪尔后人向日内瓦大学图书馆捐赠索绪尔手稿，这些都为葛德尔出版《索绪尔普通语言学教程稿本溯源》（1957）和恩格勒出版《普通语言学教程校证本》（1967—1968，1974）创造了条件；1996年，因翻修索绪尔旧宅而发现的大量手稿，导致第三波索绪尔研究的高潮。在此期间，还有斯塔罗宾斯基在六七十年代发表和出版索绪尔论易音铸词的手稿，引起法国太凯尔学派的强烈关注；意大利学者茅赢1967年出版《索绪尔普通语言学教程评注本》；意大利学者 Anna Marinetti 和 Marcello Meli 在1986年整理出版索绪尔论德国传奇的手稿，之前，另一位意大利学者 D'A. S. Avalie 和日本学者小松英辅也编辑出版了部分论传奇的手稿；意大利学者 Maria Pia Marchese 于1995年整理出版了哈佛大学收藏的索绪尔一部语音学论文手稿；小松英辅在20世纪90年代整理出版了索绪尔前后讲授三次的普通语言学课程的学生笔记原本，另外，《索绪尔集刊》也发表了大量索绪尔的手稿、信函及讲稿。这些工作主要是以葛德尔、恩格勒和 René Amacker 为代表的日内瓦大学学者、Claudine Normand 和 Michel

Arrivé 为代表的巴黎第十大学学者、茅赢为代表的意大利学者完成的,这些语言学家加上在巴黎第十大学留学做索绪尔研究博士论文的一批日本、韩国的学者,构成了索绪尔学派。

中国语言学家受到的主要是1916年巴利和薛施蔼出版的《普通语言学教程》这第一波影响,陈望道先生通过小林英夫的日译本加以阐发,方光焘和高名凯两位先生则直接受教于索绪尔理论的传人,为索绪尔理论引入中国作出了不可估量的贡献。 然而50年代和90年代这两波索绪尔文献整理及研究的强大力量却基本上没有得到中国学者的呼应,对索绪尔理论的反对或维护也基本上停留于第一阶段的文献资料上,这是很不应该的。 笔者2002年申报的国家社科基金项目("论索绪尔语言理论及其对法国文论和思想的引生"),以及2001年申报的上海社科规划项目("索绪尔第三次普通语言学教程及未刊札记研究"),2007年申报的教育部人文社科研究项目("索绪尔手稿研究"),就是想改变这一有悖学理的状况,在经费并不充裕的情况下(相对于颇为昂贵的书价及邮费而言),经艰难而盈满喜悦的过程,终于购置齐全了索绪尔自身及与其相关的大量原始文献。 索绪尔手稿的丰富理论内涵令人激动不已,但无论是欧洲学者还是中国学者,都尚需潜心研究,作同情的理解,尤其要弄清楚其理论原则的前提和适用范围。 我们不能罔顾其明确设定的前提条件,或者越出其预先划定的适用范围,盲目膜拜或指摘。 这般不当之处,欧洲学者身上其实也屡有所显。 任何理论,都是在一定的前提条件和适用范围之下才具有真理性。 索绪尔的每一条原理,每一条以简洁甚至简单面目呈现的原理,都明确标揭了前提和界域,充分展显了身为严格意义上的科学家的清醒和谨慎,他的创造力,他的魅力,也正在于此。

这课题是在充分占有第一手原始资料的基础上进行的,意在分专题做彻底的研究,推动中国语言科学以及与之密不可分的符号科学、批评理论的发展。 目前拿出来印行的,仍只是我现在心目中总体研究设想的一部分,诸多重要问题虽已初步形成观点,然而尚需深入研究,譬如:语言现象学问题〔索绪尔与语言现象学家安东·马蒂(Anton Marty)的深刻关联;安东·马蒂是布伦塔诺的学生,胡塞尔的同门〕,语言无意识问题,语言符号的否定性与本体论问题;语言科学与符号科学、象征理论的交织问题;索绪尔符号理论的印度渊源(古印度语言哲学是形成索绪尔学说的最为丰沛的来源);语言符号的任意性与强制性问题;索绪尔符号理论与唯名论问题;索绪尔的语义论;新文献的发现:重构索绪尔语言符号理论的可能性;等等。 这些问题的探讨,2009 年也得到了国家社科基金的立项("索绪尔手稿再研究"),拟以"索绪尔手稿再检"为名,继续探讨下去。

目　　次

Contents

第　一　章
索绪尔与喀山学派:音位的符号学价值

　　俄国-波兰语言理论家博杜恩·德·库尔特内(Baudouin de Courtenay,
1845—1929)圣彼得堡时期(1900—1918)的学生谢尔巴(L. V. Ščerba,1880—
1944)所作《博杜恩·德·库尔特内及其在语言科学中的重要性》(1929),
是研究其生平和学说最具系统的一篇论文,其中(70)道:"1923 年,我们
在列宁格勒收到索绪尔《普通语言学教程》的原版,当时对索绪尔的教材
与我们平素耳熟能详的原理间的许多相似处感到惊讶。"(cited by
Williams 1993:173)谢尔巴所谓耳熟能详的原理即指博杜恩的语言理论,
但他认为,音位理论在某种程度上应是索绪尔的创获。 博杜恩彼得堡时
期的另一个学生波利万诺夫(E. D. Polivanov,1891—1938)在《论马克思主
义语言学》(1931:3)中亦道:"许多人将《教程》目为启示录一般的东
西,但与博杜恩及博杜恩学派很久以前就已经取得的成果相比,它其实在
普通语言学问题的提出和解决方面一点也不含什么新东西。"(cited by
Williams 1993:173;cité par Jakobson 1973a:233,n. 118)1932 年 5 月 17
日,特鲁别茨可伊致雅各布森函,道及五周半生病期间,尚未应 Meyerson
之约写出《当前的音位学》①。 "为了获取灵感,我重读索绪尔(引按:
指《普通语言学教程》),但这第二次阅读给我留下深刻印象之处极少。
书中有价值的地方相当少;大多是旧垃圾。 有价值之处则非常抽象,没
有细节。"(Trubetzkoy 2001:255)这或许因为学生笔记多是记老师的精言
及大端,对细节有所忽视,但主要应该是特鲁别茨可伊当时没能看到索绪

---

　　① 此文1932 年 7 月写定,1933 年刊出。《La phonologie actuelle》. *Journal de psychologie normale et pathologirque*,n°30:227—246.

尔大量的论述音位学的手稿。 Schogt 称博杜恩"对现代理论的最杰出贡献是把抽象的声音单位引入语言学研究中"（Schogt 1966：19），他也将其与索绪尔作了比较，认为音位学分析是《普通语言学教程》最薄弱的部分，而这方面博杜恩明显优胜于索绪尔。（cf. Schogt 1966：18）Schogt 也是没能目睹索绪尔的手稿而作此论的。 语言思想史上发现音位这一最小的语言单位的符号价值，一如物理学上发现原子的物质价值，其重要性自是不待言的。 Krámský 就曾道："要是没有音位概念，现代语言学是不可想象的。 音位概念和功能扩大了语言研究的视野，给予语言科学新的切入点。 它们（音位概念和功能）使我们可塑地观察语言，知晓其结构和功能。"（Krámský 1967：1093）而索绪尔的音位理论的价值何在，在其语言理论中占有怎样的地位，它们与喀山学派如何相激相荡，我们认为在作细致的研究之前，不可遽下断言。

（一）音位的集体心理内涵和意义功能

1889 年 10 月 16 日，索绪尔致函博杜恩，谈及 1881 年 12 月曾在巴黎的会议上会面："七年前我们在巴黎的会面，不敢奢望您留有印象，但那次会面令我极其愉快。"（Saussure 1972：13；et cité par Sljusareva 1963：28）（信函收藏于圣彼得堡科学院图书馆手稿部博杜恩档案室，F. 102，vol. 2，N° 292）索绪尔当时是巴黎语言学协会的副秘书，高等研究实验学校（l'École pratique des Hautes Études）的大学讲师，24 岁（cf. Benveniste 1964b：24）。他 1876 年 5 月 13 日以《后缀-t-》一文（cf. Saussure 1922：339—352；1960：19）加入协会，此文 1877 年刊于《巴黎语言学协会论文集》第三卷，且于这一年在协会宣读四篇论文，均收于论文集第三卷内；1882 年，索绪尔为协会论文集编务主任。 博杜恩那时（1881 年 11 月 21 日）在巴黎曾致函 Jan Karłowicz（1836—1903）道："索绪尔也在那儿。"（Benveniste 1964a：130；Mauro 1972：339；Williams 1993：173）本维尼斯特则据协会简报，确定博杜恩 1881 年 11 月 19 日来到协会，并参加了研讨会，那天索绪尔没在场；12 月 3 日，开研讨会，并选举协会成员，博杜恩被选为协会会员，这天索绪尔到场，听取了博杜恩关于瑞士弗里堡方言语音学分析的报告；12 月 17 日及

1882 年 1 月 7 日，索绪尔听了博杜恩关于斯拉夫语音学若干问题的报告；1882 年 1 月 7 日、3 月 4 日及 11 月 4 日，博杜恩多次向协会递交了自己及克鲁舍夫斯基（Mikołaj Kruszewski，1851—1887）的出版物（专著和论文）。（cf. Benveniste 1964a：129—130）索绪尔作为协会副秘书和论文集编务主任，这些自然经手并阅读的。 日内瓦大学图书馆索绪尔档案室收藏的索绪尔个人图书资料中，就有博杜恩和克鲁舍夫斯基的著作德文版，共 12 种。 而索绪尔 1878 年 12 月出版（版权页标为 1879 年）的长篇论文《论印欧语元音的原始系统》，博杜恩将其列入课程的参考书目内，克鲁舍夫斯基作了激赏的书评。 1891 年 11 月，索绪尔在日内瓦大学作过三次演讲，第一次演讲提及欧洲代表性的语言学家，其中就有博杜恩和波兰语言理论家克鲁舍夫斯基这两位喀山学派的代表人物。（cf. Saussure 2002：147）1908 年，索绪尔为薛施蔼《理论语言学纲要及方法》写评论，专门提到从理论角度和纯粹语言学范畴思考语言问题的三位语言学家：博杜恩、克鲁舍夫斯基和美国语言学家惠特尼。（cf. Saussure 2002：259）可见他们之间非常熟悉对方的理论，并相互欣赏。博杜恩和索绪尔的构想及展望有惊人而显著的相似，在 Stankiewicz 眼里，这不仅仅为观念的会合与趋同的结果：博杜恩密切注意同时代的语言学文献，视索绪尔是语言学理论上的真正创新者，而索绪尔的论著与博杜恩的思想有深刻而内在的相似，《普通语言学教程》某些段落几乎一字不差地重复了博杜恩的表述；还因为它们面对的是共同的事实和原则，而不同的强调点与解决方法则给出了不同的语言学问题。（cf. Stankiewicz 1972：4—5）Stankiewicz 认为博杜恩更具开创性，更经得起时间检验。（cf. Stankiewicz 1972：7）

博杜恩高度评介索绪尔的《论印欧语元音的原始系统》。 "索绪尔发现元音交替，对理解印欧语形态学是至关紧要的。 ……索绪尔强调词的形态学结构当中语音关系的作用，这是他的卓绝功绩。""对语音学原理和方法作了彻底的修订。""崭新的术语。""革新了语言学要素间的关系。"（Baudouin 1909；cf. Stankiewicz 1972：3—4）博杜恩"语音差异的语义符号学化和形态学化"的理论、语言的词汇和语法系统中声音的功能理论，就来源于索绪尔这篇著名论文。

我们注意到，索绪尔的语音学理论有游移不定之处。 他一方面着意于音义关系，这可以说是符号学视野中的语音学，牵涉到的是语音以其区别性特征标示意义从而具有价值的问题。 这方面他后来用音位学术语来替代。 另一方面又专门用语音学指称物质方面，也就是语音方面，将意义剥离出去。 (cf. Saussure 1997:150)1909 年 1 月 19 日与其学生里德林格(A. Riedlinger)的谈话涉及静态语言学问题，说"形式"指的是词的语音构成或意义、功能。 然则不牵涉到意义和语法，展现的就完全是历时的特性，这显示出他对语音共时性研究的一致性和内聚力的怀疑。 (cf. Godel 1957:29ff.)但他对形态结构的寻求却是一以贯之的。

索绪尔 1872 年 15 岁时的处女作《试论希腊语、拉丁语和德语的词可约简为少量词根》[①](*Essai pour réduire les mots du grec, du latin et de l'allemand à un petit nombre de racines*)，逐一检核音位类别，抽取出印欧语词根的形态学模型。 他认为，词根稳定的结构由辅音—元音—辅音三个音位构成，"使一个词有两个辅音，中间由一个元音隔开"(Saussure 1978:78)，因为光是[辅音＋元音]或[元音＋辅音]显得"太缺少特征"，而两个辅音就使词根具有"区别性特征"，这些辅音"就不再与其他词根混淆了，成为真正的词根"(Saussure 1978:78)。 索绪尔在此第一次提出了"区别性特征"(le caractère distinctif)这一重要概念，并将其作为真正词根的衡量标准，后来则成为音位学的根本概念。 词根的形态学模型既经确立，则可据此确定某词属于何种词根型态。 "看 vechanou 这词，第一个区别性的辅音是个唇音，第二个是喉音，我们立刻将其归于原始型PAK。 因此，为了确认一个词的词根，检测最初两个辅音就足够了。"(Saussure 1978:79)前提当然是这两个辅音的型态已经发现，并被公认。因此，索绪尔就以基本音元音开始，尔后是嘘音，最后是辅音。 辅音则以喉音开始，尔后为唇音、齿音。 依此先总结出词根总数为 9 个，尔后成15 个:

---

① 此文由 Boyd Davis 整理，载于 *Cahiers Ferdinand de Saussure*，1978，nᵒ32:73—101。 该刊1960 年第 17 期发表 R. Godel 整理的索绪尔有关自身青少年时代和求学期间的回忆录(Souvenirs de F. de Saussure concernant sa jeunesse et ses études)曾谈到此作，1975 年第 29 期发表了 Jean-Daniel Candaux 整理的索绪尔就此文致 Adolphe Pictet 的信函。

```
kak.    kap.    kat.
pak.    pap.    pat.
tak.    tap.    tat.
kar.    par.    tar.
kal.    pal.    tal. (Saussure 1978:80)
```

索绪尔以归纳法拟制喉音、唇音、齿音的全部形式。 譬如"从 tak 我想我们有时会有 dag，tach，sach 等等。 另外，通过不同元音的实际运用，我们会有 tech，tuch，sech 等等。"(Saussure 1978:79)这样引入的 15 个词根，是历时性的；然而以"区别性"身份确认两个辅音，则词根本质上处于共时性范畴。 索绪尔对某些单位特具的特征，譬如辅音的收缩、响亮、鼻音性特征，予以抽象，使之均质化、一致化，从中择取词根的三个音位。

抽象化原则后来成为索绪尔语言理论的主要原则。 其音位概念即是抽象的实体，是心理性的真实构造；另外，从群体语言(le langage)中析离出均质的、抽象的整体语言(la langue)，将其看做"一个系统，它只考虑自身固有的秩序(法则，范畴)"(索绪尔 1980:46)，看做"分类原则"(索绪尔 1980:30)，看做不是预先给定而是从某种视点构建的对立的系统(参见索绪尔 1980:28)。 这种共时性观念都是建立在抽象化基础上的。 索绪尔《论印欧语元音的原始系统》的主旨是"整理不同的音位，使之导向原始型"(Saussure 1878:7)。 博杜恩和克鲁舍夫斯基最初也是把音位看做语音的原始型在相关语言中的对应，又是潜存于特定语言下的语音交替的原始型。(cf. Adamka-Sałaciak 2001:189)但博杜恩和克鲁舍夫斯基更多时候也像索绪尔一样是在共时性层面审视音位。

1873 年 5 月 24 日，巴黎语言学协会创始成员阿·迪弗曷胥—德斯歇内特(A. Dufriche-Desgenettes，1804—1879)[①]在巴黎语言学协会作《论鼻辅音的特性》(Sur la nature des consonnes nasales)学术报告(cf. *Bulletin de la Société de linguistique*，1872—1875，n°2:lxiij)，首次提出"音位"(phonème)这一术语，作为德语 Sprachlaut 的对译词或替代词。 1873 年 6 月 7 日，未署名

① 迪弗曷胥—德斯歇内特曾提议不讨论语言的起源问题。

的报告会简报道："我们注意到,迪弗曷胥—德斯歇内特先生的论文使用了多个语法术语,他是这些用语的创制者:其中有音位这字眼,找到它真是幸运,可用来概括地指称元音和辅音。"(*Revue critique d'histoire et de littérature* ,1er semestre 1873,n°23:368; cité par Amacker 1987:11) 1875年,德斯歇内特在《论 r 和 l 的不同种类》(Sur les différentes espèces d'r et d'l)使用"音位学"(phonologie)这一概念;1874年,路易·阿韦(Louis Havet,1849—1925)继之使用"音位"来指任何一个发音清晰的语音:"phonème 这术语我借用自巴黎语言学协会的迪弗曷胥—德斯歇内特先生,指称任何一个发音清晰的音(un son articulé quelconque),元音或辅音。"(《 Oi et Ui en français». *Romania* ,n°3,1874:321. cité par Jakobson 1973a: 203,n.6;Amacker 1987:12)阿韦这里用了 articulé "发音清晰的"一词,它含有"语言要素的区分"、"意义链区分为意义单位"之意,我觉得他已经意识到音位的区别性作用和特征。 1875年,罗萨贝里(Marie-Charles-Léopold Rosapelly)在语音链要素的接合这一意义上使用音位概念:"不同音位的接合"(《 Inscription des mouvements phonétiques ». *Physiologie expérimentale* . *Travaux du laboratoire de M. Marey* ,2,année 1876:109. cité par Amacker 1987:10)。 切分和接合乃是音位的主要功用。

1878年,索绪尔在《论印欧语元音的原始系统》大量使用了"音位"的概念,约有 50 次之多。 雅各布森认为,索绪尔虽然尚未以现今描述的意义使用这一概念,而只是在严格的历史角度表达它。 "在有亲缘关系的诸语言当中,比较研究揭示了具同一起源的形态学单位显出有规律的语音对应,每一种对应都反映了母语中共同原始型的存在。 正是这种假定的、同样的原始型,不同于后世多样来源的原始型,索绪尔在《论印欧语元音的原始系统》中称之为'音位'。 这一实体被构想为音位学系统的一个要素[撇开它的明确清晰的发音(articulation)不管],可以与系统其他要素辨别开来。"(Jakobson 1973a:202—203)这的确露出了后代"音位"概念特有涵义的端倪及根本之处:与"语音"不相关,起区别性作用。 然而 Daniel Jones(1881—1967)认为,索绪尔使用"音位"(phonème)术语通常是指"语音"(son,son du langage)。 (cf. Jones 1957:6,n.13)我仔细阅读了《论印欧语元音的原始系统》(1878年)和

《索绪尔已刊科学论文集》①(1922 年)，发现确如雅各布森所言，主要指亲属语言中某些语音的共同原始型，且有许多处明显是从与"语音"相异的"音位"的区别性特征着眼，如说"原始的 ū 和 ǔ 依旧是两个完全相区别的音位"(Saussure 1922:458)，"两个根本上相区别的音位：单元音 a，与 e相对，在北方语言中混淆了，欧洲南部却依旧区别开来"(Saussure 1878:5)；把"音位"看做音位学系统的一个要素，"与其他音位(要素)区别开来"(Saussure 1878:121)。 再如，谈及相异音位具有各自的功能，但元音交替(ablaut)"使先前的诸要素脱开、解体，扰乱了相异音位各自的功能"(Saussure 1878:122)，音位本身这时不再具有同质的存在状态，音位之间的区别性就不稳定了。 同时，区别性也依赖共存关系的存在。 "没有 a₁，也就没有 a₂。""经由 o 而实现的元音交替本质上与 e 的存在相联系。"(Saussure 1878:139)"在确定多个音位在语法机体中的作用之前，确保多个音位的存在。"(Saussure 1878:123)长音 ē 不是单一的音位，而是由两个要素 e+e 构成，索绪尔就此提出了"领音的协同因素(共能)"(le coefficient sonantique)(Saussure 1878:8，141)的概念，据这来确定音位。 我们后面会引及克鲁舍夫斯基的音位组合或熔合概念，认为音位可以相当于不止一个声音(Kruszewski 1995:14，n.5)，即源自索绪尔此论。 语言规律的运作就处在这"同时共存的两项"中，"语言的状态"中，而不是"前后相继的两项"这般"语音事件"中，这是"语言学秩序的真实状况"，索绪尔觉得从中可以"首次产生出语言的真正理论来"(Saussure 1922:540)②。 事实上，共时关系永远是历时态中的一个断面，譬如元音交替就通常是对不同时代各种重音规则的适应，是关系的重新确立，而重要的恰恰就是这种关系。 索绪尔即认为"重音的两种区别要素处于复杂的关系之中，重音的总数则是次要的"(Saussure 1922:532)。 而这种关系是"区别性事实本身"(fait distincte en soi)(Saussure 1922:533)，意味着价值和意义的存在，这也正是"音位"概念的精髓所在。 索绪尔引入"音位"概念用以表示语言之表达要素的最单一而完整的语音表象，是为了与语言学常用的"声响、语音"

---

①　论文集也收了《论印欧语元音的原始系统》，但我们还是参用此论文单行本，以便显示其实际出版年代。
②　此为索绪尔 1897 年的观点。

(sons)概念区分开来，也就是用以表示其理论的纯粹代数式的实体及由此类实体构成的系统，这类实体缺乏语音内涵。 "应该有一门以音位的二元组合和连接为出发点的科学。 ……研究孤立的音，注意到发音器官的位置就够了。 ……要了解组合中发生的情况，就要建立一门把这些组合看做代数方程式的音位学：一个二元组合就包含一定数量互相制约的、机械的和音响的要素，其中一个发生变异，会对其他要素产生必然的、可以预测到的反响。"(索绪尔 1980:82—83)索绪尔音位基本理论遭致同时代人及后代人的误解，将其视为"语音"的同义语，而这实际上正是索绪尔要避免的。 叶尔姆斯列夫曾对此大表感叹(cf. Hjelmslev 1970:125)，显然他是针对Daniel Jones 之类而发的。

博杜恩《1877—1878学年讲座的详细计划》在1879、 1880 年印行时加入了1878 年以后的出版物，其中就有索绪尔的《论印欧语元音的原始系统》。 (cf. *Izvestija Kazanskago Universiteta* 1880:411; cf. Williams 1993：42)。 圣彼得堡科学院档案馆保存的克鲁舍夫斯基 1881—1882 年的笔记，也含有关《论印欧语元音的原始系统》的内容。 1878—1879 学年，克鲁舍夫斯基到喀山大学随博杜恩学习的第一年，主要研究梵文和印欧语比较语法；此年，他翻译发表了《黎俱吠陀》的八首颂歌，设计硕士论文的主题为"黎俱吠陀动词现在时态的构成，与古典梵文及其他相关语言的动词现在时态的构成进行比较"(见其 1882 年所作《比较语言学学习报告》，cf. Williams 1993:42—43)，为此，克鲁舍夫斯基编制了黎俱吠陀以现在时形式呈现的全部动词(455 个)的索引，以及 21 张动词构成表；就相关语言的动词形式，编制了古教会斯拉夫语[①]涉及词根元音及其交替的全部动词的索引。这将克鲁舍夫斯基的注意力引向印欧语元音 *a 问题(元音 *a 的分裂)。 1879年，克鲁舍夫斯基写了研究梵文动词的《与重音相关的若干语音现象探究》("Nabljudenija nad nekotorymi fonetičeskimi javlenijami svjazannymi s akcentuaciej")，作为支薪讲师的资格论文。 克鲁舍夫斯基此文以共时原则研究特定的动词形式，具有方法论意义；并对具普遍意味的理论问题，譬如"词的重音对词的元音产生什么影响"之类，表现出兴趣。 (cf.

---

① 中世纪信奉正教的斯拉夫人的宗教语言，属斯拉夫语南支。

Williams 1993:43—44;Baudouin 1972:149)

1880 年,克鲁舍夫斯基读到索绪尔的《论印欧语元音的原始系统》,并将其与布鲁格曼的《印度日耳曼原始语中的鼻化领音(响鼻音)》(Nasalis sonans in der indogermanischen Grundsprache,1876)一道,写了热情洋溢的书评:《语言学评论:Ⅰ.印欧语元音系统领域的最新发现》。 当时喀山学派之外的俄罗斯语言科学界"不仅对这些著作,甚至连这些学者的名字也不 知 道"(Bogorodickij,"Introduction to Kruszewski",1891;cf. Williams 1993:44),而以博杜恩为首的喀山学派则视野开阔,充分接触到欧洲学者的成果。 Bogorodickij 曾为博杜恩《1877—1878 学年及 1879—1881 学年讲座详细计划》编制了作者、译者和出版者人名索引,有 1 075 人之多。 博杜恩曾在全体教师会议上抱怨学校图书馆不设专门的地方展放语言学和语文学期刊,使其"很难了解、采用当前的专业文献资料";博杜恩要求图书馆每周向系里通报新收到的期刊。 (cf. Williams 1993:42)可见喀山学派非常想了解并确实十分了解欧洲语言学研究情况,同时也向巴黎语言学协会寄送自己的成果,则巴黎语言学界也是了解喀山学派的。

索绪尔对印欧语元音系统的重新阐释,以及相关的语言学及语音研究的一般方法(形态学原则),在克鲁舍夫斯基眼里都有重要的意义。 他评论道:"一个特定的词的元音系统紧紧地依赖此词的形式:譬如带原始后缀-ti 的名词具有词根的弱形式(古教会斯拉夫语:sǔ-mrǔ-tǐ),带原始后缀*-a 的名词具有强形式(古教会斯拉夫语:mor-ǔ)。 德·索绪尔以此发展出形态学这一指导原则用于语音研究。"(Kruszewski 1880;cited by Williams 1993:45)

索绪尔《论印欧语元音的原始系统》深入研究了印欧语形式的结构和形态学基本单位问题,把基本单位与音节区分开来。 因为许多词根(racines)和后缀(suffixes)都可分离成多个音节,但意义上它们属音位群集,或者说属基本单位、音位。 (cf. Saussure 1878:186, 248)索绪尔一再谈及"形态学价值"(Saussure 1878:29,91—92),这在词根形式中表现得最明显。 词根以两种主要形式呈现:"完全的形式和变弱的形式。"(Saussure 1878:124)完全的形式也就是词根的正常状态,变弱的形式是缩减的词根形式。只要存在同一词根的两种形式的元音变换和交替,就拥有形态学价值。 如此，形态学单位是相互依傍的群集，形态学也必为系统的研究，索绪尔明确说"需要系统"(Saussure 1878:163)，单位的价值就在于它与其他单位的共存而实现，这在人类大脑里则无意识地产生作用。"偶尔产生的新音位 $\bar{a}_2$，在另外地方发现了它的形态学价值。"(Saussure 1878:91—92)"音位 a_2 取代音位 a_1，在相邻接诸音的无意识行为里找到其解释。"(Saussure 1878:87)克鲁舍夫斯基敏锐地意识到索绪尔系统研究的方法论意义，认为这不仅推进了探讨，重新调整了原始元音系统，而且更有助于发现全部新事实。(cf. Williams 1993:45)路易·阿韦 1879 年给《论印欧语元音的原始系统》写了篇幅很长的书评，他意识到"索绪尔的论文不是把元音作为对象，孤立地一个个考虑，而是将元音系统作为对象"(Havet 1978:116)，"德·索绪尔先生的系统在词根的内部结构中确立了一个统一的法则。"(Havet 1978:118)索绪尔在巴黎高等研究实验学校执教时的学生梅耶认为，《论印欧语元音的原始系统》"始终坚持了"语言是个系统的观念(Meillet 1903:475)。科尔纳也认为"系统"观念是《论印欧语元音的原始系统》的基石，并且索绪尔的早期著作与其后期大量未刊的理论著作是连贯一致的。(cf. Koerner 1988:141)索绪尔自己在论文开篇即标举"实际上恰是整体上的元音系统处在我们探究的范围之内"(Saussure 1878:1)，譬如他从印欧语元音系统出发探讨 a 这个音位，共时地而不是历时地显示其"原始状态"(état primordial)(Saussure 1878:52)，最终则确立了整个印欧语元音的原始系统；在论文结束时，索绪尔强调形式的"对应"与"相关"，"就结构本身考虑结构(structure considérée en elle-même)"(Saussure 1878:283)。这些努力其实都是在寻找和运用共时规律，以探索诸音位关系的系统，且只局限于系统本身，《普通语言学教程》把"音位"界定为"对立、相关和否定性的实体"(索绪尔 1980:165)，也与之一脉相承；而"就结构本身考虑结构(structure considérée en elle-même)"，有学者甚至认为，是 L. Bally 和 A. Sechehaye 编辑的《普通语言学教程》结束语的"真正来源"(Watkins 1978:67)，那句话为："语言学唯一而真正的对象，乃是就抽象的整体语言而研究抽象的整体语言、为抽象的整体语言而研究抽象的整体语言(la linguistique a pour unique et veritable object *la langue envisagée en elle-même* et pour elle-même)。"(Mauro 1972:317；参见索绪尔 1980:323)但这话在索绪尔的手稿及学生的笔记中均没有发现。

克鲁舍夫斯基书评也据此认为元音交替规则(guna)是共时性规律。"还没有人令人满意地用生理学术语解释过 i 到 ai、 u 到 au 的变化过程。不过,我们拥有譬如德语中从 i 发展来的 ai,从 u 发展来的 au。 但既然如此,ai 和 au 完全取代了[它们的源头]i 和 u,也就是说,单元音和二合元音是属不同时期的语音。 这就无法谈到'元音交替规则'。"(Kruszewski 1880;cf. Williams 1993:47)ai 和 au 的存在以 i 和 u 的消失为条件,则不属共时现象,因而不能有效地研究元音交替规则。

克鲁舍夫斯基这篇书评在语言思想史上最具贡献之处在于指出了"音位"概念的重要性,并接受了索绪尔的这一概念,把"语音"(zvuk,sound)和"音位"(fonema,phoneme)区别开来。 他说:"(音位)这个词作为语音单位的术语是很恰当的,'语音'这个词可以用来指称所谓的语音生理学的单位。"(Kruszewski 1880;参见克拉姆斯基 1993:13)

D. Jones 一直称博杜恩是"音位"概念的发现者,"据说他有关这问题的观点大约在 1870 年开始成形。"(Jones 1950:213)"他在 19 世纪 70 年代就开始弄明白音位的基本原理了。 然而就这题目他没有写很多,在出版物中对此其实没有明晰地说明,直到 1894 年,在波兰克拉科夫出版其《语音交替理论探索》时才改观。 此书德文版 1895 年在斯特拉斯堡出版。"(Jones 1957:3)Jones 称自己是 1911 年通过博杜恩的学生谢尔巴《俄语发音简述》最先接触到"音位"这个概念,大约在 1913 年,博杜恩观念的另一位继承者、华沙大学的 Tytus Benni 向他更为详细地阐述了音位理论。 (cf. Jones 1957:3—4)Jones 进一步引用了爱丁堡大学俄语系主任 Dennis Ward 提供给他的《苏联大百科全书》第二版(1951)第五卷第 366 页有关博杜恩的条目,来说明其音位理论的创设情况:

他在世界科学中的主要功绩是构建了音位和语音交替理论。他从 1868 年就构设了这一理论,先于西欧语言学家近 40 年。其出发点是:"在某种语言机制中",语音的作用"对人们的感觉来说"与语音的物理特性不一致,这种不一致迫使我们区分"音位"和"语音"(speech-sounds);在其理论中,将言说的语音方面从属于作为交流工具和思维形式的语言的社会功能。他不仅阐述了音位的相互关系,还论及音位历史地形成的情形。这一理论的根本缺陷,博杜恩在其基本著作中也说明过,是音位的心理学概念。不过,博杜恩在《斯拉夫语比较语法的若干章节》(1881)这部著作中显示了不求助于主观唯心主义假设而构设音位和语音交替理论的可能性。(cited by Jones 1957:3—4,n.6)

　　《苏联大百科全书》所称博杜恩 1868 年就构设了音位理论,应该指他意识到音位理论的实际内涵,这时尚未有"音位"理论的专门名称。 柏林 1868 年出版的《印度伊朗语、克尔特语和斯拉夫语领域的比较语言研究集刊》(*Beiträge zur vergleichenden Sprachforschung auf dem Gebiete der arischen, celtischen und slavischen Sprachen*)载有博杜恩八篇长短不一的论文,其中《波兰语中 s(š, ś) 跟 ch 的更替》一文涉及语音特征用以区别意义这一"音位"理论的核心内容。 (cf. Baudouin 1972:385; Ivić 1965:133) 1869 年,博杜恩在柏林写作并发表论文《擦辅音和[x]的交替》,讨论的问题就是各个辅音之间的差别如何 "用来区分意义"(cité par Jakobson 1973a:203)。

　　1870 年 12 月 17 日和 29 日,博杜恩在圣彼得堡大学作印欧语比较语法教授就职演讲,名为《对语言学和语言的若干一般观察》,其中把经验语言学分为语法和系统两部分。 博杜恩显然非常注重特定语言所属的形态类型,以便分析其结构和成分,弄清楚了语法,也就为系统或分类奠定了基础。 而语法的组成部分除了构词法和句法之外,最基本的即属语音研究了。 语音研究,博杜恩也称之为"音位学"(phonology)或"语音学"(phonetics)(Baudouin 1972:61),可见他这时还没有把两者区分开来,亦即没有区分物理学、生理学特性与心理学特性。 在博杜恩眼里,语音研究能够成功的首要条件是严格而清晰地区分声音及其文字表现。 差不多 40 年之前,音位理论先驱波兰将军约瑟夫·姆罗津斯基(1784—1839)就曾指责波兰语言学家拘泥于书本, "混淆语音和字母。"他认为要分析语言结构,必须找出言语与 "语音之间关系的特征,必须在这种特征的基础上把语音分类,因为语言结构决定了切分语音的目的。 离开这种目的建立起来的语言分类是毫无用处的。"(参见克拉姆斯基 1993:7)

语音之间的区别性特征体现了语言结构,据此分类展示其间的关系及系统。 而区分语音和字母是实现这一点的首要条件。 姆罗津斯基的观念在当时是鲜见的。 索绪尔就说葆朴(Franz Bopp,1791—1867)的《比较语法》没有区分字母和语音(参见索绪尔 2007:46)。 人们所以混淆声音和文字,我想原因在于文字(尤其是表音文字)原本是人类据"音位直觉"而创制的,用以凝定转瞬即逝的声音,转而成为表示声音或恢复声音、蕴含声音的符号。 博杜恩心目中的"语音"却是文字无法与之一一对应的,文字无法精确地描绘声音和声音的切分与结合。 文字既不足据,然则如何分析"语音"呢? 博杜恩还是着眼于人类身体器官,从纯粹生理学的角度,也就是依据语音形态、发展和分类的自然状况,分析语音。 这是"把声音看做人类机体的听觉结果"(Baudouin 1972:61)。 在此值得注意的是,博杜恩提出"听觉结果"的说法。 因为既是"听觉结果",则必有人类的主观因素在内,这不是纯粹研究客观的语音就能够完全获取的[①],同时也必有感知意义和赋予意义的精神过程存在。 博杜恩理论的一个重要特征就是阐说声音的物理学、生理学特性时始终强调心理学因素的作用,当然,物理学属性尤其是生理学特性,决定了声音在语言心理机制中的功能,确定了声音的价值,这价值是就言说共同体或言说者对语言的感觉而言的。 心理学特性这时在博杜恩眼里虽则重要,却处于附属的地位。

1877 年,博杜恩发表了《语言学一般课程阅读计划,适用于全体印欧语,尤其适用于斯拉夫语(1875—1876)》。 此文已经将心理学与声学、解剖学及生理学并列,作为界定语音的三个视点。 (cf. Baudouin 1972:82)最可注意的却是"区别性特征"(distinctive features)(Baudouin 1972:83)这一音位理论的标志性观念的提出。 "诸声音的并行关系依据它们的区别性的生理学属性。 这些区别性的属性在语言中引发声音的特定的对立(并列)。 对这些对立的研究,构成了语音学第二部分(引按:指心理学方面,构词法、形态学方面)的对象,在主要语言(本族语)当中,它们与词及其组成部分的意义密切关联起来。"(Baudouin 1972:83—84)诸声音的对立或差异产

---

　　① 　E. Sievers 曾道:"即便最精微的听觉(声响)研究,给语言学家提供的有用材料也不会比耳朵单纯的主观评估更多。"(E. Sievers, *Grundzüge der Lautphysiologie*,Leipzig,1876,p. 37. cited by Stankiewicz 1972:22)

生意义,这是个心理过程。 声音的心理机制有赖于声音和意义的相互关联。 而诸声音的对立则首先是生理学的对立,如软音和硬音、长音和短音、重音与非重音、浊音与清音之类,尔后心理学利用了这种对立关系,声音的心理学功能是生理学条件产生的结果。 1877 年,博杜恩发表《1876—1877 学年讲座的详细计划》,进一步阐明生理学属性上同样的声音在不同的语言所以拥有区别性价值,是由这些声音在自身所在系统的位置及在系统内与其他声音的关系决定的。 "不同的语言生理学上相同的声音,依据它们在整个声音系统中的位置,它们与其他声音的关系,而拥有一种区别性价值。"(Baudouin 1972:94)博杜恩一步步地向音位理论的核心——"系统内的相对性关系"逼近。

1879 年,博杜恩发表《1877—1878 学年讲座的详细计划》,这时候索绪尔的《论印欧语元音的原始系统》已经出版,且被博杜恩收入此计划的参考书目内。 博杜恩此时虽则依旧没有提出"phonème"或"phonèmes"的明确概念,但音位理论的实质内涵已经具备,且以词组形式"sound units"(Baudouin 1972:115)表达"音位"概念。 也曾说"声音是词的语音原子、单位。"[①](Baudouin 1972:114)看得出,博杜恩跃跃欲试地要用一个专门的概念来界定"音位"内涵,索绪尔那激动人心的长篇论文屡屡使用的"phonème"或"phonèmes"概念必定是触动博杜恩心弦的。 他思忖着如何来界定那作为语言的最小而不可再行切分的语音单位——声音呢? 这说明他对使用"声音"(sound)这术语有点不惬于心,显得踌躇不定。 但他还是觉得应从物理学、生理学和心理学的主客观综合的角度去界定。 "语音的共同属性:a)'客观'属性:(1)声学(物理学)属性,(2)生理学属性;b)'主观'属性:(3)心理学属性。""声音作为语言的最小而不可再行切分的语音单位(phonetic unit),如何界定它呢? 从声学、生理学和心理学的视点界定简单、单一、单独……的声音。"(Baudouin 1972:115)这本身就是对"音位"的界定:最小而不可再行切分,简单、单一、单独的声音。 而这种"音位"的重要处则在于各个音位之间的相关性、相对性。 "把语言的语

---

① Fr. Techmer 也表达过相同观念:"就像化学家把单位分解为分子和原子,语言学家对语音物质的最简单(基本)的物理特性感兴趣。"(Techmer, *Phonetik*, Leipzig, 1880, p. 59. cited by Stankiewicz 1972:21)

音单位跟作为物质单位的原子和作为数学单位的整数比较。 声学的，语音学的，不可再行切分的（诸原子）。 不可再行切分的诸原子的相关（相对）性的重要。 试比较解剖学、（生物）组织学、化学等等中不可再行切分的诸单位。"（Baudouin 1972：115）博杜恩有时候对物理学与生理学的关注要比心理学为多，甚至说"把主观性减少到最低限度。 声音研究中主观性的作用是什么？"（Baudouin 1972：114）有时候则将心理学属性看做语音学（"音位学"）的标志。 1870 年，博杜恩把语音研究界定为音位学（phonology）或语音学（phonetics）（Baudouin 1972：61），两者混用不分。 他明显注重声音的生理学特性，将语言视为"肌肉和神经正常活动的、听得见的结果"（Baudouin 1972：68），但强调要把声音看做"人类器官的听觉产物"（Baudouin 1972：61），声音对"言说共同体的感觉（直觉）"（Baudouin 1972：61）来说所具有的价值（意义），也就是注意到声音的意义方面、心理方面，"语言是相区分而具意义的诸声音的复合体，是声音的群集，特定民族的感觉将这些声音的群集统一成整体。"（Baudouin 1972：68—69）语言的内在发展的历史与"其言说者的物理和心理学的构成"（Baudouin 1972：76，n.34）密切相关。 "声音形式和功能（意义）……绝不会分离地呈现。"（Baudouin 1972：78，n.47）1873 年，博杜恩在莱比锡期间尤为关注"声音的机制、它们的相应、基于意义和声音相联结的彼此活跃的关系"，"某些声音对意义的影响，反过来，意义对音质的影响"，"声音的相对照的群集取决于区别性的生理学特性"。 （Baudouin 1873；cité par Jakobson 1973a：206）这时候，他建议把语音学区分为听觉-生理学部分和形态学部分，已有将形态学领域等同于心理学领域的倾向。 （cf. Jakobson 1973a：226）1879 年发表讲座详细计划时，语音学几乎成为他心目中音位学的暂称。 他说"语音学有别于声音生理学"（Baudouin 1972：115），这有别之处正在于语音学（这里也就是他心目中的"音位学"）含具心理学属性。 声音生理学只是检测语言心理机制的手段，它这样被应用时就获取了心理属性，言说者能够体认到这种心理属性，这是对语言的感觉（直觉），经此与具相对性的各音位的结合、与意义相关联，此时声音生理学转化为语音学（"音位学"）。 "语音学是研究声音的形态学和词源学，将声音生理学应用于检测特定语言的声音结构（心理机制）。 语音学＝被应用的声音生理学。""声音生理学和语音学的区别。

声音生理学从物理学和生理学（自然和历史）的角度涉及人类言语的一切声音（声音单位及其结合）。　语音学，更确切地说，语音学的语法部分，据声音的特殊属性，亦即在其起作用的范围内，譬如软音和硬音，单音和复合音，辅音和元音等等；甚至从更严密的生理学视角，软音的语音对等物可以是硬音，反之亦然，等等；以此探究（分析）声音的对等物（声音单位及其结合）。声音的物理特性与它们在语言心理机制的作用的差异，在本族语言言说者的感觉（直觉）中反映了出来。"（Baudouin 1972：116）形态和意义成为语音学（"音位学"）的研究主旨。　音位的相对性在形态上并不在于相对的诸方的实有，而在于相对本身，如此，零音位照样能施展音位的效用。　博杜恩应该正是基于这点而把 Ø（零音位）看做最小的语音实体："Ø（零）声音作为最小的语音实体。"（Baudouin 1972：116）索绪尔第三次讲授普通语言学课程（1910—1911）结束时强调语言中只有差异（相对），也正是借助零符号这种极端的状态来阐说的。（参见索绪尔 2007：164—165）

正在音位理论逐渐成形，需要专门名称予以抽象涵盖的时候，克鲁舍夫斯基 1880 年经由评论索绪尔的《论印欧语元音的原始系统》，标举 phonème 作为与声音相区别的音位概念。　博杜恩 1881 年发表《斯拉夫语比较语法的若干章节》（1880—1881 学年，博杜恩开设"斯拉夫语比较语法和俄语语音学与形态学"。　1881 年，博杜恩发表了这一课程讲义的一部分），其中谈到自己在讲座中首先提出"交替"（alternations）观念，也谈及克鲁舍夫斯基在《论元音交替规律问题》及《论语音交替》中提议使用"音位"等术语："克鲁舍夫斯基从 1878 年到现在听了我的讲座，在我引导下参加了实际训练。　……就是他提议使用'相关'（correlative）、'相对应'（correspondent）[替代我早先使用的'反映形式'（reflex or reflection）]以及'音位'（phoneme）诸术语（音位术语借自索绪尔，不过索绪尔以不同的意义使用它）。"（Baudouin 1881；cited by Williams：136；cf. Jakobson 1973a：210；211）博杜恩自己在《斯拉夫语比较语法的若干章节》里也清晰意识到调整音位概念认识的必要性："从一个概念更广阔的呈现内理解音位，使之更加一般化，处于支配性的范畴。"（Baudouin 1881；cité par Jakobson 1973b：251）博杜恩从共时性及功能层面界定音位道："（音位是）词的特定语音部分一般化了的发音生理学属性的总和（集合），是在确定某种语言内相关性的环节、数种语言相对应性的环节的过程中不可再行切分的。换句话说：音位是从词的语音诸部分可比性（相似性）角度看的语音上不可再行切分者。"（Baudouin 1881；cited by Adamka-Sałaciak 2001：189）博杜恩 1895 年以德文发表《语音交替理论探索》，也在注释里表明是克鲁舍夫斯基提议使用"音位"这术语以取代"声音"。（cf. Baudouin 1972：212）克鲁舍夫斯基原本设计硕士论文的主题为"《黎俱吠陀》动词现在时态的构成，与古典梵文及其他相关语言的动词现在时态的构成进行比较"（见其 1882 年所作《比较语言学学习报告》，cf. Williams 1993：42—43），在阅读并评论索绪尔《论印欧语元音的原始系统》之后，他转而决定运用索绪尔的元音系统的结构研究古斯拉夫语元音系统，把与印欧语元音范畴相对应的斯拉夫语体现形式展示出来，进行分类和重构，便将硕士论文主题改定为："论元音交替规律问题：古教会斯拉夫语元音系统研究。"（1880 年写就，1881 年发表）（cf. Williams 1993：48）这篇 109 页的论文涉及的不仅仅是古斯拉夫语元音系统，还有大量有关语音结构的论述，克鲁舍夫斯基的目的显然不在于将语音现象系统化，而在于发现统领这些语音现象的规律，进而建构出一种理论；1880 年，他在《语言科学的对象、划分和方法》一文中也意识到重构印欧语元音系统本身并不解决语言的本质问题。"语音学最直接的任务不是原始母语声音系统的重构，而首先是特定语言的声音特性的研究，它们变化和消失的条件及规律的研究，新声音出现的条件的研究。稍作变更，一般也可如此来谈论语言科学：其最直接的任务是研究所有可能的语言现象，及其变化的规律和条件。"（Kruszewski 1880；cited by Williams 1993：72）声音特性研究的最终指向是发现语言科学规律。克鲁舍夫斯基把《论元音交替规律问题》的序言部分译成德文，在原有俄文例子之外添加了德文例子，并取名为《论语音交替》（Ueber die Lautabwechslung），1881 年由喀山大学印刷所印行。日内瓦大学图书馆现藏有索绪尔个人所有的此书德文原版，扉页有"敬赠费尔迪南·德·索绪尔教授先生"（À Mr le professeur Ferdinand de Saussure）的题献（《克鲁舍夫斯基著作两种》英译本第 2 页，以及 Berezin 2001：216，均附有此扉页书影），书中第 10 页以下都有索绪尔的批注。（cf. Kruszewski 1995：2；Koerner 1973：161，n.8）

　　克鲁舍夫斯基《论语音交替》中一个引人注目之处，就是用"音位"

(foneme，phonème)概念来表示结构单位。 他在一条注释里界定"音位"道：

> 我建议使用"音位"(phoneme)这术语指称语音单位(the phonetic unit)(亦即从语音学①上不可再行切分的东西)，以与"声音"(sound)相对，声音指称发音生理学单位(the anthropophonic unit)。这样一个名称(概念)的好处与必要性是一眼就可以看到的。为了使这术语更有说服力，我无论如何想指出如下这点：与希腊语 i(在 élipon：leípō 中)相关的，是序列 ei；与俄语 u[= 古教会斯拉夫语 o](在 smuščén'je"困窘"：sm'at'én'je"混乱"——smuščenie：smjatenie 中)相关的，是和位于它前面的辅音腭化相结合的(单个声音)。波兰语与俄语 olo 相对应的，是 ło(请对照俄语 golova：波兰语 głowa"头")；俄语 ml'：波兰语 m' 也是一样(俄语 z'eml'já：波兰语 z'iem'ia"地球")。音位(语音单位)因而相当于不止一个声音，甚或相当于与另一个声音的音质(在此：腭化)相结合的单个声音。(Kruszewski 1995：14. n.5)

腭化音通常用撇号 ' 表示，如 sm'at'én'je "混乱"中的 'a。 俄语中常以非腭化辅音(硬辅音)和腭化辅音(软辅音)区别词义不同的词。 克鲁舍夫斯基以声音的历史对应为尺度来衡量音位，时间上同一阶段共存而相互关联的声音构成音位。 在《论元音交替规律问题》(1881)一书俄文本中，克鲁舍夫斯基指出，一个音位不必是一个声音，"这样一个不可再行切分的单位通常可以是两个声音(ml')，甚或是与另一个声音的特定属性结合在一起的一个声音('a)。"(Kruszewski 1881；cited by Williams 1993：49)

　　音位相当于不止一个声音，这与索绪尔的形态学基本单位的概念一致。我们在这里看到克鲁舍夫斯基使用的是形态学的衡量尺度。 形态学单位的分析是克鲁舍夫斯基语言理论的精髓所在。 其博士论文《语言科学大纲》(An Outline of Linguistic Science，1883)谈及言语的基本划分，道："言语

---

　　① 克鲁舍夫斯基所谓的语音学 phonetics，与后世的音位学 phonology 相近，但范围更广，包含历史音位学和形态学。

由句子组成，句子由词组成，词由形态学单位组成，形态学单位由声音组成，而声音由多种多样的生理学运作造成。"（Kruszewski 1995：53）克鲁舍夫斯基在此没有举出他两年前特地标揭的与"声音"不同的"音位"在言语中的存在状态。 这恐怕是因为克鲁舍夫斯基从形态学单位看音位的缘故，他在1880年评论索绪尔《论印欧语元音的原始系统》时就说："若不接受音位（概念），对语音学和形态学作科学研究是不可能的。"（Kruszewski 1880；cited by Jakobson：1973b：251）如此，音位已经先在地蕴含于形态学单位之中了，音位是由形态学单位（形位）内声音的交替或（交替形式的）对应的事实确定的，"相对应的声音"（音位）由声音组成自然是顺理成章的，但前者有区别意义的作用，需要予以理解，属心理学范围，具符号学价值；后者则纯粹属生理学范围，是种种发音动作的展开过程和结果。 克鲁舍夫斯基就此作了有趣的区分，他说"我们的耳朵把一个声音理解为不可再行切分的东西，我们感受到一个完整的听觉印象（acoustic impression）"（Kruszewski 1995：52），这个声音在我们的听觉印象中是完整的单位，具有同一的心理性质，不可再行切分，则此声音即是音位，它是精神的表象；而发音动作却是可以切分的，克鲁舍夫斯基举声音 k 为例："为了发这个音，嘴唇必须张开；小舌得微微抬起，以免口腔受鼻腔的影响；舌头后部须向上抬，触及软腭后部；最后，出自肺部的气流须冲开闭合的软腭。"（Kruszewski 1995：53）声音和音位虽是相关，外表上甚至同一，但实质上却是截然不同的，一是发音器官实际运作的群集，一是这个群集产生的能区别意义的听觉效果。 但克鲁舍夫斯基注意到，即使生理上的区分清楚的发音动作"也伴随着我们记忆能够保存的无意识的肌肉感觉"（Kruszewski 1995：55），这种无意识的肌肉感觉我们不动嘴说只是默念词语时就能够意会到。克鲁舍夫斯基依据斯坦达尔（Heymann Steinthal，1823—1899）《语言学概论》（*Abriss der Sprachwissenschaft*，p.52. 1881）举出一个旁证，就是聋哑人睡着时说梦话或者沉思默想时手指都在动（cf. Kruszewski 1995：55），这说明他们默念词语之际无意识地以手指表达了肌肉感觉。 克鲁舍夫斯基所用的"肌肉感觉"（muscle sensations）概念出自 Alexander Bain（1818—1903）《精神科学和道德科学：心理学和伦理学纲要》（*Mental and Moral Science：A compendium of psychology and ethics*，1867）及斯坦达尔《语言学概论》(p. 48),斯坦达尔则源自赫尔巴特(Johann Friedrich Herbart,1776—1841)。 这概念意在说明音位内在的心理价值和意义功能,它是一种心理现实。 音位的实现需经心理想象。 我们不能直接感觉到思想,我们能感觉到的是言语的形态学单位,因而单位成为思想的替代品,音位是含具意义或区分意义的不可再行切分的单位,人们经由想象而实现音位的这一功能。 派克(Kennech Lee Pike,1912—2000)区别语音学(phonetics)和音位学(phonemics),就曾形象地说:"语音学给我们原料;音位学烹调它。"(*Phonemics*,p. 57. University of Michigan Press. 1947. cited by Jones 1957:15. n. 50;琼斯 1980:29. n. 4)派克之意也在音位的实现需经心理运作过程,如此,音位学可以说就是从心理学角度探究客观的生理学材料。

这一不可再行切分的区别意义或确定意义的语音结构单位蕴含典型的符号学价值和功能。 正是由于这点,克鲁舍夫斯基区别音位和声音。 "一个声音不用作相应的肌肉(发音动作)感觉群集的符号,而-itel'和volk'狼'则是相应的内容的符号。 这种肌肉感觉的群集是人类声音的不可缺少的组成部分之一。"(Kruszewski 1995:52,n. 1)"语言中,声音不单独呈现;它自身不具有始终如一的功能,没有心理内涵。"(Kruszewski 1995:52)所谓心理内涵,指具有意义,具有表达思想的功能,也就是符号学功能。 克鲁舍夫斯基就此而用的术语是 semasiology(语义符号学)(Kruszewski 1995:22),研究符号的内涵或内在意义方面。 1878 年 12 月 18 日,博杜恩向喀山大学教授委员会介绍克鲁舍夫斯基的研习状况,作为后者研究生学习的申请。 博杜恩道及克鲁舍夫斯基语义符号学的定位:"迄今为止,除了语言学之外,克鲁舍夫斯基对心理学作了相对彻底的研习,他打算在将来的研习当中特别关注语义符号学或者说对词义的研究。 这是语言学极其重要且有趣的部分,但至今研究得很少。"(cited by Williams 1993:40)前曾引及克鲁舍夫斯基《语言科学大纲》对言语的基本划分,其中"词"是划分的核心或关纽,也在于其符号的心理特性和语义功能之故。 "每个词都经由相似性关联的结合,与其他词连起来。 这种相似性不仅是外在的,亦即语音的或结构的(形态的),而且是内在的,亦即语义符号学的。 或者换句话说,由于特殊的心理学法则,每个词既能够在我们心中唤起与之相似的其他词,也能够被这些词所唤起。"(Kruszewski 1995：96)D.Jones 亦曾一再强调音位分析须局限在"词"这一分类单位上(cf. Jones 1950：10，225)，这恐怕就是由于词是依据语法规则而连接以产生意义的缘故，而且词是符号表达的可以确定的部分。 音位则将词与词区别开来，它产生功能或意义的最佳活动空间是词，如此，必须通过音位的功能或意义来界定音位。 而意义又是在人类的心智中形成或赋予的，具有强烈的心理性。 博杜恩《斯拉夫语比较语法的若干章节》(1881)亦道："音位是个不可再行切分的语音单位，既然我们从可能性的角度与词的语音学诸方面比较。"(cité par Jakobson 1973a：215)关注词，正是因为词是形态学研究的据着点。

音位和声音的划分自然是一种双重划分。 以博杜恩、索绪尔为代表的语言理论家始终对人类语言作出双重划分。 博杜恩《论语言的病理学和胚胎学》(1885—1886)研究失语症和儿童语言，也把语言区分为心理学和生理学两个方面，也就是大脑作用和发音作用。 发音作用是连接大脑作用的环节。 "语言的本质存在于大脑作用……发音动作(发音作用)是大脑作用的终端符号，是拥有语言能力的各个个体间大脑作用的连接环节。"(Baudouin 1972：123)索绪尔则明显地偏向于心理性和抽象的整体语言能力。 早在 1881 年，博杜恩也是如此进行区分。 一方面，是依发音生理学视点："可听闻的语言总体被分成发音生理学的句子；句子分成发音生理学的词；词分成发音生理学的音节；音节分成声音。"另一方面，是从语音学—形态学的视点："话语的总体随之被分成句子，或有意义的句段整体；句子分成有意义的词；词分成形态学的音节或形位(morphèmes)"(从形态学视点看的不可再行切分的单位)。 (Baudouin 1881；cité par Jakobson 1973a：216)"形位"这术语是博杜恩模仿"音位"而成的新词。 形位可分成的不是声音，而是音位。 形位尚可析分，表明它不是最小的符号学单位，而音位作为最小的符号学单位一旦确定，也就反转来成为形态学范畴内含的鲜明标志。 博杜恩的形态学观点源自索绪尔《论印欧语元音的原始系统》，此后他明确说，"索绪尔使形态学成为语音研究的基点"(Baudouin 1900；cité par Jakobson 1973a：217)，"索绪尔的大功绩在于他强烈坚持我们决不拥有语音学关系和词的形态学结构相关联的事实。"(Baudouin 1909；cité par Jakobson 1973a：217，n.67)

　　克鲁舍夫斯基在言语基本划分之中只是说"形态学单位由声音组成"，并没有明确列出音位，其中原因我们在上面探讨过。　博杜恩也看出克鲁舍夫斯基没有列出音位。　1887 年 11 月，克鲁舍夫斯基去世，时年 36 岁。　博杜恩 1888—1889 年作的长篇讣告文《克鲁舍夫斯基生平及其科学论著》对逝者的语言理论赞美与攻击兼具，但全然不失作者自身的真性情。　博杜恩说，就逝者应该"要么说真话，要么什么也不说"（de mortuis aut verum，aut nihil），而不是"要么说好话，要么什么也不说"（de mortuis aut bene，aut nihil）（Baudouin 2005:68）；雅各布森则道这是"一份令人痛苦的人性文献"（Baudouin 2005：Ⅱ，cited by Adamka-Sałaciak and Smoczyńska's *Preface*）。　针对克鲁舍夫斯基以是否具有意义或心理内涵来区分音位和声音，而句子、词、形位（morphèmes，形态学单位）当中意义起基本的作用，则"形态学单位由声音组成"，这里的声音也应该含具意义的作用，倘若要坚持克鲁舍夫斯基"音位"与"声音"的区别，博杜恩就认为表述须换成"形位可被划分成相互关联的音位"（Baudouin 2005:46），也就是"形态学单位由音位组成"，而不是以声音构成。　博杜恩无非是在强调音位的意义和心理功能，也就是其符号学价值。　在这衡量标准之下，音位以及诸音位都是完整而不可切分的。　"诸音位不是一个个分离的乐音之类，而是把各个要素构织起来的和声。"（Baodouin 1972:272）这依旧是克鲁舍夫斯基观念的回响。　但克鲁舍夫斯基的"形态学单位由声音组成"在逻辑上跳略了音位，形态学单位具心理学内涵，声音则纯粹属物理学和生理学的范畴，两者没有共通性。　倘若不跳略音位，则取用音位的心理学属性，正好与形态学单位的心理学属性衔接。　博杜恩比克鲁舍夫斯基一以贯之的地方，就在于坚持"语言是一种本质上完全具心理-社会特性的现象"（Baudouin 2005:67），而克鲁舍夫斯基在很大程度上则着落在生理-心理性上。

　　1888 年，博杜恩替已逝的克鲁舍夫斯基校读《语言科学大纲》德文版清样，于是有意识地审视自身与克鲁舍夫斯基理论观点的差异，且想进一步强固和拉大这种差异；同时也强调自身在诸多方面先于克鲁舍夫斯基提出并阐述，也明确说明哪些概念是克鲁舍夫斯基提出的。

　　博杜恩 1889 年在《论语言学的任务》提出"语言是一种社会现象"

（Baudouin 1972：131），"从语言学的角度看，个体的（语言）只能在社会中发展，而语言作为社会现象却不能发展，它只能有一个（固定的）历史。 历史是由间接而非直接的因果关系连接起来的同质但相区别的现象的连续体。这般现象的连续体可在地质学中发现。（地质学中的历史概念）……同样的连续体可在语言中找到。 作为社会现象的语言，集体或民族的语言，不能有发展，它只能拥有一个历史。 因此，语言学的第一个任务是面对个体和社会的差异。"（Baudouin 1972：130—131）索绪尔则在 1891—1894 年间首次提出"整体语言是一种社会事实"（Saussure 2002：178）的观念，1893—1894 年所作有关普通语言学一书（1894 年，索绪尔致梅耶函，提及准备写这样一书）的札记，进一步明确断言"整体语言是一种社会事实"（Saussure 2002：202）。 至于这种社会事实是偶然的、任意的还是恒常的，这无关紧要。 然而索绪尔提到"整体语言的对称"（Saussure 2002：202），就现存或恒常状况来说，"整体语言再现出各部分里面秩序井然的系统"，就发展变化来说，整体语言"依赖一个对象，又与这个对象处于自由而任意的关系"（Saussure 2002：202—203）。 前者指整体语言系统一旦形成，就成为社会事实和社会制度，不可改变，类似于博杜恩强调语言作为社会现象只具有一个固定的历史；后者则指时间中概念和符号之关系的整体的转移：依赖一个对象，即构成一种关系，而这种关系在时间中、连续性中变化。 索绪尔强调"变化的原则以连续性的原则为依据"（索绪尔 2007：116），"时间上的连续性与时间上的变化相连"，"变化只是连续性的形式之一而已"（索绪尔 2007：119，120）。 博杜恩将此界定为同质层与同质层垒叠的连续体。 博杜恩区分个体和社会，可能是引发索绪尔个体语言和整体语言区分的触媒。 抽象的整体语言是一种社会事实，寄寓于人类的大脑里，这是恒常不变的；而个体在社会环境中运用、实施这种整体语言，却是变化的。 博杜恩 1901 年在《论一切语言的混杂特性》对此表述得极其明确："我们在研究语言当中必须严格区分发展（development）和历史（history）。 历史存在于质同却形异之物的连续里。 发展存在于本质的、不仅仅是现象（仅仅涉及现象）的变化的连贯里。 发展具有个体语言的特征；历史则具集体语言的特征。"（Baudouin 1972：215）

　　博杜恩语言观的主要特征是社会性和心理性并举。 "既然语言只存在于人类社会中，那么，除心理方面之外，始终须考虑社会方面。语言学不仅须建立在个体心理学上面，还须建立在社会学上面（可惜社会学还没有发展到足以提供卓有成效的结论的地步）。"（Baudouin 1972：213）索绪尔也是如此。听觉印象具有心理性，而听觉印象的形成与理解，或者说其思维与语言的功能的实现，则完全依赖于语言的社会性。"当然，这首先与整体语言的社会事实吻合一致。"（Saussure 2002：247）这是一种社会集体心理。1894年，博杜恩将音位看做声音的心理等同物；1915年，看做"熔化为再现的铁板一块的整体，集聚了言说车头的形象和相对应的听觉细微差别的形象，这两个系列的形象被言说行为的实施和听觉印象的感知的同时性联合成一个完整体。"（cité par Jakobson 1973a：227）区分了心理（或意欲）形象及其生理实现——声音。博杜恩《语音交替理论探索》1894年以波兰文出版，次年经修改后出德文版。此书副标题为"心理语音学之一章"，博杜恩之意在强调一切语言现象中的心理因素。

> 音位＝一个属语音学领域的联合性概念，它存在于人的大脑里，因为它是对发同一个音而产生的诸印象的心理熔合；它是语音的心理对等物。音位的联合性概念与个体的发音生理学表象的确切总和相连结，一方面是发音的表象，这是生理行为的表现（施行）或能够表现（施行），另一方面是听觉的表象，这是那些被听到或能被听到的生理行为的效果。
>
> 语音学总体上关注所有语音现象，包括发音生理学现象（不论它们具生理特性还是听觉特性）和心理语音学现象（对前述感官现象作回应）。语音学因而由发音生理学和心理语音学两部分组成。
>
> 形位＝拥有心理自主权的词的部件，因而不能再进一步切分。它包含诸如词根、所有可能的词缀（后缀，前缀）、词尾之类属句法关系成分的概念。（Baudouin 1972：152—153）

这种心理效果或回应，是产生意义的终端。音位的心理整体的实现在于具有心理自主权的形位之间的词源关联，词源或意义的维度，是历史的维度，也是心理的维度。所以，心理学、形态学和意义（或者博杜恩所谓的语义符号学）交织在一起，几乎可当做同义语看待。而词源的交替或对应是确定音位所由形成的条件。

　　音位只有作为语音表象、嵌留于记忆内的印象，才形成一个整体。而作为形位组成部分的音位，将自身的心理整体归功于诸形位的词源关联。

　　相区别的诸音位必定同时形成一个单一的音位，此音位仅由词源学间接地表明，（所谓）词源学，亦即一种语言中的词源比较（交替），或两种或多种语言的词源比较（对应）。（Baudouin 1972：170）

　　形位和印象的统一。把让人觉得是心理单位的形位的语音形式统一成一体。把语音差异（分异）与心理差异联结起来。（Baudouin 1972：198）

　　作为发音生理学差异的结果，某个音位显现出来的诸基本区别引发的区别，是它们本身可被客观看到的量值方面最小的，也是可被言说社群成员感知到的印象方面最小的。……可看到的形象或大或小的力量取决于被感知的印象的力量。（Baudouin 1972：200）

　　语言完全是心理性的。语言的存在和发展受纯粹的心理学法则支配。人类言说或语言中没有一个现象不具心理性。

　　所有交替要么与语义符号学（意义）或形态学（结构）特性的若干心理差异的表象有关，要么与它们无关。（Baudouin 1972：161）

　　较早的基本形式转变成派生形式，反之亦然。元音交替理论取代了这种变化的视点。元音交替理论断定一个较强的语音结构的弱化以及那结构的一部分的消失（索绪尔、布鲁格曼、奥斯脱霍夫、胡布斯曼及其他诸人）。但甚至最近的语言学著作涉及交替之处，也只是间接地关注语音变化的确定和所讨论的语音的历史渊源。此外，这些著作对交替或共存概念本身不能作出让人满意的解释。（Baudouin 1972：148）

　　博杜恩显然主张还要从共时性角度探讨交替概念。这与新语法学派从历时角度确定语音变化"规律"的观点不同（博杜恩认为语音变化"纯粹是虚构"，"是一种错觉"。 Baudouin 1972：158，160），博杜恩眼中最重要的是语音上虽有差异但词源上却有关联的语音的共存事实。可见这是历史维度上的共时秩序，而共时性事实能够被发现，词源上的意义或形态起了关键作用。 "不同语言的诸词和诸形位的比较是建立在所探讨的诸形位词源上相关这一假定之上的。 词源关系一方面在语义符号学相似性基础上确定，另一方面在形位的局部语音相似性上确定。 语音相似性必定不是偶然的，也不是任意的，而是包含至少部分同样的音位在一系列形位中反复出现。"（Baudouin 1972：155）"不同语言词源上相关的不是独立的音位，而是形位，音位在其中反复出现，形位也就是词的那些最单一而不可切分的语义符号学部分，它们具有自主的心理存在方式。"（Baudouin 1972：156）博杜恩的意思是音位在特定的形位中的相关或共存的关系。 只有找到共存事实，才能发现造成共存事实的历时原因。 因而共时和历时不可割裂，但共时特性的发现是首要的。 博杜恩的"共存"或"交替"，不是当前的语音变化，也不是历史序列的连续，"它只是词源上相关的形位之间的语音差异。"（Baudouin 1972：160）语音差异是共时的。 博杜恩刻意说明自己在1876—1877 学年和 1877—1878 学年的讲座中就已经用 "交替"（čeredovanie, alternation）来界定同一种语言里语音上有差异但词源上关联的语音的同时存在，并指出克鲁舍夫斯基 1879 年在论文《与重音相关的若干语音现象探究》中就收集了《黎俱吠陀》内许多有用的材料来研究因重音影响而导致的种种交替，在其 1881 年硕士论文《论元音交替规律问题：古教会斯拉夫语元音系统研究》就同样的语音现象得出了明确而独立的观点，比博杜恩自己的交替观念更具哲学色彩，更明白易懂。（cf. Baudouin 1972：149—150）博杜恩真率地检讨了喀山时期与克鲁舍夫斯基大量地创用生涩的新术语的癖好，但还是认为有精髓存在，其中"语音"（sound）和"音位"（phoneme）的区分，"词根"（root）、"词缀"（affix）、"前缀"（prefix）、"词尾"（ending）之类概念统统合一在"形位"（morpheme）这一般概念之下，对人类言语纯粹的发音生理学、听觉的分析与基于形态学和语义符号学观点的分析作出区分，区别交替的基本成分和派生成分。（cf. Baudouin 1972：151）这些显然不是单纯地创用新术语，而是含具了根本性的方法论价值，"交替"的共存性和同时性也是如此。 博杜恩称相关形位之间的语音差异为语音交替（phonetic alternation）（这种交替跟形位和全部词之间的语义交替相关），全部形位的语音交替可简化为它们的音位的交替，或形位的语音成分的交替；而称语音（sounds）为语音交替形式（phonetic alternants)，音位(phonemes)为交替结果的音位(alternating phonemes)。(cf. Baudouin 1972：154)

索绪尔也着意于交替的诸要素的同时性，但索绪尔的重点在诸要素之间的差异以及差异的规律性变化，纯粹凭借差异而产生意义并掌握意义，而非博杜恩所称的词源意义上的关联。言说者能够意识到单位正是由于差异和差异的规律性。但这种规律性或语言状态是偶然的状态。博杜恩始终将共时和历时交织在一起论述，索绪尔则往往偏重于共时状态。

> 交替是诸形态间同时存在的声音(vocales)(而非语音 phonétiques)的差异。(Saussure 2002：30)
> 形态＝交替的要素。交替＝不同符号的共存，这些符号在意义上或者是等同的，或者相反是对立的。(Saussure 2002：36)
> 一个表示差别的、有规律地起变化的要素。(索绪尔 1980：220)
> 我们可以给交替下个定义：在两系列共存的形式间有规则地互换的两个音或音组的对应。……交替无论从它的起点或终点看，都总是属于语法的和共时态的。(索绪尔 1980：221)
> 我们可以谈到交替的语法规律，但这些规律只是它们所由产生的语音事实的偶然结果。语音事实在两系列具有意义对立的要素间创造了一种有规律的语音对立，人们的心理就紧握住这种物质上的差别，使它具有意义，担负起概念上的差别。(索绪尔 1980：223)
> 有许多交替在彼此相应的形式内呈现出同样的元音对立；恰是凭这般规律性的状况，(我们对)元音交替(Ablaut)有如此强烈的印象。(Saussure 1993：110)
> 交替的事实是形成整体语言系统的一个要素，是共时性的，涉及整体语言中事物的无限性。(Saussure 1997：45)

（二）音位是听觉印象(心理现实)，而非物质现实

霍顿专藏室(Houghton Library)是哈佛大学图书馆瓦德讷书库(Widener Library)的手稿与珍本部，该室 1968 年 1 月 15 日从索绪尔之子哈

伊蒙·德·索绪尔(Raymond de Saussure)处收到一批手稿,放在一个盒子内,归在九只文件夹里;总数含 638 张(有 624 张是写满字的,14 张空白)或 995 面(915 面有字,80 面空白)(cf. Parret 1994:179)。 这些大约 1874 至 1889 年间的手稿,是除日内瓦公共和大学图书馆丰富收藏之外的又一批索绪尔遗作及草稿,内容包括语言学、语音学和语言研究,Alphonse de Candolle 致索绪尔的两页信函(谈索绪尔的叔叔 Auguste de Pourtales),1880 年所作博士论文的部分手稿,15 岁(1872 年)时的处女作 Essai pour réduire les mots du grec,du latin et de l'allemand à un petit nombre de racines(《试论希腊语、拉丁语和德语的词可约简为少量词根》)(Saussure 1978:73—101)(手稿放在第二个文件夹内,共 41 面),此文曾寄与其祖父好友、语言古生物学创始人庇克岱(Adolphe Pictet,1799—1875),庇克岱回了函。 索绪尔 1903 年《关于青少年时期和求学年代的回忆》道此函使自己"对语言的整个普遍体系(的激情)平静了下来"(Saussure 1960:17)。 这篇少作具有严密的体系,已初露索绪尔的研究风格特征。 索绪尔的整个学术生涯可以说都在复杂与简约之间徘徊。 1911 年 5 月 6 日,索绪尔与 L. Gautier[①] 交谈,提及总是为自己的普通语言学课程烦恼。 "我发现自己处在两难的困境:不是将对象置于极度的复杂性之中,并坦白承认自己的全部疑惑;…… 就是使某物简化……。 但每走一步,我都因种种顾虑而中止。"(Godel 1957:30)哈佛收藏还有诸多论印度学的文稿,涉及梵文词典、文法,印度文学、历史,婆罗门灵智学;《论印欧语元音的原始系统》草稿;余下的,也是最重要的,是关于音位、音位学和语音学的草稿:其中有谈亚美尼亚语词尾音节-kh 的,校勘并详述了音位学材料;有引用音位学创始人德国印欧语学者、文学史家 Wilhelm Scherer(1841—1886)言论的,其著作 Zur Geschichte der deutschen Sprache(Berlin 1868)被认为是替新语法学派开启了道路;篇幅最大,有 177 页之多的,则是论语音学、音位学的草稿(放在第八个文件夹内)。 雅各布森对其重要的音位理论观点作了详细引述(cf. Jakobson 1973d:287—295); H. Parret 介绍了哈佛藏手稿的总体情况,对其中精要之处作了摘编,有关音位理论部分也在其中(cf. Parret

---

① 1922 年版《索绪尔已刊科学论文集》编者之一。

1994:179—234);意大利学者 Maria Pia Marchese 完整地整理出版了这部珍贵的法文手稿[bMS. Fr. 266(8). Saussure 1995:1—232][①]。 恩格勒则断定其写作年代为 1897 年左右(cf. Engler 1975:839)。

　　索绪尔《关于青少年时期和求学年代的回忆》之作,由新语法学派重要人物奥斯脱霍夫(Hermann Osthoff,1846—1921)早先攻击索绪尔《论印欧语元音的原始系统》(实际为 1878 年 12 月出版,版权页标为 1879 年)剽窃而起。 索绪尔 1903 年回复德国语言学家、新语法学派第二代重要人物斯特莱特贝格(Wilhelm August Streitberg,1846—1925)有关此论文原始情况之问,郑重地作了回忆录[②],其中叙及自己如何在 1872 年和 1873 年发现希腊语鼻化领音(响鼻音)N 可与 α 互换,得出 N = α 的规律。 (cf. Saussure 1960:18)1875 年到 1876 年,索绪尔先是遵家族传统,在日内瓦大学修习化学和物理学课程。 后来听 Louis Morel 的兼课教师课程"印欧语言学"。Morel 允索绪尔择日谈谈鼻化领音的观点。 "课后,这记忆是清晰的,我们边走边谈,话题直指这个明确的问题:古尔替乌斯就此是怎么说的,既然您听过他的课? "(Saussure 1960:20)L. Morel 听了古尔替乌斯(Georg

---

[①] 手稿目录(cf. Saussure 1995:9—10)为:
导言
第一章　§1. 固定和破裂。 所采纳的观念。 出发点 appa apa agda aida
　　　　§2. 四种可能的汇合
　　　　固定链,破裂链。 (用于§7 的原则)
　　　　§3. 其中还有听觉效果:辅音-领音;音节。
　　　　原初固定的规则,固定+破裂群集的规则。
第二章　§4. 印欧语音位凭经验划分成三种类别(ī ū r),辅音和领音现象的状貌。
　　　　§5. 根据印欧语形态,将音节和领音的事实表达成破裂和固定。 音节成为目的和结果。 音位形态成为原因和手段。
　　　　§6. 用以确定印欧语中每个音位的破裂或固定的规则。 确定辅音和领音的规则形式。
第三章　§7. 从一般语音学观点讨论这一规则的确切价值。
　　　　破裂链等等的诸种法则。 语音学中"可能"与"不可能"在此无法确定。
　　　　§8. 这些法则的听觉结果。
第四章　§9. 从历史观点讨论规则的价值。
第五章　§10. 元音性渐弱
　　　　§11. 奥斯脱霍夫的规则
第六章　§12. 可将规则运用于音位 s-d 的特殊情形:deiktro, pet(t)ro 〈ag/ro 的证据? 〉,ag-ro, ek-wo(?) 〈spektro〉 bhindmas trmpati μάμνω ćinvanti mortios, açnuva nti
　　　　§13. mortios, kuōn, mātros. 形态学问题。
　　　　§14. 连接音变。
[②]　然而索绪尔没有寄出回忆录,直到 1913 年去世后,才由索绪尔夫人寄给斯特莱特贝格(cf. Streitberg 1914:203, n.1;1966:100, n.1)。 斯特莱特贝格 1914 年发表的传记文《费尔迪南·德·索绪尔》,对传主充满同情之感。

Curtius, 1820—1885)上一年讲的"希腊拉丁语语法",索绪尔想了解古尔替乌斯对这问题的看法。 其言下之意为 Morel 是了解他当时所持鼻化领音观点的证人。 1876 年 10 月,索绪尔去莱比锡大学读书,漫游校园之际,被印欧语、古波斯语专家胡布施曼(Heinrich Hübschmann, 1848—1908)要开"古波斯语"课程的通告吸引了,便去拜访,胡布斯曼成为他认识的第一个莱比锡大学教授。 座间,胡布斯曼谈及布鲁格曼(Karl Brugmann, 1849—1919)有关鼻化领音的论文,所述正好与索绪尔三年多前的发现一致。 索绪尔说自己那时"甚至连布鲁格曼的名字也不知道"(Saussure 1960:21),且对胡布斯曼道"在我看来这并不十分特别或新鲜"(Saussure 1960:21)。 但索绪尔在《论印欧语元音的原始系统》涉及鼻化领音之处,没有提及自己在布鲁格曼之前的发现,就当时的情境,索绪尔在书中好几处都表达了这层意思:"多亏布鲁格曼先生和奥斯脱霍夫先生的成果,我们知道了(领音)n 和r。"(Saussure 1960:24; cf. Saussure 1878:6; 42)针对奥斯脱霍夫等人的攻击,索绪尔在回忆录中觉得应以这样的方式了断问题:"(1)你(引按:On, 或指索绪尔自己,或指斯特莱特贝格)不该重新考虑(重提)先有权或首创权问题。 算了,当初没有把这些写出来,事后再说一个词也是品味不高的。 (2)我独立(不加依傍)地写了一部著作,必然会一开始就在各个方面受到不留情面的攻击。 不要从表面上的敌意入手,无益地大声申诉。"(Saussure 1960:24)

索绪尔就自己对语言学的贡献有清醒的认识,觉得即在语音学方面,而且语音学事实是语言学的最重要部分。 "说到我个人的语言学(方面)的进展,就其为语言学的重大部分而言,必定是令人震惊的,……不是类比的事实,而是语音学的事实。"(Saussure 1960:25)语音规律其实无法通过个体经验观察得到,需要经由社会集体心理才能掌握。 这里,语音规律和类比行为都是针对新语法学派说的。 博杜恩在这方面的观点与索绪尔极其接近。 他直接断言"不存在语音规律"(1897 年)(Baudouin 1972:213);"语音规律"说法的出现,实际上完全无视了社会集体心理对语言的影响,因而是无法成立的。 "'语音规律'的概念必须断然地从语言学中除弃,以其心理学对等物取而代之。"(1904 年)(Baudouin 1972:252)索绪尔所称的语言状态是一种偶然的状态,这是社会集体心理的产物,如此,完全推翻了新语法学派的语音规律无例外的假说。 这与索绪尔和博杜恩的语言科学是一门历史科学的观念有关。 在他们眼里，历史科学就是处理偶然的、例外的事物。（Baudouin 1881；cf. Stankiewicz 1972：16）"整体语言中的一切都是历史的，也就是说它们是历史分析的对象，而不是抽象分析的对象，它们由事实构成，而不是由规律构成。 语言中的所有看上去有机整体的构造其实都完全是偶然（形成）的。"（Saussure 2002：149）我想正是基于这一观点的缘故，索绪尔以为可以把共时和历时割裂开来，取共时态的横断面进行研究。而博杜恩虽也持偶然性之论，却时时回溯至词源意义，因而共时与历时并谈。 如此看来，巴赫金和雅各布森据博杜恩的"合取论"而攻索绪尔的"分割论"，就没有考虑到两人各自的立足点。

就哈佛收藏的篇幅最大的语音学论文手稿写作缘起，雅各布森确定的判断是："这篇语音学研究原初必定是由无礼猛烈的攻击引发的，奥斯脱霍夫反复大肆责难《论印欧语元音的原始系统》，我们在手稿中可发现有力的反驳，虽则从来没有公开发表。"（Jakobson 1973d：289）索绪尔称这篇语音学论文"起初仅仅是拟研究印欧语音节的说明性的记录"（Saussure 1995：19），但渐渐地变成对印欧语领音（响音）（sonants）和辅音（consonants）作长篇详细讨论，并伴有向普通语音学基本问题大幅偏离的内容。 其中论述音位者分成三类："（1）总是领音的音位：e，o；（2）总是辅音的音位：g_1，g_2，d，b，k_1，k_2，t，p，g_1h，g_2h，dh，bh，z，s；（3）有时候领音、有时候辅音的音位：i，u，r，l，n，m。"（Saussure 1995：1—2）索绪尔的分类意在经由领音和辅音之间的对立，确定各种音位的作用和效果。 他在 1910—1911 年第三次讲授普通语言学课程时，也谈到了不可再行切分的音位的分类意图在于说明音位的合成和勾连。 "这呈现了对音位学类别的形态学分类。 但是音位学应旨在言说链的合成，以及我们分析过的言说链的重构。 此目的为：表明在言说中最简约的要素如何勾连起来。 这种目的总是得到很好的表达。注意这一点：在重新组织言说链之前，须确定已达到了最简约的单位的地步。 因为要素若是错综复杂，便是不适用的。"（索绪尔 2007：68）这把音位学的主要功用说清楚了。 而这般功用的实现则在于言说者听觉的心理运作。

索绪尔把"听觉"（acoustique）这术语始终如一地只用于语言的感觉（直

觉）、心理声学层面，严格区分"听觉"（sensation acoustique）和"物理现象"（phénomène physique）两个概念。音位就是感知物理现象的听觉单位。（cf. Jakobson 1973d:290）物理和生理事实只有经心理的感知方形成完整的单位。但索绪尔提出，必须是生理现象的整体和听觉现象的整体才处于感受的关系中，这点非常值得注意。"只要涉及的是局部事实，就应避免系统地确定生理学范畴和听觉范畴的某种关系。惟有生理现象的整体和听觉现象的整体，对我们来说才处于相互关系之中。另一方面，生理学事实的整体在其与听觉事实的关系中被专一地感受。"（Saussure 1995:105）索绪尔大抵意谓只有在整体中才能确定最简约的单位。

索绪尔对领音和辅音所含环节的划分，纯粹是依照"听觉"的感知特性来决定的。譬如我们的听觉对塞辅音只感知到固定（维持）和破裂，那么，就依此划分。"语音研究者在塞辅音（p, t, k; b, d, g）中习惯于区分为三个不同的环节：口腔的闭合，闭合的维持，打开（内破裂，停顿，破裂）。我们则只承认两种不同的环节：固定和破裂，耳朵（听觉）并不区分内破裂的特殊效果。"（Saussure 1995:228—229）每个音位都可以呈现为固定和破裂的形态，精确到音位的固定和音位的破裂，就到了音位的最简约的地步。索绪尔据此认为音位图可以扩大一倍（参见索绪尔 1980:85；索绪尔 2007:70），以见其精准。索绪尔这篇论文第一章第一节就是"固定和破裂"，显示其依照听觉效果作划分原则的首要性；所凭借的为物理因素，起支配作用的则是心理性的听觉效果。"音节现象是个听觉范畴的事实。语音研究者因而不再从种种物理特征来界定音节；所谈论的听觉效果以物理因素为基础（然而事实上是我们以为取决于物理因素），这些物理因素不总是相同的，但这种听觉效果却总是音节。其中是相同的术语：领音和辅音。这两种价值的观念是直接由耳朵（听觉）赋予的。"（Saussure 1995:169）归根结底是人类的思维能力参与运作的结果。"听觉印象不是物质的声响，而是声响的精神印记。"（索绪尔 2007:84）"符号系统只存在于言说者的精神之中。"（Saussure 2002:43）音位是言说者的感觉和意识，是人类的一种表达形式，而非物质现实。

索绪尔揭橥的言说回路模型："生理学现象↔物理学现象↔感觉"（Saussure 1995:117），其枢纽就是感觉，随之产生概念，也就是听觉的效果。 "感觉"在其第三次讲授普通语言学课程内称做 "联想中心"（索绪尔2007:77）。

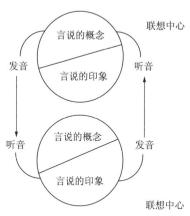

言说的声波在此属纯粹物理的部分，发音和听音属生理的部分，言说和听觉的印象则属心理要素。 心理层面的听觉效果支配、决定着生理层面的言说行为。 "音位在实施，继之而起的音位所蕴的概念就是支配分节（发音，articulation）之物。"（Saussure 1995:134）音位本质的实现就在于人们对发音和听音所蕴的概念、其内在之物的感知。 "音位＝在同时与感觉和生理行为有关的情景中考虑的居间状态的现象。"（Saussure 1995:97） "音位＝时时感知到的声音的总体。" "音位＝意欲（volonté）的直接印象（划掉：感觉）。"（Saussure 1995:91）所以，音位具有意义和价值，与只具有物理和生理属性的语音相区别的，正在于这点。 索绪尔直接说： "音位＝符号学价值。"这表述原稿又作 "音位＝永远具有符号学价值的可能性。"（Saussure 1995:91）雅各布森据 Godel（1957:37，48，275）多处引用的索绪尔"符号学的"（sémiologique）这术语推断这篇语音学论文作于 1891 年左右（早于 Engler 推断的 1897 年左右），因为就在那些年，索绪尔在札记中出现了 "符号学"（sémiologie）之类术语和 "符号科学"（science des signes）这样的概念。（cf. Jakobson 1973d:292）不过，我觉得这恐怕只能说明此语音学论文作于 1891 年之后。

音位既具有符号学价值，则必然是区分和对立的产物。 物理和生理的声音起区别意义的功能，这时候它能够划定界限，产生意义；正是依据意义,才能够划定单位,那声音方成为音位。 "音位＝听觉上的对立。"
(Saussure 1995:91)符号和意义不可分,一切符号都是心理秩序的运作,意
义则是运作的结果,它是心理事实。 声音这一生理事实与那心理事实因差
别而产生区分功能。 声音是变化的,而区别性特质却是不变的恒体。 因而
索绪尔以为分析各种音位,"须仅仅限于探究区分的(确定的)因素"。
"音位的区分部分地依据种种否定的因素。 因为音位和不发音之间的区
分,也依据这同样的原则而形成,我们就可以说音位无论作为类别还是实体
都部分地由否定因素形成的。 否定性＝非生理性的活动,否定性＝对听觉
事实没有影响。"(Saussure 1995:85—86)否定性、对立性在于相否定、相对
立的特性本身,而不在于相否定、相对立的诸事实,也就是说,只在于诸事
实相否定、相对立所产生的心理性效果,所以索绪尔说"否定性＝非生理性
的活动,否定性＝对听觉事实没有影响",这是符号学价值的最明显特征。
整体语言的整个机制都基于对立及对立的效果。 "否定性原则的特征其实
是整体语言的机制。"(Saussure 2002:71)区分了种种音位,也就是构成了
种种音位。

　　这是听觉效果的单位,也是无意识的单位。 相对立、相区别的价值都
是由符号无意识地引发的。 尽管如此,索绪尔还是认为"语言中的一切依
旧都是有意识的事实,也就是说声音和观念的关系、音位的符号学价值,可
以而且应该摆脱一切历史成见从而得到研究:当涉及符号学事实的时候,放
在语言状态的相同层面上进行研究绝对是合理的(甚至是必须的,虽然被忽
略了)。 说 y-i 的不同状态对印欧语而言没有符号学价值(先写为:y 和 i 对
印欧语来说具有相同的符号学价值),不探究这种语音差异的起源(先写为:
无论这种语音差异的起源可能是什么),这是事实,说这话是正当的。"
(Saussure 1995:224—225)语言中的有意识事实是由无意识引发的,心理是
由听觉引发的;同时听觉又是心理的结果或条件。 这是听觉—心理的回
环,是言说能够进行的回路。 "不存在纯粹物理的行为,只有意欲的间接
行为,因为每个无意识事实本身都是有意识事实的结果,或有意识事实的条
件(作为结果或条件隐藏于有意识事实中)。"(Saussure 1995:142)这也是索
绪尔取共时态研究方法的根本理由。

　　音位学中的一切都具有无意识特性。 我们无法有意识地分析听觉印

象,它是完全独立的。 但我们可以实施和感知听觉印象。 也就是说听觉印象无法描述、确定:"听觉印象可确定吗? 并不比对红或蓝的视觉印象更能确定。"(Saussure 2002:247)"一个音位的统一体存在于大脑之中。"(Saussure 2002:178)"整体语言是音位,是思维和音位的关联。"(Saussure 2002:130)而对听觉印象的感知和回应却是可以描述和确定的,亦即发音行为这一运转机制是可以描述和确定的。

因此,音位学的问题都与语言学无关,更与语言学确定部分的语音学无关。 "音位学和语音学这两个术语不仅不可混淆,而且是处于对立的境地。"(Saussure 2002:177)因为语音学研究语音的演化,它是一门历史科学,在时间中运作。 "历时性视角适用于语音学事实。"(Saussure 2002:69;cf. 1997:65)"语音学=词语形式通过语音诸要素在时间进程中的变化。 看来这是大胆设想整体语言撇开了语音学。"(索绪尔 2007:82)而发音机理本身总是相同的,因此,音位学处在连续的时间之外。 (参见索绪尔1980:59—60;索绪尔 2007:60; Saussure 2002:245)"发音单位是一种时间的切分,它同时由互为对立的生理学事实和听觉事实来标示……唯一的切分——以纯粹的听觉或纯粹的肌肉运动为依据,我们就离开了发音领域……这是机制单位和听觉单位的对应。"(Saussure 2002:249—250)

我们若是从声音的角度看音位,将它看做观念形成的物质基础,含有概念实体的性质,同时概念本身也具有听觉印象的价值,具有听觉实体的性质,那么这声音(此时亦即音位)就是语言学实体,是意义确定、意义区别(亦即概念)和听觉印象的化合或关联,成为"语言学的单位"(索绪尔 2007:90),因为这时界限已经划定,按索绪尔的意见,可用"单位"(unités)这术语替代"实体"(entités)(参见索绪尔 2007:91)。 然而如何划定实体的界限呢? 我们只能凭借听觉印象中的统一性和同质性来划定或切分。 "我们拥有跟其自身相同与其邻居不同的切分,每当这点清楚了,我们就拥有听觉链的最小的切分。"(索绪尔 2007:62)这个最小的单位与长短无关,仅仅涉及单位本身是否均质与自我同一。 那么,统一性和同质性的界限又在哪里? 唯一的存在处就在音位和音位的区别与差异。 我们据此再将这些单位以各种形式组合起来,构成整体语言符号链。 1897 年,索绪尔作过三次"音节理论"的演讲,巴利和薛施蔼将演讲速记稿取名为"音位学原理"作为附录编入《普通语言学教程》，这附录中也含纳了索绪尔 1907 年第一次讲授普通语言学课程的内容。 索绪尔的演讲明确提出发音行为不仅含发音的方面，而且含听音的方面。(参见索绪尔 1980：67； Saussure 1993：25)这意味着发音行为不仅是生理学行为，而且含心理学意味，涉及声音的心理印象。声响-听觉的实现，也就是听觉效果、听觉印象，与音位相对应。 符号的能指具有线性或链性特征，它在听觉中呈现，因而要作音位学分析必须先作听觉印象的探究。 "正是听觉印象产生了各个单位的数目。"(索绪尔 2007：61)凡最简约而同质的声音就是一个音位。 "听觉链不是分成相等的拍子，而是分成同质的拍子，它的特征就是印象的统一，这就是音位研究的出发点。"(索绪尔 1980：68)这种听觉上的同质，索绪尔又称为"无意识的统一体"、"听觉的统一体"、"音位学的统一体"(Saussure 2002：142)。 音位是心理运作过程中不可再行切分的最小单位，正由于心理过程的介入，才产生符号学价值和意义。 切分的意义则在于划定界限。 索绪尔明确意识到"一切符号都是单一的心理学秩序的运作，但这种运作都面临着划定界限"(Saussure 2002：132)。 划定界限就能彼此区别，具有表示区别的价值，也就明确了音位的特征。 索绪尔从听和说不可分离的两面来界定音位："音位是听觉印象和发音动作的总和，听见的单位和说出的单位的总和，它们是互相制约的。"(索绪尔 1980：69；Saussure 1993：26)这是因为光是听觉效果无法精确地确定(cf. Saussure 2002：238；247；1993：26)，必须参合发音行为。 但发音行为本身不成为语言学事实。 "所有发音器官的运作是为获取每个语音印象所必需的，对此的审察却一点也不能阐明整体语言。"(索绪尔 2007：61)

就像音位学处在时间之外一样，音位一旦确定，就可以单独取出，"在时间以外抽象地加以考虑"(索绪尔 1980：70)，可以不考虑时间上的连续性，只关注形态上、心理上的区别性特征。 而要确定音位，或对诸音位分门别类，唯一的方法就是揭出音位彼此之间的区分。 然而如何呈现区别性特征？ 索绪尔一以贯之的观点是找出否定性、消极性的要素。 "呼气(＋)不起区别性要素的作用，而没有鼻腔或喉头共鸣(－)完全与有共鸣(＋)一样是一种区别性要素。"(Saussure 1993：29；1967：110，colonne B)在一切发音行为中都有呼气，都是肯定性、积极性的，没有否定性、消极性的与之相并，就不呈现出区别性特征。 索绪尔在上面曾以听觉印象和发音行为两者相结合来界定音位，他用"音位＝听觉拍子（F）/发音拍子（f）"（Saussure 1993:26；1967:105,colonne B)这一图式表示其相互制约；尔后又以"音位＝语音/发音行为"（Sausure 1993:29；1967:111,colonne B)表示确定了发音行为，也就确定了音位或音位的种类。 音位概念本身就隐含了"个体语言的发音行为"（索绪尔 2007:86)的意味。

否定性或对立性创造了语言状态和符号学价值。 "音位的存在＝其与另外存在的音位相对立，或其价值与另外音位的价值相比较。"（Saussure 2002:25)这都是差异观念的另一番表达。 从总体上来说，"整体语言归根结底筑基于差异。"（Saussure 2002:71)差异是语言的存在特性。 "一切语言事实都在于关系，且只在于关系。"（Saussure 2002:263)符号与周围的其他符号因差异而并存。 每个符号的价值及存在都是因为有其周围的符号。从这视角来看，音位及音位学都归属于符号学原则，或者说归属于符号、价值或意义的否定性原则。 而差异就是形态上的差异，索绪尔就此道："形态学上，没有符号，没有意义，只有符号的差异和意义的差异。"（Saussure 2002:70)因而符号学原则也就是形态学原则。 （cf. Saussure 2002:69)"形态学的真正名称应该是：符号理论，而不是形态理论。"（Saussure 2002:182)"形态学关注意义（概念）与单位群集的相对应，语音学单位则依生理和听觉特征决定。"（Saussure 2002:182)"语音学是历时的，形态学是共时的。"（Saussure 2002:194)"凡以某种方式会聚于意义的，都交互处于静态状态。"（Saussure 2002:232)索绪尔 1907 年第一次讲授普通语言学课程时，将音位对立、相关、否定的特性推广到整体语言本身："再现某种整体语言的声音要素（les éléments phoniques)的真正途径不是把它们看做具有绝对价值（意义）的语音，而是看做具有纯粹对立、相关、否定的价值（意义）。 ……我们应当把这种观察大大推进，把整体语言的所有价值都看做是相对的，而不是肯定的（确定的），绝对的。"（Saussure 1993:165—166)"它们（音响要素 éléments sonores)的特点并不像大家所设想的那样在于它们自己的积极的素质，而只是因为它们彼此间不相混淆。 音位首先就是一些对立的、相关的、消极的实体。"（索绪尔 1980:165)"认识一种语言的声音单位，不一定非确定它们的正面性质不可。 我们应该把它们看做表示区别的实体，它们的特性就是彼此不相混淆。"（索绪尔 1980：309）可见索绪尔音位研究的意图，即在据这最小的单位聚现出抽象的整体语言的特征。

（三）声音和文字的熔合：听觉印象内线性次序与空间形态的互化

索绪尔多从心理性角度论及音位，而作易音铸词（anagramme）研究时则偏于音位的物质性方面，其中一个表征就是强调符号的线性特征。 线性特征为物质性特征，它是确定语言价值和语言分析的有形框架。

我们从听觉链中呈现的意义和区别性特征出发分析并确定音位，使之成为最简约的单位（这些单位其实非常有限）。 "听觉链是使他（音位学家）能够切割各个单位的唯一之物。 若是没有听觉链，便只有均质的发音序列而已，并没有理由形成各个单位。"（索绪尔 2007:63）这儿的单位指的就是意义单位，它是概念和听觉链的重合，也就是自身在时间中具有同一性和均质性，这同一性和均质性就是在时间中切分到不能再切分、简约到不能再简约的要素（音位），而目的则是想通过差异性把这些单位组合起来，转而呈现无限的意义。 索绪尔所谓"与其说他们（音位学家）把许多音位简约为重要的种类，还不如说显示了音位的无限变化"（索绪尔 2007:63），应该就是在此意义上立论的。 这一切分与合成的过程可以说完全是在语言符号链（含概念链和听觉链）的线性特征内展开的；正因为具有线性特征，才可能进行切分和合成。 索绪尔即根据语言符号（能指）的听觉性标举线性特征为其任意性之外的第二原理。 "诸因素鱼贯而连，形成一个词，这是一个真理。 在语言学中，不因为显而易见而视作毫无兴味，恰恰相反，视做对词的所有有效省思的主要原则予以预先关注，这是明智的。"（Saussure ms. fr. 3963；cité par Starobinski 1971:47）听觉性在时间这一单一的向度上展现，所有符号要素或者说音位经差异性而贯连起来。 （参见索绪尔 2007:88）但索绪尔另一方面又从抽象的观点考虑音位，只关注自身最简约而同质的切分，将其单独取出，不管线性连接之内或者时间当中的其他要素（参见索绪尔 2007:63），则实际上向音位含具的物质性偏移了。 我们就此也可推出音位存在摆脱线性羁束的潜质。 索绪尔的"听觉印象可转换成空间形态"（索绪尔 2007:88）

的观念，恐怕除了抽象地抽取各个音位，使之具有同时性，然后重新编织成线状之外别无他途。　他的易音铸词研究就是这种把前后相继的听觉印象转换成同时并存的视觉印象的代表，实际上就是把声音转换成了文字，一个向度的在空间上的连贯（单一向度的空间是"时间上的空间"，参见索绪尔2007：149）转变成多个向度的并现，时间上连贯有序的渐进转变成空间上的直接掌握（可参照雅各布森的投射观念。　纵聚合的潜在的联想关系侵入横组合的显在的序列关系内，横组合关系内的一切单位都是一个纵向的相似和相对的相互关联的价值系统，可供重新组合。　cf. Jakobson 1988：382）。　如此，在索绪尔眼里声音和文字原本浓烈的主从关系也就淡化乃至消弭了。索绪尔曾谈及音位连续性的复音（diphone），其意义和价值就在于复合。　复合可以是音位的连续，也可以是音位的非连续，也就是可以跳过一个音位进行复合。　"我们可用 ta＋te（页边注："抽象和具体"）说明、呈现 TAE吗？　亦即，不再是将读者引向处于连续性中的并置关系，而是引向一条超越时间的听觉印象的途径，超越这些因素在时间中所具有的次序。　倘若我以 TA-Te 或 TA-E 说明、呈现 TAE，就可看到超越了线性次序。　但如果我将之说明为 ta＋te 在时间之外被合并，说明为两种同时存在的颜色的交融，就不是超越了线性次序。"（Saussure ms. fr. 3963；cité par Starobinski 1971：47）索绪尔的意思是超越了线性次序而又复归于线性次序，其中就是凭借了听觉印象在心理上具备的超越时间的特性。

　　索绪尔详尽地探讨了卢克莱修（Lucrèce）哲学长诗《物性论》中的易音铸词现象，其中第二本笔记写道："类文字（副文字）的基本原则为孤立的音位是没有价值的：它必须是复音（diphones）。"（Deuxième cahier sur le anagrammes chez Lucrèce；cité par Gandon 2001：71）索绪尔发现易音铸词的规律是其中音位都是偶数的，有着照应（anaphonie）。　当然，这种照应最终能否实现，取决于言说者或阅读者的意识。　它具有的价值因此是社会的、集体的价值。　索绪尔讨论易音铸词不是着眼于字母，而是音位以及音位群集的重新构织。　这点也是斯塔罗宾斯基强调的。（cf. Starobinski 1971：28）

　　语言符号的线性特征归根结底就是连接的特征。　这特征是在表达过程中实现的。　言语表达过程及其方式，索绪尔称之为"话语（言说）

(discours)"(cf. Saussure ms. fr. 3961；cité par Starobinski 1971：14)，这与他在《普通语言学教程》用的概念 parole（言说，个体语言）在意义和功能上是一致的。 抽象的整体语言的创生和存在就是为了表达。 表达把抽象的整体语言原本获取的孤立的概念连接起来，其间"确立了种种关联，方具备思想意义"(Saussure ms. fr. 3961；cité par Starobinski 1971：14)，也就是实现了思想意义。 话语之为话语，其本性和功能就在于"确断两个已具有语言学形式的概念之间的某种关联"(Saussure ms. fr. 3961；cité par Starobinski 1971：14)，将抽象的整体语言具体化。 而斯塔罗宾斯基认为，索绪尔的大胆设想或创新则在于"视这种抽象为具体的实体，为原初的实体(materia prima)"(Starobinski 1971：15)，居于大脑的抽象的整体语言蕴含着具体实现的先在条件，或者说，言说固然具体地实现了抽象的整体语言，但具体实现的根源却来自抽象的整体语言本身。 索绪尔的说法是孤立无傍的概念，如 bœuf（牛肉）、lac（湖）、ciel（天空）、rouge（红）、triste（悲伤）、cinq（五）、fendre（劈开）、voir（看见）之类"已具有语言学的形式"、"具备了语言学的形态"。 (Saussure ms. fr. 3961；cité par Starobinski 1971：14)这应该是就概念本身已经由最小的不能再行切分的语音单位——音位连接而构织成了而论的，概念的声音形态呈现意义，则概念的声音形态本身就是一个具体而微的语言结构。 我们可以拿雅各布森所举 sourd 的例子说明这一点。 "在连续性轴上，在 sourd 这词内部的音位/u/与前面的音位/s/和后面的音位/r/连接起来；在同时性轴上，上面提及的元音 u 处在与一切能占据同样位置的其他音位都相关的境地，如/i/(sire)或/ü/(sûr)或/o/(sort)或/ö/(sœur)。"(Jakobson 1988：382)这表明实施或实现过程潜藏了诸多不稳定的联想的因素。 这种不确定正显示了表达过程中的符号的特征。 "一切符号，一旦处于普遍的流通境况内——符号只有在流通中才能存在——在特定的时刻，都绝对不能界定其随后而至的时刻的特性会是什么样。"(Saussure ms. fr. 3958/4；cité par Starobinski 1971：16)

　　传统的易音铸词其实经由变换文字及书写符号要素的位置而在视觉上实现。 而索绪尔则着重关注诸音位的组合，在这点上，他心目中更精确的术语是 anaphonie（照应之音），而不是 anagramme（易音铸词）。 照应之音只求以部分相似的形式模拟词语的某些音节，易音铸词则要复制整个词语（词是音节的组合、结合）。 透露字下之字的密码或线索的往往是音节这一音位的组合体，特选的音位及其组合构筑了完美的诗歌话语。 当然，索绪尔也要求关注整篇文本，不应将全部注意力集中在字下之字。 1908 年 8 月 28 日，他在写给学生 Léopold Gautier 的信中就说："在文本中，存在着音节构织而成的词语，它们是崭新而当下的证据，表明这些词语不是偶然择取的。"（Saussure ms. fr. 3967；cité par Starobinski 1971：139）但索绪尔有时候依旧完全不管词语，只关注音节之间的应和，他称之为"声音的谐和"（harmonies phoniques）（Saussure ms. fr. 3963；cité par Starobinski 1971：27），他用这个术语含纳了押头韵（allitération）、押韵（rime）、准押韵（assonance）之类意义。 我认为，索绪尔这儿所谓的音节，与音位概念相接近①，或者说是复合的音位。 音节的模拟或应和，实际上就是诸音位的重构。 在萨图尔努斯诗体中，音位重构的结果往往是诗篇中涉及的人物的名字。 索绪尔引用诗行（cf. Saussure ms. fr. 3963；cité par Starobinski 1971：29）：

Taurasia Cīsauna Samnio cēpit

他从中发现这句诗以音节 cī + pǐ + ǐō，加上 Samnio cēpit 这字组的首字母，重构成差不多完整的词 Scīpǐō，其中 Cīsauna 的 cī 对 cēpi 作了校正。那么，这句诗蕴含了罗马将军和政治家小西庇阿（Scīpio）的完整名字。 可见萨图尔努斯诗体中易音铸词不是"赋诗附系的游戏"，（Saussure ms. fr. 3963；cité par Starobinski 1971：30）而完全是强制性的，是必须要构建的要件与基底。 诸音位在时间和空间、听觉和视觉上都进行了重构。

在吠陀诗篇中也有同样的情景。 "崇高而神圣的名称的音节，在颂歌中重现，而此名称就是颂歌的对象。 ……这种成分在某些因陀罗颂歌中极为明显。 因陀罗如今蒙受恶名，但在我们眼里，恰是这类成分，体现了印欧语系诗歌的基本原则。 我们几乎可随意地拈出例子来。 譬如奉献予 Agni Angiras 的颂歌，乃是一组双关语，像 girah（歌）、anga（合）之类。"

---

① "在特定的范围内，音节和音位几乎是相同的。"（Saussure ms. fr. 3957/2；cité par Starobinski 1971：130）音节是诸音位的组合。

（Saussure ms. fr. 3963；cité par Starobinski 1971：36）把神的名字编织进祈祷文、祝愿辞或赞美诗内，对名字的构成要素或者说音位进行重复，意在使祈祷文、祝愿辞或赞美诗具有神的力量。 索绪尔确实从宗教的观念解释过易音铸词的这层作用，但他同时也从纯粹诗歌的角度解释，认为这是纯粹声音的功能和性质，"与别处控制押韵、准押韵等等的秩序相同。"（Saussure ms. fr. 3962；cité par Starobinski 1971：60）实际上，无论是为了宗教力量，还是为了应和诗歌特性，其中一个征象是相同的，就是构成名字的诸音位的"重复"，来回往复地呈现，持久而稳固。

李维《罗马史》（V，16，8）引了致罗马人的德尔斐神谕的答复，索绪尔将它排列成诗行的形式（Saussure ms. fr. 3962；cité par Starobinski 1971：65—66）：

1. Romane，aqvam Albanam cave lacu contineri，
2. Cave in mare manare suo flumine siris.
3. ［Manu?］emissam per agros［rite］rigabis.
4. Dissipatamqve rivis exstingves.
5. Tum tu insiste audax hostium muris，
6. Memor，qvam per tot annos obsides urbem，
7. Ex ea tibi，his qvae nunc panduntur fatis，
8. Victoriam datam. Bello perfecto，
9. Donum amplum victor ad mea templa portato，
10. Sacraqve patria，qvorum omissa cura est，
11. Instaurata ut adsolet facito.

索绪尔在这文本中辩读易音铸词，破译出其中蕴含的密码，它们都指向文本通体没有提及的名字：阿波罗（Apollō）。

1. 每个代表 ŏ 的 ŭ（在前 397 年）必须在 ŏ 前提下呈现出来（但也许依旧有某些内在的 ŭ 代表 ŏ?）。
2. 每个代表 oi 的 ū 依旧是 oi，当然，代表 ou 的 ū 是 ou。

3. 每个代表 ei 的 ī 依旧是 ei,唯一的问题是,倘若反过来,源于末尾 oi 的 ei 并不作为 oi 来保持。我们自己一般接受 ei,易音铸词看起来需要它。

4. 元音间的 R 代表发咝音的辅音,直至 Appius Claudius Cœcus 之后,他是公元前312年的监察官,才由 R 来标示。必定听到过较早一代一个大体上发嘶嘶音的 Z,虽则我们已经在很长时期里不能说它是否与声音 r 接近。我把 r 表明为正在讨论中的要素。

5. 末尾的-d 显然在任何方面都不可删略。但我没有发现与此相呼应的易音铸词。D 的保存于历史阶段,可能专门由于在元音位置之前的句法的缘故,与其他因素无关(*eqvōd ego* 以 *eqvō* primum 为对照,或 *eqvō* 的停顿时间为参照),如此,-d 的删略可能比人们想象的要古老得多。

6. 首音之后的 ă 的弱化(talentum 替代 talăntum 等等)幸而只涉及文本中的孤立形式:perfecto,第八行。至于其他,情形是复杂的,因为就 perfecto 来说,出现了完整句的互不相关的问题,其中副词用动词构成主干。可以说,奇数把两个并成一个,与 talantum-lalentum 的情形相比之下,有利于 per-făcto。

7. 首音之后的 ĕ 弱化为 ĭ,以四种形式进行讨论:flum*ĭ*ne fac*ĭ*to (?),以及动词复合词 cont*ĭ*neri, obs*ĭ*des(你坐下)。就分词来说,形式甚至还要多一些,副词与这些完成体动词的形式大体上密切的关联,其形态问题保持着开放的状态,它不仅对动词的元音系统具有重要性,而且对前缀的确切形式具有重要性(con*t*ineri 或 com-t*ĭ*neri?)。

e

8. 末尾音节的缩约无疑出现了,由此而有 victōr 等等(抑扬格词语的韵律的缩约,cavĕ 表示 cavē 等等,从现时代,这已经处于使用中了,且独立于语言学形态之外)。

9. 首音 ĕ 在 in 等等中是 ĕ 吗? 对前置词 in(就以这种身份使用)来说,从较早的时期起,无重读就已偏向于 in 了。(Saussure ms. fr. 3962; cité par Starobinski 1971:67—69)

从德尔斐神庙带回的神谕被转述者呈现为神圣庄重的拉丁诗歌的形态,这种转述是罗马当局还是那些神谕本身来进行,索绪尔认为是不重要的。

索绪尔关注的是文本明显地被精心编撰这一事实，其中可确定的，乃是人们想要的某个神、某个声音的答复，这答复可以说以各种形式独立存在着，不依赖外在语言的解释。

如果我们事先假定了这个前提，则很可能 Apollo 的名字不可缺少。况且就是在这断片的第三部分，名字确是制成了。在解释选择这个特定位置的诸多自然原因当中，于此乃是这样的事实，始于第八行，神开始以 mea（我的）这词直接言说，也正是在这儿，他消除了对意大利和罗马的忧虑，让人回想起德尔斐（神谕）也期待着分享胜利。因此，恰是第八 b 行和第九行制成了神的名字，这在一行及半行内即使不是三次至少两次出现：

第一次易音铸词：

AD MEA TEMPLA PŎRTĀTŌ

χωλον（阿波罗）始以 A，终以 Ō，形成了我称之为"易音铸词复合体"的 *Apollō*。并非每个复合体都必然包含所有易音铸词的要素，然而这儿以单一的 l 将词语 Apolo 当做阿波罗对待这仅有的不精确，却是包含了所有要素。

在 Ad 这常用来标示 Apollo 中 A- 的首字母位置之后，我们从音节的角度重复这 a，一小句

templ-*APŎ*-rtato

向我们呈现了 Apo-lo 的有效的一半。

易音铸词不是分散的，而是含纳在有限的复合体内，且也由首尾字母来标示，实际上，我们这时对群组的再现可以稍微不严格些。我们必须以此方式来评判 templa 的 L，虽则总的说来这个 L 不仅从反方向涉及 APO，而且 P 在 L 前面，PL 就会让人想及音节 POL-，如此，L 发现自身被符号包围了，这些符号表明了 L 的价值。

portatō 的 tō 在正常情况下无法传输（包纳）Apollō 的 ō，但既然它就像词语的最末一个字母一样，是复合体的最末一个字母，我们就可说 Apollō 的最末一个字母 ō 预先由这 ō 标示了。

第二次易音铸词：

Dōnŏm AMPLŎM VICTOR

倘若像第一次易音铸词的情景，意指称谓中的 Apollō，那么，必须说目前的例子具较次的品级。

我们看看首字母 A-就足够了，而后是 PLŎ，我们可以把它们作为 PŎL 的替代来接受；但 victōr 的 ō 既不是最末的字母，也没有伴随着与 Apollō 相关的任何符号，victōr 的 ō 就是相当蹩脚的再现了。从声音序列考虑，ō 唯一的支撑点，是处在 A＋PLO-之后的令人满意的位置，或几乎是同一回事，是

Amplum victŌ-（r

与"易音铸词复合体"的成分有关，复合体内的首尾要素经其内部的和相互的对应，总是避开了以多元音子（复音或其他）现象呈现的正常条件的正当性，可以单声地显示。

［其他的推测是，dōnom 与易音铸词同时起作用，易音铸词用于 Apollo 的与格，仍然使用取自希腊语 Apollōnei 的形式。我们可以取 dōnom 的复音-ōn-。就-ei 而言，允可 veictōr 含有 ei，是必要的，如此，在同样的停顿当中，就有典型的 vīctor。我就此向朋友 E. Muret 请教，他向我断言，地名 Vitry（Victoriacum）凭借长音 ī，会有利于（说明）vīctor，他明白没有其他罗马词能提供证据。——作为复音，倘若必要的话，ei 能够以这种方式呈现，而不牵涉到它周围的因素，但它不是最后音节，而是应该如此。］

此外，在韵律上，dōnum 属于第九行，继而依然如 Amplom victor 一般属于同样的 χωλον；我们已看到，如果易音铸词的对象是主格 Apollo，易音铸词就不用这个词。在第九行中不考虑 donōm，我们就会有这样的形式（就诗行整体来说，非常引人注目）：

Amplom victōr/Ad mea templa portatō，/

整行诗除了诸部分的对称之外，落在 A-…和…-O 之间。（Saussure ms. fr. 3962；cité par Starobinski 1971：70—72）

这在很大程度上应该说是与历史事实相结合的心理运作与繁殖的结果。索绪尔说是 "不可避免且内在的心理群集（sociation psychologique）"，（Saussure ms. fr. 3965；cité par Starobinski 1971：120）透露了有意识的觅寻

过程和阐释程序当中浸染的内在无意识特性,字下之字构织成的是无意识的象征网络。 这是有意而为还是偶然而成? "倘若易音铸词仅仅是依照作诗的规则重复同样的音节和要素,而与专名或特定词语都无关,证明了这点,倒是令人高兴的。"(Saussure ms. fr. 3963;cité par Starobinski 1971:123—124)易音铸词(字下之字)指向专名或特定词语应该是存在于意向的运作之中的,却在诗篇的无意识构织里淡化了。 索绪尔 1909 年 3 月 19 日和 4 月 6 日曾就易音铸词现象是有意构织还是无意偶成询问意大利诗人 Giovanni Pascoli(1855—1912)(cf. Saussure 1968b:79;80), Pascoli 不作答,示以不肯定也不否定的态度。 诗人恐怕是以这方式显示易音铸词的生成介于有意无意之间。 但索绪尔的研究本身,的确证明了他的元音和辅音存在有规律地照应关系的观点是成立的,且具有普遍性意义。 照斯塔罗宾斯基话说,是索绪尔"寻求将语音张力添加到诗行的因循成规的韵律上去"(Starobinski 1971:124),这实际上是强化了音位的意义功能和形式功能。"这不仅仅是可以从各个方面无歧义地理解易音铸词的功能,而且涉及运用音位的更为一般的形式。""从易音铸词涌现出来的音节的重复将呈现这样一种观点:从音位到音位进行创生的秩序,导致语音平衡的叠韵。"(Saussure ms. fr. 3964;cité par Starobinski 1971:125)前者是一般意义上的横向组合,是诗歌的具体手段,后者则是审美意义上的纵向照应,是诗性的意向,而易音铸词着重在后者展现能量。 这种诗韵的构织是基于音位的意义和形式,那么,诗韵本身也就浸染了意义和形式,或者是意义和形式能够产生的触媒。 索绪尔特意引用法国诗人的言语,说"诗韵不仅不是诗歌撰作的束缚,而是导引和灵感"(Saussure ms. fr. 3964;cité par Starobinski 1971:127),恐怕正是就此而言的。

索绪尔在另外一本黄封皮上写有"Cicéron Pline le jeune, fin"题目的笔记本中,用字下之字(hypogramme)替代易音铸词(anagramme,逆回之字),理由则是字下之字这术语更为精确,与须抉出者合若符节。 我觉得索绪尔是在寻找起凸显作用的识别标志、起暗示作用的特别事物。 他说字下之字有这样诸种意义:"暗示;以文字再现;甚或是用化妆品突出面部特征……因为字下之字颇为倾力于强调和突出一个名字、一个词语,特别注意重复其音节,且在这方面赋予其外加而人为的性质,也就是说,添附到了词语的原义之上。"（Saussure ms. fr. 3965；cité par Starobinski 1971：30—31）
但更重要的是，索绪尔以这种替换显示"欲以'-声音'（-phone）替代'-书
写'（-gramme）"（Saussure ms. fr. 3964；cité par Starobinski 1971：31）的目
的。 索绪尔一方面强调文字的书写性，但同时又刻意突出文字中声音作为
能指所具的暗示和解码作用。 文字游戏这一修辞手段往往凭借了文字中声
音的关联、近似或相同而展开，索绪尔就此也以本身就是声音上关联的语句
说明道：

> 文字游戏与声音要素息息相关
>
> 乃至于因由声音而释义
>
> La paronomase s'approche de si près par son principe de
>
> La paraphrase par le son—phonique（Saussure ms. fr. 3966；cité
> par Starobinski 1971：32）

声音在此起着引导及支配作用。 萨图尔努斯诗歌内音位的照应往往以
耦合的方式出现，成双配对，构成声音的谐和与对应。 这时候在一个诗句
段落内同一个音位重复使用两次，诗句的主题就由种种对应构织而成，而声
音分析的过程也就成为语法分析和语义分析的过程。 神的名字的形态一方
面显示了咏唱的是这位神，同时也从声音的构成上遵守了诗歌规则，强化了
神名的地位。 这种形态一旦被接纳，就成为语法规则。 索绪尔甚至认为，
从语音和形态这两个角度来看，印度人的语法知识是印欧语诗歌规程的传统
的继续。 譬如《黎俱吠陀》的第一首颂歌，"这首颂歌明白地使 Agni 这名
字发生了词尾变化。 一连串诗行，有些以 *Agnim* îdê 为始，其他的，以
Agninâ rayim açnavat 为始，还有以 Agnayê、Agnē 之类为始，它们若不是
对神名作出表述，而是纯粹偶然地提供这名字的种种情状置于诗节之首，这
很难让人相信。 自那时刻起，诗人被迫经由法则或宗教惯例拟现一个名
字，被引得去区分清楚它的种种音节，明白地感觉到自己被迫去区分它的种
种形态，因为他的语音分析，譬如对 agninâ 来说是精确的，对 agnim 来说
在语音上就不复是精确的了，等等。 因而从简单的语音的角度来看，无论
满足神，还是符合诗歌规则，留意名字的变异就都是必要的了。"（Saussure

ms. fr. 3963；cité par Starobinski 1971：37—38）声音上的一致导致词语的语法形式的确立。

同时，书写物也起标识和代表的功效。 索绪尔从日耳曼语 stab 词源意义分析音位意识和音位直觉的表现。 他所谓的日耳曼语指古斯堪的纳维亚语、古撒克逊语、盎格鲁—撒克逊语、一两篇高地德语歌词。 日耳曼语诗歌的韵律依赖词语的重音，而词语的首字母重读，因此首字母与韵律不可分。 这是日耳曼语诗律的原初类型和一般模式。 然而重读的首字母或语音要素或音位数量众多，诗律的计数繁难，需要外在凭借。 索绪尔注意到 stab 有三重含义："（1）棍棒；（2）一首诗的头韵音位；（3）字母。"（Saussure ms. fr. 3963；cité par Starobinski 1971：39）不同形状的棍棒或枝条作为外在手段用来点数各种音位的总数，以求在各行中间配对、平衡。棍棒和音位间的对应及关联容易理解，头韵音位与其书写表象（字母）间的关系也好懂，但为何字母以棍棒来标示呢？ 索绪尔觉得是个解不开的谜。 然而我们强烈地感觉到了索绪尔思索的力量。 这或许意味着文字的代表、再现特性。 索绪尔以为"stab（棍棒）= 音位"（Saussure ms. fr. 3963；cité par Starobinski 1971：40）的等式产生于一切文字之前，是先有语音单位的外在代表或对应（stab，棍棒），而后才有文字——buoch，山毛榉的树皮，人们可在上面书写文字。 我们从索绪尔所举的现今通用的德语复合词 Buchstabe（山毛榉棍棒，字母）里（cf. Saussure ms. fr. 3963；cité par Starobinski 1971：40），也可看到其中蕴含的这层前后关系。 在作音位代表用的棍棒上书写也作音位代表用的文字，就由于它们都代表了音位，具有共同的功能，因而文字、字母可以用棍棒来标示，甚至可说棍棒是最原初的文字。

如此，标识物指向音位。 同样，词语倘若也用做标识，在一个段落里，连续有十、十二或十五之数，全呈现为这同样的词语，以此方式标示主题的整体性、离散的字下之字的凝聚性，索绪尔觉得这时候声音就转化为文字，或者说以文字的书写面目出现。 "标识语不应再本能地理解为声音词语，甚至也不是领会作'词语'：它是种'书写物'（gramme，γράμμα），围绕某个主题构织而成，此主题给整个段落灌注了生气，且多多少少是段落的'逻各斯'，其理性的内在一体性，其目的。"（Saussure ms. fr. 3963；cité par Starobinski 1971：32—33）这说明表音系统的语言把声音和主题（意义)重复地会聚于某处时,就出现书写性。 也可见索绪尔一方面对声音和文字有前后关系的看法,同时又对声音和文字有同一、融合的观点。 我们也可以从上述这一角度理解德里达的"语言就是文字或原始文字(痕迹)"的论断:"之所以存在文字的原始暴力,是因为语言首先就是文字。"(德里达1999:50)"文字的所谓派生性不管多么真实和广泛,都只能取决于一个条件:具有'本原性'、'自然性'等特征的语言并不存在,它决不可能受到文字的影响,它本身始终是一种文字。 它是原始文字。"(德里达1999:79)

(四) 结论:心智活动实现符号学价值

音位是一种具体可感的心理现实。 我们凭借听觉印象将其纳入集体都能理解的秩序内,这种秩序沉淀和存储于每个个体的大脑里,从而还原出种种意义来。 如此,意义是个具体的事实,其外在表征就是与心理因素相结合了的音位,也就是差异和对立的关系与功能。 语言机制和材料,包括语音变化和类比,它们的变化和生成都蕴含着心理特性,是人类心智活动秩序的展现。 索绪尔断言:"存在于语言中的一切都是意识现象。"(Saussure 1995:224)我们以为,其中的关纽就是"听觉印象"[①],据此可以确定词语的音位学面貌。 在索绪尔看来,抽象的整体语言唯一而根本的特征,是声音及听觉印象与某个概念的结合,赋予它符号的价值。 而价值的赋予过程是心理性的展现过程,价值的实现总是心理运作的结果。 "听觉印象是永远居留于我们身上的印记(头脑中潜在的印记)。"(索绪尔2007:8)索绪尔1897年的音位学笔记专门论述了听觉印象。

(Saussure 2002:248)

[①] "听觉印象"(image acoustique)这术语最先由布鲁格曼和奥斯脱霍夫使用。 (cf. Bouquet 1997:104, n.2)

索绪尔在此强化了听觉印象的重要性。 心理联结的实现就在于思维对已经心理化了的听觉印象再次心理化。

　　索绪尔将心理的事实与语音的事实对立，作为精神和物质的对立，共时的、语法的和历时的对立。（参见索绪尔 1980:196—197）音位根据心理学特性，也就是根据共时的差异和对立价值，从而获取意义。 意义伴随着的总是静态的、共时的事实。 "凡以某种方式会聚于意义的，都交互处于静态的状态。"（Saussure 2002:232）他在 1908—1909 年第二次讲授普通语言学课程时，就列出这样一个明确的等式："语法的＝意义的＝归属于一个符号系统＝自然而然是共时的。"（Saussure 1997:62）它具有的是根本属性而不是偶然属性。 索绪尔对抽象的整体语言作静态、共时的研究，就在于从意义和心理性出发的缘故，而这在整体语言的最小而不可再行切分的单位（音位）内已完全展露了。 索绪尔"把语言学考虑为心理学的单纯的分支，或是嵌合于心理学之内"（Saussure 2002:259），其着眼点就在意义。 这实际上就是从思维角度理解发音行为，将历时的物理性、生理性的发音行为作了转换，使其凭借差异的关系特性这一恒体、不变体，生成了共时的价值和意义。 所以索绪尔说，"对心理学部分理解的开端几乎只有源自于研究语音的转换"（Saussure 2002:102），同时也就顺理成章地把符号学这门意义科学归属于心理学，"符号学属心理学的分部。"（索绪尔 2007：81）可见索绪尔对共时态和历时态的割裂不是率意而为，而是有其内在依据的。

　　博杜恩则持共时和历时不可割裂之论，雅各布森后来一直坚持博杜恩这一观点，这也是与博杜恩生理性与心理性并举相关的。 然而博杜恩在 1910 年《语音规律》和 1927 年《语音学和心理语音学的区别》两文中显然刻意强调了心理性，与索绪尔 1891 年之后所持的观点一脉相承。

　　在博杜恩眼中，语言完全筑基于心理学，则必定将语言学看做心理学的分支，但语言只存在于社会中，人的心理展开也只有通过与其他人的交流才能进行，因此，博杜恩将语言学界定为"心理学-社会学的科学"（Baudouin 1972:139）。 其中音位就是心理运作的结果。 梅耶（Antoine Meillet）曾说语言单位是"言说者的感觉、意识（le sentiment）"（Meillet 1929:107），即就此而言。 博杜恩早在 1881 年的《斯拉夫语比较语法的若干章节》就谈到了音位所具的抽象及一般化特性问题（Baudouin 1881; cf. Jakobson 1973b:

251;Adamka-Saɫaciak 2001:189;Stankiewicz 1972:25),抽象和一般化是典型的心理运作过程及结果,是一种心理现实,它们凭借区别性的形态功能而实现这一现实。 语言的最小单位存在于大脑中,存在于人类社会的交流里,则音位的心理性是集体内在固有的。 雅各布森即道"听觉印象……构成社会事实"(Jakobson 1962:6)。 但博杜恩还是强调心理性与"发音和听觉表象"(Baudouin 1972:134)的紧密关联, "发音和听觉表象潜存于个体的心理学系统里"(Baudouin 1972:261),音位固然是精神活动的产物,有不确定之处,然而诸音位以发音和听觉的表象呈现,通过区别性而产生功能与意义。 音位的心理本质经由发音和听觉表象实现其功能本质。 所以博杜恩对音位的认识从心理向功能的转移,又从功能向心理的回复[1],看似变化不定,实则或是立足于音位的实现,或是立足于音位的意义的缘故。 这显然是博杜恩提出语义符号学和意义科学的基点,旨在强调音位的符号学价值,凸显心理表象(能指)和意义(所指)的交互作用。

发音和听觉要素虽呈现为物理与生理特性,呈现为物质实体性,甚至以更稳固的视觉形象——文字或字母来表示和暗示,当然博杜恩和索绪尔都对混淆言说和文字、语音与字母提出指责(cf. Baudouin 1909,cited by Stankiewicz 1972:37;Baudouin 1972:271;索绪尔 2007:46),但一旦经由听觉印象或视觉印象产生意指过程和结果,则根本上就是心理要素,那物质实体性是为了做心理感知的凭借。 洪堡特就曾说:"分节音正是心灵有意识地发出语音的行为,它之所以有物质实体性,似乎完全是出于外部感知的需要。"(洪堡特 1997:77)"语言的形成始终是精神努力和发出适当分节音的行为共同作用的过程。"(洪堡特 1997:95)分节音就是具有区别性的、蕴含着人类意识的发音行为和结果。 分节音的标志即是音位,或者是处于形态关系中的诸音位。 "界定那些与形态学差异有关的语音特征,是音位学的任务。"(Baudouin 1899;cited by Stankiewicz 1972:31)我们可以从形态上或意义上探究具区别性的发音-听觉单位,博杜恩的观点是, "形态学方式只对某些发音-听觉的区别产生作用,……而语义符号学方式则对全部发音-

---

[1] 博杜恩的音位观从心理学单位转向功能术语,又从功能术语返回心理学单位(cf. Baudouin 1972:152),Adamka-Saɫaciak 认为,返回心理学单位在博杜恩身上是一种倒退的迹象(Adamka-Saɫaciak 2001:189),实则不得不然。

听觉的区别产生作用"（Baudouin 1972：282），则在音位研究中语义符号学的功能比形态学的功能更占有主导地位，形态上的区别作用最终以是否具有区别意义的功能为指归。

语言现象是个体之间社会交流的显现物（cf. Baudouin 1972：260），这是博杜恩对心理性作强调的立足点。那么，显现的空间是什么呢？博杜恩在1910年发表的《语音规律》一文称之为构成理论研究对象的四个"世界"："（1）个体的心理世界，不变而永恒的语言学观念存在的基石；（2）特定机体的生物学和生理学的世界，语言表象从一个个体向其他个体发散式传送的第一个传播者；（3）外在的、物质的世界，第二个传播者；（4）以语言学方式表达的观念经由人类机体和外在世界从一个个体向其他个体的传播，是个语言学过程，它发生在社会世界，但以人的言说能力为先决条件。"（Baudouin 1972：261）这个过程是：潜存于个体心理系统内的发音-听觉表象，经由言说器官的实施，转变成生理学能量，使之运动，转而产生物理能量，物理世界的听觉上的振动、感应，引发听觉印象，影响了其他机体的感受能力，产生了生理能量的相应类型，这生理能量可被转换成心理学系统的理解能力。对接受的印象的理解在大脑中枢进行。由于理解，每个表象都与其他现存的表象潜在而活跃地联结起来，并被其他现存的表象充实和丰富了。（cf. Baudouin 1972：261—262）索绪尔1911年4月25日讲课所述"言说回路"的整体（索绪尔2007：77）与此如出一辙。这些只能在社会交流过程中进行。在社会交流过程中凭借并超越发音行为和听觉印象，进而实现意义。发音和听音都是转瞬即逝的，唯一永存或可把握的，是人类大脑对这些表象所蕴意义的共同理解。这完全是精神和心理活动。心理系统潜存于每个个体的大脑里，是集体性在每个个体身上的展现。

而理解应该看做是对诸要素的心理安排或诸音位的心理价值的理解，是对诸要素或音位的实施或实现。音位或发音-听觉表象的成立，取决于形态和意义，但若其呈现出形态和意义的功能，则反过来证明其具有社会的、集体的心理价值，它们是心理性的结果。音位是语言实施和理解的心理单位，是心理上不可再行切分的最纯粹的表象，我们可以据此掌握博杜恩的论断："诸音位构成了最终的心理（发音和听觉）的要素，这些要素不能再切分成更小的要素。从语言产物或发音的角度看，这些最终的要素是势位

（kinemes），而从听觉或理解的角度看，这些最终的要素则是听位（acousmemes）。"（Baudouin 1972：267）用以构成音位的势位和听位、实施和理解这两端是不可分的；博杜恩就说，"诸音位不是一个个分离的乐音之类，而是把各个要素构织起来的和声"（Baodouin 1972：272）。能够起这种构织和熔合之功的，显然是心理性、精神性。我们说语言是思维的工具，是用来帮助思维展开的，实则语言这一工具功能的最终实现，完全依赖了思维对听觉印象或视觉印象的再次心理化，思维从根本上实现了语言。

参考文献

Adamka-Saɫaciak，Arleta. 2001. "Jan Baudouin de Courtenay's contribution to general linguistics." *Towards A History of Linguitics in Poland*（pp. 175—208）. Ed. by E. F. K. Koerner and Alesander Szwedek. Amsterdam and Philadelphia：John Benjamins. First appeared in *Historiographia Linguitica*，n°25：1/2（1998）：25—60.

Amacker，René. 1987. 《Quand le phonème n'était pas le phonème：Contribution à l'histoire de la terminologie linguistique》. *Cahiers Ferdinand de Saussure*，n°41：7—20. Genève：Librairie Droz.

Baudouin de Courtenay，Jan. 1972. *A Baudouin de Courtenay Anthology：The Beginnings of Structural Linguistics*. Ed. and transl. by Edward Stankiewicz. Bloomington & London：Indiana University Press.

Baudouin de Courtenay，Jan. 2005. *Mikoɫaj Kruszewski，his life and scholarly work*. Transl. by Wayles Browne and ed. by Arleta Adamka-Saɫaciak and Magdalena Smoczyńska. Kraków：Uniwersytet jagielloński.

Benveniste，E. 1964a. 《Saussure et Baudouin de Courtenay》. *Cahiers Ferdinand de Saussure*，n°21：129—130. Genève：Librairie Droz.

Benveniste，E. 1964b. 《F. de Saussure à l'École des Hautes Études》，*Annuaire 1964—1965*（pp. 21—34）de laIVᵉ section de l'École pratique des Hautes Études，Sciences historiques et philologiques.

Berezin，Fedor Mixajlovič. 2001. "Mikoɫaj Kruszewski and 20Th-Century Linguistics." *Towards A History of Linguitics in Poland*（pp. 209—231）. Ed. by E. F. K. Koerner and Alesander Szwedek. Amsterdam and Philadelphia：John Benjamins. First appeared in *Historiographia Linguitica*，n°25：1/2（1998）：61—86.

Bouquet，Simon. 1997. *Introduction à la lecture de Saussure*. Paris：Éditions Payot & Rivages.

Engler，R. 1975. "European structuralism：Saussure." *Current Trends in Linguistics*. Vol. 13. *Historiography of Linguistics*（pp. 829—886）. Ed. by Thomas A. Sebeok. The Hague：Mouton.

Gandon，Francis. 2001. 《Le dernier Saussure：Double articulation, anagrammes, brahmanisme》，*Semiotica*. V. 133—1/4：69—78.

Gandon，Francis. 2002. *De dangereux édifices：Saussure lecteur de Lucrèce：les cahiers d'anagrammes consacrés au "De Rerum Natura"*. Louvain-Paris：Éditions peeters.

Godel，R. 1957. *Les sources manuscrites du Cours de linguistique générale de F. de Saussure*. Genève：Librairie Droz.

Havet，Louis. 1978. 《Mémoire sur le système primitif des voyelles dans les langues indo-européennes par Ferdinand de Saussure》. *Cahiers Ferdinand de Saussure*，n°32：103—122. Genève：Librairie Droz.

Hjelmslev，Louis. 1970. *Language：An Introduction*. Transl. from the Danish by Francis J. Whitfield. Madison-London：The University of Wisconsin Press.

Ivić，Milka. 1965. *Trends in Linguistics*. Transl. by Muriel Heppell. The Hague：Mouton.

Jakobson，Roman. 1962. 《Proposition au Premier Congrès International de Linguistes》，*Selected Writings*. Vol. I：*Phonological Studies*（pp. 3—6）. The Hague：Mouton.

Jakobson，Roman. 1973a. 《L'école de linguistique polonaise de Kazan et sa place dans le développement international de la phonologie》，*Essais de linguistique générale*. t. Ⅱ. *Rapports internes et externes du langage* (pp. 199—237). Paris: Les Éditions Minuit.

Jakobson, Roman. 1973b. «L'importance de Kruszewski dans le développement de la linguistique générale», *Essais de linguistique générale*. t. II. *Rapports internes et externes du langage* (pp. 238—257). Paris: Les Éditions Minuit.

Jakobson, Roman. 1973c. «La première lettre de Ferdinand de Saussure à Antoine Meillet sur les anagrammes», *Questions de poétique* (pp. 190—201). Paris: Éditions du Seuil.

Jakobson, Roman. 1973d. «Réflexions inédites de Saussure sur les phonèmes», *Essais de linguistique générale*. t. II. *Rapports internes et externes du langage* (pp. 287—295). Paris: Les Éditions Minuit.

Jakobson, Roman. 1988. «Six leçon sur le son et sens», *Selected Writings*. Vol. VIII: *Major works 1976—1980* (pp. 321—390). Berlin, New York: Mouton de Gruyter.

Jones, Daniel. 1950. *The Phoneme: Its Nature and Use*. Cambridge: Heffer.

Jones, Daniel. 1957. *The History and Meaning of the Term "Phoneme"*. Department of Phonetics, University College, London, W.C.I. Supplement to *Le maître phonétique*.

Joseph, John E. 1999. "Dufriche-Desgenettes and the Birth of the Phoneme." *The Emergence of the Modern Language Sciences: Studies on the Transition from Historical-Comparative to Structural Linguistics, in Honour of E. F. Konrad Koerner* (pp. 55—75). Ed. by Sheila Embleton, John E. Joseph and Hans-Josef Niederehe. Amsterdam and Philadelphia: John Benjamins.

Koerner, E. F. K. 1973. *Ferdinand de Saussure: Origin and Development of his Linguistic Thought in Western Studies of Language*. Braunschweig: Vieweg.

Koerner, E. F. K. 1976. «A Minor Figure in 19th-Century French Linguistics: A. Dufriche-Desgenettes». *Phonetica*, n°33: 222—231. repris dans Koerner, *Toward a Historiography of Linguistics*. *Selected Essays* (pp. 127—136). Amsterdam: Benjamins, 1978.

Koerner, E. F. K. 1978. "Jan Baudouin de Courtenay: His Place in the History of Linguistic Science." *Toward a Historiography of Linguistics* (pp. 107—126). Amsterdam: John Benjamins.

Koerner, E. F. K. 1988. "The Place of Saussure's *Mémoire* in the Development of Historical Linguistics." *Etudes Saussuriennes* (pp. 137—153). Genève: Éditions Slatkine.

Krámský, Jiří. 1967. "Some Remarks on the Problem of the Phoneme." *To honor Roman Jakobson. Essays on the occasion of his seventieth birthday. 11 October 1966*. V. III (pp. 1084—1093). The Hague: Mouton.

Kruszewski, Mikołaj. 1995. *Writings in General Linguistics* (pp. 5—33: *On Sound Alternation*. 1881; pp. 43—173: *An Outline of Linguistic Science*. 1883). Ed. with an Introduction by Konrad Koerner. Amsterdam: John Benjamins Publishing Company.

Malmberg, Bertil. 1954. «Ferdinand de Saussure et la phonétique moderne». *Cahiers Ferdinand de Saussure*, n°12: 9—28. Genève: Librairie Droz.

Mauro, T. de. 1972. *Cours de linguistique générale*. Édition critique préparée, notes biographiques et critiques sur F. de Saussure. Paris: Payot. Transl. from the It. *Corso di linguistica generale di Ferdinand de Saussure*. Bari: Laterza, 1967.

Meillet, Antoine. 1903. *Introduction à l'étude comparative des langues indo-européennes*. Paris: Hachette.

Meillet, Antoine. 1929. *Linguistique historique et linguistique générale*. I. Paris: Klincksieck.

Parret, Herman. 1994. «Les manuscrits saussuriens de Harvard». *Cahiers Ferdinand de Saussure*, n° 47(1993): 179—234. Genève: Librairie Droz.

Prosdocimi, Aldo L; Marchese, Maria Pia. 1992. "Notes on Saussure as an Indo-europeanist and Phoneticist." *Prehistory, History, and Historiography of Language, Speech, and Linguistic Theory* (pp. 89—111). Ed. by Bela Brogyanyi. Amsterdam: John Benjamins Publishing Company.

Reichler-Béguelin, Marie-José. 1980. «Le consonantisme grec et latin selon de Saussure: Le cours de phonétique professé en 1909—1910». *Cahiers Ferdinand de Saussure*, n°34: 17—97. Genève: Librairie Droz.

Saussure, F. de. 1878(1879). *Mémoire sur le système primitif des voyelles dans les langues indo-européennes*. Leipzig: Teubner.

Saussure, F. de. 1922. *Recueil des publications scientifiques de Ferdinand de Saussure*. éd. par Charles Bally et Léopold Gautier. Lausanne: Librairie Payot.

Saussure, F. de. 1960. «Souvenirs de F. de Saussure concernant sa jeunesse et ses études», éd. par R. Godel. *Cahiers Ferdinand de Saussure*, n°17: 12—25. Genève: Librairie Droz.

Saussure, F. de. 1967. *Cours de linguistique générale*. t. 1(fasc. 1: xii + 146pp. [double]; fasc. 2: pp.

147—316[double]）. Édition critique par Rudolf Engler. Wiesbaden：Otto Harrassowitz.

　　Saussure，F. de. 1968a. *Cours de linguistique générale*. t. 1（fasc. 3；pp. 317—515[double]）. Édition critique par Rudolf Engler. Wiesbaden：Otto Harrassowitz.

　　Saussure，F. de. 1968b. 《Lettres de Ferdinand de Saussure à Giovanni Pascoli》，éd. par Guiseppe Nava. *Cahiers Ferdinand de Saussure*，n°24；73—81. Genève：Librairie Droz.

　　Saussure，F. de. 1972. 《Lettres de Ferdinand de Saussure à J. Baudouin de Courtenay》，éd. par N. A. Sljusareva. *Cahiers Ferdinand de Saussure*，n°27（1970/72）；7—17. Genève：Librairie Droz.

　　Saussure，F. de. 1974. *Cours de linguistique générale*. t. 2，fasc. 4；*Appendice*，*Notes de F. de Saussure sur la linguistique générale*. Édition critique par Rudolf Engler. Wiesbaden：Otto Harrassowitz.

　　Saussure，F. de. 1978. 《Essai pour réduire les mots du grec，du latin et de l'allemand à un petit nombre de racines》，éd. par B. Davis. *Cahiers Ferdinand de Saussure*，n°32；73—101. Genève：Librairie Droz.

　　Saussure，F. de. 1993. *Cours de linguistique générale*. *Premier*（pp. 11—176；1907）*et troisième*（pp. 181—368；1910—1911）*cours d'après les notes de Riedlinger et Constantin*. Texte établi par Eisuke Komatsu. Tokyo：Université Gakushuin.

　　Saussure，F. de. 1995. *Phonétique*：*il manoscritto di Harvard Houghton library bMs Fr 266*（8）. edizione a cura di Maria Pia Marchese. Padova：Unipress.

　　Saussure，F. de. 1997. *Deuxieme Cours de linguistique générale*（1908—1909）*d'après les cahiers d'Albert Riedlinger et Charles Patois*. Texte établi par Eisuke Komatsu. Oxford：Pergamon.

　　Saussure，F. de. 2002. *Écrits de linguistique générale*. Texte établi et édité par Simon Bouquet et Rudolf Engler. Paris：Éditions Gallimard.

　　Schogt，Henry G. 1966. 《Baudouin de Courtenay and Phonological Analysis》. *La Linguistique*，n°2，fasc. 2；15—29.

　　Sechehaye，A. 1942. 《De la définition du phonème à la définition de l'entité de langue》. *Cahiers Ferdinand de Saussure*，n°2；45—55. Genève：Librairie Droz.

　　Sljusareva，N. A. 1963. 《Quelques considerations des linguists soviétiques à propos des idées de F. de Saussure》. *Cahiers Ferdinand de Saussure*，n°20；23—46. Genève：Librairie Droz.

　　Sljusareva，N. A. 1974. "Problems of scientific connections and influence（F. de Saussure and J. Baudouin de Courtenay）." *Proceedings of the Eleventh International Congress of Linguists*（Bologna，Florence，1972）（pp. 763—766），Vol. Ⅱ. Bologna：Il Mulino.

　　Stankiewicz，Edward. 1972. "Baudouin de Courtenay：His Life and Work." *A Baudouin de Courtenay Anthology*：*The Beginnings of Structural Linguistics*（pp. 3—48）. Bloomington & London：Indiana University Press.

　　Starobinski，Jean. 1971. *Les mots sous les mots*：*Les anagrammes de Ferdinand de Saussure*. Paris：Éditions Gallimard.

　　Streitberg，Wilhelm. 1966. "Ferdinand de Saussure." *Indogermanisches Jahrbuch*. Vol. 2（1914）；203—213. repr. in *Portraits of Linguists*：*A Biographical Source Book for the History of Western Linguistics*，*1746—1963*. Ⅱ（pp. 100—110）. Bloomington & London：Indiana University Press.

　　Troubetzkoy，N. S. 1968. 《La phonologie actuelle》，*Essais sur le langage*（pp. 143—164）. Paris：Les Éditions de Minuit.

　　Troubetzkoy，N. S. 1976. *Principes de phonologie*. trad. par J. Cantineau. Paris：Éditions Klincksieck.

　　Troubetzkoy，N. S. 2001. *Studies in General Linguistics and Language Structure*. Ed. by A. Liberman. Transl. by M. Taylor and A. Liberman. Durham and London：Duke University Press.

　　Utaker，Arild. 2002. *La philosophie du langage*：*une archéologie saussurienne*. Paris：Presses Universitaires de France.

　　Velmezova，Ekaterina. 2003. 《*Phonème* et *morphème*：deux notions diachroniques chez I. A. Baudouin de Courtenay》. *Cahiers Ferdinand de Saussure*，n°55（2002）；85—98. Genève：Librairie Droz.

　　Watkins，Clavert. 1978. 《Remarques sur la méthode de Ferdinand de Saussure comparatiste》. *Cahiers Ferdinand de Saussure*，n°32；59—69. Genève：Librairie Droz.

　　Williams，Joanna Radwańska. 1993. *A Paradigm Lost*：*The Linguistic Theory of Mikołaj Kruszewski*. Amsterdam：John Benjamins Publishing Company.

　　德里达，《论文字学》（汪堂家译），上海：上海译文出版社 1999 年版。

　　洪堡特，《论人类语言结构的差异及其对人类精神发展的影响》（姚小平译），北京：商务印书馆 1997 年版。

雅柯布森，《雅柯布森文集》（钱军译），长沙：湖南教育出版社 2001 年版。

琼斯，"'音位'的历史和涵义"（游汝杰译，李振麟校），载《国外语言学》，1980 年第 2 期：第 23—31 页、第 38 页（中译文删去了第六节注释引用《苏联大百科全书》有关博杜恩·德·库尔特内创设音位观念的一段重要文字）。

克拉姆斯基，《音位学概论：音位概念的历史与理论学派研究》（李振麟等译），上海：上海译文出版社 1993 年版。

李咏燕，"《失落的范式：M. Kruszewski 的语言学理论》评介"，载《当代语言学》，2000 年第 3 期：第 190—195 页。

戚雨村，"博杜恩·德·库尔特内和喀山语言学派"（原刊《中国俄语教学》1988 年第 2 期），《现代语言学的特点和发展趋势》（第 21—35 页）。上海：上海外语教育出版社 1997 年版。

索绪尔，《普通语言学教程》（高名凯译），北京：商务印书馆 1980 年版。

索绪尔，《索绪尔第三次普通语言学教程》（屠友祥译），上海：上海人民出版社 2007 年版。

信德麟，"博杜恩·德·库尔特内的生平和学说"，载《外语学刊》1990 年第 1 期：第 1—11 页。

第　二　章

索绪尔与保罗:整体语言抑或个体语言

有关索绪尔的材料(学生的课堂笔记,索绪尔本人的信件、教案、札记等)越来越完整地清理出来,为我们探究索绪尔的学术渊源提供了方便,同时也愈加凸显了索绪尔的创新之处。我们在此仅追索、比对一下索绪尔与德国语言学家保罗(Hermann Paul,1846—1921)的学术关系。

就闻见所及,迄今为止,研究索绪尔和保罗学术关系的专文并不多:Bohumil Trnka(1929),围绕索绪尔和保罗,论述了语言的共时研究和历时研究两种方法的基本区别;Hans-Heinrich Lieb(1967),从历史角度全面勾勒了 Paul,Baudouin de Courtenay,Kruszewski,Fortunatov,Meyer-Lübke及其他语言学家在索绪尔之前对语言的共时性和历时性的明确认识;Konrad Koerner(1973, 1988),论述索绪尔和保罗在共时语言学、语言惯用法和个体表达诸方面的共识与各自的独特见解,最为深入而全面;László Antal(1986)针对 Koerner 的观点,就保罗和索绪尔的学术关系作了与之不同的评说;我们则主要论述索绪尔、保罗对共同语和个体言说、整体语言和个体语言的同感与异见,以及导致异见的缘由。

(一) 语言科学唯一研究对象的确定

对语言作科学的研究,应该取什么作为材料和对象呢? 索绪尔对这点的不同思考,就使其与以往的语言学家大有区别了。 语言学探讨人类所有语言各个时期的一切变化,"以语言的所有表现形式,论及语言,论及最为广泛的可能领域所涉的对象。"(索绪尔2007:5)这当然把文学语言与通俗语言都包括在内，"只有书写的语言才成为文学语言。"(Saussure 1997:6)但索绪尔在公开场合明确地把研究对象界定为言说的语言。"惟有言说的语言方成为语言学的对象。"(Saussure 1997:6)写下的书面语言(文字)只是言说的语言的外壳。我们理解索绪尔的语言科学，这点要特别注意。而他在研究荷马史诗、拉丁诗作、中古传奇之际，则对文字倾注了非同寻常的心力。

索绪尔 1894 年 1 月 4 日给梅耶的信，倾吐心曲，近乎迷执地谈论语言学研究的对象，"长久以来，我特别关注这些(语言)事实的逻辑分类，以及我们据以探讨语言事实的诸视点的分类，同时，为表明语言学家从事的是什么，把每一种运演活动化入其预设的范畴，我越来越意识到这需做大量的工作。"(Saussure 1964:95)尤其是要重新拟定术语，在索绪尔看来，当时流行的术语"绝对荒谬"。为此需要表明语言学的研究对象是"一般的整体语言"(la langue en général)(Saussure 1964:95)，虽则他觉得这会败了自己对语言学作历史审视的兴味。可见早在 1894 年之前，索绪尔就在思索如何对语言事实本身以及观察语言事实的视角进行划分，明确提出了"一般的整体语言"的术语。注目于语言事实的抽象而同质的整体，这是对语言事实的析分，也是观察语言事实的一个视角。梅耶就指出，索绪尔《普通语言学教程》中的思想很早就开始形成了，"他在普通语言学课程中详尽讲授的学说，已可在 20 年(引按：1896 年)前在高等研究学校讲授比较语法时看出来了，那时我是一个学生。"(Meillet 1916:33)1907 年 1 月 16 日，索绪尔开始第一次讲授普通语言学课程，他从内在原理出发，将语言学界定为：群体语言或种种整体语言的科学(la science du langage ou des langues)。(Saussure 1993:11)但立刻产生一个问题：什么是群体语言(le langage)？索绪尔觉得其本质很难确定。研究对象的材料混沌一片，简直可以说对象不存在，"这在其他诸多学科内还不曾产生过。"(索绪尔 2007:6)譬如发出 nu 这个音，从中我们可以看到一个声音，一种观念的表达，语言现象总是有两个方面：人发出的音节是耳朵听得到的音响印象，但声音没有发音器官就不能存在；声音本身不能单独存在，它是听觉—发音的复合单位，跟观念结合起来又构成了生理—心理的复合单位；群体语言有个体的一面和社会的一面，没有这一面就无从设想另一面；群体语言时时刻刻同时包含一个已经

确立的系统和一种演化,时时刻刻都是现行的制度和过去的产物。(参见索绪尔 1980:28—29)

　　为了解决这个问题,索绪尔在前后三次讲授普通语言学课程当中,首先就是从新创术语入手的。他把语言分为群体语言(le langage)、(抽象的)整体语言(la langue)和个体语言(la parole),其中群体语言=(抽象的)整体语言+个体语言,并以(抽象的)整体语言为明确的研究对象,因为它同时包含了上述语言现象的二元性:同时是群体语言机能的社会产物,和社会集团为了使个体有可能行使这机能所采用的一整套必不可少的规约。(索绪尔 1980:30)也就是说,(抽象的)整体语言是社会产物,其存在使得个体可以运用群体语言能力。(索绪尔 2007:75)研究对象的确定,无疑是索绪尔成为现代语言学奠基者的一个重要方面。

　　保罗在索绪尔之前也作了语言学术语的区分。1880 年保罗出版了《语言史原理》(*Principien der Sprachgeschichte*),在其去世前曾印过五版,其间大有增益,初版为 228 页,第五版(1920 年)则扩至 428 页,且每版次都在序言中明白表达自身的观点。此书被誉为新语法学派的"圣经"。该书1888 年由 Herbert August Strong 据第二版(1886 年)译为英文,1891 年英译者与 W. S. Logeman、B. I. Wheeler 一道写了适宜于英语读者阅读的改编本《语言史原理初阶》(*Introduction to the study of the history of language*)。《语言史原理》虽以德语写作,且以日耳曼语为例阐明语言的历史研究。但作者境界阔大,并非仅限于日耳曼语,而是放眼于所有的印欧系语言。1909 年,在此书第四版序言中,他进一步叙述自己的信念,是要使揭橥的原理可适用于非印欧系语言(cf. Jankowsky 1972:145)。可见《语言史原理》旨在发现语言变化的规律。"描写语法(Descriptive Grammar)的任务是确定并记录语法形式以及特定语言共同体在特定时间的一般状况;记录属这般共同体的所有个体的言语。这自然而然会以抽象的形式,譬如范式和规律,来记录其观察所得。将语言特定时期得出的抽象物与另一时期的抽象物相比较,就会发现结果是不一样的,我们就说语言在某些方面发生了变化。不仅如此,我们还可从这些变化中发现某种规律。"(Strong et al. 1891:1;Paul 1970:2)索绪尔也取相同的途径,以为"须从一切语言本身的历史中得出最为普遍的规律"(索绪尔 2007:4)。保罗所谓的"语言规律"

亦称"语言习惯用法"(Sprachusus),他从语言史中得出原理,同时从语言原理中见出语言的史的变化,也就是所谓语言习惯用法的变化。这显然将共时性和历时性交织在一起了。索绪尔则强调共时性(synchronie)和历时性(diachronie)的对立,语言学家意识到这种对立,但正如索绪尔自己所说,没有人像他那样特别强调这一对立。(参见索绪尔 2007:126)保罗影响索绪尔之处,正在于作了语言习惯用法(linguistic usage)和个体语言活动(individual linguistic activity)(Strong et al. 1891:9)的区分:"语言习惯用法"(Sprachusus)和"个体言说活动"(individuelle Sprechtätigkeit),"共同语"(Gemeinsprache)和"个体言说"(individuelle Sprachen),"语言协作体"(Sprachgenossenschaft,亦称"交流协作体",Verkehrsgenossenschaft)和"个体"(Individuum)。索绪尔的"整体语言"和"个体语言"是可以与之相对应的。

索绪尔进一步把整体语言分为"种种具体的整体语言"(les langues)和"抽象的整体语言"(la langue)。围绕前者,索绪尔主要探讨了种种具体的整体语言(譬如日耳曼语、克尔特语、意大利语、希腊语等等民族语)的差异是由地理差异造成的这一现象;就后者,索绪尔认为它呈现为一个"可抽析的整体",一个"自成一体的机体"(索绪尔 2007:75),完全是一个明确的对象,因而认定抽象的整体语言正是他心目中语言科学的研究对象。在这一点上,索绪尔和保罗大相径庭,保罗以为个体语言活动是语言学唯一的研究对象。两人取径的不同,我们认为一是缘于当时心理学研究路子以及保罗和索绪尔对语言学与心理学关系的看法的差异,二是由于对类比创新的注重程度的差异,对类比创新的不同观点导致对整体语言和个体语言的异见。

(二) 符号学(社会集体性):语言学和心理学之间的关纽

我们在此先谈第一点差异。语言学和心理学的关系极为密切,其间往往"很难划定界限"(索绪尔 2007:4):或是心理学借用语言学的材料,冯特的《民族心理学》就是如此,保罗的《语言史原理》1909 年第四版序言(cf. Koerner 1973:113)就说冯特只从言者而不同时从听者的角度研究语言,最终希望从对民族心理学有利的角度观察语言，从中得出结论，其指归在心理学；或是心理学给语言学提供资料，协助其工作，着落点则在语言学。 心理学研究途径的差异，以赫尔巴特（Johann Friedrich Herbart，1776—1841）的"个体心理学"与冯特（Wilhelm Wundt，1832—1920）的"民族心理学"为代表。

冯特认为语言变化的起因在"集体意识"，或者说在"群众"（Volksseele），而不在"个体"（Einzelseele），只凭个体经验是没法透彻说明人类集体所创造的精神产品，因为它们取决于集体的活动。 冯特据此进行民族心理学的研究，作为研究复杂心理过程的普通心理学（个体心理学）的重要辅助手段，其中语言、神话和风俗就是集体心理生活的产物，从中可以推断出普遍的心理规律，展现共同的心理过程。 民族心理学是个体心理学研究的极重要的辅助手段，这意味着民族心理学不是心理学研究的主要对象。

保罗 1866 年秋在柏林大学读了一学期书，斯坦塔尔（Heymann Steinthal，1823—1899）是其老师。 斯坦塔尔最早认识到赫尔巴特表象心理学（Vorstellungspsychologie）对语言科学的重要性。 保罗主要通过斯坦塔尔知晓赫尔巴特的。（cf. Jankowsky 1972：152—153）在《语言史原理》第一版，保罗称赫尔巴特的个体心理学为唯一恰当的心理学（cf. Koerner 1988：33）。 在第四版（1909 年）中他反对冯特的民族心理学观念，认为只有个体才是科学观察的主体，一般观念只能从大量个体的观察中得出，况且一切语言创新总是个体的工作。 保罗据此将语言学研究的对象界定为所有个体言说活动表现形式的总体。 为了历史地描述语言，不仅必须列出这语言的所有个体成分，还要描写诸因素的相互关系，它们之间相对而言的活力，它们共有的联结物，以及这些联结物紧密和活力的程度。（cf. Koerner 1973：114）正是基于对语言研究的这般看法，保罗认为没有群体心理学本身，只有单个个体的心理行为构成的群体心理学。 冯特在把心理学运用于语言之前，心理学已具完备的体系，冯特把语言融入心理学，表明他终究是心理学家。 而保罗则认为语言是第一性的，心理学只是运用于或者可以运用于语言而已。 但《新语法学派》作者认为，保罗运用心理学于语言变化，而不是用于语言描述，"只有历史的观念，没有语言学的观念，是个明显的缺陷。"（Jankowsky

1972:154)这点我们后面将其与索绪尔比较时的确可以看到。

薛施蔼 1908 年出版《理论语言学纲要及方法》一书,副标题是"语言心理学",索绪尔作了论评之文(*Notes sur* Programme et méthodes de la linguistique théorique *d'Albert Sechehaye*,1908),认为一开始就将语言学摆在与其他社会科学(它们可观察语言)相面对的境地,譬如语言学与心理学等等,是很有必要的。(cf. Saussure 2002:259)因为早在语言学之前很久,一切社会科学,至少是关注价值的社会科学,到最后总与心理学有关。(cf. Saussure 2002:260)这恐怕是由于价值的获得,或者意义的赋予是一种集体心理行为的缘故。 索绪尔 1907 年第一次讲授普通语言学课程,入手之初,就将语言学与人种学、语文学、心理学、逻辑科学、社会学进行比对,说到语言学和心理学,索绪尔不无讽刺地说心理学在语言学中建立了一个惬意的领地,但"语言学不会像冯特所说的那样会被心理学吸纳,化为心理学"(Saussure 1993:12)。 索绪尔 1876 至 1878 年在莱比锡大学学习历史语言学,而那时冯特就是莱比锡大学的教授,1876 年他就在那儿作了有关语言的讲座。 索绪尔讲到语言学与心理学之际,不免对冯特有所指。 为了界定语言学的研究对象,索绪尔借助了心理学,同时在某种程度上又强调了语言学的独立性。 "语言学的一个目标,就是要界定自身,识别自身所统领的范围。 在这番情景下,它就要倚赖心理学了,当然,这会是相当间接的,且依旧保持着独立性。"(索绪尔 2007:4—5)对心理学的依赖性和独立性在语言符号学里表现得最为淋漓尽致。 索绪尔就是从心理学出发探究符号学及语言符号学的,并且把符号学看做心理学的一个分部。(参见索绪尔 2007:81)他将这揭橥为人文科学的内含或嵌合特征:语言学包含在符号学之内(因为语言是主要的符号系统),符号学包含在心理学之内。(cf. Saussure 2002:259)那么,符号学就成为语言学和心理学之间的中介或关纽。 索绪尔之所以注重符号学,其中一个出发点就是:"只有经由符号学,我们才可明了语言学和心理学的关系。"(Saussure 1968:21)而"社会集体性及其法则是符号学现象的内在要素"(Saussure 2002:290),则社会集体性同样也是语言学和心理学的内在要素。 索绪尔 1910 至 1911 年第三次讲授普通语言学课程,断言"一切符号都基于心理学"(Saussure 1968:21)。 "这心理学属于社会心理学领域,也就是说,它纯粹是社会的;它涉及的心理学同样适用于语言。 这些符号体系内左右着变化的种种规则，总是与支配着语言变化的种种规则适相类同。"（索绪尔 2007：9—10）经由符号学，把语言学最终嵌合在心理学之内，进而把抽象的整体语言的社会集体性凸显出来，则抽象的整体语言不仅成为语言学的明确研究对象，同时也成为进入心理学的一个入口，或者心理学发挥作用的一个出口。 如此看来，抽象的整体语言的确定对心理学也有根本性的助益。 索绪尔就预期过心理学将意识到"抽象的整体语言不是它（心理学）的支流，而是其自身活力的源泉"（Saussure 2002：109）。 反过来，我们若要精确界定抽象的整体语言的单位，也须借助心理学，或者说须根据意义和价值功能。 索绪尔的意思是要取概念和听觉印象结合的总体。 "如果我们将概念与概念的代表（起符号作用的符号）分离开来，取各种不同的概念（爱，看见，房屋）本身，那么，它们就是一系列心理学对象。 在心理学领域，我们可说这是个复合的单位。 为了使概念属于语言学范畴，它只需具有听觉印象的价值；或者，我们若是把它引入了语言学范畴，那它就是个抽象物。"（索绪尔 2007：90）概念本身是一个抽象物，我们若是直接从抽象事物本身获取意义，概念就处于心理学范围，但它若想成为整体语言单位，成为整体语言的抽象实体，要进入语言学范畴，则必须具备听觉印象的价值。 同样，"光是孤零零的声音也不属语言学。"（索绪尔 2007：95）可见，要确定整体语言单位需凭借意义，凭借心理学的抽象过程，同时复合了声音这一物质基础。

由声音产生的听觉印象，索绪尔称之为"能指"，将概念称为"所指"。 能指和所指是构成符号的两个要素，但索绪尔觉得把概念和听觉印象、所指和能指相结合的整体称做"符号"，还是把听觉印象称做"符号"，是个决断不了的问题。 （参见索绪尔 2007：86 和 110）这表明索绪尔心目中的符号（signe）主要还是在借助声音进行指谓，以及这一指谓行为产生的心理效果这一方面，也就是能指或听觉印象这一方面。 概念和符号（听觉印象）的结合是一种联想的结合，完全是心理过程。 概念是精神产物，听觉印象是传递和接收精神产物的心理运作效果。 因此，索绪尔所称的听觉印象强调的正是声响产生的心理作用："听觉印象不是物质的声响，而是声响的精神印记。"（索绪尔 2007：84）概念和听觉印象两者都居于主体之内，都是精神的。 "听觉印象是变成心理感觉了的声音"（索绪尔 2007：77），只是听觉印象相对于概念来说更具物质性而已。 1996 年发现的索绪尔《论语言的双重本质》手稿亦道："不仅意义（la signification），而且符号（le signe），都是纯粹意识的事实（un fait de conscience pur）。"（Saussure 2002：19）这里的意义和符号，即指概念和听觉印象，或者说所指和能指。 整体语言是个符号系统，这符号系统的两个构成部分都具有心理性，是同质的。正是这种心理性"构成为整体语言的本质"（索绪尔 2007：81）。 这种联想的结合是由社会集体约定的，所以索绪尔把整体语言看做社会产物，"其存在使得个体可以运用群体语言能力。"（索绪尔 2007：75）因为除了具纯粹精神性的内心语言外，语言至少要在两个个体之间进行交流，个体语言能够展开，正是借助了集体心理。 反过来，整体语言的存在，正是由于说话的大众使用了整体语言，运用了概念和符号（言说印象、听觉印象）之间的心理纽结，所以索绪尔认为，"整体语言一上来就居于集体灵魂中"（索绪尔 2007：120），"整体语言本身在某种意义上仅仅是个体语言的结果；为了订立契约，个体的不计其数的言说是必不可少的，整体语言则是契约的结果。 整体语言并不是原初的现象。"（索绪尔 2007：81）索绪尔构设了这样一个"言说的回路"（索绪尔 2007：77）：

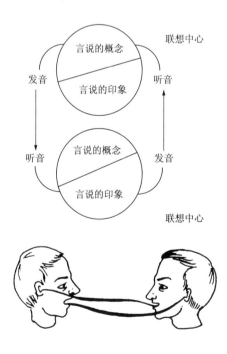

　　这里，言说印象与听觉印象对应而同一。 索绪尔把从联想中心到听音划为主动部分，是实施的，处于个体的状态，属个体语言领域；"倘若我们使用词语、语法形式，所有这些就确是在整体语言的特定状态里得到了规定。 但总是有个体的因素，留给每个人去选择组合方式，以便在一个句子里表达自身的想法。 这种组合方式属于个体语言，因为它是一种实施。"（索绪尔 2007：83）从听音到联想中心则划为被动部分，是接受的，集体固有的，对接收到的言说印象进行协调，使之归于某种秩序、某种固定的组合。"正是接受和协调的部分才具有社会性，这就是在不同的个体那里形成沉淀和存储的东西，达到了在所有个体身上都明显一致的地步。 正是这一区域，呈现了整体语言的范围。 在个体身上，这许许多多言说印象与处于对照之境的同样多的概念关联了起来。 我们可以说，选取一个个体，在这样单一的例子里，我们就会拥有处于社会总体的整体语言的印象。 如果我们能够检验个体身上以特定秩序和分类保存、安放着的言说印象，那么，我们就会看到构成整体语言的社会关系。 我们看到这一社会部分是纯粹精神的，纯粹心理的。 如此，正是我构想的整体语言的样子。 ……整体语言只存在于大脑里。"（索绪尔 2007：78—79）"在内在方面（整体语言领域），除开无意识的、差不多被动的、在任何情况下都不是创造性的活动：分类的活动之外，决没有什么对诸形式作事先考虑，甚至没有沉思和反省。"（Saussure 1993：92）因此，在索绪尔眼里，凡因言谈之需并经特定的运作而说话的：这是个体语言。 它在心理和生理（发音）两方面都是有意识的。 凡包含或存储于全部个体的大脑内，包含于这一听到和运用种种形式及其意义的沉积处的：这是整体语言。 （cf. Saussure 1993：92）它具有潜意识性。 并因以明显一致的状态存在于全体个体的大脑里，从而又具有无与伦比的社会

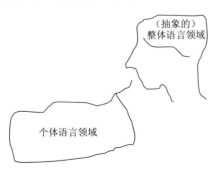

性。 索绪尔在第一次讲授普通语言学课程时，就此画了上面这样一幅简图
(Saussure 1993:92)。

抽象的整体语言居于思维深处的潜意识里，而它在潜意识中的形成以
及唤发，则需要学习或言说。 这意味着整体语言虽为个体内在固有的，
却具有集体的特性，是一个语言库藏。 在个体身上蕴含着抽象的整体语
言和诉诸言说的个体语言。 索绪尔据此确定语言学应研究的语言事实：
"整体语言中一切变化的原基都只有经个体语言方能引入。 一切种类的
变化都经一定数目的个体(试验气球)的试用。 只有当它们终于被集体接
受了，才能成为语言事实。 只要它们依旧处在个体语言当中，就不算语
言事实(个体语言具个体性)。 当变化成为整体语言事实了，我们就研究
它。"(索绪尔 2007:139)如此，具体言说的处于历时状态的个体语言，成
为沉积于全体个体大脑的具有共时性的抽象整体语言，才是语言学的确切
研究对象。

保罗认为，语言史的任务就是要尝试确定语言习惯用法和个体语言活
动的关系。 要做到这一点，则必须把出现于语言生长和发展的用法的不
同变化进行分类。 而要研究语言生命细微的、逐渐的发展，最好是在个
体语言中进行，只能在个体的言说者身上观察语言。 因为民族语言处于
变化之中，无法把它看做一种恒量。 如此，科尔纳说保罗拆除了语言的
一般理论的一切可能的基石。 (cf. Koerner 1988:34)但把个体和言说共
同体这两种实体之间永远的相互作用置于语言固有的社会本质这一基石之
上，欲在这对立的两种实体间建立联系的桥梁，这确是保罗的灼见和
贡献。

保罗视语言学为文化科学(kulturwissenschaft)，因而总是一门社会科
学。 惟经由社会交往，才能产生言语。 语言成为 "交流工具"
(verkehrsmittel)确是其最内在的特征。 语言变化不仅由于个体的自发动
作，而且由于受社会强制性的约束，那社会强制性就是 "个体希望被理解"
(cf. Koerner 1988:35)。 这说明归根结底是个体在起作用，个体是真正的
存在物，语言的言说共同体只是语言学家的人工制品，是一种抽象，其本身
并不实存。 "惟个体实存，类是抽象的。"(Strong et al. 1891:14)"因、
果只存在于真实的客体和事实之间，而不存在于纯粹的抽象物之间。 ⋯⋯

只有在关注语言所依据的心理和身体器官的时候，并且与这些心理及身体器官一起寻求因和果的关系的时候，我们才居于坚实的基石上。"（Strong et al. 1891:1—2；Paul 1970:2）"语言科学的真正客体是所有进行言说的个体的言语总体，是这些言语的相互关系。"（Strong et al. 1891:2）这是保罗把个体性看做心理学和语言学的内在要素的结果。　索绪尔则认为，整体语言是得到集体认可的心理现实，居于人类的大脑，具体可感，为稳定的印象，处于个体意志不可及的地方，是一种能够直接研究的对象；而个体语言不稳定，身体器官的运作也很难识别。　个体的言说总体进入了整体语言，经集体认可，定了形，方成为语言科学的研究对象。　整体语言是个体语言的"结果"、"分泌物"（索绪尔 2007:81，82），它沉积在大脑里，完全是实在的，"不仅具有具体性，而且是一种能够直接研究的客体。"（索绪尔 2007:81）索绪尔拿交响曲作譬，一首交响曲不经演奏也是一个存在的事物。演奏对作品来说无关紧要。　同样，"整体语言内呈现出来的个体语言的表达也可以显得是可有可无的。"（索绪尔 2007:82）这主要是因为整体语言具有社会性、本质性，是"绝对完成之物"（索绪尔 2007:8）。　语言科学需研究完成之物。　"整体语言……竭力避开个体，它不可能成为个体的创造物，它本质上是社会之物，它意味着集体性。　……它的唯一而根本的特征，是声音及听觉印象与某个概念的结合。　听觉印象是永远居留于我们身上的印记（头脑中潜在的印记）。　无需将整体语言设想为必定时时刻刻被言说。"（索绪尔 2007:8）索绪尔正是依据这大脑中潜存的印记界定了整体语言的实存性与本质性。　这种印记是无法根据发音器官分析的，只有凭借听觉印象才行。　下棋据游戏规则进行，与制作棋子的材料是何物无关，同样，发音器官以及生理语音学也不属于语言学研究范围。　保罗则特别关注发音器官的作用，缘由是心理机体无法有效把捉，身体器官及其运作则切实可观。　"对语言的心理机体的观察无论如何都是困难的，无法像语言的生理机体，也就是实际产生的声音甚至其导致这些声音的模式那样，可以直接观察到。　因为心理机体居于看不见的心智里，只能经由其结果和效力方可知晓。"所谓结果和效力，就是个体语言的实施。　"语言活动的生理现象，是个体可感知和实践的。""语言活动的心理因素居于不可见的心智，因而只能凭借对我们自身心智的观察来审视这心理因素。　在观察其他个体的过程当中，我们只能掌握生理结果，为了了解他人身上的语言心理机体，我们只得尽可能密切地观察我们自身心智的运作过程(以己度人)，然后，把在他人身上观察到的情形与从我们自身观察到的东西进行类比，对这现象作分类处理。"(Strong et al. 1891:6)索绪尔与保罗的分歧是显而易见的。

索绪尔谈及心理学往往指的是集体心理学、社会心理学，而保罗则明确指个体心理学，这是两人的绝大不同处。 但两人都基于心理学来研究语言学，这是相同的地方，也说明语言学是一门精神科学，自然而然牵涉到心理学问题。 保罗和索绪尔都关注并阐释了语言中的无意识活动的决定作用，只不过保罗是从语言历史的总体来看的，正因为意识不可能掌握已存语言的全部，无意识的潜存力量就开始发挥效用。 "语言发展的完整历史要求对所有曾说过或曾听过的声音群有确切的知识，对这般声音群唤出与象征的所有观念有确切的知识。 显然，我们不可能获得这般知识，但可能得到诸力量发挥作用的一般观念，这些力量在参与语言发展的广阔而复杂的程序系列内施展。 这些运作着的力量只有一部分是我们的意识可知的。 说和听是我们能掌控的两种程序。 由语言唤起的观念或图像，即便不言说，通过我们的意识，在某种程度上也是可以认知的。 然而现代心理学的最大成就是人类心智的无意识活动的证据(由于其能动作用)。 所有曾经呈现于我们意识的，都作为运作因素留存于无意识内。 意识活动有意识地获得的力量，可以转换成无意识地运作和显现的力量。 心智从其拥有的观念群，构成了心理群，譬如声音群，诸声音的序列，诸观念的序列，句法的结合。 这些群自然地、自发地、无意识地产生，一定不要与语法学家有意识制订的范畴混淆起来。 虽则两者常常是一致的。 这些群很明显处于变化的不变状态。"(Strong et al. 1891:2—3)保罗这里所谓观念群和心理群(声音群，索绪尔称听觉印象)的构织显然具有符号学的意涵，或者说语言符号学是一种心理学讯息的运作，已存语言总体当中的有意识之物转换为无意识之物，且永远处于可唤发并产生变化的状态。 索绪尔曾不说出处地引述一种看法，"整体语言内，一切都是具体的，这呈现于言说者的意识，将其视做抽象，有这样那样的差别只属语法学家的权利，但没有得到言说者的意识的认可。"(索绪尔2007:96)这与保罗认为语言习惯用法是一种抽象，是语言学家的人工制品,其本身并不实存的看法是吻合的,可见索绪尔引述的就是保罗的观点。 索绪尔则不这样看待抽象和具体。 他眼中的具体是观念受到听觉印象或声响单位的支撑,抽象则是言说者声音的运用成为观念的物质基础。 如此,保罗虽引入了符号学的意涵,但与索绪尔相较,仍有距离,明显的迹象是保罗以时间为立足点,着意于永远"处于变化"的状态。 而索绪尔依据符号学的指归,立足点则在整体语言,不在个体语言的演化上,"心理学家从未使时间在符号学中起作用"(Saussure 1974:47),符号学的基本原则也就是把"整体语言"按规律看成整体语言而不是看成先前状态的结果。(cf. Saussure 2002:70)这意味着历时态、个体语言没有在符号学(社会集体性)内产生效用。

(三) 类比创造物是突如其来的结构体

在语言创新这一层面上,索绪尔从根本上受了保罗的影响。 保罗的一个重要观点是:"声音和意义同时发展,主要受类比的影响。"(strong et al. 1891:11)类比是联想的结果。 词经由意义上或声音上的关联和相似形成词群。 这种相似或是实体上的,或是形式上的。 保罗以四项比例式表示类比的构成方式。

> 由于新的类比构成方式是对比例之间一个等式的解,因而至少需出现三项使这般等式能够构成。每一项必须在某一点上可与其他诸项比较,倘若这样的话,必定出现呼应(agreement),与此在实体上呼应,与彼在形式要素上呼应。如此,在拉丁语中,等式可以这样构成:animus:animi = senatus:x,而不是 animus:animi = mensa:x。这样一来,一个词除非与其他诸词在构成方式上有一个或诸个形态相应,否则的话,它从其他词那里受不到任何类比影响。(Paul 1888:106)

如此看来,语言生成规律在某种程度上是由类比导致的,是由心理联想造成的,反过来也可以说类比蕴藏着规律。 索绪尔大体上正是据这点把类比看做整体语言构成的形式,而保罗则认为类比是个体语言的运作,是一种替代,类比创新的产生是旧要素的消失。

1891 年 11 月,索绪尔在日内瓦大学作过三次有关语言科学的就职讲演。 第一次讲演谈及"整体语言和群体语言不是一回事;前者是后者的一般化(la généralisation)"(Saussure 2002:146)。 关于这一问题,这是较早的记录,过了近 20 年,尤其是 1910—1911 年第三次讲普通语言学课程时,索绪尔才予以系统的阐述。 1891 年,其首次讲演主要谈论了整体语言在时间上的连续性、统一性,将这界定为人类言语传承的首要特征。 Hovelacque 把语言看做生物体、有机体,就顺理成章地将语言学视为自然科学。 索绪尔强烈反对道:"不,整体语言不是个生物体,它不是独立于人类而存在的植物,不是由生至死的生命。"(Saussure 2002:154)整体语言本身不存在死亡、老化。 它在人类社会中一旦存活,就永远是活着的。 索绪尔甚至认为一种语言即使没人说它了,"其机体也保存了下来。"(索绪尔 2007:80)索绪尔显然坚持了整体语言的社会性、潜存性和抽象性。

整体语言在时间中的变化则为第二特征,它与整体语言在时间中的连续性不矛盾。 索绪尔 1891 年 11 月的第二次讲演谈了语音变化和类比变化,与他 1907 年第一次讲授普通语言学课程的主要内容吻合。 在索绪尔眼中,类比现象是理智的转化现象,类比活动是心理学活动,但"在某种意义上,这不是变形(transformation),而是创新(création)。"(Saussure 2002:160)"世代相传的形式是不参与新型式构成的唯一形式。 我们不能用变形(transformation)这个词,因为最初的形式在产生这种所谓变形之际是无意识的。 实际上,这是一种创新,一种副质,是与某一形式相比并的竞争者。"(Saussure 1993:86)这直接沿袭了保罗的观点。 保罗即认为类比不是保存,也不是毁坏,而是"一种创新的动原"(Strong et al. 1891:89)。 然而,索绪尔觉得类比现象再现了"诸形式在精神中的关联",它受"所再现的诸观念的关联"(Saussure 2002:161)的支配,这里,形式和观念、声音和意义是相关的,这与保罗的声音和意义各自同时独立发展不同。 而且保罗认为它们同时发展是类比影响的结果,类比是因;索绪尔则认为类比现象再现了它们的关联,类比现象是果。

类比变化与语音变化不同,前者起统一的作用,后者起区分的效果。"类比形式是依另一典型(image)而制造的形式。"(Saussure 1993:80)"类比必须有一个模型和对它的有规则的模仿。 类比形式就是以一个或几个其他形式为模型,按照一定规则构成的形式。"(索绪尔 1980:226)从这界定可以看出,类比形式在索绪尔心目中具有整体语言的特性。 索绪尔自己也说"类比变化的基本原则具有心理学属性,因而毋需历史实例"(Saussure 1993:80),如此,类比变化进一步具有静态的整体语言的特性,可以与演化的整体语言无干。 实际上,类比推广了一种具普遍性的构词方式,具有语法的、共时的特点。 "类比是属于心理方面的,但是这不足以把它跟语音现象区别开来,因为语音现象也可以看做属于心理方面的。 我们还要进一步说类比是语法方面的:要我们意识和理解到各形式间的关系。 观念在语音现象里没有什么作用,但是类比却必须有观念参与其事。"(索绪尔 1980:232)类比是对各种形式的共同处有所理解,考虑到了它们的形式和意义,因而观念必定参与其间。 形式和意义(观念)的结合与语法相关,而语法只是留存于思维深处潜意识里的观念与形式的外在表征。 类比对大脑中储存的材料进行分类和激活,由此而成为一种构造力量。 索绪尔所谓"类比是一种创造"(Saussure 1993:98)是在这一整体语言的意义上说的。 类比总是借用已有的要素进行创造。

> 创新活动只是一种组合活动,是新组合的创造。但组合是用什么材料构成的呢? 它们不是从外界得来的;整体语言必须在自身之内发现这些材料,这就是需要分析的原初行为的原因:整体语言花费时间解释和分解存在于组合中的东西,从前代带来的成果——这是整体语言的活动天地! ——用于之后以整体语言获得的下位单位把它们组合进新的结构体(constructions)内。(Saussure 1993:122)

新材料与旧材料共存,表现出现存的秩序,具有共时性。 索绪尔一再强调"类比创造和组合是突如其来的"(Saussure 1993:123),是一种"突如其来的结构体,而不是一砖一瓦造起来的建筑物"(Saussure 1993:122),处处揭示其共时的存在状态。 而保罗则注目于演化与替代。 演化现象总是出现在个体语言里,创新也总是具有个体性,保罗因此自然而然地注重个体语言,注重其历史发展,将语言学定位在"探究历史发展的本质"(Paul 1888:

xxvii)这一层面。 保罗当然也意识到语言学的共时和历时这二元性,但他反对从共时的静态方面研究语言,在他看来,惟有历史视角才是有效的。 "除了历史角度之外,还可能有另外观察语言的视点,我反对这点。 我必须抵制这点。 对语言作非历史而仍然科学的研究,所作的解释说到底只不过是不完全的历史研究,这部分是由于观察者的缺陷,部分则是因为所观察到的材料的欠缺而致。"(Paul 1888:xlvi—xlvii)索绪尔则认为类比创新若处于个体阶段,就不是整体语言事实,不具有整体语言的"社会认同(社会约束力)"(Saussure 1993:129),只是个体语言现象,不能作为语言学的研究对象。 另外,保罗也没有像索绪尔那样把能指和所指、声音和意义、形式和观念看做整体关系,而是将它们分离开来,使之相互独立。 "按照声音或意义对习惯用法当中的变化进行分类:声音变化和意义变化。 但这两种变化在起源和发展上都是独立的,谁都不是产生谁的原因。"(Strong et al. 1891:11)这里,变化是单一的,也就无法构成普通符号学的事实,社会性就不成为它的内在特质(符号学的本质就在其社会性),保罗归根结底还是专意于个体语言。 这从他对变化的原因的探究也可看出。 "语言变化的原因是什么呢? 这些原因是如何运作的呢? 它们运作大多是不具个体意识的。 变化是自发的、无意识的。 无意识地选择形式和声音,是语言生命的本质,这些形式和声音可最好地传达呈现于言说者心智中的意义。 语言中总是有一定的自由留给个体。 就像每个言说者都必定有某种心理特性一样,他也必定表达得跟别的言说者不同。 某个言说者的发音器官倘若有什么特性的话,他也会在声音中展露相应的特性。 新的用法始自个体,在适宜的境况之下,成功地成为大家奉行的固定用法。"(Strong et al. 1891:8—9)保罗和索绪尔都谈及语言变化的无意识性,但保罗所谓的无意识是个体心理的展现,索绪尔的无意识则是指集体心理的表露,而声音变化和意义变化不相干,这也为保罗从历史角度单独研究声音变化或意义变化作了理论铺垫。索绪尔正是从保罗等前辈语言学家的研究中,看到了他认为的缺陷,并在根本上作出了调整。

我们应该看到,索绪尔的确强调从共时角度研究语言学,但他也并不否定历史语言学的有效性,"历史研究的一个有效的结果是增进了我们对状态所处情景的了解。"(索绪尔 2007:125)索绪尔以研究历史语言学成名,他开的主要课程①及 1922 年由 Charles Bally 和 Léopold Gautier 编辑出版的已刊科学论文集(共 641 页)大体上都是有关历史语言学的。 因而索绪尔标揭的静态语言学,正是他长期系统地研究历史语言学的心得导致的, 或者说是由认识到历史语言学研究的局限导致的。

参考文献

Antal, László. 1986. "Some Comments on the Relationship between Paul and Saussure". *Cahiers Ferdinand de Saussure*, n°39(1985):121—130. Genève: Librairie Droz.

Godel, R. 1957. *Les sources manuscrites du Cours de linguistique générale de F. de Saussure*. Genève: Librairie Droz.

Jankowsky, K. R. 1972. *The Neogrammarians*. The Hague: Mouton.

Koerner, E. F. K. 1973. *Ferdinand de Saussure: Origin and Development of his Linguistic Thought in Western Studies of Language*. Braunschweig: Vieweg.

Koerner, E. F. K. 1988. *Etudes Saussuriennes*. Genève: Editions Slatkine.

Lieb, H.-H. 1967. "'Synchronic' versus 'Diachronic' Linguistics. A Historical Note". *Linguistics*, n°36:18—28, The Hague.

Meillet, A. 1916. «Compte rendu du *Cours de linguistique générale*». *Bulletin de la Société de Linguistique de Paris*, n°20, fasc. 64:32—36.

Paul, H. 1888. *Principles of the History of Language*. London: S. Sonnenschein. H. A. Strong tr. fr. *Principien der Sprachgeschichte*. 1886, 2nd ed, Halle: Niemeyer.

Saussure, F. de. 1922. *Recueil des publications scientifiques de Ferdinand de Saussure*, édité par Charles Bally et Léopold Gautier. Lausanne: Librairie Payot.

Saussure, F. de. 1964. «Lettres de Ferdinand de Saussure à Antoine Meillet», édité par E. Benveniste. *Cahiers Ferdinand de Saussure*, n°21:92—135. Genève: Librairie Droz.

Saussure, F. de. 1967—1968. *Cours de linguistique générale*. t. 1. Édition critique par Rudolf Engler. Wiesbaden: Otto Harrassowitz.

① 1891—1892, 印欧语言史;
1892—1893, 希腊语与拉丁语语音学;印欧语动词的历史;
1893—1894, 希腊语与拉丁语词源学研究;希腊语动词;
1894—1895, 古希腊碑文选集研究;希腊语性、数、格变化研究;
1895—1896, 希腊方言和古希腊碑文;荷马史诗的词源和语法研究;
1896—1897, Hésychius 用语(词语)释读,就语法学和方言学的重要形式作研究;
1897—1898, 哥特语语法;
1898—1899, 古代德语;希腊语和拉丁语的比较语法;
1899—1900, 盎格鲁-撒克逊语(古英语);
1900—1901, 荷马方言及与之相关的主要问题研究;
1901—1902, 立陶宛语;
1902—1903, (古代和近代)欧洲地理语言学, 及地理语言学研究对象引论;
1903—1904, 古希腊方言研究;
1904—1905, 古诺尔斯语(古斯堪的纳维亚语);
1905, 英语和德语的历史语法(冬季期间, 索绪尔在那不勒斯和罗马);
1906—1907, 德语的历史语法;
1907—1908, 希腊语和拉丁语的历史语法;
1908—1909, 希腊语和拉丁语的历史语法(偏于拉丁语的研究);哥特语和古撒克逊语,日耳曼语族语法引论;
1910—1911, 德语和英语的历史语法引论;
1911—1912, 哥特语;希腊语和拉丁语词源学:词族和派生法。 (cf. Godel 1957:16—17)

Saussure，F. de. 1974. *Cours de linguistique générale*. t. 2. Édition critique par Rudolf Engler. Wiesbaden：Otto Harrassowitz.

Saussure，F. de. 1993. *Cours de linguistique générale*. *Premier*（pp. 11—176；1907）*et troisième*（pp. 181—368；1910—1911）*cours d'après les notes de Riedlinger et Constantin*. Texte établi par Eisuke Komatsu. Tokyo：Université Gakushuin.

Saussure，F. de. 1997. *Deuxieme Cours de linguistique générale*（1908—1909）*d'après les cahiers d'Albert Riedlinger et Charles Patois*. Texte établi par Eisuke Komatsu. Oxford：Pergamon.

Saussure，F. de. 2002. *Écrits de linguistique générale*. Texte établi et édité par Simon Bouquet et Rudolf Engler. Paris：Éditions Gallimard.

Strong，H. A. and W. S. Logeman，B. I. Wheeler. 1891. *Introduction to the study of the history of language*. London：Longmans，Green.

Trnka，B. 1929. 《Méthode de comparaison analytique et grammaire compare historique》. *Travaux du Cercle Linguistique de Prague*，n°1：33—38，Prague.

索绪尔，《普通语言学教程》（高名凯译），北京：商务印书馆 1980 年版。

索绪尔，《索绪尔第三次普通语言学教程》（屠友祥译），上海：上海人民出版社 2007 年版。

第　三　章

索绪尔与惠特尼:观念和符号联想
结合的任意而约定俗成的特性

　　1996 年，在索绪尔家族日内瓦宅第"橘园"里，发现了索绪尔有关普通语言学的一批手稿，日内瓦公共与大学图书馆即予以收藏。 Simon Bouquet 和 Rudolf Engler 就根据这许多新材料，加上 Rudolf Engler 收入 1967—1968 年和 1974 年的校证版索绪尔《普通语言学教程》及其附录的旧材料，合编成《索绪尔普通语言学文集》(Écrits de linguistique générale)，2002 年由 Gallimard 出版社印行。 我们从这批材料以及索绪尔 1907 年、1908 至 1909 年、1910 至 1911 年共讲授三次的普通语言学课程的学生笔记(第一次取 Albert Riedlinger 的笔记，第二次取 Albert Riedlinger 和 Charles Patois 一详一略两种笔记，第三次取 Emile Constantin 的笔记)，读到了诸多精言，美不胜收。 其中有直接论及美国语言理论家惠特尼(William Dwight Whitney)的，或是可与惠特尼的理论观点相印证的，处处见出惠特尼在普通语言学领域对索绪尔的根本影响。

　　之前，Godel 曾谈及惠特尼对索绪尔的影响，但没有提出令人信服的证据(cf. Godel 1966:479—480)，亦提及索绪尔在莱比锡时代受惠特尼理论的影响(cf. Godel 1968:14)；Ivić 把惠特尼对索绪尔的影响与涂尔干对索绪尔的影响相提并论(Ivić 1965:122—123)；Mauro 评注版《普通语言学教程》对索绪尔与惠特尼的学术关系作了细致勾稽(cf. Mauro 1972:229—301；327—329；332—334；352—353；360—361；382；387—388)；Mounin 依据 Mauro 1967 年意大利文评注版的材料而作论述(Mounin 1968:21—24)；Jakobson

在 Michael Silverstein 所编《惠特尼论语言》卷首谈惠特尼语言科学原理引起的世界范围的反响,着重介绍了索绪尔对惠特尼的评介(Whitney 1971:xxv—xlv);Jankowsky 论述欧洲尤其是德国语言学特有的注重思辨的传统对惠特尼语言科学观点形成的关键作用(Jankowsky 1976:29—38);Белый1982年《惠特尼的语言观》一文主要论述了惠特尼语言理论在美国语言学界遭受的忽视,以及以布龙菲尔德为代表的美国描写语言学与之产生的深刻关联,其中提到至当时为止还没有充分阐述索绪尔与惠特尼学术关系的论著,在苏联只有斯柳莎列娃提及这层关系(Sljusareva 1972:177—184;Белый 1984:48,51);Joseph 发现了索绪尔与惠特尼 1879 年年初在柏林会面的证据(Joseph 1988:205—214);Nerlich 围绕语言变化这一专题,论及惠特尼和索绪尔(Nerlich 1990:8;23;74;200;205—206);Koerner 对索绪尔与惠特尼学术渊源关系的论述远较他人完备,详细阐述了索绪尔和惠特尼在普通语言学问题上的思考以及诸多概念使用上的异同(Koerner 1973:74—100),论述了惠特尼对索绪尔以及莱比锡年轻语言学家产生的重要影响(Koerner 1988:1—16),对索绪尔语言理论的来源问题作了专题研究(Koerner 1990:153—166),专门研究了地质学在惠特尼语言学主张中的作用和地位(Koerner 2004:145—58);张绍杰围绕语言符号任意性问题,简要地探究了惠特尼语言符号学思想在方法论上对索绪尔的影响(张绍杰 2004:39—42);Alter 论述了惠特尼对索绪尔符号学理论产生的作用(Alter 2005:247—255);我们在此则凭借近年发现并整理出来的索绪尔札记的手稿及其普通语言学课程的学生笔记,与惠特尼的著作反复比读,觉得两者在语言科学观点,尤其是语言符号任意而约定俗成的特性诸方面有深刻的关联,且都是两人对语言科学作出重大贡献的所在,因而就此予以充分地阐发,期望在比较中进一步论证或解释语言符号任意而约定俗成的特性。

(一)语言科学的指向:语言生命的一般规律和心智体认的抽象整体

1894 年 12 月 27—28 日,第一届美国语文学家代表大会在费城召开。惠特尼(1827 年 2 月 9 日—1894 年 6 月 7 日)在半年多前去世,大会的主题就是纪念惠特尼。 会议函"邀请美国和（欧洲）的众多（学者），据自己的意见总结惠特尼在大家涉足之科学的不同领域所起的作用"（Saussure 2002：204）。 会议演讲记录 1897 年在波士顿出版（cf. American congress of philologists. 1st，Philadelphia. 1894），雅各布森注意到，美国本土学者与欧洲学者对惠特尼在普通语言学上取得的成就的反响是不同的，本土学者对其这方面的活动不置一词，而参会的欧洲学者则对其在普通语言学发展中发挥的历史作用表示了敬意（cf. Jakobson 1971：xxvi），新语法学派的领袖、莱比锡大学教授雷斯琴（August Leskien， 1840—1916）就在纪念会复函中说："在一般原则问题上，方法论途径已经明朗了，就是试图探究事物的真正本质，在此就是探究语言的真实特性；这方面的启发很大部分无疑间接或直接地来自惠特尼。"（American congress of philologists 1897：94）

索绪尔亦称对语文学和比较语法"发出第一次冲击的是《语言的生命》（1875）的作者、美国人惠特尼。 不久后形成了一个新的学派，即'新语法学派'"（索绪尔 1980：24）；所谓"发出第一次冲击"，主要是指惠特尼对语言科学的总体论述超越了比较语文学单纯比较词形、追索词源的研究方法；且是从比较语法积聚的大量成果中得出语言若干一般规律的第一人，是后来运用于比较语法的诸多原则的 "最初忠告者"（Saussure 2002：204），对比较语法研究的各个方面都发挥了影响。 这在某种程度上激发了新语法学派的出现，《语言的生命和成长》可以说为新语法学派标明了方向。 惠特尼的"方法论途径"也引起索绪尔的强烈共鸣。 索绪尔眼中的语言科学或者说语言的一般规律，与比较语法采纳并恰当地运用的合理方法其实是一回事。 惠特尼的成就即在于将比较语法引向了语言科学。

惠特尼 1850—1853 年在柏林跟随 Bopp、在莱比锡跟随 Rudolph Roth 进修梵文；1870 年获柏林科学院 Bopp 奖；1875—1878 年，在柏林和莱比锡研究梵文，为撰写《梵文语法》作准备。 1878 年 7 月 25 日开始，惠特尼携家人在欧洲旅行。 惠特尼从 16 岁到去世前一年（1843—1893）都作了日记。其中标着"1879 年 7 月，哥达（Gotha）"的日记，记载了他与家人在德国中部旅行的情况，并最终完成了《梵文语法》的写作，向 Delbrück 等人请教，校读此书 Zimmer 的德译文和清样。 1879 年，《梵文语法》（*Sanskrit*

Grammar)英文原本和德文译本都由莱比锡 Breitkopf & Härtel 出版社印行。 索绪尔从 1876 年秋天到 1880 年第一学期在莱比锡大学学习将近三年,与老师雷斯琴等新语法学派代表人物过从甚密。 就在 1876 年,雷斯琴翻译出版了惠特尼的《语言的生命与成长》(*Leben und Wachstum der Sprache*,Leipzig:F. A. Brockhaus);其间,1878 年 7 月,索绪尔去柏林大学师从梵文学家 Hermann Oldenberg 和克尔特语专家、印度学家 Heinrich Zimmer 学习专门课程,两人当时是编外讲师,后者为惠特尼《梵文语法》的翻译者(cf. Mauro 1972:327;Joseph 1988:208); 1878 年 10 月 9 日至 1879 年 4 月 4 日,惠特尼一直居留在柏林。 就在惠特尼离开柏林前几天,Joseph 据其日记推断在 3 月 28 日至 4 月 2 日之间,21 岁的索绪尔与大他 30 岁的惠特尼会了面。 惠特尼 4 月 4 日去 Dresden。 (cf. Joseph 1988:209—210)Joseph 从 1878—1894 年数千封惠特尼来往书函中发现了索绪尔 4 月 7 日给惠特尼的信,表明两位杰出的语言理论家有过直接接触,索绪尔学生时代即受惠特尼的影响:

> 几天前,在柏林与您交谈,得到您赠的文集,以及对我的元音论文的评语,不胜感激。我不可对为了获取[……引按:此处纸页破碎]而自呈论著感到后悔,却因身体不适随后不得不突然返回日内瓦[引按:不能给您送行]而觉得不安。先生,我珍视您赠送的这些论著。(cited by Joseph 1988:214)

这里提到的元音论文,就是 1878 年 12 月出版的《论印欧语元音的原始系统》,这部天才论文在受到奥斯脱霍夫反复攻击的氛围中,能得到惠特尼的评价自然是极其珍贵的,同时索绪尔也真实地表达了对惠特尼语言理论的珍视态度,这与他后来对惠特尼的崇高评价完全是一致的。 1879 年 11 月 17 日,Friedrich Max Müller(惠特尼的论敌)的助手,其牛津教席的继任者 A. H. Sayce(1845—1933)写信给惠特尼,道:"你还读过索绪尔的书? 他看来是个天才,不超过 20 岁。 我觉得他的书是部极其聪慧之作,虽则由于落笔匆促,年齿尚稚,极度枯瘠的风格,有种种缺陷。 阿韦对其主旨的揭示,简洁而明净。"(cited by Joseph 1988:210)1879 年 2 月 25 日,路易·阿韦给索绪尔这部论文写过内容丰盈而理路清晰的书评。（cf. Havet 1978：
103—122)1879 年末,索绪尔回到莱比锡。 1881 年,发表博士论文(1880 年
2 月答辩通过)《梵文独立属格句的用法》(De L'emploi du génitif absolu en
Sanscrit),其中提及的参考书目中有惠特尼的《梵文语法》(Saussure 1922：
272)。 1882 年 8 月 9 日,惠特尼早先的学生 Charles Rockwell Lanman
(1850—1941)写信给老师,即提及索绪尔出版不久的博士论文,道:"我完
全忘了您是否有费尔迪南·德·索绪尔的《梵文独立属格句的用法》,我有
一部,很乐意把它放在另外一个包裹里给您寄去。"(cited by Joseph 1988：
212)索绪尔后来的语言共时(静态)研究法就受到过惠特尼《梵文语法》的影
响。 索绪尔的好朋友、新语法学派重要成员布鲁格曼(Karl Brugmann,
1849—1919)1894 年 11 月 25 日写就纪念惠特尼的会议复函,其中即道:

> 在印欧语研究的故乡,那些年我们被驱迫着对研究方法作根本的修
> 正,在语言哲学和专门研究之间确立一种恰当的相互依存关系。在各种
> 观念的辩争当中,对我来说,就像对其他年轻学者来说,惠特尼是个指引
> 者,其可靠性无可挑剔,其建议总是能带来诸多收益。我学生时代接受的
> 惠特尼的卓越见解在那段时间反而变得愈加确认。(American congress
> of philologists 1897：75)

由此种种,都可见出索绪尔这时对惠特尼的学说是熟知且熟读的。 他的学
生薛施蔼(Albert Sechehaye)也说: "这段时间里(待在莱比锡那些年当
中),一本书对索绪尔的思索无疑产生了深刻的影响,将他引到了正确的方
向上:就是美国梵文学家惠特尼的著作《语言的生命》(la vie du langage)
(出版于 1875 年)。"(Sechehaye 1917：9)莱比锡时代是索绪尔语言科学思想
的形成与勃发期。 (cf. Saussure 1960：20—25)惠特尼和索绪尔都在莱比锡
及柏林有过学习和研究梵文、印欧语比较语文学的经历,在 70 年代,都与
新语法学派有密切的交往,德国语言学的成就与不足都对他们日后的语言科
学思想产生引生作用和变革的意愿,德国学术的思辨传统对他们构建普通语
言学也有关键的影响,使之确立了从总体角度思考语言现象的全局视野,因
为语言科学的目标是理解语言,而语言是人类言语的总体,语言科学的研究

因此是一种总体研究。 惠特尼在《语言的生命与成长》末章提及对语言科学影响至钜的哲学家和比较语文学学者["语言科学建立在印欧比较语文学之上。"(Whitney 1872:200)"语言科学区别于而又出自于比较语文学。"(Whitney 1872:207)],几乎都是德国人：Leibniz，Herder，Adelung，Vater，F. Schlegel，F. Bopp，J. Grimm，G. Curtius，Pott，Benfey，Schleicher，Kuhn，L.Meyer，足见德国是比较语文学的故乡。 同时，惠特尼和索绪尔受德国语言学家和思想家的熏染，浸淫于梵文研究，古印度的语言符号思想自然而然都对他们产生根本的影响。

　　1894 年 11 月 10 日，索绪尔也收到了美国语文学家代表大会 10 月 29 日发出的邀请函。 但索绪尔没能写完纪念会议的论文或复函，在笔记本上留下了大约 70 页手稿(cf. Godel 1957:32)，雅各布森则说留下了 40 张左右手稿(cf. Jakobson 1971:xxviii)，这是面和张及空白页等计数方式的不同，从《索绪尔集刊》第 60 期所附此手稿原件的光盘来看，实为 47 张(Gambarara 2008:274—276)，75 页，现收藏于日内瓦公共与大学图书馆(Saussure ms. fr. 3951/10)，并收录于 Rudolf Engler 所编的 Notes de F. de Saussure sur la linguistique générale("索绪尔普通语言学教程校证本"的补编；校证本前三分册为第一卷，这补编是第二卷，作为第四分册)和 Simon Bouquet 与 Rudolf Engler 所编 Écrits de linguistique générale 中。 科尔纳认为,未能写完复函是由于索绪尔内心不满意会议邀请函把惠特尼仅仅界定为"比较语文学家"(Koerner 1988:9)。 索绪尔确实明白地说："你们给我非常的礼遇，邀请我把惠特尼作为比较语文学家来评价。 但惠特尼决不是比较语文学家。 他没有留下一页纸(的意见)可以让我们将他作为比较语文学家来评价。 他留给我们的著作只有从比较语法的诸成果中归纳出来的高远而一般的语言观念：这实在是他自 1867 年以来的绝顶独创之处。"(Saussure 2002:213)在索绪尔心目中，惠特尼当然更是语言科学家、理论思索者，是除博杜恩·德·库尔特内(Baudouin de Courtenay，1845—1929)、克鲁舍夫斯基(Mikołaj Kruszewski，1851—1887)之外第三位从理论角度思考语言问题的语言学家(参见他为薛施蔼 1908 年出版的《理论语言学纲要及方法》一书写的评论；Saussure 2002：259)。 他列出的复函纲目有：

　　1. 比较语法。

2. 比较语法和语言学。

3. 语言,人类制度。

4. 语言学,双重的科学。

5. 惠特尼和新语法学派。

6. 音位学家惠特尼。(Saussure 2002:215)

——惠特尼不是过渡性人物。

——不用给惠特尼贴比较语法的标签(没有写比较语法的著作)。

——当今德语词典。

——但梵语语法不是偶然出现的。

——惠特尼和音节。

——惠特尼有不受比较语法约束的权利,……拥有许多从哲学角度观察问题的创见。

——不自命不凡的角色。

——惠特尼和制度。

——惠特尼和新语法学派。

——起决定作用的价值。(Saussure 2002:221—222)

索绪尔在此特别强调惠特尼的哲学视角,强调他在语言学理论上对新语法学派的影响,并标揭其"语言是一种制度"的创见,虽然这一创见属外在比拟,我们后面会加以论述,但在某种程度上都指向语言科学这一目标。索绪尔注意到惠特尼对比较语法的研究及看法,尤其是注意到比较语法与语言科学的关系。我们觉得惠特尼的最大贡献,或者也可说对索绪尔的最大影响,就在论述了语言符号的任意而约定俗成的特性,再就是阐释了比较语文学、比较语法与语言科学的关系。惠特尼注意到印欧比较语文学的发展与语言的一般科学的发展两者间有紧密的关联,几乎同一。比较语文学"为了理解人类语言的各个方面,研究者希望了解其完整的生长过程,其所有的部分及分枝,经其所有的阶段,在他面前展开用于审视的完整而可靠的文献。然而诸如此类的一切既是不可能的,他最好就居于自己的力量范围之内:他热衷于言说的部分,言说据有语言历史的最大份额,因而是显明了的,经由研究欲知晓如何处理呈现于他面前的其他部分甚至更为稀少而片断的材料。在此可以形成一门科学的让人渴望的核心;在此可以发现语言生命的一般规律；在此可以发现运用于研究语言其他类型的方法和过程。 然而印欧语的研究还不是语言科学。"(Whitney 1867:236)语言科学探究语言的一般原理。 比较语文学研究可以进到发现语言生命的一般规律，发现运用于研究语言其他类型的方法和过程，也就是可以进到语言科学的研究形态。 这意味着比较语文学和语言科学是同一个研究的两个方面。 惠特尼道："(比较语文学)主要探讨特定的语言体的诸多个别事实，予以排列，勾勒它们的关系，并获取它们间接表明(原本蕴含)的结论；(语言科学)则使言语的法则和一般原则成为它的主题，反过来将特定的事实用作例证。"(Whitney 1875a:315)语言科学探究一般原则形成的所以然，而形成过程往往处于历史维度内，则语言科学很大程度上就是历史科学。 在惠特尼眼中，这是语言科学自身特性的要求："仅仅对言说的语言现象、意义材料、用法和表达模式作分类、安排、纳入秩序，是语法和词典编纂学，不是语言科学。 前者只是陈述和规定；后者则寻求解释。 当解释是历史的解释，则对其的探究必具同样的特征。"(Whitney 1867:54)解释必是历史的解释，因为语言原本即为历史的产物，为人类集体使用语言的过程中相互折衷和确认的产物。 其间，语言变化了，或者说出现了新的语言状态，则须运用新的一般原则和普遍规律予以解释，并解释这一般原则和普遍规律之所以然。如此，语言的共时状态是历史维度中的共时状态。 索绪尔在 1894 年纪念惠特尼的会议复函中接受并进一步强调惠特尼所持的语言科学是历史科学的观点，之前，1891 年 11 月，索绪尔在日内瓦大学作过三次就职演讲，其中第一次演讲也断言："语言科学是一门历史科学，且只是一门历史科学。"(Saussure 2002:148)这明显是为了突出语言科学特具的人类精神特性，以及其社会集体特质。 索绪尔注重惠特尼的比较语法和语言科学的观点，也是因为比较语法强调历史观念的缘故。 同时，我们也往往能从语言中看出一个时代或社会的特征，因为历史凝缩、固化在语言里，语言拥有历史，展现历史。

惠特尼心目中的比较语文学的最终指向是要发现语言生命的一般规律，但语言总体实际上是不可能穷尽的，因而只能关注言说，关注语言总体的实施，也就是关注索绪尔所谓的个体语言，以求发现语言科学的核心。 索绪尔意识到个体语言对探究语言规律是必不可少的，语言的一般现象显然是"聚集了与个体相涉的一切"(索绪尔 2007:10)，个体的机制最终必定能以这种或那种方式对一般产物、一般规律发出回应,但索绪尔坚持认为应该研究一整套抽象之物,也就是抽象的整体语言,它具有普遍化的意味,而要体认抽象的整体语言,虽然需通过各式各样具体的整体语言(民族语),经由已被领会了的"言语的总和"(索绪尔 2007:107),然而认识或评判个体语言的最佳方式是以抽象的整体语言为出发点。 个体语言是必要的,但不是语言科学真正的研究对象,深入研究了抽象的整体语言,也就为理解个体语言创造了条件。 惠特尼对语言的这种区别有所揭示,但没有像索绪尔那样予以强调,并成为其理论的立足点。 惠特尼所谓的比较,就是确定语言材料间的对应与关联,掌握语言结构和历史的生长秘密,用惠特尼的话说,就是把用于比较的材料"换算为相同的价值"(Whitney 1875a:314),以便找出它们内在的差异。 这显然为迈向语言科学提供了基础,但还不是语言科学。"语言科学是……对一切人类言语的研究,对一切现存的、纪录在案的方言的研究。"(Whitney 1875a:191)这种总体性一直是惠特尼强调的,实际上也是他心目中的理想。 惠特尼非常自觉地追求语言科学的这一特点。 与后来的索绪尔一样,他首先关注这门科学的研究材料和对象。 那么,语言科学的研究材料和对象是什么呢? 惠特尼说是"语言总体"(Whitney 1867:6)。 "人类言说所有可理解的形式,以其无限的多样性存在着,无论是依旧存活于人的思维与言谈之中,还是只保存于书面文献中,或是镌刻在黄铜和石头上的数量不多但更为恒久的记录。"(Whitney 1867:6)在这一点上,索绪尔与惠特尼有一致处,也有大分歧处。 索绪尔也认为应取人类语言的每一种变迁为材料,关注书面语、文学语言,也关注通俗语言。 "语言学处理每一时期的群体语言及其呈现的所有样态。"(索绪尔 2007:4)但索绪尔认为真正的研究对象是言说的语言,写下的书面语言只是言说的语言的外壳而已。 索绪尔进一步把言说的语言析分为抽象的整体语言(la langue)和个体语言(la parole),抽象的整体语言是"一个可抽析的整体(tout),一个自成一体的机体(un organisme en soi),就此说来,它是可分类的。 整体语言呈现为心智能领会的一个总一体(统一体)(unité)"(索绪尔 2007:75)。 这是索绪尔的创见,之前的语言学家没有明确地意识到这一点。

正因为把语言科学看做历史科学或精神科学,惠特尼心目中理想的语言学研究者便是"把语言作为思维的工具来探讨,语言是思维的表达手段,而不是思维的记录。 他研究简单的词和短语，而不是句子与篇章。 他的目标是将语言的内在生命描绘出来，发现其起源，追踪其成长的历程，推衍出左右其变化的规律。 ……循此，理解语言这一种人类天资的本质，它与思维的关系，它对心智发展和知识进步的影响，精神史和知识史在语言中都有映现。"（Whitney 1867:6—7）可见惠特尼眼中语言蕴含广阔而深邃的、令人惊奇的人类精神，人类精神正是凭借语言而发展。 这是惠特尼作为语言科学家眼光的高远处。 语言科学此前总是被认为是偏于自然科学，譬如施莱歇尔（August Schleicher，1821—1868）、马克思·缪勒（Max Müller，1823—1900）、欧父拉克（Abel Hovelacque，1843—1896）等就认为，语言科学是一门自然科学。 但语言承载的精神与伦理意涵实际上是自然科学无法触及的，这点是惠特尼觉得语言研究应该立足于人种学这门"研究民族谱系的科学"（Whitney 1867:8），立足于人类文化学的原因。 人种学是语言学和自然科学的交接处。

（二）心智行为的无意识自发能力与约定的消极意识活动

索绪尔复函中列出的"语言学，双重的科学"、"语言，人类制度"、"起决定作用的价值"诸项，非常引人注目。 索绪尔本人也曾留下一包"论语言的双重本质"的手稿。 索绪尔注意的惠特尼理论的三个方面实际上是相关联的。 语言的发声形态和意义形式这二重性能够存在，经历了任意而约定俗成的过程，形成为一种制度，但发声形态和意义形式没有本质的、自然的关联，因而是人类制度当中独一无二的；二重性意味着存在差异，这含有差异的双重之物的任意联结，形成规约或制度，具有了价值。有差异，就有价值，而这价值又是集体约定的，它们的关系是集体赋予的。没有集体约定，价值也就不存在。

惠特尼就认为"语言……只有经说者和听者之间的呼应一致才有其价值，并流行开来"（Whitney 1867:35），屡屡提及语言（language）、言语（speech）或词语（word）[①]是"任意而约定俗成"的符号。 （Whitney 1867:

---

① 惠特尼有时候把这三个术语等同看待，有时候予以区分。

14，32，70—71，102，132，134，400，438；1875a：19，24，48，282，288）这与惠特尼对语言与思维关系之本质的看法直接相关。 他叙述了两种代表性观点：一是认为言语与思维（心智，理性）完全同一，语言不仅是理性的符号，而且就是理性的本质（实质）；没有表达（词语），则思维（观念）是不可能的；抽象观念的形成完全依赖其名称。 聋哑人学习了表达的模式，方拥有了理性。 一是认为语言只是思维的辅助物，只是思维的工具；理性是人类无法取消的天资，思维是人类心智的运作；它们需要言语那样的辅助物；人类即便丧失了声音，也会利用其他工具表达同样的意图；观念必定在名称形成之前即已形成；制作符号是为了将其运用于观念，心智形成了，便寻求表达。（cf. Whitney 1872：285—286）这是覆盖了语言思想史的两大观点。

惠特尼承认每一种语言都"显然拥有其自身的支撑社群（共同体），其支持者。 因而每一种语言都与其社群独具的本质相一致，从而达到每个个体成员都具自然性（φύσει）的程度"（Whitney 1971：113）。 所有人都拥有语言能力："他能够通过获取那些表示观念的特定符号来学习说话，他们使用的这些方法，是他所出生的社群内已经确立并通行的。 ……倘若有对个体来说是自然的表达模式，形成属于他的本性的表达模式，则无论如何是被他的老师强加于他的其他非自然模式压服和抑制了。"（Whitney 1971：114）可见惠特尼在某种程度上同意了语言和思维的同一，但这是某个集体或共同体中的同一，是已成的、既定的。 就其源起来说，这种同一、这种自然性却是人为约定的结果。 也就是说，每个个体身上具有的语言能力或语言的自然性是集体的日积月累的语言运用达臻的。 每个个体及人类都具有内在的、本能的语言冲动，然而这种冲动遭到了约定俗成的模式的抑制，个体的未经约定的自然性，必须服从共同体的业经约定的"自然性"。

而在索绪尔眼里，人类的群体语言（le langage）能力是否是天赋的，这问题还悬而未决。 但法国体质人类学家卜洛卡（Paul Broca，1824—1880）发现群体语言能力位于左大脑第三额回，这一额回也控制着文字能力的运用，因而是个符号的额回。 （参见索绪尔 2007：76）同时，人类还具有发音器官的禀赋。 我们揣摩索绪尔的意思，大抵是即便这能力是天赋的，若要运用，仍然需接受他称做抽象的整体语言（la langue）所呈现的社会总体（普遍的社会统一体），这能力方可真正实现。 三天之后，索绪尔在课堂上将是否有群体语言的天性(instinct)精确为是否有群体语言的自然功能(fonction naturelle)。(参见索绪尔 2007:79)但无论这功能自然与否,抽象的整体语言都是运用群体语言能力的必不可少的工具。 这种运用具有社会集体性。索绪尔比惠特尼进一步的地方就在于他析离出了抽象的整体语言。 与思维同一的,正是抽象的整体语言。 斯坦塔尔(Heymann Steinthal,1823—1899)就说:"语言不是炸药那样的东西,而是像爆炸那样的事件;它不是眼睛、耳朵那样的器官,而是像看和听那样的能力与功能。"(cited by Whitney 1872:366)惠特尼将此蕴含的能力与功能强调为"语法的能力"、"词典的功能"(Whitney 1872:367)。 索绪尔也说抽象的整体语言沉积于大脑里(索绪尔 2007:79, 80),是从社会角度认可了的联想总体,是个现实的总体,具有具体性,呈现为稳定的听觉印象,可以对译成固定的视觉印象(文字),可以感知,是能够直接研究的客体。 "一部词典和一本语法书呈现了蕴含于抽象的整体语言内的合理而恰当的形象。"(索绪尔 2007:81)索绪尔以 $1+1+1\cdots=1$(索绪尔 2007:107)表示每个人的大脑中都内在地潜存着一部词典和一本语法书,拥有抽象的整体语言的同质性和统一性。 也就是惠特尼所称的"达到每个个体成员都具自然性的程度",索绪尔则称"达到了在所有个体身上都明显一致的地步"(索绪尔 2007:78)。 索绪尔把语言科学研究对象确定为抽象的整体语言,就在于它是同质的统一体。 整体语言两种构成成分(概念和听觉印象)的联结都是心理的联结,或者说,整体语言就是概念和符号之间的心理纽结,它们具有同质性。

抽象的整体语言呈现为"明显一致"或"自然性"的境地,表明这是所有个体内在固有的,同时也分明是集体性的表征,也就是说,这种全体个体内在拥有之物,每个个体都无法凭一己意志改变它,只能遵循它。 我想这应该是索绪尔 $1+1+1\cdots=1$ 等式蕴含的意义。 每个个体遵循抽象的整体语言,亦即意味着使用抽象的整体语言,经此,抽象的整体语言方才真正存在。 索绪尔觉得"整体语言一上来就居于集体灵魂中"(索绪尔 2007:120),就是指同质的心理纽结又具集体性,个体意志根本不能改变社会整体内在固有的自然约定。 而个体语言却是依据个体的意志,有意识地运用发音行为实施语言要素的组合。 这是心理与生理兼具的行为,不具有同质的统一体。 索绪尔认为个体语言的模式是: $1+1+1\cdots=1+1+1\cdots$。 (参见索绪尔 2007：108)个体说，这是实施；个体听，这是接受。大脑接收到众多言说的印象，必定凭借协调行动，将其纳入到秩序当中去。索绪尔迥异于其他语言学家之处，乃是其他语言学家关注实施、言说，索绪尔则将目光集聚于接受、协调与纳入秩序的活动。原因在于，"正是接受和协调的部分才具有社会性，这就是在不同的个体那里形成沉淀和存储的东西，达到了在所有个体身上都明显一致的地步"（索绪尔 2007：78），这就是抽象的整体语言。在每个个体身上都存在着整体语言，它们是许许多多"以特定秩序和分类保存、安放着的言说印象"，与同样多的概念联结起来。我们择取一个个体或检验个体身上那般言说印象，就能拥有"处于社会总体的整体语言的印象"，就会看到"构成整体语言的社会关系"。（索绪尔 2007：79）因此，心理同质性与社会集体性是抽象的整体语言的两大特征。而抽象的整体语言所具有的心理同质性是由被动的、需要激发的存储物表现的。索绪尔一再说"整体语言只存在于大脑里"（索绪尔 2007：79），"凡包含于个体大脑内，包含于听到和运用之诸形式及其意义的沉积处的，这就是整体语言。"（Saussure 1993：92）这表明整体语言具有潜意识性、无意识性，是个体的"语言库藏的总和"（Saussure 1993：92），是"通过言语实践存放在某一社会集团全体成员中的宝库，一个潜存在每一个人脑子里，或者说得更确切些，潜存在一群人的脑子里的语法体系；因为在任何人的脑子里，语言都是不完备的，它只有在集体中才能完全存在。"（索绪尔 1980：35）语言库藏中都是习惯用法认可了的东西，集体据此可以交流，因此，存储于大脑中的整体语言总具有社会性。其中分类和秩序就是语言和思维、符号形式和观念之间的联想结合，如此，分类和秩序就具有"先验的必要性"（Saussure 1993：93）。而在索绪尔眼里，分类活动又是"无意识的、差不多被动的、在任何情况下都不是创造性的活动"（Saussure 1993：92），语言状态是一种偶然的状态，并不是预先想好的。（参见索绪尔 2007：133，134，135）之前，惠特尼即认为人类无法干预语言。（cf. Whitney 1857a：34）他们都充分意识到了语言内在分类活动的无意识性、被动性。

　　这并不是说惠特尼或索绪尔不关注意识活动在语言发展中的功用。人类心智寻求并择取表达思维的方式，应该说是推动语言发展的原因，同时也是语言发展到能够表达的程度的表征，是语言发展的阶段性结果。惠特尼就说人类心智"作为语言发展过程中所有决定性原因及其结果的中间项而存在"（Whitney 1867:48），人类心智是语言发展过程的中间项，足见意识活动所起的关纽作用；惠特尼甚至持"人类言说中的一切都是人类意识活动的产物"（Whitney 1867:50）的看法，则其所谓的意识活动我们以为包含了有意识活动和无意识活动两方面。 人类的意识活动形成了语言，并引发语言的发展变化，那么，语言就是人类产物，而不是如施莱歇尔所说，是一种自然机体。 施莱歇尔《达尔文理论与语言科学》（Darwinsche Theorie und die Sprachwissenschaft, 1863. 英译文初版书名译作 Darwinism Tested by the Science of Language, 1869)道："语言是自然机体，不受人的意志制约，它们产生，成长，自行进化，合乎一成不变的规律，而后变老并死去；（这种连续的现象照常可称之为'生命'。）语言科学相应地是一门自然科学；其方法在总体上、大体上与其他自然科学是一样的。"（Schleicher 1869:20—21)惠特尼也讲过语言的"产生、发展、衰落、消失，就像生物的出生、生长、衰退和死亡"（Whitney 1867:46），也把语言科学与自然科学相比拟，但他所谓的语言的成长，在很大程度上指的是人类意志导致的成长，人类意志具有决定性的力量。

> 回顾我们语系的历史,我们发现,各个独立因素的结合以形成新词,这具有一个最为广泛的范围和最明显的结果的过程。不仅名称是这样形成的,而且语法形式也是如此形成的;屈折语的整个结构没有其他的来源。每个形态因素,无论是前缀抑或后缀,都曾是一个独立的词,它先是与另外的词结合起来,而后经由一连串形式和意义的变化(上面已表明变化完全是由于人类行为造成的),逐渐形成其最终的形态和正式的形式。(Whitney 1872:311)

受人类意志支配的行为引发变化，变化的延续和集聚则表显了语言的成长与生命。 语言成为人类行为造成的型式，因此，语言的生命不同于施莱歇尔所称的生物的生命，研究语言的变化、结构和成长规律，也就不属自然科学的研究。 惠特尼就认为语言研究是"一般的文明研究"（Whitney 1872:316)，个体能否习得语言，就在于他是否拥有人类文化。 拥有或身处人类文化，就能习得语言，与"他的身体的或心灵的人类特性"（Whitney 1872:324）无关。 而人类特性之所以能够彰显，就在于拥有了人类文化，拥有了语言。 语言成为"智能、文化、人种关系的一个指标"（Whitney 1875a:312）。 惠特尼据此说语言研究是一般的文明研究，实际上意味着语言研究是一种历史研究。 他明确断言，"语言科学的基本方法是历史方法"（Whitney 1872:316），语言研究的物证及其验证方法都具有历史性，这点与施莱歇尔截然不同。 施莱歇尔寻求绝对的证据，重在特定的事实，惠特尼则以历史的可能性为标的，旨在一般原则和总体研究，特定的事实只起例证的作用。 由此也影响到他们对语言的差异的看法。 施莱歇尔认为，语言的基本差异是地理上的差异，与其所处的物质环境有关。 惠特尼则认为"不是物质原因，而是历史原因决定了语言"（Whitney 1872:327），惠特尼的目光集中在语言的内在差异上。 索绪尔则兼及两者，然而偏向于惠特尼，以为种种具体语言的差异是地理上、空间上的差异，究其实更是时间上的差异。

语言是精神产物。 "语言的起源和历史仅仅是精神状况的事情。"（Whitney 1872:348）"词语是一种心智行为。"（Whitney 1872:356）"概念和判断——这些及其相类者就是心智所形成的。 在意欲交流的社会冲动之下，在概念和判断等方面，心智发现了符号，经验表明符号最适宜于心智的运用。 这些符号的总体就是语言。"（Whitney 1872:356）语言由心智创生，语言是人类内在能力的结果，同时又是探索和表达这种内在能力的工具，则发现语言的一般规律必须从心智入手。 惠特尼引述斯坦塔尔道："倘若不确切分析和全面地研究语言的基本特质及其与精神活动的千丝万缕的联系、语言在精神秩序中的功能、语言对心灵发展的功效，那么，如何希望能发现语法的原则呢？"（Whitney 1872:334）然而语言学家探讨语言与精神活动的联系的时候，不免产生神秘主义的观念。 惠特尼即不时提及这样一个悖论："人之为人，就是由于语言；但为了拥有语言，他必需已经成为人。"（Whitney 1875a:306）卢梭在《论人类不平等的起源与基础》也谈到这个悖论："如果说人们为了学习思维而需要语言，那末，他们为了发明语言的艺术则更需要先知道如何思维。"（卢梭 1962:90）语言的创制需要理性，而惠特尼认为人类在拥有语言之前可能没有理性，如此，语言必定是上帝提供的，它"不是人类的创制物，而是一种神性的传达"（Whitney 1872：336）。 这是化解上面那个悖论的方便途径。 然而就在这样的化解过程中，透露了语言与精神活动关系的真髓。 斯坦塔尔道：

> 人类精神的原初力量，社会生活的诸多制度从中产生出来，它们不停地从那儿吸取生命的活力，这些活力人们是一点也不知道的，不知是创造的力量；就人类自身的喜悦来说，宗教和道德观念从这力量中出人意外地涌出。（cited by Whitney 1872：340）

> 语言不是一种发现（invention），而是心智中的创设或创生，不是理解力提供手段的产品。……语言是达到了这样的结果，而不是立意要如此存在的。处于无意识状态的法则，也依然控制了有意识的因素，导致了、实现了创生。（cited by Whitney 1872：353）

人类没有意识到语言创制的力量，对人类精神的原初力量毫无知觉。在这原初力量中语言创生了，却不是人类刻意去创生的。 正是处于无意识的法则实现了创生，无意识的法则控制了意识。 其间充满了可能性。 而无意识就存在于实践中，存在于语言的实际运用或言说中，潜存于人类的大脑里。 儿童使用某个没经人道过、用过的词语或符号形式，可以说他在某个时机无意识地抓住了它。 而他之所以能够抓住，则完全依赖了索绪尔一再强调的、内在地潜存于大脑的抽象的整体语言系统。 惠特尼也非常重视这种无意识地抓住，以为"抓住就是创造"（Whitney 1872：357）。 就好比人类"抓起"棍石用于自卫，实在就是创造了棍石，可以说棍石就是人类的心智行为的结果。（cf. Whitney 1872：357）这种创造、这种心智行为，都是在实际运用中无意识地实现的。 人类浸润于社会环境中学习语言，也完全是无意识的。 强调经济生活中个人自由调节的美国经济学家弗里德曼（Milton Freedman, 1912—2006）也表达过类似的观点："语言是一个能够逐渐演化的、复杂而又相互关联的结构。 然而，并没有任何人按照某种方式来设计它。 它只不过是随着千百万人通过自由的语言交流所进行的自愿合作而逐渐发展起来的。"（弗里德曼2001：9—10，韦森2005：106）人类心智结构中具有联结不同事物的、无意识的自发能力。 这种能力得到社会集体的认可,至此,便受人类意志的支配。 "语言实际上只存在于使用语言者的心智和嘴巴里;思维的各个音节分明的符号构成了语言,语言经与其所呈现的观念的精神联系而将各个符号连缀起来,语言由自发的作用力说出,只有经说者和听者之间的呼应一致,才有其价值并流行开来。 语言(这时候)受说者和听者的支配,随顺他们的意志。"(Whitney 1867:35)同时,语言一旦创制出来,就具有"独立于言说者的生命和成长过程,人类无法干预"(Whitney 1867:35)。 惠特尼揭示了语言特具的两面,语言的每个单一部分都是有意识的,整体却是本能的、天然的。 "系统的总体是人类心智努力的无意识产物。"(Whitney 1867:50)这超越了或化解了柏拉图《克拉底鲁篇》揭橥的语言创制的"天然"(Φύσει)与"人为约定"(Θέσει)两者的截然对立,同时也化解了语言与思维完全同一还是语言只是思维的工具这两者的分离,属语言思想史上的创见,且符合语言现实。 之后,索绪尔完全继承了惠特尼这些观点。

言说者实际运用的语言都是具体的、日常的,语言规则为语言学家的有意识抽象,它们其实只是无意识地潜存于言说者的大脑里。 索绪尔就认为"语言的实践不需要深思熟虑,说话者在很大程度上并不意识到语言的规律"(索绪尔 1980:109)。 他发现并析离出抽象的整体语言也正是基于这点。 而从根本上来说,符号是空洞的,并不具备内在的意义和价值。 人类将自身的精神投射于原本无内在意义和价值的符号,使之蕴含意义和价值。 这是声音符号含具的心理区别性。 "实存的符号无意识地引发的,……不是概念,而是由我们的心智感到的相对立的价值。"(Saussure 2002:87)这是因为无意识单位和听觉单位是相应的、吻合的,每个符号引发的与其他符号的声音上的对立,赋予其自身意义和价值。 这意味着意义和价值处于关系之中,并不确定。 唯一可以确定的,就是由我们的心智感到的对立的关系。 索绪尔所谓的"所有符号都是纯粹心理秩序的运作,但我们不可说这种运作永远面临划定界限"(Saussure 2002:132),也应如此理解。 或可说符号的界定乃至约定在很大程度上都是未完成的。

惠特尼揭示语言的单一部分是有意识的,整体则是无意识的。 索绪尔也认为"一个人及几个人的初创一开始不可能是无意识的"(Saussure 2002:

179)，这时语言呈现出人类的意图，且可以被控制。 "一边呈现了纯粹无意识的运作，也就是说在那儿发现不了目的和意图；另一边则是心智的运作，那儿有可能发现目的和意义。"（Saussure 2002：160）心智运作过程也是语言符号任意地实现的过程。 但语言一旦进入流通和传递之中，就不再受人类意志的控制，这时人类无法干预它的传递进程。 索绪尔打比方说就像鸡孵鸭蛋，鸭子一孵出，就不再受鸡的控制。

> 符号系统在任何情况下都作为一个特征被传递，只要与那些创制符号者没有干系。……整体语言有点像鸡孵鸭！一旦创制的时刻过去了，整体语言进入其符号学生命过程中，我们就不再能把它拉回来：它由规则传递下去，这规则与创造的规则没关系。（Saussure 1997：12）

也就是说，不再与人类的意识活动有关。 这时语言拥有了自身的生命。 语言生命的一个标志就是可以被传送。 语言符号可以传达、转移或变化，出现"能指和所指之间整个关系的持续不断的转移"（索绪尔 2007：119）。 这种传达和转移的过程，就是语言符号不断约定的过程。 索绪尔目光的烛幽照微之处，在于洞察到传达和转移本身"受无意识力量的控制"（Saussure 2002：229）。 语言是一个价值系统，价值依据约定俗成和对立（差异）关系，约定俗成和对立（差异）关系处于转移及变化之中，因而这个价值系统是暂时的。 传达和转移属价值的传达和转移。 索绪尔有个著名的譬喻，就是把语言系统、语言状态比做国际象棋。 每移动一子，都对棋局产生影响；语言中要素的历时性变化，也造成新的语言状态、新的共时性。但其间的根本区别是移动、变化是否出于有意识。 下棋者每移动一子，都意欲对棋局产生影响。 而"语言移动一下（一个历时性的变化），就一点也不是预先想好的"（索绪尔 2007：135）。 价值（能指和所指之间整个关系）的转移，纯粹出于无意识。 1907 年，索绪尔第一次讲授普通语言学课程，谈及类比这一语言创新的一般原理，就强调造成创新型式的心理过程是无意识的。 他举 honos 到 honor 的类比变化：

> 我们把 honor 看做对 honos 合法型角色的变更。后者为其竞争者提

供了主要原料，而且具有很大部分父系血统；honor 对 honos 的词形变化
有用！然而与 honor 的产生唯一没有什么瓜葛的形式，恰恰是 honos。
我们若是深入探究第一次造成 honor 型式的心理过程，则此创新的基本
条件必定是对存在至今的合法形式暂时遗忘。世代相传的形式是不参与
新型式构成的唯一形式。我们不能用"变形"（transformation）这个词，因
为最初的形式在产生这种所谓变形之际是无意识的。实际上，这是一种
创新，一种副质，是与某一形式相比并的竞争者。（Saussure 1993：86）

　　这种无意识或者索绪尔所称的 "某种神秘的本质"（Saussure 2002：
229），缘起于对先前语言的继承、传递、转移及暂时遗忘，缘起于内隐的语
言律则。 如此，可谓语言的创生是有意识的，其传递、转移及遗忘则是无
意识的。 然而就语言总体来说，便 "不是出于天然，不是出于人为有意"
（Saussure 2002：229）。 索绪尔这句话可以说是对惠特尼 "系统的总体是人
类心智努力的无意识产物"（Whitney 1867：50）这论断的重新表述。 如此，
索绪尔所谓的约定俗成，就是面对语言符号而作出的消极性的意识活动：既
不是本能的、无意的，也不是人为的、有意的。 语言存在能指和所指、形
式和意义、符号和观念的二重性，这双重之间有区分却又不可分离，那么，
如何面对这一问题呢？ 惠特尼《梵文语法》道："欲区分词中形式变化和
意义变化的双重问题，我们没有引致人为的区分，只确认自然的区分……"
（Whitney，*Grammaire du sanscrit*，p.41. cité par Saussure 2002：40）也就是
有区分，却处在无意识状态。 人类能做的，仅仅是确认这一结果。

（三）语言制度：无意识地造成与遵循

　　虽是如此，惠特尼论及语言符号的任意而约定俗成的特性时，还是偏向
于认为语言是思维的工具，是人为的。 "观念和符号之间的联结仅仅是精
神的联结，这精神联结就像符号 5 与它代表的数目相关联一样是人为的。"
（Whitney 1971：115）这种人为的特征凸显了语言符号的任意性。 观念和声
音符号的联结不具有本质的特性，照惠特尼的说法，就是 "思维器官和发声
器官之间没有神秘的关联"（Whitney 1875a：291）。 倘若观念和声音符号的

联结是自然、必然或内在的联结，则观念变化必定导致符号变化，符号变化也必定引发观念变化。 但实际上新的观念照样可以寄寓于旧的符号，或者出现新的符号而观念不变。 惠特尼就注意到即便拟声词，初看起来有理据，具自然性，但"人的自然的声响并不意指什么概念，它们只是模拟感觉、情绪"（Whitney 1971:128），也就是说，它们还没有达到纯粹抽象观念的程度。 在索绪尔眼里，拟声词也是相当次要且可争议的，只是"以其声音可使人联想到它们意欲表现的概念本身"（索绪尔 2007:87）。 但它们一旦进入普通词语的交流体制，就渐具任意性了，丧失了它们原本具有的拟声特性，"披上了一般语言符号的不可论证的特征"（索绪尔 1980:105）。 为了显示人类语言符号的特性，惠特尼特地拿人和动物在交流工具上的根本区别来测定。 动物运用交流工具是本能的、先天的，人类的运用则是任意而约定俗成的、后天的，貌似具自然性的拟声词，在各个民族语言中也不一样，遑论人与动物之间了。

> 语言不是自然存在的，而是以其已被公认的用法这一属性而存在的，其中人类的环境、习俗、偏好、意志，都是决定性的力量。即便是拟声的或模仿的要素最显著之处：譬如 cuckoo 和 pewee、crack 和 whiz 当中都没有什么必然的联系，只是出于便利而已：倘若有必然，则同样会扩展到其他动物和其他声响上去；也会扩展到其他语言上去；实际上这些观念在别处有完全不同的名称。人类只有后天学习才能掌握现存的语言，动物却没有后天学到的表达方式。（Whitney 1875a:282）。

> 我们言语的根本特征是任意而约定俗成的；而动物言语的根本特征则是自然而本能的：前者因而具有不定的变化、生长和发展的能力，后者则没有变化，不能超越其原初狭小的界限。一是由传统传递下去，凭借教育而获取；一是在其完整性中、种系的每个个体中独立地呈现出来。（Whitney 1867:438）

如此，观念和符号的自然关联是一种想象，是人类赋予约定过程崇高感的表现。 人类约定符号完全是出于表达的需要。 符号与观念之间因此没有本质的关联，惟有表达及交流观念的欲求方造成符号的产生，而表达及交流本身也是符号的最大功用，并掌控着符号的变化和发展。 表达及交流处于集体范围内，则其完全是一种社会冲动。 惠特尼如此道：

> 我们造出一个新词，或赋予一词新的意义，因为我们拥有一个观念，它需要一个符号。（Whitney 1872：247）

> 词语不是认知或抽象或归纳的直接产物，而只是欲交流这些产物的结果。（Whitney 1875b：724）

> 交流是言说唯一或最高的目标。（Whitney 1875a：285）

> 交流处处是最主要的、起决定作用的力量。（Whitney 1875a：286）

> 要交流的冲动是言语发展的支配原则。（Whitney 1875a：204）

语言和思维的关系，是一切语言理论家必须思考的问题。 惠特尼自然也不例外。 他承认若没有词语的帮助，思想便是不可能的，就像用特殊符号表示的微积分或分析几何学的过程，即便计算简单的比例关系，没有数字和图示的帮助，就是不可能的；但我们不能据此推出没有语言，思想就不可能的结论。 这意味着语言和思维不是同一的，当然也是惠特尼把语言看做思维的工具得出的自然结论。

> 数学关系以及我们理解数学关系的能力既不等同于这些符号，也不依赖于这些符号。……语言是思想的工具，是思想运作所凭的机械；凭借这工具，思想的能力无限地增强了，但工具不等同于思想，它只是思想自身的产物之一而已。（Whitney 1872：247—248）

> 言说增强了大脑的力量、思维的能力。（Whitney 1875a：306）

　　语言是加强和实现思维的工具，同时也是思维的产物，后者实际上又隐含了语言和思维在某种程度上具有同一性。 惠特尼的语言工具论的偏向主要是针对缪勒的语言与思维绝对同一而引发的。 人类所以区别于其他一切生物，缪勒认为就是凭语言的特性的缘故。 (cf. Müller 1864:15)语言与理性之间没有实质的差异，只有形态上的区分。 (cf. Müller 1864:79)"没有言说，理性就不能成为真正的理性。"(Müller 1864:78)没有名称，就无法认识事物。 这是典型的语言与思维绝对同一论。 而依惠特尼的语言功用在于交流和透露思想的看法，则缪勒的观念忽视了人类的表达对说者和听者之间的相互理解的依赖，换句话说，忽视了对其约定特性的依赖。 正是基于约定特性，惠特尼觉得表示观念的符号无所谓好不好，也就是说与观念的对应无所谓内在不内在，符号仅仅是标示观念而已，交流者及社会集体能够认识或理解这一点，才是最重要的。

　　　　一个符号与另外一个符号是一样好的，只要在说者和听者之间能相互理解。(Whitney 1872:245)

　　　　词语不是对观念的自然反映，也不是对观念的描述或界定；词语只是对观念的标示，是我们认识到与观念相联的任意而约定俗成的符号。(Whitney 1867:70—71)

　　从惠特尼这般视角来看，语言当然只存在于表达和运用当中。 "诸个体在观念和符号之间确立了直接的精神关联。 ……幼童学习说话时并不关注词源问题。 ……唯一的理由是他使用它们。"(Whitney 1867:128)词语或符号的产生完全是实际使用的需要。 一旦将词铸造出来，投入实际使用，词源就应该遗忘，而只把词看做与观念相连的当下的整体再现。 运用是否便利，这是作为工具要着重考虑的方面。 惠特尼强调语言的运用和实现，但这是集体性而非个体性的具体运用和实现。 只有大家接受并使用了，语言才成为语言。

　　　　言语的整个发展过程是由集体确定的，虽则是由个体行为发起实施。

这是一个词，作为一个观念的符号，不管这词的来源、音长、语音形态可能是什么，语音形态在任何集体内（无论它多么有限）都是得到理解的。集体的相互理解是词语和观念之间的唯一纽带。每人从外部、从其他人的用法当中获取的，就是符号。每人从这般符号习得表示其心智的内在行为的艺术。相互可理解是形成统一的口语的唯一特性；相互可理解的需要是使之保持统一的唯一力量；相互可理解的渴望是引发言语的动力。如此，人类言说原本不是为了思索，而是透露其思想。其社会需要，社会本能，迫使他表达。离群索居者决不会构设语言。（Whitney 1867：404）

言语（speech）归根结底是一种社会占有，其整体是由相互可理解性来形成与保存的，其所有细目及细目的变化在其完全成为语言（language）之前都需集体的采纳。……交流是人类之间取得完全理解的唯一动机。大多数人没有体悟到语言仅仅是交流的工具。（Whitney 1875b：720）

一方面，语言和思想不像肉体和灵魂，不可分离。它们不同一。语言只是表达手段，经此，思想得以交流。另一方面，符号在精神行为过程中表现观念，语言在思维过程中表现思维。"目的事实上旨在发现符号，符号今后可以经由联想与观念紧密地连接起来，并且总是在交流中、在精神行为过程中表现观念。"（Whitney 1875a：140）我们认为，惠特尼也是从这一角度标举语言的工具性，又时时不忘语言和思维相当程度上的同一性，这种同一性不是先天具备的，而是在表达及交流过程中实现的，是语言展现其工具性的表征及结果。

惠特尼把语言看做一种人类制度，我们以为这一重要观点就是根据语言的社会约定与社会效用这一工具性得出的。语言根本上为交流目的而存在，而交流是集体的确认行为，语言因此是一种社会制度。我们说语言是交流思想之物，而不是思想之物，主要指人类天然具有的凭借语言符号表达思想的能力，而实施这种能力则需集体的认可，这意味着能力蕴有转化为制度的潜质。制度是实施这种能力的结果。同时也正是由于语言制度，提供了集体相互约定、彼此理解的平台，使交流得以实现。也就是说，语言制度是被运用的结果，又是被学习和使用的工具和规约，以付诸运用。 语言符号因而处于运用的历史之中，我们可以追索它们的发展，解释它们，由此形成语言科学。 而惠特尼进一步把语言制度纳入到人类文化的历史中去，因为人类力量能够影响这种制度。

> 语言是人类种族和人类诸制度之历史的分枝。(Whitney 1867:48)

> 语言是一种制度，是构成人类文化的诸多制度当中的一种。(Whitney 1872:316)

> 我们把语言认做制度，认做工具。……我们对这种制度不仅仅看做变化的演替，而是一种真正的发展，受人类力量的影响，其运作我们可以追踪并理解。(Whitney 1867:400)

惠特尼突出了语言制度的人为性和工具性。 而最早把语言看做社会制度的是卢梭。 他在《语言起源论》开首就道："语言(语言运用，说话)是最初的社会制度。"(Rousseau 1995:375)不过，推想卢梭的意思，既然是"最初的"社会制度，则其形成只能源自自然，而不是习俗约定。 卢梭大抵是说语言介于自然与习俗之间，是最初的社会习俗，却源出于自然。 正是这点，把人和动物区分开来了。 惠特尼将语言看做构成人类文化的诸多制度当中的一种，则纯粹是社会习俗了。 索绪尔持论又不同，把语言视为人类独一无二的制度，是制度，却是无意识地形成的，与其他一切有意而为的人类制度迥然不同。

惠特尼一方面刻意强调语言的精神性(在精神行为过程中表现观念)，指认语言科学是一门历史科学或精神科学；一方面又凸显语言的自然生命的特性。 他对语言的本质及其研究方法的基本观点，某种程度上是由与自然科学相比拟而得出的。 "我们把语言称做活的、生长着的机体，或称语言学为自然科学，因为动物学和地质学就是如此。"(Whitney 1867:48)如此，惠特尼所谓的语言科学覆盖了精神和物质的总体。 另外，既然语言是活的、生长着的机体，则语言研究自然而然是历史的研究，语言科学归根结底

只是一门历史科学。 惠特尼道:

> 每个独立的语项,就其目前形式而言——因为我们尚未准备好讨论人类言语的最初起源——都是由一系列变化的结果构成的,由人的意志和认可造成,在历史条件下,在人类特性的条件下,受目的的推动,产生出来。这些大体上都可以清晰地描绘出来,形成为科学研究的理所当然的对象。

> 这些原因决定了语言研究作为历史科学或精神科学的特性。它是人类种族史和人类制度史的一个分枝。它要求有助于其他各类科学,无论是精神的,还是物质的:有助于精神的和形而上学的科学,因为对这种联系的解释遵守了意义的发展过程,描述了思维的规律和相互关联的普遍原则,这种相互关联确定了语法的主要特征;有助于生理学,因为对言语器官活动的结构和模式、清晰发音的生理关系的解释,促使了谐音(使声音悦耳的变音倾向)规则的形成,规定了语音变化的方式;甚至有助于自然地理学和气象学,因为有关质料的状况及气候方面的信息,对语言的生长都施加了影响。(Whitney 1867:48)

语言科学对其他科学有助益,就因语言是一种处在历史发展中的社会制度的缘故。 社会制度牵涉到人类的行为、环境和习惯。 而人类的行为和规约是历史科学或精神科学的主要研究对象,因为它们属于历史产物。 语言符号是其中的一种,它们仅仅在运用和理解的历史中存在。 "一个词语是诸声音的结合,经由一系列历史的理性,声音在特定的集体内作为某种观念的符号被接受和理解。 只要人们这样接受和理解它,它就存在;每个人都停止使用和理解它,这时候它就不存在了;其他没有什么能消灭它。"(Whitney 1872:274)语言科学因此是典型的历史科学,其他科学譬如心理学可以辅助语言科学的展开,但起主导作用的是历史研究方法。

惠特尼"语言是一种社会制度"的观点的重要性,索绪尔充分领会到了,并对其作出崇高的评价,认为"这改变了语言学的轴心"(Saussure 2002:211),因为它展现出了语言符号的任意性和约定性。 但正是任意性从根本上把语言制度与人类其他一切制度区别开来，这点惠特尼忽略了，他只认识到语言制度是人类所有制度当中的一种；索绪尔则强调了其间的根本区别。 人类其他制度一般都以事物的自然关系为基础，而语言不是基于事物之间的自然关联，没有依据事物的本质，因而是一种纯粹的规约和制度。索绪尔说它是一种"无与伦比的制度"（Saussure 2002:211）。 "语言制度与其他人类制度截然不同。"（Saussure 2002:219）"为了使人感到语言是一种纯粹的制度，惠特尼曾很正确地强调符号有任意的性质，从而把语言学置于它的真正的轴线上。 但是他没有贯彻到底，没有看到这种任意的性质把语言同其他一切制度从根本上分开。"（索绪尔 1980:113）

其次，约定性展现了语言制度是社会和集体确认行为的结果，以及之后社会和集体一切行为应遵守的规则。 索绪尔认为，够得上这层次的不是群体语言，而是整体语言。 1907 年，索绪尔第一次讲授普通语言学课程，就是依据独一无二的制度来界定语言的社会集体性本质的：

> 1. 语言是无根的机体，没有外部环境，属自生自长一类：这是把语言当做抽象物，并把它变成具体的存在物。于是语言只存在于具体的存在物里，存在于集体里。由此引发另外两个观念：
>
> 2. 认为语言主要在个体中。可以在语言中看到一种自然的功能（就像吃之类），因为我们拥有一个天生专门用来说话和本能叫喊的发音器官。但只有在采取社会形式之后，才能实施这种自然的功能是什么样的呢？
>
> 3. 因而第三个观念从社会、集体的方面理解语言。这是整体语言，而不是群体语言，（是在个体身上的整体语言），它是一种社会制度。这个观念比其他两个更接近真实，但援引其他社会制度与之相比，（就可见）整体语言作为制度是独一无二的，就像作为功能是独一无二的一样；因而我们无法把群体语言放在人文事实当中。（Saussure 1993:43）

作为独一无二的社会制度的不是群体语言，而是整体语言。 只有整体语言可以放入人文事实之中，也就是可以放入符号学制度之中。 因为符号学制度的最主要特征就是社会集体性和约定性。 但整体语言的约定性与其他制度的约定性的区别还在于它复杂无比,且渗透了人类的日常生活,与每个人都相关。 1908 至 1909 年,索绪尔第二次讲授普通语言学课程,其中 Riedlinger 的课堂笔记记道:

> 整体语言完全是社会之物;它对所有人都成为事实了,只在这时候,事实才以语言的方式存在,无论它的出发点是什么。社会的确认以集体的名义似乎成为了一个共同体,我们最终可以居止在我已逐步指明的二重性当中。但这共同体与什么相应呢? 美国人惠特尼的观点(cf. Vapereau[6], *Les Contemporains*)是正确的,他说语言是一种制度。他说这种制度偶然使用发音器官作为表达工具,我们若是说话,是因为我们觉得这比用手指之类更为方便而已,惠特尼这点走得太远了。但索绪尔先生并不想强调整体语言的自然方面。这种制度终究是约定俗成的,但把语言与其他约定俗成的东西即刻可以区分开来的,是它牵涉到数千种符号每天被无数次地使用。如此,这是一个极其复杂的系统,有大量运作着的部件。(Saussure 1997:3—4)

索绪尔就此给语言下的定义是: "整体语言是: 社会集体所采用的一整套必不可少的规约,以便使众个体所具的群体语言能力的运用得以展开。群体语言能力是与整体语言相区分的事实,但若没有这能力,整体语言就无法发挥作用。" "我们以个体语言指个体凭借社会规约(也就是整体语言)实现其能力的行为。 在个体语言中,含有实现社会规约允许之物的观念。" (Saussure 1997:4)索绪尔比惠特尼更明确的地方,就是把整体语言看做社会规约和社会制度。 群体语言能力是人类天然拥有的,个体语言则是凭借制度运用这种能力。 索绪尔进行群体语言(le langage)、整体语言(la langue)和个体语言(la parole)的区分,社会制度、社会规约显然是衡量的准绳。因此,可说索绪尔比惠特尼更进一步改变了语言学的轴心,使整体语言或社会规约之物成为语言学唯一的研究对象。

1910 至 1911 年,索绪尔第三次讲授普通语言学课程,其中 Emile Constantin 的笔记记道:

把整体语言看做一种社会产物。于种种社会产物之间，自然会发问，是不是还有其他事物呈现出与整体语言相类似的情景。在1870年左右，美国语言学家惠特尼以其著作《语言的生长和生命》(Les principes et la vie du langage)发挥了极大的影响。他把语言比拟为社会制度，说语言一般属于社会制度的大类别，这看法让人震惊。就此而言，他在正确之道上；他的思想与我相契。他说："人类使用喉、唇、舌来讲话，说到底是出于偶然。他们觉得这非常方便。但倘若他们使用视觉符号或手势，归根究底还实在是同样的语言，不会有任何差异。"这是对的，因为他赋予实施手段无足轻重的意义。这就涉及我要说的事情了：唯一的差异，是我提及过的听觉印象由视觉印象来替代了。我们就某种整体语言运用着自然的能力，这一观念惠特尼想连根拔除；社会制度实在是与自然制度相对立的。然而人们无法觅出一种社会制度可与语言建立在同样的基础之上，且可与语言相互比拟。其间有许多大的差别。语言在诸多制度之间占据了一个相当特殊的位置，这是毋庸讳言的，但不能一言概尽；比较颇易暴露种种差别。一般地说，各类制度，诸如法定的制度，或一整套的仪礼，或一旦确立便不可移易的典礼，它们具有许多特征，与语言相类似。它们当时经历的变化，很让人想及语言的变化。但其间依旧有巨大的差别。

1. 另外没有一种制度自始至终涉及所有个体；每个人都与它相关，自然而然地影响它，另外没有一种制度以这般方式交托给所有人。

2. 大多数制度在特定的时刻可予以修补、校正，出于某种意愿加以重构，然而在语言中则全然不同，我们见及这般能动作用在彼处是不可能存在的，甚至科学院也不能经由颁布法令改变我们称为语言云云的制度所取的流向。（索绪尔 2007：8—9）

在语言本身所处的外在环境当中，我们可注意到语言是所有个体每日竟日使用的东西。这事实使语言成为一种与其他东西（民法法典，极注重形式的宗教）不可比较的制度。（索绪尔 2007：114）

人类制度的传承，这是更为一般的问题，我们从中看到了包含着的在一开首就提出的问题：为什么语言不是自由的？这将是与其他制度显示

的自由度相比较的地方。关系到历史现实(因素)和社会现实(因素)之间的平衡问题。(索绪尔 2007:112)

索绪尔同意惠特尼的语言是一种社会制度的说法,然而它与其他的社会制度还是有根本的差别,索绪尔总结出两点:一是语言涉及全部个体;二是语言制度一经确立,就不可改变。语言状态是一种偶然的状态,语言制度也是无意识地形成的,是人类运用语言天赋能力的结果,同时人类对语言制度这种结果也往往被动地无意识地接受。没有有意识地设计语言制度,也就不会有意识地改变语言制度。即便一般典章制度的形成,费尔勾荪(Adam Ferguson,1723—1816)亦持行为的结果而非设计的结果之论:"各国摸索出一些典章制度,那固然是人类行为的结果,而不是人类设计的产物。"(Ferguson 1767:187)再就是语言制度并不是外在于全部个体的既定秩序,它不是外部权威,而是内在于全部个体的事实,是全部个体自我维持的。既内在于全部个体且自我维持,则绝难改变。而惠特尼虽持语言总体是无意识的产物,然而依旧有语言制度是人类设计的倾向,既是人类设计,则可改变。"语言若是一种人类设计的制度,经由传统而延续,则是会变化的。人类制度一般说来经像语言那样的传播过程代代相传,其间,它们均发生变化。"(Whitney 1875a:34)"一个社会的言语是集体能力的反映,因为只有社会能制成且改变语言。"(Whitney 1867:123)索绪尔与惠特尼的这些观点明显不一致。至于实施语言的手段方面,认为运用发音器官或视觉形象、姿势之类,都是一样有效的,柏拉图《克拉底鲁篇》(422e—423b)即持如此看法(参见柏拉图:110—111),则实施手段并不重要,要紧的是付诸实施的内在能力(索绪尔称语言的内在能力为抽象的整体语言)。这点,索绪尔和惠特尼基本一致。其实两人也都是延续了卢梭的观念。卢梭《语言起源论》曾道:"用以交流我们观念的技艺的创生,不是仰赖我们用于这般交流的器官,而是取决于人类特具的能力,恰是这能力使器官派那番用场,要是失去了那般器官,这能力会使用其他器官达到相同目的。"(Rousseau 1995:379)动物也具有诸种身体器官,却不具备运用器官交流思想的约定能力,它们只有与生俱来的自然语言。

整体语言符号的价值是由集体确定的。它一旦在社会集体中存在,个体或社会的意志便无法改变它。 如此,整体语言符号的任意性是凭借社会集体性和强制性方成立的。 这是整体语言作为一种社会制度区别于其他社会制度的地方,也是符号的本质在整体语言或社会规约之中的体现。

　　这本质由那些最不被研究的事物所构成。就是由于这个原因,我们从一般的、哲学的角度思考整体语言的时候,与整体语言一起研究其他事物的时候,我们不能一下子见出符号学科学的必要性或特殊的有用性。整体语言逃离个体或社会意志的,就是符号的基本特征,初看起来它最不呈现出来。我们若是从这方面来思考符号的话,就会看到我们研究礼仪之类的时候没想到的诸多方面显现出来了,我们会看到它们归属于共同的研究领域,属于符号特有的生命,属于符号学。我们就此断言,整体语言不仅是它那一种类的东西,而且是环绕它周围的一切,我们把这范围内的一切宽泛地称为“社会制度”,事物的某些部分需研究环绕着它周围的东西。(Saussure 1997:13)

　　符号特有的生命在环绕整体语言周围的东西(也就是社会制度)中呈现出来。 索绪尔的符号观念在很大程度上由惠特尼引发,但明确关注并引入符号科学,是索绪尔不同于惠特尼的地方。 惠特尼一方面把语言界定为活的、生长着的机体,称语言学为自然科学。 另一方面则认为,既然语言是活的、生长着的机体,语言研究就是历史的研究,语言科学属历史科学。但在历史科学中,语言学其实最接近自然科学,因为它探究各个独立的事实的无穷多样性。 惠特尼就认为各个分节的声响结合起来形成的一个词“几乎就像化石那样是个实物。 可以把它放在纸卡上,一如标本室里的植物,以备将来慢慢地研究”(Whitney 1875a:311)。 索绪尔也讨论了语言学到底是呈现为自然科学秩序还是历史科学秩序,但他没有像惠特尼那样兼采或只取其中一个,而是取两种科学形态当中的一部分,也就是符号科学。 符号科学研究的正是社会制度,或者说研究环绕着整体语言、社会规约周围的东西。 “人类经由必要的约定欲表示其思想,对此际出现的情景的研究”(Saussure 2002:262),就是符号科学(符号学)研究。 而语言符号学系统是所有符号学系统中唯一面对时间的,它不仅在空间上取决于相邻要素的相互确认，也就是在关系中确认语言事实，这是共时的，而且随顺着世代相传的强制性的传统，这是连续的、历时的。 符号学含摄了自然科学和历史科学的特性。 事实和用以确认事实的关系或法则在符号学中内在地成为同一个物。 而事实总是历史的事实。 索绪尔也明确认定，"整体语言本身永远展现的是一种历史。 它呈现为连续的语言事件。"(Saussure 2002：150)但这是处于历史中的整体语言事实，而不是整体语言事实的历史，因此，我们认为索绪尔所称的符号学以及语言学不能确定地列入历史科学。

（四）差异关系：实现任意性与约定性的唯一途径

"论语言的双重本质"(De l'essence double du langage)是 1996 年发现的索绪尔的重要手稿，包含许多精微的符号学思想。 其要点为：语言的同一性(une identité linguistique)蕴含着两种不同要素的联结：形式(la forme)和意义(le sens)、声音和观念、发声现象和精神现象。 (cf. Saussure 2002：17，18，21)这两种要素的联结可与化学的混合相比拟，犹如呼吸的空气中氮气和氧气的化合。 假使抽离了形式(符号)或意义，词就不复是词，好比抽离了氮气或氧气，空气不再是空气一样。 但这种比拟是不精确的，因为空气的两种要素都是物质的，而词语的二重性再现了物理和心理领域的二重性。 词语的两个要素彼此都处于精神的范畴内，不仅意义(意指结果)(signification)①，而且符号(signe)②都是纯粹意识的事实。 (cf. Saussure 2002：18—19)因此，语言的同一性蕴含的两种不同要素是均质的，这种同一性是单一的同一性。 "整体语言〈由此而被划定了界限〉是一个同质性的客体(而群体语言却不是)。 这是个符号系统，而且其中符号的两个部分都具心理性质。"(索绪尔 2007：80)语言所含纳和牵涉的因素极其繁杂，寻求并确定同质性，是语言科学研究的前提。

声音和观念、能指和所指之间存在二重性。 但发声现象本身也存在内

---

① 索绪尔有时称做所指、观念、概念。
② 索绪尔有时称做能指、听觉印象、形式、声音形态。 〔"我们是希望称整体(概念与印象的结合)为符号，还是听觉印象本身可被称做符号(更为物质性的一半)。 这是个我决断不了的问题。"(索绪尔 2007：86)〕

在的二重性的区分,有纯粹客观的声音(物质的声响)和声响的精神印记(听觉印象、符号)之别。 这是索绪尔语言符号理论的精微之处。

　　划分语言的内在的二重性并不植根于语音和观念的二重性,发声现象和心智现象的二重性;这是条构想二重性的便当而危险的道路。这二重性存在于**就像这样**(COMME TEL)的发声现象和**作为符号**(COMME SIGNE)的发声现象二重物——(客观的)物理事实和(主观的)物理—心智事实当中,而绝不是在与意义的"心智"事实相对的声音的"物理"事实这二重物当中。有内在的、心理的根本领域,在那儿既有意义,又有符号,两者彼此不可分离;还有另外一个外在的领域,那儿只有"符号",但此刻符号还原为一连串声音的波浪,在我们眼里仅仅担得起发声形象的名目。(Saussure 2002:20—21)

我想索绪尔的意思是即便发声现象也有内在的二重性,但它是一体的,那么,发声现象和精神现象、符号和观念虽有二重性,则也是一体的。 只有两者相联结,整体语言方才完整地存在。 "对异质物(符号—观念)的联结进行分类,决不意味着对单一物和均质物作分类(对符号或观念作分类)。以为有两种语法,一源自观念,一出于符号,这都是曲解了两者,使之不完整了。"(Saussure 2002:20)从观念和形式的关系方可领会整体语言。 照索绪尔这一卓见,我们若要发现语言实体的本质,就必须对符号和观念两者构成的完整体作分类。 所谓完整体,也就是符号、形式与其意义不可分,符号、形式和其他与之并存且处于对立(差异)状态的符号、形式不可分,意义也是如此。 "(1)符号仅据其意义而存在;(2)意义仅据其符号而存在;(3)诸符号和诸意义仅据诸符号的差异而存在。"(Saussure 2002:37)索绪尔以等式表示:(符号/其意义)=(符号/其他符号)=(意义/其他意义)。 这里括号()表示完整体之意。 索绪尔这番圆转若环的论断,意味着意义是与形式(符号)相关的意义,形式(符号)是与意义相关的形式(符号),词是观念的符号,观念是词的符号,讲符号就是讲意义,讲意义就是讲符号,这是一体的,是同一样事物。 当然,索绪尔意识到这是想象中的同一样事物。"在一定的时刻,经由假设的行为,名称被分派给事物,经此行为,概念和符号之间，所指和能指之间，可达成一种契约，此行为处于纯粹想象的领域。"（索绪尔 2007:112）"我们如果不就每个词想象概念和听觉印象之间内在的联结，就决不能想象一个词和其他的词之间的联系。"（索绪尔 2007:104）另外一个对索绪尔有关键影响的人物庞克岱（Adolphe Pictet，1799—1875），就曾论及符号运用的想象问题、具体现实与抽象思维这两端的重聚问题。想象的、形象的语言"使物在我们眼前展显，这些物既不能以原朴现实的偶然形式呈现，也不能以反思的形式呈现；但必须使我们乍见之下就能在这些物的观念中、在其可感的形式中、其抽象的概念中、完全的真实存在中看见它们。经运用想象，解决这一双重性问题。……想象的确切效果是促使心智本身还原（再现）物的可感的外貌，从而使心智避免了单独地被思维直接抓住（的境况）"（Pictet 1856:306）。如此，想象实现了语言的不可分的双重性本质。惠特尼之前也体认到"观念的产生与符号的产生是不可分割的过程"（Whitney 1872:247），但这一过程不是纯粹出于天然，也不是纯粹出于人为。"词语不是对观念的自然反映，也不是对观念的描述或界定；词语只是对观念的标示，是我们认识到与观念相联的任意而约定俗成的符号。"（Whitney 1867:70—71）"词语是观念的约定俗成的符号。"（Whitney 1872:248）索绪尔同意这一见解，但进一步将任意而约定俗成的过程明确地界定为想象的过程。

索绪尔上述那番论断表面上仿佛圆转无主，其实却有核心存在，就是"诸符号和诸意义仅据诸符号的差异而存在"。前两者是符号与意义互为存在的依据，这是符号内部的差异状态；后者则是符号和意义的存在最终都依据诸声音形态、诸形式（符号）的差异，这是符号与符号之间的差异状态。可称此为索绪尔符号科学的正法眼藏。形式或声音形态"对言说者的意识而言是确定了的"（Saussure 2002:37），是明确的存在物。只要出现声音形态，出现一要素与其他要素的联结，就出现差异。"差异秩序仅仅作为由于与其他要素相联结的差异而存在。"（Saussure 2002:43）但诸符号的差异是观念中的诸符号的差异。索绪尔所谓的符号学，与形态学、语法、句法、同义性、修辞学、文体学、词汇学等等全无区分（cf. Saussure 2002:45），符号学原则就是形态学原则、共时的状态原则。"形态学上，没有符号，没有意义，只有符号的差异和意义的差异。"（Saussure 2002:70）"语言中（也就是语言状态中）只有差异。"（索绪尔 2007：164）差异是语言的存在特性及其面貌。 惟有差异，方有语言。 这一点，索绪尔始终予以强调，惠特尼则没有清晰地意识到。 惠特尼刻意表达的，就是交流的需要是语言创生与存在的原因和特性，人类认知事物，予以抽象，想把这种认知或抽象的结果表达出来，进行交流，才创生词语或语言符号。 （cf. Whitney 1875b：724）用索绪尔的话说，这是"先有事物，尔后才有符号"（Saussure 2002：230），即把语言视为对事物作分类命名的术语的汇集，词与物相对应：

$$物\begin{cases} *—a \\ *—b \\ *—c \end{cases}词$$

（cf. Saussure 2002：230）

这种意见在语言思想史上占据统治地位，索绪尔 1891 年左右作的普通语言学札记抛弃了这一基于外在事物并把语言看做命名的狭隘观念，认为语言的真正关系不是 *—a， *—b， *—c，而是 a—b—c。 （cf. Saussure 2002：230）这意味着语言自身内部的差异关系是语言的真实关系，与外在事物无关[①]，甚至反倒可说外在事物是由语言的差异关系构建而成的。 索绪尔将语言看做一个系统，对之作静态的共时性研究，应该说完全是语言的真实关系为 a—b—c 这番创见的连带产物。 把外在事物摈除出去，大抵为了凸显构成差异关系的两项要素均具有心理性、精神性，均居于持有抽象的整体语言（抽象的语言结构）的主体之内。 到第三次讲授普通语言学课程（1910—1911）快结束时（1911 年 6 月 30 日，7 月 4 日）（参见索绪尔 2007：156—163），索绪尔愈加精细地阐述了语言差异关系的观点。 差异关系不仅存在于符号本身：

---

① 语言符号及语言指谓的本质不在与事物的关系，而在其自身所具的差异关系，并且只有摈除与外在事物的关系，才能实现或凸显语言的本质。 在语言思想史上，就阅读所及，只有公孙龙和索绪尔两人强烈地持这般观点。 《公孙龙子·指物论》道，"指固自为非指，奚待于物而乃与为指？"具体论述参见拙著《言境释四章》（上海人民出版社 1998 年初版，上海古籍出版社 2004 年修订版）

还存在于符号与符号之间：

前者是能交换的异物，是纵向关系性；后者是可比较的同物，属横向关系性。 惠特尼只注意到纵向层面上概念与听觉印象联结的任意性和约定性，索绪尔则进一步发现了符号和符号之间横向关系的任意性和约定性。 必须以组合及联想的方式会合围绕某符号的其他符号，才能确定此符号内部的价值；这种围绕着的符号或共存要素的总和是语言系统存在的标志。 索绪尔由此坚持确定符号价值的前提是必须从系统出发，把握处在每一语言系统内的诸要素的交互作用。 "系统驾驭要素，要素驾驭价值。"（索绪尔2007：160）索绪尔的立足点在系统和要素，而系统与要素的构成基于集体的文化无意识，依据任意的差异关系，因此价值也就不是绝对的，而是移易和变化的，也处于差异关系中。

> 能指和所指根据确定的价值结成一种关联。某某听觉符号与某某可在块团（引按：指思想的纯粹概念的不定形块团）中造成的断口结合起来，就产生了确定的价值。为了能指和所指本身所呈现的这层关系，确定的价值该是什么样的情形呢？首先须将概念事先确定了，然而又没有。首先须将所指事先确定为某物，然而又没有。由此，这层关系只是价值在其对立中（在其系统中）呈现的另一种表示而已。不管处在哪一种语言类型，这点都是正确的。（索绪尔2007：161）

所指和所指对象都不确定，则没有确定的价值；唯一能确定的，就是价值在对立或差异中呈现出来，则价值处于关系之中，是相对而移易的，其间充满了任意性和可能性，这正是语言的活力所在。

差异是符号处在对立、否定的关系中的显现。 一有否定，就有差异，也就有观念。 "观念始自否定的开端。"（Saussure 2002：75）"词的本义和转义之间没有差别，因为它们的意义明显都是否定性的。"（Saussure 2002：72）"本义仅仅是一般意义的多重显现之一。"（Saussure 2002：76）如此，整体语言或社会规约的形成就基于否定性原则。 "否定性原则的特征其实是整体语言的机制。"(Saussure 2002:71)一切差异因而都处在移易、变化的关系之中,并没有固定而绝对的价值系统,或者说,固定而绝对的只是差异而已。 整体语言"由相对并具否定性的价值系统组成,仅凭价值的对立效果而存在"(Saussure 2002:80)。 表示本义的符号是个约定俗成的符号,表示转义的符号也是约定俗成的符号,符号改变无关紧要,只要具有差异就行。 惠特尼虽没有深刻地意识到差异的重要性,却从"符号—事物"这一索绪尔后来摒弃的出发点认识到与差异相并的变化问题。 "成为被公认的符号,以表示特定事物,从这一刻起,其整个生涯就与原初的词根松散地分离开来;它曾经一直是约定俗成的符号,如今也是约定俗成的符号,且从此是个可改变的符号,用以表示特定的观念,却是个变化而发展的观念。 在这基本事实当中,发声的符号是个约定俗成的符号,与它所指称的观念连接起来,这种连接仅仅是精神的联想,依据其意义变化和形式变化兼具的可能性。"(Whitney 1875a:48)意义变化和形式变化基本上相当于索绪尔所谓的意义差异和形式差异。

惠特尼称符号和观念的连接仅仅是精神的联想,表明词语和观念之间不存在固有的自然关系,则两者之间是文化关系、任意关系,不过这是集体约定的文化关系、任意关系,同时也由集体予以传送。 惠特尼道:

> 对我们来说,每个词都是个任意而约定俗成的符号:说它任意,因为千百个其他词中的任何一个完全可以一样容易地被我们学会,并与同样的观念联系起来;说它约定俗成,是因为我们获取的词语有其独一的基础,在集体赞同的用法中得到认可。(Whitney 1867:14)

> 每一种言说的语言都是诸多单独的符号(称作词)的集聚;每个词都得到每个人的学习。……他将其用做某种观念的符号,因为其他人已经如此使用了。世界上任何语言在观念和词语之间都没有内在而本质的关联,心智无法凭此理解一方即刻就领悟和产生另一方。人类言语的所有现存形式相对于思想来说都是一群任意而约定俗成的符号,由传统代代相传下去,在任何一代里都没有个体接收或传递那(符号)整体。……没有语言能

够在很长时期内保持不变。生长和变化构成了语言的生命，就像它们在别处是⋯⋯生命的符号一样。语言是全体人类思维的工具，是他们的感觉、经验、意见、理性的习惯表达手段，这时候语言就是活着的；语言和人类精神活动的关联紧密得一方反映了另一方，以及双方都一起生长，工具使自身适合使用的需要，这时候语言是活着的。（Whitney 1867：32）

索绪尔比惠特尼进一步的地方，在于确认词语与观念、听觉印象与概念这两种事物都具有精神性，且都居于主体内。观念具有精神性毋需多说，索绪尔强调的是"听觉印象不是物质的声响，而是声响的精神印记"（索绪尔 2007：84），"是变成心理感觉了的声音"（索绪尔 2007：77），它出自感觉，源于意识。我们内心语言的默念也正反证了听觉印象的精神性。而语言符号的声音之物理、生理性质在语言学中不占位置，因为这与语言的本质没有关系。索绪尔与惠特尼一样，也着重从符号的不变性（惠特尼称做传统代代相传）与可变性（惠特尼称生长和变化构成了语言的生命）角度揭示语言符号的任意而约定俗成的特性。（参见索绪尔 1980：111；2007：111）正因为语言符号相对于它所代表的概念来说是任意的，要使其产生作用，须经社会集体的约定，这是它唯一遵守的规律；也正因为基于这一规律，反过来证明了符号的任意性。语言符号具有连续性、不变性，是集体约定的社会力量在起作用。惠特尼认为某符号表示某观念，"因为其他人已经如此使用了"。为什么我们说 homme（人）、chien（狗）呢？索绪尔也认为因为在我们之前人们就说 homme、chien 了。（参见索绪尔 2007：116；1980：111）语言符号的任意性展示了它的自由度和社会性，而这社会性在承认任意性的同时展示了它的强制性，语言符号都"由连续的世代被动地接受"（Saussure 1997：12）。这都是在时间当中展开的，社会力量在时间当中遵循任意性和强制性。"它（时间）不消除任意性，但它消除了任意性。"（索绪尔 2007：116）整体语言之所以有稳固的性质，"不仅因为它被绑在集体的镇石上，而且因为它是处在时间之中。"（索绪尔 1980：111）惠特尼和索绪尔都看到了符号的任意性，也看到了符号的历经世代的连续性及强制性。这些都是集体的力量。惠特尼和索绪尔都认为个体不能接收、传递或改变语言（整体语言）符号系统。

在任何一代里都没有个体接收或传递那（符号）整体。（Whitney 1867：32）

言语不是个体的所有物，而是社会的所有物。现存语言没有一项是个体行为的产物。只有大家接受并使用了，语言才成为语言。……言语的整个发展过程是由集体确定的，虽则是由个体行为发起实施。（Whitney 1867：404）

种种符号都是非个人的，个体无法变更符号，符号永存于个体之外。（Saussure 1997：10）

然而，符号存在于时间之中。 处在时间中的一切事物都是一方面延续，一方面发生变化。 这是延续下来的事物的变化，表明语言的连续性和可变性两条原则为一体之两面，并不是矛盾的。 索绪尔即认定"变化的原则以连续性的原则为依据"（索绪尔 2007：116）。 听觉印象（符号、能指）若是改变了，概念也随之改变，或者听觉印象不变，概念改变，或者听觉印象改变，概念不变。 但永远不变的是符号和概念、能指和所指的对应关系，这种关系整体地延续或转移，对应永远存在。

一个词语在某种程度上可以改变其形式而不改变意义，也可以取完全新的意义而不改变形式。事实上，词语几乎都是两者皆发生变化的。……所有语言材料都或多或少展示了成长过程的运作方式。（Whitney 1875a：48）

变化造成了能指和所指之间整个关系的持续不断的转移。（索绪尔 2007：119）

这是一个普通符号学事实：时间上的连续性与时间上的变化相连。……变化只是连续性的形式之一而已。（索绪尔 2007：119—120）

　　惠特尼即认为生长和变化构成了语言的生命,这是人类意识行为的产物。"人的有意识行为若与语言的创造和变化有什么关系的话,那么语言就不是自然有机体,而是人类产物了。"(Whitney 1872:301)这是针对施莱歇尔"语言是个自然有机体"(Schleicher 1869:20)这一观点而论的。 倘若语言是自然有机体,其生长和变化依照固定的规律,不受人类意志的支配,则语言科学就是一种自然科学,也应以自然科学的方法研究语言科学。 惠特尼则据生长和变化是历史产物和精神状态,断定语言科学是历史科学,"必须以历史方法去研究它"(Whitney 1872:372),因为"语言的起源和历史仅仅是精神状态的问题"(Whitney 1872:348)。 生长和变化照索绪尔的说法是能指和所指的精神关系的延续或转移。 "符号系统只存在于言说者的精神之中。"(Saussure 2002:43)惠特尼也说"一个词语是一个精神行为"(Whitney 1872:356),蕴有其变化历史和心智运作过程。 惠特尼和索绪尔都认为语言符号是任意而约定俗成的,这显然专注于社会现实性和集体力量,此时语言是同质的统一体,具有内在特性——社会性,索绪尔认为这时抽象的整体语言是"能活的"东西。 (索绪尔 2007:120; 1980:115)只有考虑到时间因素,能指和所指的精神关系的整体转移的社会力量方显示出来,也就是说,社会现实性经由历史现实性显现出来,历史现实性则是社会现实性的延续和转移。 语言是人类精神活动的工具和手段,也是人类精神活动的结果和产物,两者密不可分,一起生长。 在惠特尼和索绪尔看来,此际语言方是"活着的"东西。 但两人也有截然不同处,惠特尼认为语言的"产生、发展、衰落、消失,就像生物的出生、生长、衰退和死亡"(Whitney 1867:46),索绪尔 1891 年 11 月在日内瓦大学的就职演讲却认为,语言一旦存活,就永远是活着的。 针对欧父拉克(A. Hovelacque)把语言看做生物体、有机体的观点,索绪尔强烈反对道:"不,抽象的整体语言不是个生物体,它不是独立于人类而存在的植物,不是由生至死的生命。"(Saussure 2002:154)抽象的整体语言本身不存在死亡、老化。 它在人类社会中一旦存活,就永远是活着的。 抽象的整体语言居于人类的大脑里,人类存在,抽象的整体语言也就永远存在,这不取决于个体的实施,不取决于个体语言。 个体的言说只是实现了语言事实。

参考文献

Alter, Stephen G. 2005. *William Dwight Whitney and the science of language*. Baltimore, Md.: Johns Hopkins University Press.

American congress of philologists. 1st, Philadelphia. 1894. *The Whitney memorial meeting. A report of that session of the first American congress of philologists, which was devoted to the memory of the late Professor William Dwight Whitney, of Yale university; held at Philadelphia, Dec. 28, 1894*. Boston, Massachusetts: Ginn and company. 1897.

Ferguson, Adam. 1767. *An Essay on the History of Civil Society*. Edinburgh: Printed for A. Millar & T. Caddel in the Strand, London, and A. Kincaid & J. Bell, Edinburgh.

Gambarara, Daniele. 2008. «Ordre graphique et ordre rhéorique: présentation de F. de Saussure, Ms. fr. 3951/10». *Cahiers Ferdinand de Saussure*, n°60:237—280. Genève: Librairie Droz.

Godel, Robert. 1957. *Les sources manuscrites du Cours de linguistique générale de F. de Saussure*. Genève: Librairie Droz.

Godel, Robert. 1966. "F. de Saussure's Theory of Language." *Current Trends in Linguistics* Ⅲ: *Theoretical Foundations* (pp. 479—493), ed. by Thomas A. Sebeok. The Hague: Mouton.

Godel, Robert. 1968. «Bienvenue au traducteur italien de Saussure». *Journal de Genève. Samedi littéraire*. n°110(11/12 mai).

Havet, Louis. 1978. «Mémoire sur le système primitif des voyelles dans les langues indo-européennes par Ferdinand de Saussure». *Cahiers Ferdinand de Saussure*, n°32:103—122. Genève: Librairie Droz.

Hombert, Isabelle. 1978. «Whitney: notes sur une entreprise théorique pré-saussurienne». *Langages*, n°49(1978)(Saussure et la linguistique pré-saussurienne):112—121.

Ivić, Milka. 1965. *Trends in Linguistics*. Transl. by Muriel Heppell, The Hague: Mouton. [Serbo-Croatian original, *Pravci u lingvistici*. Ljubljana, 1963].

Jankowsky, Kurt R. 1976. "The European Engagement of William D. Whitney", *The Third LACUS Forum 1976* (pp. 29—38), Ed. by Robert J. DiPietro and Edward L. Blansitt, Jr., Columbia, S. C.: Hornbeam Press.

Joseph, John E. 1988. "Saussure's Meeting with Whitney, Berlin, 1879." *Cahiers Ferdinand de Saussure*, n°42:205—214. Genève: Librairie Droz.

Joseph, John E. 2002. *From Whitney to Chomsky: Essays in the History of American Linguistics*. Amsterdam and Philadelphia: John Benjamins.

Jakobson, R. 1971. "The world response to Whitney's principles of linguistic science." In *Whitney on language*: xxv—xlv. Cambridge, Mass. & Londres: The Massachusetts Institute of Technology Press.

Koerner, E. F. K. 1973. *Ferdinand de Saussure: Origin and Development of his Linguistic Thought in Western Studies of Language*. Braunschweig: Vieweg.

Koerner, E. F. K. 1988. *Etudes Saussuriennes*. Genève: Editions Slatkine.

Koerner, E. F. K. 1990. "Ferdinand de Saussure and the question of the sources of his linguistic theory." In *Sprachtheorie und Theorie der Sprachwissenschaft* (pp. 153—166). Tübingen: G. Narr.

Koerner, E. F. K. 2004. *Essays in the History of Linguistics*. Amsterdam: John Benjamins Publishing Company.

Mauro, T. de. 1972. *Cours de linguistique générale*, Édition critique préparée, notes biographiques et critiques sur F. de Saussure. Paris: Payot. Transl. from the It. *Corso di linguistica generale di Ferdinand de Saussure*. Bari: Laterza, 1967.

Mounin, Georges. 1968. *Saussure ou la structuraliste sans le savoir. Présentation, choix de texts, bibliographie*. Paris: Seghers.

Müller, Max. 1864. *Lectures on the Science of Language delivered at the Royal Institution of Great Britain in February, March, April, and May, 1863*. Second Series. London: Longman, Green, Longman, Roberts, & Green.

Nerlich, Brigitte. 1990. *Change in Language: Whitney, Bréal, and Wegener*. London and New York: Routledge.

Pictet, Adolphe. 1856. *Du beau, dans la nature, l'art et la poésie: Études esthétiques*. Paris & Geneva: J. Cherbuliez.

Rousseau, Jean-Jacques. 1995. *Œuvres complètes*. t. 5. *Essai sur l'origine des langues, où il est parlé de la melodie et de l'imitation musicale*. Texte édité par Jean Starobinski. Paris: Éditions Gallimard.

Saussure, F. de. 1922. *Recueil des publications scientifiques de Ferdinand de Saussure*, Édité par

Charles Bally et Léopold Gautier. Lausanne: Librairie Payot.

Saussure, F. de. 1960. 《Souvenirs de F. de Saussure concernant sa jeunesse et ses études》, éd. par R. Godel. *Cahiers Ferdinand de Saussure*, n°17:12—25. Genève: Librairie Droz.

Saussure, F. de. 1967. *Cours de linguistique générale*. t.1(fasc. 1: xii + 146pp. [double]; fasc.2: pp.147—316[double]). Édition critique par Rudolf Engler. Wiesbaden: Otto Harrassowitz.

Saussure, F. de. 1968. *Cours de linguistique générale*. t.1(fasc.3: pp.317—515[double]). Édition critique par Rudolf Engler. Wiesbaden: Otto Harrassowitz.

Saussure, F. de. 1974. *Cours de linguistique générale*. t.2, fasc.4: *Appendice*, *Notes de F. de Saussure sur la linguistique générale*. Édition critique par Rudolf Engler. Wiesbaden: Otto Harrassowitz.

Saussure, F. de. 1993. *Cours de linguistique générale*. *Premier* (pp.11—176; 1907) *et troisième* (pp.181—368; 1910—1911) *cours d'après les notes de Riedlinger et Constantin*. Texte établi par Eisuke Komatsu. Tokyo: Université Gakushuin.

Saussure, F. de. 1997. *Deuxieme Cours de linguistique générale* (1908—1909) *d'après les cahiers d'Albert Riedlinger et Charles Patois*. Texte établi par Eisuke Komatsu. Oxford: Pergamon.

Saussure, F. de. 2002. *Écrits de linguistique générale*. Texte établi et édité par Simon Bouquet et Rudolf Engler. Paris: Éditions Gallimard.

Schleicher, August. 1869. *Darwinism Tested by the Science of Language*. Transl. by Alexander V. W. Bikkers. London: J. C. Hotten. Transl. from the Ger. *Darwinsche Theorie und die Sprachwissenschaft*. 1863. Weimar: H. Böhlau.

Sechehaye, Albert. 1917. 《Les problèmes de la langue à la lumière d'une théorie nouvelle》. *Revue Philosophique de la France et de l'Etranger*, n°84:9(pp.1—30). Paris.

Seymour, Thomas Day. 1894. "William Dwight Whitney." *American Journal of Philology*, Vol.15:271—298. reprinted in *Portraits of linguists: A biographical source book for the history of western linguistics, 1746—1963*. Vol.1. Ed. by Thomas A. Sebeok. Bristol: Thoemmes press. 2002.

Sljusareva, N. A. 1972. "Nekotorye poluzabytye stranicy iz istorii jazykoznanija. F. de Sossjur i U. Uitnej. "(A few half-forgotten pages in the history of linguistics: F. de Saussure and W. Whitney)(pp. 177—184) in *Obscee i romanskoe jazykoznanie: R. A. Budagova k 60ᵘ letiju*. Moskva: Izd. Moskovskogo gosud. Univ.

Whitney, William Dwight. 1867. *Language and the Study of Language*. London: Trübner and Company.

Whitney, William Dwight. 1872. *Oriental and Linguistic Studies. First Series: The Veda; the Avesta; the Science of Language*. New York: Scribner, Armstrong and Company.

Whitney, William Dwight. 1874. *Oriental and Linguistic Studies. Second Series: The East and West; Religion and Mythology; Orthography and Phonology; Hindu Astronomy*. New York: Scribner, Armstrong and Company.

Whitney, William Dwight. 1875a. *The Life and Growth of Language*. London: Kegan Paul, Trench, Trübner and Company.

Whitney, William Dwight. 1875b. "Are Languages Institutions?" *Contemporary review*, Vol.25: 713—732. London.

Whitney, William Dwight. 1879. *Sanskrit Grammar, including both the Classical Language and the other Dialects, of Veda and Brāhmana*. Leipzig: Breitkopf & Härtel.

Whitney, William Dwight. 1892. *Max Müller and the Science of Language*. New York: D. Appleton and Company.

Whitney, William Dwight. 1971. *Whitney on language*, Ed. by Michael Silverstein. Cambridge, Mass. & Londres: The Massachusetts Institute of Technology Press.

Белый, В. В. 1984. "惠特尼的语言观"(丁一夫译), 载《国外语言学》, 第1期:第47—55页. 原刊 *Вопросы языкознания*, 1982. No.5:49—58.

柏拉图,《柏拉图全集》第二卷(王晓朝译), 北京:人民出版社2003年版。

弗里德曼,《弗里德曼文萃》(胡雪峰等译), 北京:首都经济贸易大学出版社2001年版。

卢梭,《论人类不平等的起源与基础》(李常山译), 北京:商务印书馆1962年版。

索绪尔,《普通语言学教程》(高名凯译), 北京:商务印书馆1980年版。

索绪尔,《索绪尔第三次普通语言学教程》(屠友祥译), 上海:上海人民出版社2007年版。

韦森,《经济学与哲学:制度分析的哲学基础》, 上海:上海人民出版社2005年版。

张绍杰,《语言符号任意性研究:索绪尔语言哲学思想探索》, 上海:上海外语教育出版社2004年版。

第 四 章

从语言学史立场阐述索绪尔语言理论

　　《普通语言学教程》由索绪尔的学生巴利和薛施蔼据听课笔记与索氏札记重新组织综合而成，于 1916 年出版。 巴利的学生、瑞士日内瓦大学教授葛德尔(R. Godel)1954 年在《索绪尔集刊》(*Cahiers Ferdinand de Saussure*)第十二期上登载了他编辑的《索绪尔未刊札记》，1957 年出版了《索绪尔普通语言学教程稿本溯源》(*Les Sources manuscrites du Cours de linguistique générale*)，1959 年将巴利和薛施蔼不曾见到的孔斯唐丹(E. Constantin)听第三次讲课的笔记在《索绪尔集刊》第十六期上予以介绍。 意大利语言学家茅赢(T. de Mauro)于 1967 年印行《索绪尔普通语言学教程评注本》，1972年印法文本(*Ferdinand de Saussure，Cours de linguistique générale，Édition critique* par Tullio de Mauro)。 葛德尔的学生、瑞士伯尔尼大学教授恩格勒(R. Engler)于 1967 年、1968 年和 1974 年由西德隈石坝灯(Wiesbaden)Otto Harassowitz 出版社印行《索绪尔普通语言学教程校证本》(*Ferdinand de Saussure，Cours de linguistique générale，Édition critique* par R. Engler)，共四分册，将讲授三次(1907, 1908—1909, 1910—1911)的普通语言学课程的学生笔记以及孔斯唐丹的笔记、索绪尔的札记并列排印，第四分册为索绪尔的手稿汇集。 俄国语言学家斯柳莎列娃(Н. А. Слюсарева)据恩格勒校证本编为俄文本《索绪尔普通语言学札记》，由莫斯科进步出版社1990 年印行。 日本研究索绪尔的风气很盛，在《教程》初版 12 年之后，也就是 1928 年，就出版了小林英夫的日译本，书名作《言语学原论》。 而《索绪尔第一次和第三次普通语言学教程》(*Ferdinand de Saussure，Cours de linguistique générale，Premier et troisième cours d'après les notes de*

Riedlinger et Constantin)法文文本亦由日人小松英辅编辑,日本学习院大学
(Université Gakushûin)1993 年作为研究丛刊第二十四种出版。 小松英辅的
整理方法与恩格勒不同,他不再以通行本为框架,不再拿种种材料与通行本
考校异同,而是让学生的课堂笔记依原貌呈现索绪尔当时的讲授过程和
理路。

　　商务印书馆汉译名著所收高名凯翻译的《普通语言学教程》在 1980 年
出版,根据的就是巴利和薛施蔼重新整理的通行本。 由于整理者进行了
增、删、改的工作,注入了再加工的成分,已不完全是索绪尔思想的原貌
了。 况且相对说来最为完备、最具统系的孔斯唐丹笔记,整理者当时没有
收集到,数十年后才由孔斯唐丹的后人公布于世。 第三次讲课之际(1910—
1911),索绪尔的语言理论趋于定型,因而愈显珍贵。 索绪尔是位充满着创
造力的思想家,把孔斯唐丹笔记与通行本《教程》比较一下,可以见出他不
停地在修正、发展自己的理论,其中的语句很多是不相同的,且具有明晰的
框架。 在此从语言学史的立场阐述一下索绪尔的语言理论。

(一) 语法:同时存在的各个单位的系统

　　在语言学历史上,怎样涉及整体语言(la langue)呢? 索绪尔将语法定
为语言学史的第一个阶段。 古希腊哲学家把语言分析与哲学研究合在一起
进行,语法与逻辑形影相随。 赫尔曼 · 斯坦塔尔(Hermann Steinthal)1864
年出版的论著,书名就叫做《特别顾及逻辑学的希腊和罗马语言科学史》。
柏拉图区分出句子的两种要素:静词(ónoma)和动词(rēma),前者为被论述
之词,后者是论述静词之词。 两者联结起来,构成句子。 其《智者篇》阐
述了这一点:"表示动作的,我们叫做谓词。 语言上的符号表示动作者
的,叫做名字。 那么,一句话绝不只是一串名字所构成的;另一方面,有
谓词而无名字也不成话。 ……例如'走'、'跑'、'睡'以及其他表示动
作的谓词,就是尽其所有依次说出,也还不成话。 ……反过来,若把
'狮'、'鹿'、'马'以及其他这些动作者的名字一一举出,这么一串也
不成话。 因为未把谓词和名字合起来,这样或那样一串的字都不曾指出动
作不动作、或事物存在不存在的性质。 名字和谓词一配合,初步的配合就

成话——最简最短的话。 因为把谓词和名字配合起来，对事物有所表白，或关于存在的、或关于方成的、或关于已成的、或关于将成的；不是只举其名，而是对它下断语。 因此我们说这个成话。"(柏拉图 1963:204—205)《克拉底鲁篇》亦谓句子含着名词和动词(425ᵃ， 431ᵇ)，便蕴有意义。 而句子有真伪之分(《克拉底鲁篇》408ᶜ)，亦即指逻辑意义上的命题的真伪。自此，逻辑和语法都着眼于主词和谓词、名词和动词。 主语和谓语是整个西方话语的"母细胞"(罗兰·巴特 2000:303)，构成了西方形而上学体系的基石。 后来，亚里士多德就静词和动词的联结提出了"连系词"的名称，其《诗学》第二十章道："从整体上来看，言语包括下列部分：字母、音节、连接成分(连系词，sundesmos〈复数 sundesmoi〉)、名词、动词、指示成分、曲折变化和语段。"(亚里士多德 1996:143)昆提利安的《演说术原理》1， 4， 18 论词类道："要知道古代人(其中也包括亚里士多德和铁底卡托斯 Teodektos 在内)曾经说过只有动词、静词和连接词(系词)；他们当然是认为言语的力量在于动词，言语的题材则在于静词(因为一个是表示我们说什么的，另一个是表示我们说关于什么的)，而系词则是连接动词和静词的。"(转引汤姆逊 1960:12)亚里士多德认为，名词是"因约定俗成而具有某种意义的与时间无关的声音"，动词是"不仅具有某种特殊意义而且还与时间有关的词"，"动词既不表示肯定也不表示否定，它只有在增加某些成分——不定式'是'、'不是'以及分词'是'之后，才表示某种事实。 它们自身并不表示什么，而只是蕴涵着某种联系，离开所联系的事物，我们便无从想象它们。"(亚里士多德 b 1990:49—51)主词、谓词和系词表达了完整的思想，以此构成句子的形貌。 这些都是在认定语法和逻辑一致的基础上进行的。

亚里士多德提出完整的逻辑理论——四谓辞理论。 《论题篇》讲到通过归纳而进行的证明，道："假如有人愿意逐一考察每个命题和问题，就会明白它们都是由某物的定义或固有属性或属或偶性构成的。"(亚里士多德 c 1990:361;王路 1991:33)另一种证明是通过推理进行的。 因为"陈述主词的任何谓词与主词都必然是可换位或不可换位的。 如若可以换位，谓词就应该是定义或固有属性；因为如果谓词揭示了主词的本质，它就是定义；如果没有揭示本质，则是固有属性。 因为固有属性之为固有属性，乃是由于它能与主词换位但又不揭示本质。　如果谓词与主词不可以换位，它就或者是或者不是陈述主词定义的一个语词。　如果它是陈述主词定义的语词，它就应是属或种差，既然定义是由属加种差构成的；如果它不是陈述主词的语词，它显然只能是偶性，因为……偶性不是定义，不是属，也不是固有属性，但它又是属于主词的。　接下来，我们必须区分范畴的种类，以便从中发现上述的四种述语。　它们的数目是 10 个，即本质、数量、性质、关系、何地、何时、所处、所有、动作、承受。　事物的偶性、属、固有属性和定义总是这些范畴之一，因为通过这些谓词所形成的任何命题都或者表示事物的本质，或者表示它的性质、数量或其他某一个范畴。　从这些显而易见：揭示事物本质的人有时表示实体，有时表示性质，有时则表示其他的某一范畴。"（亚里士多德 c 1990:361—362）在《范畴篇》中，十范畴内"本质"作"实体"（亚里士多德 a 1990:5），可见本质范畴包含了实体范畴，有时则是同一的。　它们也就是 10 个谓词或 10 种谓词类型。

　　丹麦语言学家步隆达依据亚里士多德的四谓词理论，欲在逻辑的基础上整理语法。　将四谓词在语法范畴相对应地取名为：relatum（R），descriptum（D）， descriptor（d）， relator（r）。RDdr 四类全部出现，句子方是完整的。　语言的 relatum 相当于逻辑的实体范畴，它在专有名词中得到最充分的体现；descriptum 相当于量，它在数词中得到纯粹的体现；descriptor 等于质，它在副词中得到纯粹的表现；relator 相当于关系，它在前置词中得到纯粹的表现。　专有名词、数词、副词和前置词因而是世界上一切语言的原始词类。（V. Brøndal：Ordklassrne. Copenhagen，1928；Morfologi og Syntax. Copenhagen，1932.转引自兹维金采夫 1985:387）

　　语法中的逻辑主义一直占据着要位。　英国哲学家、历史学家和经济学家斯图尔特·穆勒的观点就是一个代表。　他道："我们来考察一下什么是语法。　这是逻辑最基本的部分，是分析思维过程的基础。　语法的原则和规则是语言形式借以适应多种多样思维形式的手段。　各种词类、名词的格、动词的式和时、语气词的功能之间的差别是思想的差别，而不仅仅是词的差别……一切句子的结构都是逻辑的一个课题。"（St. Mill：Rectorial Address at St. Andrews，1867，p.8 转引自兹维金采夫 1981:386）我国学者金兆梓针对马建忠《马氏文通》依仿泰西语法的成例这一缺憾，欲专门注重中国文字的历史和习惯来梳理汉语语法，"于词品的分配，却以论理学做个基础，下一个根本的研究，去整理我国文字的习惯法。"(金兆梓《国文法之研究》自序 1983)虽是想挣脱西方语法的框架，然而还是落入了西方语法以逻辑为基础的窠臼。

而索绪尔认为传统语法"缺乏整体观念"(索绪尔 1980:121)，"把词分为名词、动词、形容词等等并不是无可否认的语言现实性。语言学家就这样依靠语法学家所捏造的概念不断地进行着工作，我们不知道这些概念是否真的相当于语言系统的组成因素。"(索绪尔 1980:155)这是他把整体语言作为研究对象而得出的结论。他取整体语言为衡准，将语言学历史划出三个阶段。"诸阶段首先是语法(grammaire)，此由希腊人首创，法国人一成不变地承袭。它从未以哲学观点审视整体语言本身。确切地说，它与逻辑有重要关系。一切传统语法皆为合乎规范的语法，也就是说，皆受拟定好规则的成见支配，且在某种据称正确的群体语言和另种据称错误的群体语言之间予以区分，这一开始就摒弃了从总体角度思考整体语言现象的全局视野。"(Saussure 1993:181)

法国语言学家约瑟夫·房德里耶斯(Joseph Vendryres)也持相仿的观点，他在《语言》一书内道："我们的语法是在 17 世纪和 18 世纪按古希腊语或拉丁语语法的模式建立起来的；那一直是假造的。我们还依靠着它的专门术语；这套术语是不符合事实的，并且对我们语言的语法结构提供不确切的观念。假如我们所根据的原则不是由亚里士多德的门徒们建立起来的，那么我们法语的语法肯定会是另外一种样子。"(房德里耶斯 1992:100)"语法和逻辑的不一致是在于语法范畴和逻辑范畴很少是恰相符合的；彼此间的数目差不多永远是不相等的。当我们按照逻辑给语法事实进行分类，试图加以整理的时候，常被导致作出任意的分配：有时把一些语法面貌相同的事实列入不同的逻辑范畴(这是对语言横施暴力)，时而把一些在逻辑上毫无共同之处的事实随便归入相同的语法范畴(这是对理性施加暴力)。所以最简单的是在这两项之间进行选择。这可以为那些专门术语任意而往往不合逻辑却具有一种语法价值的语法学家的做法提供理据。唯一要求他们的，至少是他们的分类虽然牺牲了逻辑，却能适应他们所研究的语法条件。范畴虽然可能随语言而不同，但事实上在它们统治的语言里有一种支配心理

活动的能力。"(房德里耶斯 1992:126)

逻辑是思维术，语法是言说术。诸术之为诸术，就在于具有规则。特拉西的《观念学要素》道："人……当他转回到自身并开始反思时，他就为自己的判断规定规则，这就是逻辑学；为他的话语规定规则，这就是语法；为他的欲望规定规则，这就是伦理学。他那时认为自己已到达了理论的顶峰。"(Destutt de Tracy, *Éléments d'Idéologie*, préface, t. I, p.2. 转引自福柯 2001:113)言说的对错好坏与语法无关，正确与否是逻辑的事情，好坏是修辞的事情。索绪尔虽指责基于逻辑的传统语法没有从总体角度思考整体语言现象，但他还是把语法界定为逻辑科学，前提是扫除拟定好规则的成见。"语法看来是与语言学关系最为密切的逻辑科学。语言学中的语法成见其实是无用的；语法不可能替代语言学。"(Saussure 1993:13)也就是语言学历史的第一个阶段——语法，不是真正意义上的语言学，因为没有从系统性、同时性层面去思考整体语言。而"整体语言诸状态包含人们称做或应称做语法的一切东西；语法其实意味着一种同时存在的各个单位的系统。但此刻我不可能在这学期的末尾(7—8 课！)论及静态语言学；之后，它将成为全部课程的对象。"(Saussure 1993:138)① "每种结构、每种系统都意味着彼此同时的要素，这就是语法。"(Saussure 1993:105)正是在这样的观念之下，索绪尔对阿尔诺和朗斯诺的《普遍唯理语法》(Arnauld et Lancelot, *Grammaire générale et raisonnée*)备加推崇，虽则它也是规范性的，着意于制定规则，而不是确认现存的语言事实，并与逻辑有至为重要的关系，对一切坚持都以理性来作审视，进行设想、判断和推理。

在肯定句里，主语控制着述语，也就是说，主语确定述语，这是一条绝对明白无误的逻辑规则。因此，下述的推理是错误的：L'homme est animal, le singe est animal, donc le singe est homme.（人是动物，猴子是动物，由此猴子是人。）原因是，animal(动物)虽然在前两个句子里作述语，但是句子里的两个不同的主语却确定着两个不同的 animal。(阿尔诺和朗斯诺 2001:83)

① 索绪尔在第三次讲授普通语言学课程中实现了这一点。

　　索绪尔觉得波尔—洛瓦雅耳语法（普遍唯理语法）以严格共时的态度描写路易十四时代法语的状态，并确定它的价值，具有明确的对象，因而判定其静态观点是可取的，科学的。　关注诸要素的同时存在，确是普遍语法的目的。　福柯也作出相同的概括："语言与思想及与符号的关系，恰如代数与几何的关系：语言用一种秩序取代了各个部分（或量值）的同时性比较，这个秩序的程度必须逐个得到详细研究。　正是在这一严格意义上，语言才是对思想的分析：不是一个简单的切割，而是在空间中深远地确立起秩序。　被古典时代称为'普遍语法'的这个新型的认识论领域位于这个空间内。　如果在这个语法中只看到逻辑学纯粹而简单地运用于语法理论，那么，这将是不合情理的。　……普遍语法是对与同时性相关的词语秩序的研究，表象这一同时性，正是普遍语法的任务。"（福柯 2001：110）

　　对语言的共时状态作描写，具确定的对象和表达意义的手段，索绪尔认为这正是"语法"（grammaire）一词的意义，明确地指"一种使共存的价值发生作用的复杂而有系统的对象"（索绪尔 1980：186），将语言视为表达手段的系统。　这里，价值与共存性、同时性在意义上等同，都排除了时间的因素。　因为语言的总体特征并没有随时间而变化，语言的机理依旧保存在人类的大脑里。　然而语言的变化也确是事实，对此，索绪尔的意见是："变化与系统的诸要素相关，与系统无关。"（Saussure 1993：333）变化的，是系统内的种种要素，而不是系统本身。　这里的系统，我们应该理解为对立和差异关系构成的整体。　构成对立和差异的诸要素是会变化的，但对立和差异的关系本身却永远不变。　另外，言说者面对的是共存的要素，是一种状态，为了描述这一状态，必须排除产生这一状态的时间作用，取固定的视角，才能将整体解释清楚。　在索绪尔那里，我们注意到形态学和语法都以共存的价值为研究对象，只不过形态学专注于形式，语法着意于形式的作用或功能，其中牵涉到意义和心理。　形式的差异造成意义，意义造成价值和共时性语言事实。　价值永远是共存或现存的，共存或现存之物、共时性之物由历时性形成。　但要说明共存的价值必须超越历时的演化视角。　我们从索绪尔举的例子可明了这一点。　"词语 dépit 的例子（despectus）；dépit 有一种用法保存了其旧价值，但知道它在短语 en dépit de 所造成的印象（亦即价值）的唯一途径，就是必须完全忘掉 despectus，我们会看到这一印象与

dépit 通常使用的并不表示轻视的意义联系在一起。"(Saussure 1997：136)
en dépit de("不管"、"不顾")与 dépit 的词源义 despectus("无视"、
"轻视")相关,但在如今使用者的印象中却只是与表示"恼恨"之意的
dépit 共存,人们并没有意识到词源义 despectus。 dépit "无视"与 dépit
"恼恨"意义上的差异是历时性造成的,也就是说,共存的价值、共时性事
实、意义、系统是由历时性造成的。 但要阐明或运用这种意义,则只需凭
借共时的对立和差异关系就可以了,我们通过共时的对立和差异关系确定意
义,同时又凭借意义凸显共时的对立和差异关系。 倘若引入历时性事实,
必定改变现存的共时性系统。 索绪尔看重普遍唯理语法,出发点也正在
"语法"展现的语言共时态中的价值系统,语法、意义、系统、共时性事实
在其理论中均为重合的同义语。

> 语法的＝意义的
> 意义的＝归属于一个符号系统
> 归属于一个符号系统＝自然而然是共时的(Saussure 1997：62,148)

> 共时性领域由含具意义的差异整体构成;必须关注这些含具意义的
> 差异的作用。它实际上等同于说共时性之物或含具意义之物。凡是共时
> 地存在的,就是被感觉到的,含具意义的。另外,只有可由差异表达的,才
> 是含具意义的。差异或共时性事实或含具意义的差异或含具意义的单
> 位,这些统统都是一回事。这就是含具意义的差异作用表示了共时语言
> 学对象的缘故。(Saussure 1997：141)

语法范畴是我们心智感知的结果。 能够被我们感知,则表明其处于共
时的状态,表明其正在被使用之中,也显示潜存于大脑中的抽象的整体语言
结构被唤醒。

(二) 外部语言学:涉及抽象的整体语言但不进入其系统

语言学史的第二阶段为语文学,以弗里德里希·奥古斯特·沃尔夫

(Friedrich August Wolf，1759—1824)为代表，以考订、评注文献为职事，这种专注于具体语言的方式与第一阶段的校定语法迥异。丹麦语言学家裴特生(Holger Pedersen，1867—1953)说，语文学好像古代神话里的门神，两面长眼睛，同时看到两面：一面是语言的研究，一面是历史的研究。(参见裴特生1958:79)而语言仅是他们关注的对象之一而已。历史比较语言学家雅各布·格里木(Jacob Grimm，1785—1863)《论语言的起源》道："古典语文学对于理解言语习惯、诗歌艺术和作品内容的范围之外还有哪些因素这一点是漠不关心的。而在所有比较细致和周密的观察中，几乎只有那些以某种方式有助于建立比较坚实的鉴定文章之规则的观察，古典语文学才认为是珍贵的。语言的内部构造本身很少受到注意。……在基础形态学方面取得的成果极其微小。"(格里木1960:65—66)其中的原因是着眼点在文字，而不是语言。德国语言学家施莱歇尔(August Schleicher)先界定语言学，认为语言学是研究语言构造、揭示形态结构上不同的类型，并在共时性方面和历史方面对这些类型进行比较的科学。据此，断言语言学不同于语文学。语言学只研究语言本身，不涉及在一定历史条件下语言的运用。而语文学则在研究古代文献时，把与语言功能以及说这种语言的人民的历史生活有关的一切问题也包括在内。(参见康德拉绍夫1985:73)这也强调了语文学研究关注的历史层面的问题。施莱歇尔把语言学分成内部和外部两种对索绪尔产生了影响。索绪尔认为，一切与语言的组织、规则和系统无关的东西，譬如语言学与种族史、文化史、政治史等等的关系，语言与社会制度的关系，语言在地理上的差异之类，都属外部语言学，虽然重要，却应从语言研究中排除出去。(参见索绪尔1980:43—46)因而《索绪尔第三次普通语言学教程》把整体语言的地理差异放在第一部分"种种具体的整体语言"里，而索绪尔在教程结尾还自以为外部语言学这方面的讲授大体上是完备的。

　　第三阶段为历史比较语言学的产生和发展。运用比较的方法，以一种语言阐明另一种语言。拉斯克(Rasmus Rask，1787—1832)、格里木和葆朴(Franz Bopp，1791—1867)开始把语言当做一个语音要素的整体，语言的全部存在就是有声。格里木兄弟等对民间口头文学和方言表现出了强烈的兴趣。他们在最接近于语言所是的地方寻找语言，"即在言语中——在被书写（文字）弄得干瘪并随时加以凝结的这个言语中来寻找语言。"（福柯2001:373）梵语的发现，使欧洲的语言研究进入了一个新阶段，因为按语法构造来说，梵语与希腊、拉丁、日耳曼等语言有着最紧密的关系，这为了解这些语言奠定了基础。"50年前没有人能够想象得到在遥远的东方会有一种语言，它的形式的完整性与希腊语比起来有过之而无不及，并且有助于弄清希腊各方言间的斗争情况，指出在哪些方言中保存着最古老的现象。"（葆朴1960:55）葆朴是把这些语言当做语言来看待的，而不是语文学派的校定、训释的手段和工具。"在这本书里所谈论的那些语言是为了它们自己即作为一种对象来论述的，而不是作为一种认识手段来论述的。"（葆朴1960:55）因而葆朴把与说明整体没有重要关系的细节都略去了。这些对明确语言学的对象有重要的意义。但索绪尔还是认为，"自葆朴起，开始发达起来的语言学只反映语言的一种历史观点，一种混杂而模糊不定的视点。""人们从比较语法着手，而比较语法只属历史语言学，因为它除了从比较关系中提取某种既往的语言类型的假设之外，别无作为。比较语法研究变化之物，直回溯至可理解的最始形态。"（Saussure 1993:321）索绪尔认为比较的唯一目的是为了重建，比较也是一切历史重建的必要条件。而比较语法没有探究比较究竟是为了什么，没有从比较原则本身引发出一般性的规律来，没有从静态状态的角度去认识语言。比较语法直回溯至可理解的最始形态，将梵语看做最古老的语言或者说语言的原始型，索绪尔觉得这正是没有了解比较的真正目的的表征。他理解的"古老"，纯粹是从"状态"和"价值"的角度去认识的，如果一种语言并不是从另一种语言发展而来，那么，时间上的古老就并不重要。譬如"立陶宛语从1540年起才有文献，它在这一方面的价值并不比10世纪就有文字记载的古斯拉夫语差，甚至不比《黎俱吠陀》的梵语差。……'古老'这个词还可以指更带有古风的语言状态，就是说，它的形式比较接近原始的模型，不管任何年代上的问题。在这个意义上，我们可以说，16世纪的立陶宛语比公元前3世纪的拉丁语更古老。"（索绪尔1980:301）

葆朴的《比较语法》（1833年及之后）的功绩在于比较各类语言的语法结构，证实了印欧系语言的亲属关系。但葆朴并不是把亲属语言的事实的比较看做达到认识这一族语言之历史的途径，而首先是把它看做深入探究语法形式起源上的秘密。 在葆朴看来，这些形式是在语言形成的原始的"有机时期"构铸的。 语言的机体就是把有意义者和有意义者联结起来。 "有机时期"的特点应该是语法形式与逻辑范畴的最理想的对应。 同时，动词的人称形式的成分应该能反映出逻辑判断的一切主要成分。（参见捷斯尼切卡娅 1960:28）葆朴认为，动词是表示事物跟性质的联结和它们的相互关系的词类，如此，它只是主体和述体之间借助其内部变化表示上述重要关系的语法系词而已，并无实在的意义，可归入这一概念的唯一的一个动词是抽象动词 esse（是）。 主体和述体的联结有时仅仅是被暗示出来的，借助词身内部的屈折和变化这一完全有机的方式表达各种不同的关系，古印度语这种能力最大，希腊语也具有这般能力。 葆朴觉得为了证明这一对语言历史极其重要的原理，"首先需要了解古印度语的动词变位系统，然后将它与希腊语、拉丁语、日耳曼语和波斯语的动词变位加以比较研究，找出它们的同一性，并且认清单一的语言机体逐渐的阶梯式破坏过程，以及以机械的联结代替单一的语言机体的趋向，因而给人造成一种印象，似乎这是一种新的机体，其实这里却是有旧的但已不易认出的因素的。"（葆朴 1960:55）这表明印欧语语法形式有一个共同的来源，或者说相似性；葆朴的《比较语法》即意在揭示印欧语语法屈折形式的起源，并确定其原始成分。 因为梵语保留了古老的词法和辅音系统，葆朴经由将欧洲语言与梵语比较，使欧洲语言的许多特点呈现了出来。 更重要的是，"梵语在很大程度上代表了印欧语的语音和词法，因而也在相应的程度上产生了不依赖于希腊理论的印欧语之语法分析，它建筑在观察到的事实的基础上，并足以更新语言学的概念。"（梅耶《印欧语比较研究导论》附录《比较语法发展概略》，转引自康德拉绍夫 1985:45）搜集种种现象和证据，以观察到的事实为依据，采用历史和归纳的实证主义方法，这成为自葆朴、拉斯克开始的语言学研究的显著特点。格里木的《德语语法》"序言"就说，观察是语言研究的灵魂。 在语法学里，他拒绝使用一般逻辑概念，因为逻辑概念虽可使定义严谨、精确，却会妨碍观察。（参见格里木 1960:65）

运用比较方法，指出印欧语系各语言的亲属关系的，拉斯克在时间上要比葆朴稍早一些。 葆朴研究梵语动词变位系统的著作 1816 年出版。

拉斯克的《古代北方语或冰岛语起源研究》为应征之作，1814 年寄与丹麦科学院，1818 年出版。科学院的竞选题目是："用历史的批判方法，以确切的例证，探讨并说明怎样才能最有把握地推求古斯堪的纳维亚语的渊源；叙述这个语言的特点，并从古代起，通过中古，阐述它跟斯堪的纳维亚语的和日耳曼语的诸方言的关系；正确地规定一些基本原则，而这些语言里的派生和比较应该建立在这些原则上面。"（裴特生 1958：244）这题目与历史比较语言学的基本精神显然是合拍的。拉斯克对语言学方法有明确的意识，认为语言由两个方面构成，一为粗糙而自由的材料，即词汇；一为词形变化及各种联系方法，即语法。对诸语言作比较，则语法尤为重要。因为词汇对应是极不可靠的，语法对应是亲属关系和起源共同性的更为可靠的标志，一种语言尽管跟另一种相混，但极少或永不会采用另外那种语言的形态变化或词形屈折的。话说回来，词汇对应虽不可靠，一种语言如果有最主要、最具体、极不可少的、作为这一语言的基础的词汇恰好与另一语言相同，那么这一语言和另一语言应属于同一语支。且倘可归纳出一些彼此间字母转移的规律，则两者必有密切的亲属关系。索绪尔则抉出两种差异形态：一是亲属关系内部的差异，有着差异的整体比例，除此之外的事实便是亲属关系之为亲属关系的相似、类同；一是没有什么亲属关系的绝对的差异，其间可以作比较研究的，就是语法组织，也就是思想和语言之间各种可能的契约关系。因为"各种完全没有亲属关系的语言以非常相似的语法机制运行，这是可能的"（Saussure 1993：199）。索绪尔以共时性的眼光认定 12 世纪法语呈露的一组现象本质上与自 13 世纪到 20 世纪的法语历史、语言进程所包含者截然不同，而和当前日本语的某类景象、或目前非洲的班图语、或公元前 400 年雅典希腊语的某种景象、或 20 世纪法语的某种景象所蕴含者颇为类似。（cf. Saussure 1997：342）"语言的差异中实隐含着深刻的一致。"（索绪尔 1980：143）索绪尔与拉斯克等的不同之处，乃在于不再探究亲属关系的来源或共同来源，不再考虑历时层面的问题，认为如果那样的话，就不可能把亲属关系在所有方面都直接弄清楚，而主张完全从共时性角度进行比较。

继葆朴之后，施莱歇尔以《印欧语比较语法纲要》对印欧语的比较研究进行归结，并构拟了原始印欧语，将其发展、分离的序列模拟为一株谱系树，将语言在时间上的发展脉络勾勒了出来。 其中梵语不是母语，拉丁语也不是希腊语的延续。

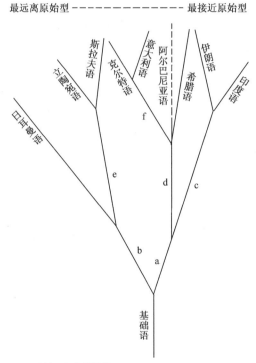

最远离原始型 ———————————— 最接近原始型

a ——— 亚细亚-南欧语族
b ——— 北欧语族
c ——— 亚细亚语族（印度-伊朗语族）
d ——— 南欧语族
e ——— 斯拉夫-立陶宛语族
f ——— 意大利-克尔特语族

施莱歇尔的谱系树（1863 年）

谱系树中，语言在某一时期是统一的，之后分离了。 这种截然的状态与语言事实不符。 施莱歇尔的学生施密德（Johannes Schmidt）便提出了波浪理论，各类方言从自身的中心朝四面八方波荡开来，彼此交叠，形成种种相同或相近之处。 波浪理论拟现了语言在地理空间上的散布。 这两种理论都对索绪尔产生较大的影响。

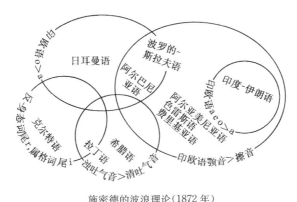

施密德的波浪理论(1872 年)

索绪尔首先考察具亲属关系的语言在地理上有间隔的情形，他觉得地理上的分隔始终是差异的最一般的因素。 但是要探寻造成这些差别的原因，却不是地方的差别、空间上的距离，而是时间。 "惟有时间的作用才是导致差别的原因。"（Saussure 1993:209）"亲属语言的统一性只有在时间上才能找到。"（索绪尔 1980:278）地理差异只是结果，原因则是时间。 索绪尔举 mejo／medzo 为例，说明这是个地理差异，追溯到较早的统一形式则是 medio。 是 medio 经由时间在地理上转变成了 mejo、medzo 的差异。 索绪尔把这种地理差异以示意图表现出来，可以看到时间的决定性作用。

	medio		medio		时	a	a
↓				↓	间	b	c
	mejo	/	medzo			空	间

索绪尔与施莱歇尔一样，都认为语言形式原本是有统一体的。 但只有在起源地、创新的故乡，地理差异可完全在时间的轴线上进行归结，这是索绪尔作出修正或限定的地方。 而由此及彼蔓延的区域则为时间和空间上的传播，这种处于地理连续性中的演变，索绪尔借用施密德的波浪理论来说明。 处于连续状态的波荡、伸展，也能导致不同的语言，与处于分离状态的伸展没有什么区别。 "一切不同的语言革新波浪都始自任何一个点，从彼处向四面扩展荡散。 ……在部分时段确立的形态，实际上是由某种地理因素来输送、转移的。 ……差异分布于空间上，须经由时间投射出去，以便确认这现象。"（Saussure 1993:233—234）扩展荡散的结果，往往是某一

语言与这邻近的语言有共同点，与那语言也有共同点。 "斯拉夫语的特征，一面呈现出与伊朗语的某种一致性，一面又呈现出与日耳曼语的某种一致性，与其地理位置相顺应。 可将日耳曼语看做斯拉夫语和克尔特语之间的环节；它又与意大利语紧密相扣。 克尔特语居于日耳曼语和意大利语之间的地带。 意大利语处于克尔特语向希腊语的过渡地段。"（Saussure 1993:227）

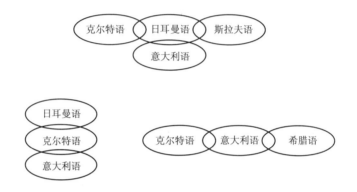

施密德也曾主张把斯拉夫—波罗的语族看做印度-伊朗语和日耳曼语之间的有机连环，希腊语是印度诸语言和罗曼诸语言之间的中介环节，罗曼语又跟克尔特语相连接，克尔特语与日耳曼语相连接，等等。 总之，一切印欧系语言都是以一连串连绵不绝的过渡互相连接起来。（捷斯尼切卡娅 1960：133—134）索绪尔接受了施密德的看法，认为在一个面积上一体的广阔区域，譬如印欧语系所在的区域，诸多等语言特征的波浪从一系列语言上汹涌而过，并举了对原初的 k 音作处理的例子。 在所有印欧系西部语言（希腊语，拉丁语，克尔特语，日耳曼语）中依旧保留着硬音 k：centum，hekaton。 而在所有东部语言（斯拉夫语，伊朗语，印度语）中，它却呈现出咝音来：šinitas（斯拉夫语），šuto（古斯拉夫语）， śatem（古波斯-伊朗语），ś atam（梵语）。 "这种演变现象是极其古远的，显示了印欧系语言的主要差异。 它把原先共同的印欧系语言劈裂成两半。 继而其他的演变现象也出现了，使这些语言愈来愈歧异纷呈。"（Saussure 1993:225）葆朴曾指出，凡是希腊语、拉丁语、克尔特语有古代 k 音的地方，阿利安语（即印度-伊朗语）和波罗的-斯拉夫语就有咝音。 据此，他假定阿利安语和波罗的-斯拉夫语之间有更密切的关系。他认为 k 是原始共同印欧语的音。施莱歇尔(A. Schleicher)构拟了一组舌后音：k，g，gh。将其作为印欧母语的统一的音，其他都是 k，g，gh 在每个语族中各自发生分裂的结果。1870 年，意大利语言学家阿斯戈里(A. I. Ascoli)《语言学教程》卷一"梵语、希腊语、拉丁语比较语音学"整理出了印欧系语言各语族之间的舌后音对应公式，确定共同印欧语语音系统具有三组不同的舌后音：(1)* k 型的印欧语舌后音——保存在各种语言中的"纯粹"舌后音，以后在印度-伊朗语和斯拉夫语中，在相应的条件下发生腭化；(2)* kⁱ 型的印欧语舌后音——借助于特殊的 i 型介音的"粘腭"舌后音，在一部分印欧系语言中成为纯粹的舌后音，如古希腊语、罗曼语、克尔特语 k，日耳曼语 h，在另一部分印欧系语言中成为咝音、擦音，如古印度语 ç，阿维斯塔语 s，立陶宛语 sz，斯拉夫语 s；(3)* kʸ 型的印欧语舌后音——"不定粘附"舌后音，在印度-伊朗语和斯拉夫语中作为纯粹舌后音被保存下来(以后可能发生腭化)，在希腊语、罗曼语和日耳曼语中被保存为唇音(在希腊语中带有腭音影响的痕迹)。(捷斯尼切卡娅 1960:62)

阿斯戈里的这一重大发现，表明梵语并不是如葆朴、施莱歇尔以为的呈现了原始印欧语的状况，则确立起源点应以实际情况为准。印欧语 k 的发音成为确定东西两方语言历史分类法的标志，分为咝音 Satem 和硬音 Centum 两类，这两词在阿维斯达语和拉丁语内表示"百"的意思。此类语音规律的发现，直接激发了新语法学家(Junggrammatiker，青年语法学家)雷斯琴(August Leskien)等人"语音规律无例外"原则的提出，维尔纳(Karl Verner)认为，即使有例外，这例外也是有规律可循的。他在 1872 年的一封信内说道："曾支配一种语言的规律倘有任何例外的话，这例外一定另有原因。"1875 年，他在著名论文《第一辅音转换规律中的一个例外》中道："例外必定有个规律；问题是去发现它。"(转引自裴特生 1958:291)就是在这篇论文中，维尔纳发现，拉斯克—格里木有关日耳曼语第一辅音转换规律 p、t、k>f、þ、h 在词首是有规律的，在词腹、词尾则是有例外的，而这个例外是由于重音位置的不同，p、t、k 相应地转换为 b、d、g。这一解决格里木定律当中的例外，或者说找出此例外的规律的，语言学史上称做"维尔纳定律"。索绪尔将维尔纳定律的"在日耳曼语里，一切非开头的 þ，如果后面有重音跟着，都变成了 đ"，修正为"一切词中的 þ 都变成了 đ，除非有一个落在前一元音上的重音同它相对抗"。（索绪尔 1980:203）索绪尔 1876 年 19 岁，到莱比锡大学师从历史比较语言学家古尔替乌斯（Georg Curtius）修习语言学，此年古尔替乌斯因《希腊语和拉丁语语法研究》编务与自己的学生布鲁格曼（Karl Brugmann）发生龃龉，后者与奥斯脱霍夫（Hermann Osthoff）另办《形态学研究》一刊，形成新语法学派（青年语法学派，die junggrammatische Schule。 当时用的幽默绰号则是 die junggrammatische Richtung）。 索绪尔与新语法学派交往或纠葛甚深。 他 21 岁时发表了《论印欧语元音的原始系统》（Mémoire sur le système primitif des voyelles dans les langues indo-européennes），发现印欧语以 e 为元音的许多语音结构是 CeC，C 表辅音。 而有些语音结构是 eC，索绪尔便推断此音脱落了，认为它可以是与元音 e 结合的辅音，亦可以独自呈现，作元音之用。 索绪尔将它构拟为喉音。 后来发现的赫梯语（Hittite）中有一个喉音 h，证实了索绪尔对其作用和位置的拟测。 在此，索绪尔与新语法学派对语音规律的寻求是吻合的，布鲁格曼对索绪尔此作的评介，也是将其引为同调者。

　　放弃了早期比较语言学家的浪漫主义倾向，着眼于具体语言的实证研究，不再关注语言起源问题，这都是青年语法学派的主张和作为。 索绪尔只考察亲属语言之内的差异，而不考察人类语言的绝对差异。 因为世上语言的不同无法消除。 "古老的巴别塔神话表出了所有时代都要提出来的问题：全体人类为什么不说同样的语言呢？"（Saussure 1993:195）"这是个思辨性的问题，它让我们神驰到无法触及的时代，并涉及其他的问题：语言的起源。"（Saussure 1993:208）索绪尔直言不考虑语言起源问题，这也深受青年语法学派的影响。

　　强调类比作用是新语法学派的显著特征，虽则薛勒（Scherer）等人也有效地运用过，但将它归结为一个四项比例式，则是新语法学派的保罗（Hermann Paul），在其《语言史原理》第五章、第十二章详实地讨论了这一点。

　　索绪尔把凡是不属于语音性质的词的外形变化，都看做是类比引起的。而类比必须有一个模型及对此模型的有规则的模仿。（参见索绪尔 1980:

226)新语法学派指出，类比同语音变化一样，都是语言演化的重要因素。（参见索绪尔 1980:229）类比具有心理性质，而且有观念参与其事。（索绪尔 1980:232）这种类比创造，首先是个体的偶然产物。"整体语言演化现象的原因存在于个体语言现象里。 在诸多要予以区分的领域里，可以发现存在着彼此对应的现象。 但不必为此而搞混了诸领域本身。 然而，同时也会看到，在个体语言现象处，尝试某种革新总是具有个体性。 为什么德语里人们最终是说 ich war-wir waren，而不是说 ich was-wir waren（一如英语中的 I was: we are）呢？ 因为有些个体经由类比开始说 ich war 了。 只要仅有一些个体这样做，它就只是一种个体语言现象，而非整体语言事实。"（Saussure 1993:341）但类比的构成早已潜存于整体语言里，潜存于组合关系和联想关系里，因而具有共时性。

（三）文字：言说的整体语言的表象

布鲁格曼和奥斯脱霍夫在《形态学研究》创刊号"序言"中特别强调要研究活的方言，这比通过文字的中介方可了解的要彻底，因为极其细微的语音差异都在活的方言中反映出来了。 这层意思实际上在格里木那里就已露端倪。 后来梅耶也认为文字不能"准确地记录口语的连续变化"（梅耶 1992:9），考察文字材料只是直接观察活语言的代用品而已。 这呈现了一种新的趋势。 索绪尔对待文字的态度也是这种趋势的展现。

> 从学术研究的角度来看,语文学和比较阶段共具的一个巨大的缺陷,乃是屈俯于文字,仰仗于写下的语言(la langue écrite),或者说,可能出自实际言说的语言,可能出自语言的书写符号,在这两者之间不能清晰地勾划开来。如此,就产生了书面语文学(littéraire)观点与语言学观点几乎相混淆的结果,更具体化地说,形成了写下的词语与说出的词语两相搅合的局面,两大叠覆的符号系统,书写和言说,相互间毫不搭界,却挽和起来了。(Saussure 1993:184)

索绪尔认为书写覆叠在言说之上，书面文字只能看做真正的客体呈现的

外壳或外型，那真正的客体则纯粹是言说的语言。（Saussure 1993：185）那
么，共同语是否必定要以文字为前提吗？ 索绪尔以荷马为例，作了否定的
答复。 "荷马的语言是种诗歌语言，是种约定俗成的语言，打算让广大听
众都听懂。 因为在那个时代，人们几乎是不用文字的。"（Saussure 1993：
207）但我们正是经由文字而认出了不同的整体语言，整体语言经由文字而表
现出来。 索绪尔的整体语言观念是在步步剥离并且排除的过程中形成的。
我们平常的语言观念包含了书写的语言和言说的语言（文字和言说）这两方
面，索绪尔觉得要精确地界定整体语言，必须把文字抽离出来，最终排除出
去。 而且两者之间存在着等级之别，"整体语言和文字是两个符号系统，
文字系统具有表现整体语言系统的唯一的使命。 ……此仅仅是彼的仆从或
影像。"（Saussure 1993：249）这是柏拉图及亚里士多德观点的直接延续。
柏拉图《斐德若篇》即道学会文字遂使人善忘，因为人们不再努力记忆了，
只凭外在的符号再认，并非凭内在的脑力回忆。 文字只是真实界的形似，
而不是真实界本身。 （柏拉图 1963：169）哲人的文章，既有生命，又有灵
魂，而文字只不过是它的影像。 （柏拉图 1963：171）亚里士多德《解释篇》
亦道："口语是内心经验的符号，文字是口语的符号。"（亚里士多德 b
1990：49）虽是如此，索绪尔内心实际上对文字怀着莫大的恐惧。 他在一页
破碎且无日期标记的信纸上写道：

　　……文字叫我震惊,毛骨悚然,这件工作让我觉得纯粹是种痛苦的体
验,与其相对说来不重要的地位极不相称。倘若我不被迫坦承这点,则绝
对是不可理喻的。（Saussure ms. fr. 3957/2；cité par Starobinski 1971：13）

　　他觉得人们宁信度，毋信足，将文字这影像看得比真实的事物更重要。
文字的这种主导地位让索绪尔恐惧，将这说成为"文字的暴虐"（索绪尔
1980：58）。 而"之所以存在文字的原始暴力，是因为语言首先就是文
字。"（德里达 1999：50）德里达真是目光如炬，一语破的，语言的起源就是
文字。 德里达就此新创一个概念：原始文字。 "文字的所谓派生性不管多
么真实和广泛，都只能取决于一个条件：具有'本原性'、'自然性'等特
征的语言并不存在，它决不可能受到文字的影响，它本身始终是一种文字。

它是原始文字。"(德里达 1999:79)这原始文字，德里达称为"痕迹"。 在显现与隐匿兼具的痕迹之下，言说和文字的等级关系就消失了。

索绪尔划分两大文字系统：一是对构成词语的声音毫不在意的表意系统；一是以再现相继的声音序列为目标的表音系统。 索绪尔将后者确定为"理性的系统，旨在确切地再现声音"(Saussure 1993:251)。 其中的典型就是原初的希腊文字系统，每一个单纯的声音都只用一个书写符号来表示，每一个符号也只相当于一个单纯的声音，而且始终是同一个声音。 "单一的、词形不变的书写符号与每个惟一的声音(同一个声音)相对应，这是它的准则。 反过来，也没有惟一的符号相当于两个连续的声音。 这条准则涵盖了所有严格意义上的表音文字。"(Saussure 1993:251)文字与声音的直接而严格的一一对应是理性的表现，这是黑格尔观念的回响。 黑格尔《哲学全书》道："可以听到的或时间性的东西，可以看见的或空间性的东西，各有自身的基础，并且它们首先具有同样的价值；但在拼音文字中只有一种基础，并且保持特定的关系，即有形的语言仅仅作为符号与有声的语言相联系；理智通过言说直接地无条件地表现自身。"(转引自德里达 1999:34)"拼音文字自在自为地最具智慧。"(转引自德里达 1999:3)之所以说它具有理性，乃是由于文字顺从地反映了声音的缘故。 罗兰·巴特认为，这出自西方一直想以言说之域替代象示之域的目的。 "我们不是高傲地确信字母系统最优秀，最具理性，最有效力吗？ 我们最严苛的学者不是强调(叙利亚型的)辅音字母及(希腊型的)元音字母的创造是种不可逆转的进步，是理性和秩序对象形文字系统怪异涂写的征服吗？ 顽固的种族优越感支配了我们真正的科学，这是最好的证据。"(巴特 2002:116)我们即便看 17 世纪耶稣会士金尼阁《西儒耳目资》(1626 年杭州刻印)的阐说，也可意会到这一点。

(四) 抽象的整体语言(la langue)：一个单数而普遍化的词，对一切具体的整体语言(民族语)都有效

在索绪尔看来，只有将以上外部语言学的一切一一排除了，方可明确语言学的研究对象。 他析离言说的语言(心理化的声响、听觉印象)和书写的语言(文字)，同时进一步对语言进行分划，将群体语言(le langage)分为整

体语言(la langue)和个体语言(la parole)。 整体语言又析分种种具体的整体语言(les langues)和抽象的整体语言(la langue)。 整部《索绪尔第三次普通语言学教程》就是依据这一清晰的框架展开的。 首先研究尽可能多的、具体的整体语言,而后抽象出一般的特征来。 抽象的整体语言是同质的整体,具有社会性。 个体必须凭借整体语言才能运用群体语言的能力,必须经由社会化之物才能将群体语言显现出来。 倘若不具有社会性、集体性,各个个体就没有办法交流。 这与新语法学派把语言看做个人心理—生理活动的产物迥然不同。 索绪尔接受惠特尼的见解,以为人类选择发声器官而不是其他符号系统用于言说,只是出于偶然,因为这终究是最为方便的。(Saussure 1993:190,277)这就把注意力从发音器官上移开了,而这在先前却是诸多语言学家关注的焦点。 抽象的整体语言因而是一种社会作用的产物,是由"社会成员之间通过的契约而确立的一整套符号",直接示现人们所想的概念。(Saussure 1993:191)同时,把名称分派给事物,在概念和符号之间、所指和能指之间达成一种契约,索绪尔也认为这是一个想象,"受到我们拥有的符号之任意性这一观念的激发,我们意识到它不属于现实。"(Saussure 1993:307)索绪尔区分了言说的整体语言和书写的整体语言(文字),文字只是言说的外壳或表象。 其心目中的语言符号或能指实际指听觉印象。(单一的)听觉印象与事物及其意义(概念)的联想结合是任意的,这一基本原理适用于一切具体的语言,我们汉语也不例外。 索绪尔将研究范围收缩到抽象的整体语言,主要是因为群体语言无法分类,不具有统一性。而"抽象的整体语言虽则复杂,却呈现为一个可抽析的总体(整体),一个自成一体的机体,就此说来,它是可分类的。 抽象的整体语言呈现为心智能领会的一个总一体(统一体)"(Saussure 1993:276)。 某个词语经由个体语言,进入了抽象的整体语言,这意味着这词语得到了集体的认可,此际,它才成为语言事实。 抽象的整体语言具有社会的约定俗成的性质、社会心理的性质。 它反过来给个体提供了用以构成其言语的要素,以沉积的方式存在于每个人的大脑中。(cf. Saussure 1993:304)于抽象的整体语言内,我们拥有可联想或唤起的符号的总和,然而这类运作只能经由言说(个体语言)才会发生,这些处于潜在状态的符号完全是实在的(如摄影影像一般沉积在大脑里)。 因此,这客体不仅具有具体性,而且是一种能够直接研究的客体,大致就像搜集者箱中分了类的蝴蝶。抽象的整体语言就像一部词典和一本语法书。（cf. Saussure 1993：282）抽象的整体语言唯一而根本的特征，是声音及听觉印象与某个概念的结合。（Saussure 1993：190）听觉印象不是物质的声响，而是声响的精神印记。（Saussure 1993：285）概念与符号的联想结合，正是这点构成为抽象的整体语言的本质。抽象的整体语言是基于听觉印象的符号系统。（Saussure 1993：282）这牵涉到主体，与历史比较语言学的忽略主体完全不同。然而这主体又处于社会之中，须遵守社会制度的规定，主体消融于集体之内，呈现为集体心理意识。索绪尔在这点上与涂尔干（Émile Durkheim）认为社会是无数意识的联合体、集体表象是个体意识的综合之类观念是一致的。索绪尔据此将抽象的整体语言作为唯一而根本的现象来研究。这是《索绪尔第三次普通语言学教程》最为确定的目标，它一步一步地朝着这个方向行进，索绪尔取得的成就显然与这点密切相关。个体语言研究包括发音之类，偏于个体的心理、生理现象，这是新语法学派的研究特点，索绪尔偏于研究整体语言的社会心理现象，与之大异其趣。索绪尔不否认个体语言的语言学研究对整体语言的语言学研究也是有用的，但这是两个领域。是研究抽象的整体语言还是研究个体语言，这是索绪尔进行思索的第一个十字路口。索绪尔选择研究抽象的整体语言，因为它是语言事实，不是个体语言现象。

索绪尔很多时候是把概念和听觉印象的结合这个整体称做符号，有时候把听觉印象这一更为物质性的一半称做符号，因为它运载某个概念。（Saussure 1993：287）后来，索绪尔又启用了"能指"（signifiant）和"所指"（signifié）这一对术语，将能指（听觉印象）和所指（概念）看做是构成符号的两个要素，用具听觉特性的"能指"替代了"符号"（signe）这观念。不过，索绪尔的符号观念还是偏于能指一面，因而觉得找不到一个词可以同时涵盖能指和所指的整体性。（cf. Saussure 1993：306）但基本上还是采用了"符号"这术语。

整体语言既然是概念和听觉印象这两种事物的结合，则界定、识别整体语言，就要同时取这两种要素，此时，所呈现出来的方是具体物，方属语言学范围。如果把听觉印象看做符号，只要当做概念的物质基础来对待，索绪尔以为还是处在语言学范围之内。他将这以水的情景来作譬。只有把氢和氧结合起来，方成水，也只有把概念和听觉印象结合起来，才为整体语言。 将它们分离开来，则失掉了语言实体，不再处于语言学范畴中了。(Saussure 1993:292)关键是要划定实体的界线。 通过大量的言说，凭着差异性的判断，以此来划定界线。 确认同样的概念与同样的已划定界线的听觉序列重合了，也就是听觉序列和令人产生联想的观念具有同一性了，就可断定语言实体或者说语言单位。 从这方面来说，语言的符号和概念之间不是完全任意的，而是有着相对的合理性。 在索绪尔那里，符号(signe)，要素(项)(terme)，词语(mot)，都是用来指称能指(符号)和所指(概念)的结合。 那么，只有经共存要素的会合，才能确定词语的价值。 共存要素划定了词语价值的界限。 这些共存要素就是围绕词语而存在之物，它们的围绕方式或是以横组合关系，据此词语本身所具的头尾及其前后所具的其他词而生功效，或是以联想关系，与语言内的其他要素(意义或形式)相并而产生了心理联想。 (cf. Saussure 1993:359)

索绪尔在承认语言是一种社会现实的基础上，还意识到社会力量因由时间而产生作用。 正是由于时间的连续性，语言对过去进行继承，从而消除了任意性，同时也在时间历程中出现了变化，能指和所指之间的整体关系时时产生转移。 变与不变都是由于时间的作用，然而变依赖于不变，或者说"变化只是连续性的形式之一而已"(Saussure 1993:314)。 但语言的这种历史现实性都是在社会流通中出现的，归根结底是一种社会现实。

时间因素的引入，在索绪尔那里出现重大的转向，将语言学分成了两个学科——静态语言学和历史语言学，或者说使语言学呈现了二元性——同时性(共时性)和连续性(历时性)。 这是索绪尔进行思索的第二个十字路口，他再次运用排除法，选择研究静态语言学，范围愈来愈小，也愈来愈明确，这实际上也是由抽象的整体语言的特性决定的。 同时性表示共存的事物之间的关系，将时间因素排除了；连续性则是处于时间之中，表示连续的事物之间的关系。 索绪尔以此来限定语言科学的明确界线。 在他看来，同时性等同于价值、状态，静态的现象展显了语言的一种价值和另一种共存的价值的关系，语言学家对产生这种状态的历史性的来源应不予考虑。 譬如两个词，un mur *décrépi*(一堵灰泥剥落的墙)和 un homme *décrépit*(一个衰老头儿)，从来源看，是毫无关联的，但从状态的角度看，则产生了关联。 这是不同类的事物之间的相互关系，此关系产生了价值。

　　索绪尔区分静态语言学和历史语言学（康德和涂尔干都作了静态社会学和动态社会学的区分），把目光投注在静态语言学之上，所取的基点乃是语言是一个系统。 既然为系统，则"必须思考整体"（Saussure 1993：329）。而历史语言学（演化语言学）不构成任何系统，因为诸要素一个替代另一个，不属于同一个意识。 静态语言学则研究同一个集体意识感觉到的、各项同时存在且构成系统的要素间的逻辑关系和心理关系。 （cf. Saussure 1993：343）所谓静态，是指共时性状态"表现了一种现存的秩序"（Saussure 1993：339），这秩序不是强制性的、动态的。 历时性则是强制性的或动态的，"它使此物消失，使另一物出现。"（Saussure 1993：339）"fêt 存在的条件是fôti 的消失。"（Saussure 1993：334）前后相继，鱼贯而现，具有强制性的规律。 那现存的秩序既不是强制性的，即意味着状态具有偶然性。 "状态＝词语的偶然状态。"（Saussure 1993：333）这是索绪尔的一大发现，也是他标揭的符号之任意性的呈露。 偶然的状态出现了，人们便经由约定，赋予其语法价值。 需要有两项共存而对立的要素，它们或是可比较的同物，或是能交换的异物，才构成了价值。 （cf. Saussure 1993：359）两项要素之间有着差异，形成了价值，也就形成了语言状态。 foot/feet 的差异形成了复数的状态。 只要有差异就行，索绪尔举出了"x／零"的情形①，说明语言状态完全是一种偶然的状态。 反过来看，这最终还是符号的任意性原则在起作用，这是因为价值是任意的，则追溯上去，语言中惟一可确定的，乃是差异。

　　整部《索绪尔第三次普通语言学教程》，乃至索绪尔总共三次普通语言学的授课过程（1907，1908—1909，1910—1911），实际上是个思索的过程、排除的过程，渐渐地收缩，把语言学的研究对象确定下来。 其间新创了诸多术语。 这对索绪尔来讲是个痛苦的过程。 在一张已破碎的信纸上他写道："就语言学来说，一种理论可以愈趋简洁明了，欲简明地表述它，却也

---

　　①　索绪尔的学生卡尔采夫斯基（Serge Karcevski）的《语言符号的非对称二元性》（Du dualisme asymétrique du signe linguistique，1929）这篇论文也就零符号作了卓越的探讨，可参。（Karcevski 2000：3—8）

愈趋困难，这一事实令我感到痛苦增加了。 因为我实际上表明了，在这门独特的科学内，没有哪个单一的术语曾立足于简明的意义。 也存在这番情形，在一个句子的起迄之间，引得我五六次地重写……"（Saussure ms. fr. 3957/2；cité par Starobinski 1971：13）然而他在第三次讲授普通语言学课程的末尾，还是踌躇满志地说自己根据内部语言学的几条一般原理，富有成果地讨论了静态状况的规律。 另外，巴利和薛施蔼编辑的通行本结尾处道："语言学唯一而真正的对象，乃是就抽象的整体语言而研究抽象的整体语言、为抽象的整体语言而研究抽象的整体语言。"这句话在索绪尔现存的零散教案及学生的笔记中都没有出现，显然出自两位编辑者的手笔，虽是如此，却是对他们老师思想的完美概括，与索绪尔的观念吻合无间。 索绪尔步步收缩的范围，正是于（言说的）抽象的整体语言而止，确立了明确的对象；而那几条基本原理，也是为了抽象的整体语言而设立的，目的清晰。现代语言学就在这样的基础上诞生了。

参考文献

Karcevski，Serge. 2000. *Inédits et introuvables*. Textes rassemblés par Irina et Gilles Fougeron. Leuven：Peeters.

Mauro，T. de. 1972. *Cours de linguistique générale*. Édition critique préparée，notes biographiques et critiques sur F. de Saussure. Paris：Payot. Transl. from the It. *Corso di linguistica generale di Ferdinand de Saussure*. Bari：Laterza，1967.

Saussure，F. de. 1878（1879）. *Mémoire sur le système primitif des voyelles dans les langues indo-européennes*. Leipzig：Teubner.

Saussure，F. de. 1922. *Recueil des publications scientifiques de Ferdinand de Saussure*. éd. par Charles Bally et Léopold Gautier. Lausanne：Librairie Payot.

Saussure，F. de. 1967. *Cours de linguistique générale*. t. 1（fasc. 1：xii + 146pp.［double］；fasc. 2：pp. 147—316［double］）. Édition critique par Rudolf Engler. Wiesbaden：Otto Harrassowitz.

Saussure，F. de. 1968a. *Cours de linguistique générale*. t. 1（fasc. 3：pp. 317—515［double］）. Édition critique par Rudolf Engler. Wiesbaden：Otto Harrassowitz.

Saussure，F. de. 1968b. 《Lettres de Ferdinand de Saussure à Giovanni Pascoli》，éd. par Guiseppe Nava. *Cahiers Ferdinand de Saussure*，n°24：73—81. Genève：Librairie Droz.

Saussure，F. de. 1974. *Cours de linguistique générale*. t. 2，fasc. 4：*Appendice*，*Notes de F. de Saussuresur la linguistique générale*. Édition critique par Rudolf Engler. Wiesbaden：Otto Harrassowitz.

Saussure，F. de. 1993. *Cours de linguistique générale*. *Premier*（pp. 11—176；1907）*et troisième*（pp. 181—368；1910—1911）*cours d'après les notes de Riedlinger et Constantin*. Texte établi par Eisuke Komatsu. Tokyo：Université Gakushuin.

Saussure，F. de. 1997. *Deuxieme Cours de linguistique générale*（1908—1909）*d'après les cahiers d'Albert Riedlinger et Charles Patois*. Texte établi par Eisuke Komatsu. Oxford：Pergamon.

Saussure，F. de. 2002. *Écrits de linguistique générale*. Texte établi et édité par Simon Bouquet et Rudolf Engler. Paris：Éditions Gallimard.

Starobinski，Jean. 1971. *Les mots sous les mots：Les anagrammes de Ferdinand de Saussure*. Paris：Éditions Gallimard.

阿尔诺和朗斯诺，《普遍唯理语法》（张学斌译），长沙：湖南教育出版社 2001 年版。

巴特，《S/Z》（屠友祥译），上海：上海人民出版社 2000 年版。

巴特，《文之悦》（屠友祥译），上海：上海人民出版社 2002 年版。

柏拉图，《智术之师》（严群译），北京：商务印书馆 1963 年版。

柏拉图，《柏拉图文艺对话集》（朱光潜译），北京：人民文学出版社 1963 年版。

葆朴，《梵语、禅德语、阿尔明尼亚语、希腊语、拉丁语、立陶宛语、古斯拉夫语、峨特语和德语的比较语法》（靳平妥摘译），载《语言学译丛》，1960 年第 2 期：第 55—57 页。

葆朴，《与希腊语、拉丁语、波斯语和日耳曼语的动词变位比较中研究梵语动词变位系统》（绪言，1816 年）（伍罗译），载《语言学译丛》，1960 年第 2 期：第 54—55 页。

兹维金采夫，《普通语言学纲要》（伍铁平等译），北京：商务印书馆 1981 年版。

德里达，《论文字学》（汪堂家译），上海：上海译文出版社 1999 年版。

房德里耶斯，《语言》（岑麒祥、叶蜚声译），北京：商务印书馆 1992 年版。

福柯，《词与物》（莫伟民译），上海：上海三联书店 2001 年版。

格里木，《论语言的起源》（摘录）（张会森译），载《语言学译丛》，1960 年第 2 期：第 65—70 页。

格里木，《德语语法》序言（张会森摘译），载《语言学译丛》，1960 年第 2 期：第 64—65 页。

康德拉绍夫，《语言学说史》（杨余森译），武汉：武汉大学出版社 1985 年版。

捷斯尼切卡娅，《印欧语亲属关系研究中的问题》（劳允栋译），北京：科学出版社 1960 年版。

金兆梓，《国文法之研究》，北京：商务印书馆 1983 年版。

梅耶，《历史语言学中的比较方法》，收于《国外语言学论文选译》（岑麒祥译），北京：语文出版社 1992 年版。

裴特生，《十九世纪欧洲语言学史》（钱晋华译），北京：科学出版社 1958 年版。

索绪尔，《普通语言学教程》（高名凯译），北京：商务印书馆 1980 年版。

汤姆逊，《十九世纪末以前的语言学史》（黄振华译），北京：科学出版社 1960 年版。

王路，《亚里士多德的逻辑学说》，北京：中国社会科学出版社 1991 年版。

亚里士多德 a，《亚里士多德全集》第一卷《范畴篇》（秦典华译），北京：中国人民大学出版社 1990 年版。

亚里士多德 b，《亚里士多德全集》第一卷《解释篇》（秦典华译），北京：中国人民大学出版社 1990 年版。

亚里士多德 c，《亚里士多德全集》第一卷《论题篇》（徐开来译），北京：中国人民大学出版社 1990 年版。

亚里士多德，《诗学》（陈中梅译），北京：商务印书馆 1996 年版。

第　五　章

索绪尔"符号学"设想的缘起和意图

(一) 索绪尔提出符号学设想,意在界定语言学研究对象

　　1997 年,日本学者小松英辅根据 Albert Riedlinger 和 Charles Patois 的课堂笔记整理出版了索绪尔的《第二次普通语言学教程》(*Deuxieme Cours de linguistique générale*)法文本,其中最为引人注目的,是对符号学的论述。 从这些完整的材料,再结合索绪尔其他有关符号学的论断,我们可以明了他提出符号学设想的缘起和意图。

　　索绪尔提出"符号学"观念有一个历史的过程。 1894 年,在一篇有关惠特尼(W. D. Whitney)的未完成未刊布的论文[①]里,索绪尔开始用 sémiologie 这一术语,提出"特定的符号学就是语言"(Saussure 2002:217)的说法。 这意味着索绪尔认定语言是符号学的特定部分,或者说是符号学的特定研究对象。 纳维尔(Henri Adrien Naville,1845—1930)[②]的《科学的新分类: 哲学研究》第五章"心理学科学"B 节专讲社会学,其中引述索绪尔的符号学观念,道:

　　　　社会学是有关社会中有意识之存在——特别是人——的生命规律的
　　科学。……德·索绪尔先生强调一门极普遍的科学的重要性,他称之为

---

　　① 1894 年 12 月 27—28 日,第一届美国语文学家代表大会在费城召开。 惠特尼(1827 年—1894 年 6 月 7 日)在半年多前去世,大会的主题就是纪念惠特尼。 1894 年 11 月初,索绪尔收到了大会的邀请,但没能写完纪念会议的论文或者说复函,只留下大约 47 张手稿。
　　② 索绪尔在日内瓦大学期间,纳维尔任艺术与社会科学系主任,并与索绪尔有亲戚关系。

符号学,其对象是创造的原则,符号转换及其意义的规律。符号学是社会学的根本部分。人类语言的规约是符号系统的最重要部分,符号学科学最发达的是语言学或者说语言生命规律的科学。语音学和形态学主要是研究词,语义学研究词义;……语言学家实际上摒弃了对语音学作纯粹是生物学(生理学)的解释,而是以正当理由把语言学看做心理学科学。语言学是……一门有关规律的科学。它永远与语言史和语法史明白地区分开来。(Naville 190:104)

纳维尔确切地转述了索绪尔的观点,亦即符号学科学最主要的展现领域是语言学(语言生命规律的科学)。 索绪尔后来讲授普通语言学课程时也明确提到这一点。 他认为这门科学虽然还没有存在,但其地位是预先确定了的,即语言学是这门一般科学的一部分,而且是一个非常确定的一部分。(参见索绪尔 1980:38)索绪尔发现符号的特点是不直接示现事物,而是示现概念,示现事物的意义。 语言是由社会成员之间通过契约而确立的一整套符号,这一特性与航海信号、军号信号、聋哑人的手势语、文字等的特性一模一样,"语言是所有(符号)体系中最重要的,但它不是唯一的。"(索绪尔 2007:9)

其次,符号学和语言学在探讨规律上的一致性和亲和性,或者说符号学规律可以应用于语言学,也是索绪尔关注符号学的重要缘由。 他曾将两者等同:"可固定的任意的价值(符号学)=可固定的任意的符号(语言学)。"[1](Saussure 2002:333)索绪尔把任意性看做语言符号的首要原则或第一真理,就由于这是符号学和语言学共同拥有的。

第三点,将言说和文字作区分这一诱因,使得索绪尔特别关注符号学。1907 年他第一次讲授普通语言学课程,谈到"言说的整体语言"采纳"书写符号体系",约略但引人注目地提出整体语言中因这点而有两条符号学轴线,我们也就有两种语言科学,必须把言说的整体语言(la langue parlé)看做与书写的整体语言(la langue écrite)(文字)不同的东西。 (cf. Saussure

---

① 《索绪尔第三次普通语言学教程》亦道:"任意性的价值〈像符号学那样可任意地固定〉。"(索绪尔 2007:123)

1993:22)到第二次(1908—1909)及第三次(1910—1911)讲授时，则明确界定言说的整体语言是语言学研究的真正对象，书写的整体语言则是此真正对象呈现的外壳或外型。（cf. Saussure 1997:6；索绪尔 2007:4）但值得重视的是，他看到了两者的共同点，在一开始就把"社会性"作为符号学研究的特性。"文字和拼写规则(orthographe)的一个区分，在于后者具有被普遍接受的特性，为普遍用法所认可；拼写规则的研究因而是一种社会的研究，同时是一种符号学的研究。"(Saussure 1993:23)索绪尔把语言学研究对象严格地限定在言说的整体语言上，也由于这是一种社会的研究，具有整体性，具有被普遍接受的特性，这与文字的写法(拼写规则)所含的特性一致。

索绪尔一再强调"符号系统"具有"集体特性"，是"社会产物"。(Saussure 2002:289)社会集体性及其规则是内部要素，而不是外部要素。(Saussure 2002:290)反过来，(抽象的)整体语言既然是一个符号系统，我们就自然而然需求助于符号科学。符号科学没有特别的部类，而据索绪尔的看法，语言则在其中占据了要位。他言下之意就是语言最适宜于符号学的研究。一般说来，要确定一个研究对象所具的特征，无非就是找出它与其他事物的差异点。从这个角度来看，人类语言的最大特征是人的发音器官的作用，它产生的是听觉符号，在人心中产生听觉印象，与航海信号、手势语等视觉符号截然不同。按照索绪尔对言说和文字的见解，言说的语言既是语言学的研究对象，那么应该重视发音器官才对，但索绪尔却以为发音器官仅仅对符号系统内部各种次一级的符号系统起区别作用，它只是一种自然现象，且只能在个体中得到研究①，这并没有显明语言的本质，重要的却是要发现语言"跟其他一切同类的符号系统有什么共同点"（索绪尔 1980:39)，这点殊足珍视。索绪尔恰恰是把握了诸符号系统的共同点，也就是社会性或集体性，方把握住了语言的本质，进而确定了语言学研究的对象——抽象的整体语言。个体运用群体语言，经集体的约定，形成抽象的整体语言。索绪尔道：

---

①　"发音器官只能在个体中得到研究。语法只能在群体语言(le langage)中得到研究。变化始自个体。"(Saussure 1997:111)

抽象的整体语言最根本的所在在哪里呢？群体语言在个体中被认做抽象的整体语言；这是群体语言的能力；（但）只有个体决不能达到抽象的整体语言的境地，抽象的整体语言绝对是社会之物。（Saussure 1997:111）

如此，就语言符号而言，只有从社会之物中把握语言符号的本质，也就是说，语言符号的本质只可在抽象的整体语言中见出来。可见索绪尔重视符号学意在语言学研究，更确切地说，意在语言学研究对象的界定。他最终将研究对象确定为抽象的整体语言，就是根据语言符号的本质在其中得以呈现这一点出发的。那么，语言符号的本质是什么呢？它如何呈现呢？索绪尔在这一点上再次展现其卓见，他认为：

这本质由那些最不被研究的事物所构成。就是由于这个原因：我们从一般的、哲学的角度思考抽象的整体语言的时候，与抽象的整体语言一起研究其他事物的时候，不能一下子见出符号学科学的必要性或特殊的有用性。抽象的整体语言逃离个体或社会意志的，就是符号的基本特征，初看起来它最不被呈现出来。若是从这方面来思考符号的话，我们就会看到研究礼仪之类的时候没想到的诸多方面显现出来了，会看到它们归属于共同的研究领域，属于符号特有的生命，属于符号学。我们就此断言，抽象的整体语言不仅是它那一种类的东西，而且是环绕它周围的一切，我们把这范围内的一切宽泛地称为"社会制度"，事物的某些部分需研究环绕着它周围的东西。（Saussure 1997:13）

抽象的整体语言是一种社会制度，这是语言符号的本质。但与其他社会制度的不同之处在于它逃离个体或社会的意志，也就是说，个体或社会的意志都无法改变它，而它置身于社会集体性之中，方才存在，方才成为一种社会制度。为何需研究环绕着抽象的整体语言周围的一切呢？因为这些都属于符号系统的生命体。索绪尔打比方道：

符号学系统＝不在船坞上而在大海上的船：我们无法先天地根据其船壳之类的形状确定其航向。这足以将抽象的整体语言视为社会、集体之物：只有海上的船，而不是陆上的船，才能放在船的类别里做研究对象。因而只有这种集体系统方配得上符号系统的名称。种种特征，亦即纯粹的个体因素，在进入集体性之前都是不重要的。符号系统为集体而不是为个体而构成，就像船为大海而造。这就是符号学现象任何时候都不忽视社会集体性事实的原因。这种社会本质是其内在的而非外在的要素之一。我们因此把富有特征地呈现为社会产物的现象部分只确认为符号学现象部分，而不把完全个体的现象看做符号学现象。我们确定它的时候，就将确定符号学产物，经此，才能确定抽象的整体语言本身。这就是说，抽象的整体语言是一种符号学产物，而符号学产物是一种社会产物。（Saussure 1997:14）

没有比末尾这句断言更明确地表达出索绪尔"符号学"设想的意图了。一句话，抽象的整体语言是一种社会产物。这一点经由抽象的整体语言是一种符号学产物、符号学产物是一种社会产物这一中介而看清的。抽象的整体语言作为符号学产物，作为诸符号学系统当中的一个系统凸显出来，分离出来，是由于先把它纳入了符号学之中，在符号学中赋予了它最重要的位置。索绪尔就此道："我们在各式各样的符号学系统中决定把抽象的整体语言作为一个系统分离出来。但我们得再次指出，如果我们能对抽象的整体语言进行分类，如果它一开始并不仿佛是从天而降，这是由于我们把它归入了符号学的缘故。"（Saussure 1997:9—10）符号学研究符号及其在人类社会中的活力，将抽象的整体语言归入其中，自然而然将其社会性突出了。反过来，我们若要研究符号学，也必须从符号的主要系统——抽象的整体语言着手。索绪尔道："只有在整体语言中研究符号，我们才可知晓符号的基本方面、符号的生命。就是由于这一原因，我们若不是从整体语言角度研究，而是以心理学家、哲学家甚至大众方法研究整体语言，这时符号学问题就不会出现。"（Saussure 1997:10）两者交互作用，各自都把对方的特征揭发得更为明白。然则确认了整体语言是一种社会产物有什么效用呢？

一是表明（抽象的）整体语言是一个"同质性的客体"（索绪尔 2007:80），一个"完整体"（索绪尔 2007:49），呈现为"一个可抽析的整体，一个自成一体的机体"（索绪尔 2007:75），"生命的整体"（索绪尔 2007:12），是

"得到确认和约定之物"（索绪尔 2007:76），明了这点，对语言科学的研究极为有益，使我们得到了一个明确的对象，这是索绪尔的重大贡献，也是现代语言学得以成立的表征。

再是表明整体语言系统也好，符号系统也罢，都是"由连续的世代被动地接受"（Saussure 1997:12）的。整体语言作为社会产物或社会制度，是已经定型的，已被接受的，而不是处于创制阶段。"在整体语言中存在着最低限度的创制权。"（Saussure 1997:11）况且这种最低限度的创制权与整体语言事实不相干，它不能支配整体语言事实。"最初的约定、契约是最不重要的，这不是与符号学系统相关的事实的核心。"（Saussure 1997:13）从这角度看来，语言符号的任意性这一首要真理，只在符号创制出来，以与概念相对应的一刹那，确是首要真理，但一成为社会事实，任意性就是无足轻重的了，因为它与符号学系统攸关的"事实"不相干，那"事实"的核心就是对社会产物的"被动接受"。可见索绪尔一方面奉任意性为第一原理，另一方面又以为它并不真正存在，只是一个想象而已，因为语言永远是一种既存、已在的状态，我们面对或身处的是"事实"，我们无法探究语言形成的起源。因此，我们应全面而辩证地看待索绪尔的语言符号任意性观点，他非常善于把捉理论的析分与交融的微妙之处，我们的理解自然不能执其一端。在表述语言符号是任意的这一端之外，索绪尔又如此表述：

> 我们认可符号并不真正存在的刹那，只是理想（想象）而已。即便它的确存在，也不值得与整体语言的有规律的生命相并列来考虑。（Saussure 1997:11）

> 在一定的时刻，经由假设的行为，名称被分派给事物，经此行为，概念和符号之间，所指和能指之间，可达成一种契约，此行为处于纯粹想象的领域。这是一个想象，受到我们拥有的符号之任意性这一观念的激发，我们意识到它不属于现实。（索绪尔 2007:112）

> 我们在每种语言情形的起源处都辨别出了某种历史事实。（索绪尔 2007:112）

　　语言符号的任意性不是语言符号的本质，而是实现语言符号本质的途径和手段。 因为语言符号含具自身的存在本性，它要表象和再现的事物及其意义也含具自身特有的存在本性，符号和概念的联想结合，必定导致此存在本性移益、添附到彼存在本性上去，如此，我们必须抽空符号的存在本性，使之空洞化，尔后任意地、充分明晰地再现或表象事物及其意义。 人类能找到的最空洞化的符号就是"无言"，其次则为"声音"，当然这是心理化的声音，是言说现象和听觉印象。 索绪尔异乎寻常地重视"声音"，并一再地将它与"文字"区分开来，缘由即在于"声音"是空洞化的符号。 这一空洞化的符号与概念的联想结合是任意的，其间没有内在的关联，也正因为没有内在的关联，才接近完美地再现或表象了概念。 如此，语言符号的本质是再现、表象和代表，任意性是实现语言符号这一本质的途径和手段。本质一旦得以实现，则成为事实，不因时间和地理空间的变化而变化，具有强制性，人类须被动地接受。 因此，任意性和强制性是抽象的整体语言符号本质得以实现的途径和结果。 这点，我们在本书其他章节也会涉及。 同时也要强调一点，本书讲到"整体语言"，依照索绪尔的用法，都指一般性、普遍性的"抽象的整体语言"。 涉及民族语，则用"种种具体的整体语言"。 前者索绪尔用的是单数，后者则为复数。

　　第三方面，整体语言是一种社会产物亦表明了整体语言的存在价值。一般说来，每个个体先天都具有群体语言能力，但群体语言"面貌无定，乃是一个复杂多变、无章可循的领域"（索绪尔 2007:75），每个个体须无意识地依照集体认可并遵循的整体语言，具体地运用群体语言能力。 索绪尔将这过程界定为：群体语言＝整体语言＋个体语言。 也就是说，人类心智固有且丛杂原朴的群体语言，经由个体语言的运用，才构成抽象的整体语言，具有规则和本质，进而反过来规约个体语言。 正是个体经由言说，通过实施，形成了沉积和存储，让已得以确认的形式更被确认，使整体语言更具有整体语言的特性；对社会产物或事实的接受，用索绪尔的话说，就是"达到了在所有个体身上都明显一致的地步"（索绪尔 2007:78），这时候社会性出现了，整体语言真正形成了。 "从社会角度认可了的联想总体，构成了居于大脑的整体语言。"（索绪尔 2007:80）但个体的言说是符号的运用和实施，并不是符号本身。 索绪尔有一个比方，贝多芬一首奏鸣曲的演奏不是奏鸣曲本身，可用以理解这点。 然则选择个体或个体言说除了凸显整体语言的存在价值之外，我们看到索绪尔的考虑主要是："个体更多地在我们能及的范围之内，并取决于我们的意志"，我们可以在个体身上把握"精神和物质的运作"①。（Saussure 1997:11）从这里，我们体察到索绪尔想要研究"言说的语言学"（个体语言的语言学）（linguistique de la parole）的明显轨迹。 况且，就符号学而言，想要更深入地研究符号，就要研究"个体身上的符号机制"（Saussure 1997:11）。 因为个体可以由我们的意志来把握，但问题是符号却具有逃离我们意志的特性。 索绪尔觉得这是符号研究当中"最为有趣"（Saussure 1997:11）的方面。 我们则以为这正是索绪尔没能实现个体语言的语言学（言说的语言学）研究的症结所在，同时也为我们预示了一个令人兴致盎然的领域。 整体语言强制个体接受已成的语言符号，个体却有超越这种强制性的能力。 各种修辞手段的创生正说明了这一点，也毋怪有学者把修辞学认做索绪尔所称的"言说的语言学"。

第四方面，整体语言作为社会产物和社会事实，是集体性的表现和结果，语言必须经集体的确认或约定才具有价值。 "只有社会事实能创造整体语言中、符号系统中所是的东西，因为在任何领域内，除了凭借集体性之外，没有任何价值可言。"（Saussure 1997:117）惟有社会事实可创造整体语言的本质，把价值赋予整体语言、符号系统。 社会事实是形成整体语言及符号系统的价值的源泉。

（二）以符号学处理文字，指归则在处理言说的整体语言

在索绪尔之前，人们已尝试从心理学、生理学、人类学、语文学、语法学角度研究语言，但这种析分的路径在索绪尔看来没有什么成效，而要走综合的途径，则只有符号学。

索绪尔《普通语言学教程》中揭橥了三个语言对子：（1）书写的整体语言和言说的整体语言；（2）个体语言和整体语言；（3）历时态和共时态。 索

① 索绪尔所谓精神和物质的运作，就是概念和听觉印象的联结，"听觉印象不是物质的声响，而是声响的精神印记。"（索绪尔 2007:84）两者都居于主体之内，都是精神的，只是听觉印象相对于概念来说更具物质性而已。

绪尔既强调语言学只研究言说的整体语言,但为什么关注书写的整体语言——文字呢? 原因即在文字也是一个大的符号系统,有其功能和特性,视觉的文字再现了听觉印象的结构。 在索绪尔眼里,最为醒目之处即在于:"文字系统具有表现(言说的)整体语言系统的唯一的使命。"(索绪尔2007:46)与此同时, "文字的符号系统最接近于(言说的)整体语言的符号系统。"(Saussure 1997:113)索绪尔的最终指归在于将书写的整体语言与言说的整体语言区分开来,这时他必须处理文字,也就提出了比语言学有更大包容度、可以处理文字这一符号系统的符号学。 况且文字的符号系统记录了言说者已经认知的语言单位或结构,则文字本身成为认知语言单位或结构的框架、规则和媒介,为思考言说的整体语言结构提供了概念和范畴,也就是说,意识到言说的整体语言结构恰恰是文字的符号系统导致的结果。

> 只因(言说的)整体语言被写了下来,对处于时间中的整体语言进行分类才是可能的。(Saussure 1997:5)

> 只有书面语言能成为文学语言……书面语言能成为规范。(Saussure 1997:6)。

而关注规则,就是关注集体共同的约定性和社会性,就是关注价值(价值能够赋予意义)。 规则以纯粹形式的面目出现,与表现这规则的材料、内容无关,就譬如与棋子是木头或象牙无关一样。 而"凡关涉到形式的一切事物,必定都归属于符号学"(Saussure 1997:114),索绪尔就是基于此而屡屡说整体语言是一种形式而不是实体。 (参见索绪尔1980:169)

索绪尔将符号学体制引进语言学,是因为"这些符号体系内左右着变化的种种规则,总是与支配着语言变化的种种规则适相类同"(索绪尔2007:10)。 而把符号学体制进一步集聚于文字(书写的整体语言),则主要是为了拿文字这一符号系统与言说的整体语言那一符号系统进行比照,以求发现它们的共同点,进而发现语言的本质。 况且文字本身是除言说的整体语言外"最重要"的符号系统。 (Saussure 1997:7)索绪尔在第三次《普通语言学教程》中专设一章讲"文字表现整体语言",认为文字符号系统是言说的整体语言符号系统的"仆从或影像"（索绪尔 2007：46），但文字这一视觉符号"可与语音现象相比较"（索绪尔 2007：10）不能不说是索绪尔予以关注的一个重要原因。

> 在文字中，我们拥有(1)符号的任意特性；符号与其表示的事物没有关联。(2)文字符号具有区别的价值；它只从差异处获取其价值。(3)文字的价值是相对的，价值在于相对。(4)产生符号的手段和材料完全是无差别的、无所谓的。(Saussure 1997：113)

这些特征也都可在言说的整体语言中发现。 关于第一点，符号与其表示的事物（以及事物的意义）没有关联，这可以说道尽了符号应具的空洞性的意蕴。 符号表示事物，但符号与它要表示的事物一样，也是一种事物、一种存在，因此，符号一方面揭示事物，一方面又因自身的存在本性遮蔽了要表现的事物。 我们认为这是必须使符号空洞化的原因所在。 我们看到索绪尔明白地区分了"符号"（signe）和"象征"（symbole），他取的准绳就是符号是空洞的，不可论证的，而"象征决不是空洞的"（索绪尔 2007：86），譬如"天平"象征"公平"，两者之间有着关联，是可以论证的，因而不是完全任意的。 如果把符号自身的存在特性抽除掉，符号和事物之间不存在内部关联，那么，符号的任意性就凸显出来了。 所谓任意性是就符号和事物间没有特定关联来说的，不是指"个体的自由抉择"（索绪尔 2007：87）而言的。 恰恰相反，索绪尔指的"任意性"正是集体意志得以施展的场所，这与整体语言的社会性直接相关。 符号和事物间的关系一经确立，一经集体的约定，就毫无任意性可言了，呈现出来的是强制性，这时候符号开始逃离个体或集体的意志。 因此，我们可以说，索绪尔标举为第一原则或首要真理的"语言符号的任意性"完全是由符号的本质决定的。 符号的本质就是不呈现符号内在固有的价值，而是抽空它，人们以集体约定的方式拿空洞化了的符号任意地表示事物。 索绪尔举汉人三跪九叩拜见皇帝为例，说明并不是这种礼节符号的内在含义，不是象征，而是使用这种礼节符号的约定的规矩在起表示的作用。 "完全任意的符号比其他符号更能实现符号方式的理想。"（索绪尔 1980：103）这是他借助总体符号的特征从根本上凸显语言本质的最有力的方面。　"种种符号都是非个人的(除了细微差别之外,但我们对整体语言的符号可以说同样的话),个体无法变更符号,符号永存于个体之外。　标出程度和差别,将是符号学的一个任务。　如此,整体语言符号完全是任意的,而在某些礼仪行为里,符号消除了这一任意性,而向象征性(symbole)靠拢。"(Saussure 1997:10)

关于第四点,我们可用任何材料铭写文字,言说的整体语言也是如此,"我们总是凭发音器官讲话,但我们若不是用发音器官来表达语言,我们语词的本质也并没有什么变化。"(Saussure 1997:113)这就赋予了实施手段无足轻重的意义。　我们就语言运用的不是出自自然的能力,而是缘于社会的能力。　索绪尔在这点上援引了惠特尼的观点。　"人类使用喉、唇、舌来讲话,说到底是出于偶然。　他们觉得这样非常方便。　但倘若他们使用视觉符号或手势,归根究底还实在是同样的语言,不会有任何差异。"(索绪尔2007:8—9)无论是听觉符号还是视觉符号,都是一种社会性约定的结果,因而语言是一种社会制度,使用什么手段和材料来产生符号就是无关紧要的了。　索绪尔第二次讲授普通语言学时,在同意惠特尼的前提下,还是说他"走得太远了"(Saussure 1997:3);到第三次讲授时,则说惠特尼所持"语言一般属于社会制度的大类别,这看法让人震惊。　就此而言,他在正确之道上;他的思想与我相契。"(索绪尔 2007:8)就当时的学术背景而言,这具有重要意义。　譬如之前马克思·缪勒(Max Müller,1823—1900)特别注重发音器官,新语法学派也把语言视为个人心理—生理活动的产物。　而在索绪尔看来,发音动作并不构成语言,即使把"发音器官的动作都解释清楚,也并没有阐明语言的问题"(索绪尔 1980:60)。　言说之声音的生理学也不属于语言学,语言学家不关注整体语言的发音分析,"重要的是观察产生各类声音的机制。"(索绪尔 2007:60)这个机制就是听觉印象。　只有根据听觉印象,才能分析声音的各个单位,而听觉印象本身是可感而不可分析的。　索绪尔拿整体语言与花毯相比拟。　花毯构设的形成在于色调的搭配,产生了连续的视觉印象,而染匠如何将纱线染色这一手段是无关紧要的。　与此相类,要紧的是声音产生的听觉印象。　整体语言"是基于听觉印象的符号系统","概念与符号的联想结合,正是这点构成为整体语言的本质。"(索绪尔 2007:81)索绪尔得出一个重要的结论:"整体语言是一个基于不可分析的听觉印象的体系(f 与 b 的差别)。"(索绪尔 2007:60)这种差别纯粹出自听觉印象,不能单一地、与 b 析分开来探究 f。 这也与文字符号的第二个特征"从差异处获取价值"一致,譬如文字 T 和 L 的书写差别。 有差别,就意味着可比较,可交换,能产生价值,也意味着一变而俱变的关系,而比较、交换、关系都是由集体经约定而赋予的。 "任何一个符号学系统都是由许多单位构成,这些单位的真正本质……在于它们是价值。 诸单位的这个系统是个符号的系统,是个价值的系统。 一切可以在价值方面确定的东西,也都可以以一般方式运用于那些是符号的单位。 ……价值是:我们一谈到种种价值,它们的关系就开始起作用。 任何价值都不是独立存在的,这意味着符号只有经集体的确认才会拥有其自身的价值。 符号看起来似乎有两个价值(一个是价值本身,另一个价值源自集体性),但这终究是同一个价值。"(Saussure 1997:13—15)有差异,就产生价值本身,而这差异基于集体共同确认的听觉印象,因而是同一个价值。

构成符号学单位的本质在于这些单位是价值。 "整体语言在其他符号学系统当中不管处于什么位置,我们确定它是一种价值系统的时候,我们就固定了它。 必须在集体性中发现它的基础;正是集体性创造了价值。"(Saussure 1997:16)价值涉及不同事物间的等价系统,在语言符号中是所指和能指,一如政治经济学中的"劳动和工资"(索绪尔 1980:118)。 语言符号由价值构成,而价值最初是任意的。 所指和能指一经集体的约定,其价值就被固定了,这是约定俗成的价值,而后的发展则不受集体或个人的制约。 索绪尔打比方说就像鸡孵鸭蛋,鸭子既已孵出,它的生长就不再受鸡的支配。 "符号系统在任何情况下都作为一个特征被传递,只要与那些创制符号者没有干系。 ……整体语言有点像鸡孵鸭! 一旦创制的时刻过去了,整体语言进入其符号学生命过程中,我们就不再能把它拉回来:它由规则传递下去,这规则与创造的规则没关系。"(Saussure 1997:12)创造的规则就是任意性,既经创造之后的规则却是不变的,这是符号学的规则。 索绪尔拿下棋作譬喻,说那规则在下棋之前及下每一着棋之后都存在着。(参见索绪尔 1980:128)唯一的区别是下棋者是有意识的,每移动一子,都意欲对系统产生影响;而"语言移动一下(一个历时性的变化),就一点也不是预先想好的"(索绪尔 2007:135)。 其间充满了偶然性。 "变化出来的状态并不是注定了要表达它所包含的意思的。 等到出现了一个偶然的状态：fōt：fēt，人们就抓住它，使它担负起单、复数的区别；为了表示这种区别，fōt：fēt 并不就比 fōt：* fōti 更好些。 不管是哪一种状态，都在一定的物质里注入了生机，使它变成了有生命的东西。"（索绪尔 1980:124）索绪尔得出一个重要的结论："状态＝词语的偶然状态。"（索绪尔 2007:132）符号从差异处获取其价值，fōt：fēt 有差异，就产生价值，并不管它们是什么样的差异，即便"X/零"也行，因为这也已经具备差异。 这充分说明语言状态是一种偶然的状态。 价值的形成正在于两项共存而对立的要素：它们或是能交换的异物，即所指和能指。 索绪尔举 20 法郎的硬币与数斤面包为譬，这是符号内部的差异关系；或是可比较的同物，系统中共存的诸符号之间的相对关系，譬如 20 法郎硬币与 1 法郎硬币比较，这正是前面引述索绪尔的文字及言说的整体语言的第三个特征："价值在于相对"的意义所在。 索绪尔就由可比较的同物出发，研究了语言符号的横组合关系和纵聚合关系（联想关系），也展现了整体语言是个符号系统的特性，"只有经共存要素的会合，才能确定词语的价值，共存要素划定了词语价值的界限：……只有经围绕词语而存在之物的会合，才能确定词语之内的存在之物（词语之内的存在之物就是价值）——围绕词语的方式，或是以横组合关系，或是以联想关系。 着手从外部来探讨词语，必须从系统及共存要素出发。"（索绪尔 2007:159）这就是说，价值取决于处在外部的某物，要素的价值是由围绕着它的其他共存要素决定的。 索绪尔举 décrépit（衰老）和 décrépi（灰泥剥落）为例（索绪尔 2007:128）阐述这一点。 两词在词源上没有什么关系：

拉丁文	crispus（波状的、卷绉的）	decrepitus（衰老）
在语音变化之后	crêp-	
	crêpir（涂上灰泥），décrépir（除去灰泥）	décrépit（衰老）

但在 un mur décrépi（一堵灰泥剥落的墙）和 un vieillard décrépit（一个衰老头儿）中，décrépi 与 décrépit 之间由于共存而产生了联想关系，趋于类同、混合。 从共时态看，这也说明词语状态是一种偶然的状态；从历时态看，发展到目前的情景，说明完全不受言说者意愿的支配，语言也并没有预

先想好要发展到这一步。 再，décrépi 与 décrépit 的意义是由 mur 和 vieillard 确定的，也就是说，要参合横组合关系的相互关联才行，它们并不仅仅由符号自身内部的所指和能指相异的交换来确定（所指只是价值的概括而已），还需与可比较的（类）同物、共存要素来确定（须考虑到处在每一语言系统中各要素的交互作用），由这异（符号内部的所指与能指）、同（共存的符号和符号、类同的诸要素）两方面参合起来，形成价值，并确定意义。 索绪尔从系统出发看待要素、确定要素，再从要素出发看待价值、确定价值。

从差异获取价值，有单个符号内部的差异（所指和能指），也必有各个符号之间的相对、比较和类同，因而价值基于相对。 文字符号和言说的整体语言符号的第二个特征（从差异处获取价值）从而可归结为第三个特征（价值在于相对）。 能指对其所表示的所指而言是任意的，能指对使用能指的语言社会而言却是强制的，这充分说明符号的本质是社会性。 目前的索绪尔研究存在一个偏向，就是强调语言符号的任意性，在某种程度上忽略了语言符号的社会性，而任意性其实正是由社会性导致的。

（三） 结　　论

我们现在已经明白索绪尔提出"符号学"构想的意图在于解决普通语言学的研究对象问题。 他着眼于整体语言（la langue），而不是个体语言（la parole）。 缘由就是整体语言具有社会性，是一种约定的社会制度，语言符号的本质在其中得以呈现。 索绪尔正是基于这样的思考，为了更好地阐述他心目中语言学明确的研究对象——整体语言，也为了巩固对整体语言社会性的看法，就顺理成章地把目光投注到完全具社会约定性的符号学上来了。他把符号学看做具有社会性的代表，继而把语言学阐释为符号学的一部分，则语言学的特性自然也就是社会性，这主要是为了明确语言学的研究对象而设立的。 索绪尔仔细分析语言学中哪一种因素最具有社会性，那么，这种因素（整体语言）就是语言学要研究的对象。 再进一步将整体语言析分为言说的整体语言和书写的整体语言（文字），在符号学体制内比较两者的共同特征，显现文字的功用，最后把言说的整体语言确定为语言学真正的研究对象。

参考文献

Naville，H. A. 1901. *Nouvelle classification des sciences*. *Étude philosophique*. Paris：F. Alcan.

Saussure，F. de. 1993. *Cours de linguistique générale*. *Premier*（pp. 11—176；1907）*et troisième*（pp. 181—368；1910—1911）*cours d'après les notes de Riedlinger et Constantin*. Texte établi par Eisuke Komatsu. Tokyo：Université Gakushuin.

Saussure，F. de. 1997. *Deuxieme Cours de linguistique générale*（1908—1909）*d'après les cahiers d'Albert Riedlinger et Charles Patois*. Texte établi par Eisuke Komatsu. Oxford：Pergamon.

Saussure，F. de. 2002. *Écrits de linguistique générale*. Texte établi et édité par Simon Bouquet et Rudolf Engler. Paris：Éditions Gallimard.

索绪尔，《普通语言学教程》（高名凯译），北京：商务印书馆1980年版。

索绪尔，《索绪尔第三次普通语言学教程》（屠友祥译），上海：上海人民出版社2007年版。

第 六 章

语言符号的无意识直觉和联想关系

（一）构成过程的无意识是语言创生的条件

自 1894 年起，索绪尔就职之日内瓦大学的同事、心理学家弗洛诺乙
（Théodore Flournoy，1854—1920）连续六年对通灵者"爱勒娜·丝迷黛"
（"Hélène Smith"，真名为 Catherine-Élise Müller，1861—1929）小姐的通
灵表演进行观察和破解（弗洛诺乙说她的表演是"非专业的，不收费的"，
Le Clair 1966：47）。 1900 年，他将观察结果写成《从印度到火星》（*Des
Indes à la planète Mars*）一书出版。 其中收录了多封索绪尔与弗洛诺乙讨论
丝迷黛梦游状态下所说所写类梵文的书信。 此书出版后，巴黎大学梵文和
比较语法教授维克多·昂黑（Victor Henry， 1850—1907）除对类梵文的一处
作出解释外，着重根据弗洛诺乙书中披露的丝迷黛梦游通灵之中所说所写的
"火星语"材料作了语言学分析，撰成《火星语》（*Le langage martien*）一书
于 1901 年出版。 弗洛诺乙再据昂黑的分析进一步阐发自己的观察所得，作
长篇论文《梦游状态自创语新论》（Nouvelles observations sur un cas de
somnambulisme avec glossolalie），收于他主编的《心理学文献》第一卷
（*Archives de psychologie*，Tome premier，1902：101—255）。 弗洛诺乙的孙
女 Olivier Flournoy 所著《特俄道赫与列俄波：从特俄道赫·弗洛诺乙到精
神分析学》后半部（Flournoy，Olivier：1986：115—211）收入了更为完备的书
信文献。 语言学家索绪尔、昂黑，心理学家弗洛诺乙，往复讨论，都是围
绕着语言的"无意识"（l'inconscient）、"潜意识"（la subconscience）或"下
意识"（la conscience subliminale）进行的。 1902 年 6 月 13 日，心理学家詹

姆斯(William James，1842—1910)写信与弗洛诺乙，谈及《梦游状态自创语新论》，也道："我兴味盎然地读了你对'爱勒娜'的补充说明，激赏你高妙的文字能力。 这构成了一篇无价的专论，……将来对'通灵者'的讨论都得考虑这些结论。 这实例给我们对潜意识活动(subconcious activities)和隐记忆活动(cryptomnesic activities)的观念是多么奇妙的拓展。"(Le Clair 1966:127)

　　丝迷黛通灵状态所说所写的"印度语"，清醒时分却完全忘记了。 对此，弗洛诺乙排除了她的这种语言知识源自灵魂转世之类的途径，认为源自"隐于其过去生活(阅读、交谈等)的未知的幽深处"(Flournoy 1900:259)，是"无意识记忆"(Flournoy 1900:259)的结果。 对先前之事的无意识记忆在某种程度上是下意识的唤醒和释放，当时弗洛伊德和布洛伊尔(Josef Breuer，1842—1925)已就此作了研究，弗洛诺乙也在注释里提到上述两人合著的《癔症研究》(cf. Flournoy 1900:268，n.1)。 弗洛伊德和布洛伊尔观察到，导致癔症的因素留存于患者的记忆里，但这种记忆不受其支配。"当患者处于正常心理状态时，这些经历完全不在他们的记忆中，或只是以非常简略的形式存在于记忆中。 只有在催眠状态下询问患者时，这些记忆才像最近的事件那样鲜明地呈现出来。"(弗洛伊德 2004:21)而丝迷黛的梦游或通灵情状接近于催眠状态，这时处在意识空白的境地，存储于潜意识里的观念不会遭到意识的阻截和压制，可以宣泄出来，而清醒时分对此却没有意识，也就是不能纳入到意识中去，这正说明了潜意识的存在。 这是遗忘了的记忆，或者说是无意识地自动呈现的记忆。 这与心理的有意识直接记忆不同，是机体的无意识的间接记忆。 同时，弗洛诺乙作为观察者，实际上也参与或促成了这般记忆的重现，弗洛诺乙说是"无意识的精神暗示"。 (Le Clair 1966:48)后来拉康《精神分析学中的言语和语言的作用及领域》也道："无意识就是具体言谈中跨越个人的那个部分。"(拉康 2001:268)主体间的协同是无意识存在的前提。 因此，无意识具有社会性、集体性。

　　记忆留存于时间，我们也正是凭借记忆感知时间。 其中语言起关键的作用。 记忆能力孕育了语言能力，同时语言能力强化了记忆能力，固定了记忆的结果。 但说到记忆，实际上也就是说到意识。 心理的记忆都是有意识的记忆。 亚里士多德即断言："记忆在本质上包含有意识。"（亚里士多德 1992：141）奥古斯丁进一步使这论断精微化，从意识中剥离出无意识来，将其指为"未想到"，道："对藏于心中但未被想到的东西的意识，则可说只属于记忆。"（奥古斯丁 2005：377）如此，记忆是意识和无意识同时起作用，因为记忆源于感知过程，而感知过程本身是无意识的。 昂黑于 1896 年出版的《语言的二律背反》一再论证"语言是无意识力量之复杂系统的有意识运用"（Henry 2001：23），"词作为我们思维的声音符号，就是一个心理现实，完全处身于有意识状态，然而又存活在我们无意识的渊深处。"（Henry 2001：24）"语言是有意识主体之无意识活动的结果。"（Henry 2001：61）在《火星语》中则说："语言是绝对无意识的主体的自发运作。"（Henry 2001：91）"印记是无意识的，但太分明了。"（Henry 2001：98）语言事实或结果是有意识的，构成语言的方式和过程却是无意识的。 索绪尔在观看和分析丝迷黛的"印度语"时，发现了潜意识中对名称的有意识设置。他在研究易音铸词当中也总是揭示出名称和主题词的有意识设置。 丝迷黛梦游中化身为名叫 Simandini 的印度女子。 弗洛诺乙就这名字作了多种猜测和联想：日内瓦商人 Semadeni，很可能与丝迷黛的父亲有业务往来；也可能是匈牙利阿哈州的小市镇 Simand（丝迷黛父亲是匈牙利人）；或是以 eddin 结尾的阿拉伯名字的印度语形式。 而索绪尔则认为是对梵语 Sîmantinî 的记忆，"这或许在哪儿都是个专有名称，虽则它通常只是个用于女子的（诗性）词语。"（cité par Flournoy 1900：292）这无意识地暗示了自身属印度语。

　　1895 年 3 月 6 日，丝迷黛在梦游中曾以庄严的声音对弗洛诺乙说：Atiêyâ … Ganapatinâmâ。（cf. Flournoy 1900：263）印度学家 P. Oltramare、Glardon 和索绪尔都无法断识 atiêyâ 何所指，索绪尔以为这是火星语那一类型的任意的创造，但他们都辨读出 Ganapatinâmâ 的意义：名为 Ganapati 的人。 Ganapati 也就是 Ganesa 神，一位象头的印度神，毁灭之神湿婆（Shiva）和 Parvati 的儿子，手执套索、刺棒，骑鼠，为门神，常塑在庙宇的入口处。 索绪尔道："这两个词，Ganapati，著名的神，nâmâ，名字，我们不知道它们如何构成一个整体，但必定不是以错谬的方式构成的。 ——这一混杂着神名的断片，完全可用庄严的强调的声音，以宗教祈

祷的姿势，唱吟出来。 这的确显示了智力和意愿的运用。"（cité par
Flournoy 1900:294）这里，索绪尔点出了丝迷黛无意识地即兴发音以及与梦
游状态中的具体情景相配的、确确实实的梵语词的有意识设置。 后来索绪
尔又写信给弗洛诺乙，认为这与火星语的构成相类似，只是掺合进了梵语的
成分。 他提出了破解 atiêyâ 的原则。 "作为我这观点的简明例证，料想
Simandini 该是想说这一句子：我以 Ganapati 的名义向你祝福（Je vous bénis
au nom de Ganapati）。 处在（王子）Sivrouka 那样的境地，唯一的事情是她
不能冒出用法语词来表述或发音的念头，但法语词依旧留存于她所说言辞的
主题（le thème）或底层（le substratum）里；她的思想听从的命令，乃是这些
熟悉的词语都要用异国形态的替代词来呈现。 替代词怎样形成则无关紧
要：在她眼里只要没有法语的形貌就可以了……我得补充一下，替代词有时
候因而是完全任意的（就像火星语中的情形），有时候她因自然而然地偏好惯
用语而受所记忆的外语词——英语、匈牙利语、德语或梵语——的影响或支
配，这些惯用语与通灵会的场景水乳交融。 ……譬如（1）Je 必须变形。 她
的记忆里可提供一个表示 Je 的外国词吗？ 没有。 因而随意地选取 a 表示
Je。（或许这 a 受英语 I 的启发，I 发 aï 这音，但这并不一定是如此。）
（2）vous bénis 或 bénis vous，因为表示 Je 的词倘若是受英语的引发，那么，
接下来英语构词方式会自动地处在这词后面。 可以用 tiê yâ 表示 bénis
vous。 yâ 可能取自英语 you（考虑到最主要的梵语元音，作了改变）。 而
tiê，"bénis"，则没有出处，就像火星语的构成那样。 （3）au nom de
Ganapati。 Ganapati 这名字本身自然完全不在这种构造范围之内，就照原
样保留。 而留存了 au nom de（以 nâmâ 表示），或许因想起了德语词
Name，或许是复现了有时候也出现的梵语词 nâmâ；最后，在构词方面，与
法语词秩序相反，落在德语词 Name 的翅膀上，依据德语的表达法 in Gottes
Namen，in Ganapati's Namen。 ——一句话，难懂的言辞其要素取自它能
取的地方，将其虚构出来，多半时候唯一的规则就是不留下忽隐忽现的、可
被看破的法语线索。"（cité par Flournoy 1900:304—305）

　　1895 年 12 月 1 日的通灵会，丝迷黛在梦游中发出了种种爱语的呼唤。
索绪尔意识到一个惊人的事实，就是丝迷黛或者 Simandini 夫人的化身说的
是梵语，而不是说普哈克赫语（prâcrit）。 "梵语和普哈克赫语的关系就好

比拉丁语和法语，后者源自前者，但前者是学者的书面语，后者是口语。而在印度戏剧当中，我们看到国王、婆罗门和高种姓者通常说梵语，若是在实际生活里老是这样就很成问题了。但在所有情况下，哪怕是在戏剧里，妇女也一概说普哈克赫语。国王用庄重的语言（梵语）与妻子说话；她则总是以土俗的方言回答他。可是 Simandini 的用语虽则为很难辨别的梵语，但决不是普哈克赫语。只要看看一些形式就足够了，譬如 priya（爱人）在所有土俗的方言中都是发不带 r 音的 piya。"（cité par Flournoy 1900：297）区别书面语（文字）和口语是索绪尔语言理论的重要特点，可以说是其理论的一块基石。我们可以断定，丝迷黛通灵状态下以书面语方式言说，则不自觉地表明了她的"类梵语"来自书面材料，她或许不知道女子说普哈克赫语。但作为 Simandini 夫人的化身，丝迷黛以国王、王子之类身份的男性专用的语言说话，潜意识里是否又有拿自己当做男性化身的可能呢？妻子的喁喁爱语的连绵呼唤，是否在男性专用的语言里象征性地得到了被呼唤的男性的回应？

1898 年 3 月 1 日，丝迷黛在尚未完全恢复常态时分用铅笔记下了 Simandini 与其丈夫、王子 Sivrouka 的对话。王子道："我永夜无眠，眼睛红肿，噙着泪水，Simandini，这些最终都没有触动你的 attamana 吗？"索绪尔道："attamana 充其量是 âtmânam（âtmâ '灵魂'的宾格）；可我得赶紧说在 attamana 出现的上下文里，我们不能使用与之相似的梵文词语，其实它只有在哲学语言里、就普遍性的灵魂意义或别的学术性的意义，才意指灵魂。"（cité par Flournoy 1900：299）这也表明丝迷黛的自创梵语源自书面梵语和其他未知词语的任意混合。索绪尔还发现丝迷黛以自创梵语 smayamâna 意指微笑，用四个音节构成的复杂形式"不仅含有词汇学特征，还有语法特征"（cité par Flournoy 1900：301），再次确证这是有意识主体的无意识活动。无意识活动不是一种本能的活动，而是沉潜于意识深处的精心构织的活动。丝迷黛的内心言说来自书面语的另一个明显的证据，是她无意识地或者说机械地重复了文字形态。在一次通灵会上得到这样的词句："balava（或 bahava）santas … émi bahu pressiva santas …"这里出现了词的变形的情况。索绪尔道："在 bahu（许多）不远处，可见到 bahava（bahu 的主格复数，意谓'多'），更不寻常的是它直接位于另一个复数

santas(生命)之前;bahava santas 以完美的梵语形式意谓'许多生命'。"
更重要的是, "梵语词 bahu 是极其常用的,但丝迷黛小姐是否把音发作
bahou,或者以法语如 battu,tondu 的方式发作 bahü,这令人满怀兴趣地想
知道。"(cité par Flournoy 1900:309)倘若以法语方式发音,则显然证明了
丝迷黛梦游状态中的言说无意识地照她惯用语的书面文字形态进行,完美的
梵语形式也证明了是阅读书面语所得的结果,也就是说,是来自于视觉,而
不是听觉。

弗洛诺乙证实丝迷黛无意识地以法语方式发音或书写,譬如 rou 发作或
写作 ru。(cf. Flournoy 1900:309)但索绪尔发现丝迷黛的类梵语里边完全
没出现辅音 f。 "这是个值得重视的事实,虽则是否定性的不存在的事实。
梵语里确实没有 f;但随意创制之际,有二十分之一的机率产生含有 f 的梵
语词,倘若人们对梵语没有 f 一无所知,那么,这 f 的存在与别的辅音一样
都是合乎情理的。"(cité par Flournoy 1900:316)法语中辅音 f 极为常见。
印度民族却不使用 f 这个字母,也不会发这音。 穆斯林将包含 f 的词引入印
度方言,文字写作 ph,发送气音 p。 (cf. Flournoy 1900:317, n.1)丝迷黛
显然运用了潜意识记忆能力。 这实际上牵涉到语言运用的意识问题,也就
是言说者(言说的主体)的问题。 这里,是主体的无意识在言说,主体的无
意识的语言程序是"感觉的程序而非智力的程序,不用于欺骗"(Yaguello
2006:181)。 弗洛诺乙就认为语言的潜意识程序的编制完全是自动的,与缜
密思考的工作无关,与直接的意欲无关。 (cf. Flournoy 1902:142)昂黑
1901 年出版的《火星语》从语言学角度主要分析了弗洛诺乙 1900 年印行的
《从印度到火星》之中的火星语材料,但对辅音 f 的问题也专门提出了自己
的看法。 "菲尔迪南·德·索绪尔的敏锐关注:梵语绝没有 f,丝迷黛小姐
的类梵语同样也一个都没有显露出来。 那儿便有了些微神秘的令人兴奋之
处;因为(Flournoy, p.317)假定丝迷黛小姐并不知悉语言事实,对语音事
实关注得更少,只读过或听过 20 个上下的梵语词,有可能觉察到这些词都
不含有 f,但我担心这种可能性不被承认。"(Henry 2001:100)昂黑认为丝
迷黛并不知晓梵语缺失 f 这一特性。 "梦的逻辑绝不是清醒者的和完全有
意识的逻辑;……在她组织安排梵语或火星语声音的时候,倘若占据了丝迷
黛小姐整个潜意识的是种总体的意图,那么,则肯定是决不能说'法语':

她的全副注意力应该都贯注在这份努力上。 而'法语'(français)这词就以 f 开头，因此，f 在她眼中格外显得是'法语'的证书，于是她尽量回避它：这就是在类梵语中没有 f 的原因，在火星语中也几乎没有 f。"(Henry 2001:101)火星语内 300 个词当中出现 7 次 f。（cf. Flournoy 1902:214)这显然是处于梦游状态的丝迷黛对法语的潜意识的抑制。 另有学者认为，与其说丝迷黛无意识地回避法语(français)的标志，还不如说是回避弗洛诺乙(Flournoy)这名字的标志。 (Courtine 2004:317)弗洛诺乙认为昂黑的解释从心理学上不具有可以让人接受的分量，但"这种语言主要是来自真实而变形、走样的记忆，更确切地说，来自类梵语的新词的创制。"(Flournoy 1902:214)三人的观点有别，但在认定这是一种语言的无意识现象方面则是完全一致的。 这是通灵者在梦游状态下无意识的语言创造活动，是对语言事实的无意识记忆。 丝迷黛的自创语与普通语言的构成方式没有什么两样，展现了真实的语言创造和变形的规律，言说者拥有的语言程序的无意识特性也正显示了语言的真实状况，语言程序的展开和运用是无意识的、自发的，同时又充满了创造性的想象、诗性的想象，当然，从心理学角度看，这也显出了潜意识的运行机制。 按照弗洛诺乙对通灵者特性的界定，通灵者和普通人的全部区别就在于"后者在睡梦和清醒之间事实上有极其明显的深沟……通灵者则相反……在睡梦和清醒之间没有固定的界线"(Flournoy 1902:127)，因而通灵者就成为研究下意识现象的最好标本，我们清醒时分对自身和他人的种种下意识状况不能直接追索，却由通灵者充分地呈现在我们面前。 同样，通灵者下意识想象中创制的语言与普通语言的创生机制是一致的，研究自创语也为研究普通语言提供了极佳的参照。

弗洛诺乙、索绪尔和昂黑三人彼此尊重，讨论非常融洽，索绪尔 1901 年 5 月 14 日和 16 日两次致弗洛诺乙的信函中都提到昂黑，表示接受了昂黑的意见或征求其意见。 (cf. Flournoy, Olivier：1986:209—211)索绪尔的学生 Charles Bally 在其《语言和生命》(Le Langage et la Vie, 1913)一书第四章"输出的语言和输入的语言"（巴依 2006:136，138)也讨论了昂黑的语言无意识理论。 索绪尔与昂黑也有书信往来。 1907 年 9 月 23 日，索绪尔致函梅耶，道："我悲痛地获悉维克多·昂黑先生的逝讯。 我与他关系虽然

不是特别密切，却多次通信。"（Saussure 1964：115）

索绪尔、昂黑与弗洛诺乙的讨论，可以看做是精神分析与语言学的初次相遇。 拉康曾道："精神分析应是有主体栖居的语言科学。"（Lacan 1981：243）关键在于言说的主体。 在都关注主体的情况下，精神分析与语言科学是合一的。 雅各布森也道："这是心理学家和语言学家合作的一个美妙例子，应该仿效，并在对自创语的失常而独特的表现作结构分析的主题方面引发新的探究。"（cité par Courtine 1988：5）但弗洛诺乙不免有奇异之感，他在《心理学文献》第一卷所刊论文《梦游状态自创语新论》之前载有对昂黑《火星语》的书评，道："专业语言学家以一部书的篇幅专门用于分析并不存在的语言，或至少只是存在于梦游者的潜意识想象里的语言，看到这些，我就有深切的刺痛之感，颇觉快意。"（Flournoy 1902：99）

（二）专名在无意识中的作用

索绪尔在拉丁诗人的作品中发现易音铸词构成所歌咏的对象和主题。"作者欲在一个小范围、一两个词之中，集聚主题词的所有因子。"（Saussure 2002b：370；et cité par Starobinski 1971：31）凡是具有主题词或专名的首尾字母的片断，索绪尔称之为"模子"（mannequin）。 卢克莱修《物性论》（De rerum natura）序诗咏唱美与爱的女神维纳斯（Venus），这一专名直接出现在诗的第二行中，但诗篇反复呈露的易音铸词现象也形成了这女神的希腊名称阿佛洛狄忒（Aphrodite）。 索绪尔研究《物性论》的易音铸词现象共有三个笔记本，第一个笔记本第 44—69 页就研究了专名 Aphrodītē（Saussure 2002b：212—237；Starobinski 1971：80—100）；索绪尔有 19 个笔记本研究维吉尔的 Énéide（Anagramme：Virgile du Ms. Fr. 3964），其中第一个笔记本也研究了构成 Aphrodītē 的易音铸词状况（Saussure 1974b：113—127）。 索绪尔在《物性论》序诗第 1—53 行内共发现 13 个这种易音铸词形成的 Aphrodītē（Afrodītē）专名现象。 譬如第 1—5 诗行：

Aeneadum genetrix, hominum divomque voluptas,

alma Venus, caeli subter labentia signa

quae mare navigerum, quae terras frugiferentis

concelebras，per te quoniam genus omne animantum

concipitur visitque exortum lumina solis.

索绪尔取 Aeneadum genetrīx hŏminum dīvomquE 为模子，这一取法截断了
诗行和意义，但索绪尔觉得在 E 之前的两个词的开头是 HŎ-DĪ-(-E)。 而与
开头的 A 相谐的音节形成了诗行最初的三个长音节：Á-dúm-trí-以某种方式
烘托了 A-D-R-Ī，使人想到了 Aphrodī。 那么，索绪尔所取的模子是
"Aphrodī- + odītE"这样两部分合成的整体。 （Saussure 2002b：216—217；
Starobinski 1971：84）具体的音节细节为：

A-：由模子的开头表示了。

-FR-：terrās FR-ūgiferentīs。在 fr-之前的音节 a 是有益的。另外,我们
　　　或许该读作 frugiferenTĒs,以便 fr,由 a 前导,应该继之以-tē,甚
　　　至-i-tē。

-RO-：由-ŏr-不精密地再度表明：ex-ŏr-tum（5）。t 对把音节与-rŏd-或-
　　　rŏdit-连接起来而言没有什么不好。

[-ŎD-]：由 hŏminum dīvomque（见"模子"）极鲜明地引出来；但是留意
　　　模子结构,却只突出这一依照自身视角的模型,凭借这样的手
　　　段,无法把其他的看做音节的实现。

-DĪ-：dī-vomquĕ.

-IT-：cŏncip-ĬT-ur vīs-ĬT-qvĕ（5）.这词群的元音的连续ŏ-ĭ-e 是重要的。
　　　[e 省略了,但另一个 e 随之而来。]vīsĭt-或多或少由第一个音节校
　　　正了,第二个音节 vīsĭtqvĕ 的短元音 i 必定令人想到了-īte。

-TĒ：per tē qvŏnĭam（4）.无论这伴随着-tē 还是其他,在

　　　　　　qvŏnĭ-am +ŏmn(e) ănĭmantum

　　　　　　ŏnĭ—　　ŏ—n　　ănĭ—— t

里,我们拥有-odi(t)的半谐音。

　　-cael-Ī subTĔ-r 里,也有 ītē 的半谐音。（Saussure 2002b：217—218；
Starobinski 1971：84—85）

索绪尔在《物性论》中还发现另外诸多专名或主题词，如：Cybèle、Iphianassa、Hesperides、Hercules/Epicurus 等等，这些以音位及音节的重复构成一种模型，同时也在语义上形成关联，铸成一个主题词。 F. Bader 就此道："'主'词永远是专有名词。"(Bader 1993：15)其实反过来也是一样。 专名在诗人心目中是需要表现的对象，自然而然形成挥之不去的记忆，便无意识地时时刻刻以各种手段予以再现，如此，专名就具有强迫性。它不停地向周围扩散、蔓延，最终在一定范围内均受其笼罩。 如此，我们在《物性论》中首先是阅读到具体而直接的内容，而后是与寓意和主题相应的声音的构织或游戏，这显然是诗性的表达，专名也是诗性的专名，同时无意识也是诗性的无意识。 符号的构成，或者说音义的结合，是种心智的运作。 固持的无意识的心智运作凭借音节或音位构织成符号，这符号通常是专名，我们对其进行解码，最终形成为有意识的符号学单位。 这种单位往往回复为记忆中的蕴有丰富象征意味的神名，回复为无意识。 Michel Dupuis 道："易音铸词是种语音游戏，倘若这确实无疑，则这种游戏以主题词为基础……其所指对象是重要的：譬如神。"(Dupuis 1977：23)神名是诗人潜意识暗示的标的。 正是基于这点，索绪尔后来用"字下之字"(l'hypogramme)这术语替代了"易音铸词"(anagramme)，因为"字下之字"含有"此""暗示"、"突出"、"表象""彼"之类意义，"'字下之字'颇为倾力于强调、突出一个名字、一个词语，特别注意重复其音节，且在这方面赋予其外加而人为的性质，也就是说，添附到了词语的原义之上。"(Saussure ms. fr. 3965，cité par Starobinski 1971：31)易音铸词或字下之字的重复出现的音节用以构成专名，及以音节或音位的偶数数目来构成的声音的谐和，是索绪尔的两大发现。

潜意识内，专名具有超自然的力量，往往以重复方式产生这种效果。语言以其最小单位——音位，构织成极其灵活多变的样态，随物赋形，与要表现的主题和对象相适应。 这是诗人意识中萦绕的表达目标，无意识地以含具意义的声音不断地进行编织和接近。 同时这种声音的编织在空间上转化为文字，转化为心理性的书写行为。 索绪尔用字下之字的说法替代易音铸词，正是意识到了声音转化成书写的过程；字下之字扩展了专名的效果，索绪尔用这术语也是意在突出文字的无意识特性。 诸种力量无意识中均汇聚于专名上，专名成为承受诸力的铁砧，索绪尔就此用了"主要地盘"
(locus princeps)(Saussure ms. fr. 3968, cité par Starobinski 1971：50)这一
术语，也就是说，专名存在于一个紧密的、能够划定界线的地方。 索绪尔
把"模子"(mannequin)与主题词音节的整体(音节字，syllabogramme)相结
合构成的形式称为"主要地盘"的完美形式。 (cf. Saussure ms. fr. 3968,
cité par Starobinski 1971：50)"模子"框定专名的首尾字母的范围，主题词
或专名的其他各个音节则分布在诸诗行内。 易音铸词或字下之字的音节特
性可以说是构成专名或主题词成分的触目的断片，诗人与读者无意识间布设
和感知到的，正是这些断片及其整体呈现的专名或主题词。 阿尔托
(Antonin Artaud，1896—1948)道："名称是事物颤动的纤毛。"(cité par
Gandon 2002：112，n.10)人类语言的无意识系统正由这些纤毛展露出来，并
经此把握意识的核心。

专名具有象征的作用和替代的功能。 从索绪尔的破解来看，专名常通
过替代之类迂回和旁侧的修辞手段来实现，这是一种无意识的运作，同时也
是破译者无意识地受到了这种运作的吸引和激发。 无意识的运作与激发所
凭借的要素都产生在文本之外，它们总是诗篇歌咏的主题词或专名，它们由
种种音位或音节构成，渗透在诗篇中，直至将诗篇笼罩其下。 维吉尔的
Énéide，Ⅱ，第 268—297 这一段描写特洛伊王 Priam 之子 Hector，就是典
型的一例。 Hector 这名字在诗篇中出现，但音节太少，则只能用同义的其
他专名来替代：Priamidēs(Priam 之子)。 Priamidēs 这一名称没有直接出
现，但索绪尔发现了种种以"P……S"为模子的易音铸词。 这正是受了
Hector 的触发而发现的，解码者的发现与编码者的布设，其无意识的运作
过程是一样的。

> 若对这一段(*Énéide* Ⅱ，268—297)没有特别的研究,也就对维吉尔
> 式的易音铸词没有真正的欣赏,这一段乍视之下是不包含什么易音铸
> 词的。

> 对整首诗来讲,这段落具有核心的重要性:就是在这些诗行中,埃涅
> 阿斯得到将特洛伊的珀那忒斯带到意大利去的使命。

> 在此,我们甚至比别处更可肯定,包含易音铸词的诗的总来源在运作

着。我们观察到整个段落在其表达上自始至终都处于崇高的状态,此时,对我来说,拒绝易音铸词是不明智的:韵律在任何方面都预先满足表达的崇高感,实际上不止一次地激发崇高感,而在法语诗歌中,我看不到这点。

Hector 的显现显然要求名字 Hector 用于易音铸词。但我们从一开始就会疑惑,Hector,就其不多的音节来说,所包含者,与最为平凡的拉丁语词尾 victor、auctor 之类吻合,可供维吉尔选择。某个替代这名字的词是必不可少的;荷马通常会用 χορυθαίολος 或某个别称用于 Hector。维吉尔没有这种选择,要是他不用 Hector,就几乎会被迫用 Priamidēs,这个除了 Hector 之外的唯一的名字,这是很显然的。

这名字在文本中没有提及,它成了不间断的易音铸词链的主题,诸易音铸词呈现出了特别清晰的结构。每个易音铸词其实都有一个模拟"Priamidēs"的模子复合体作为中心呈现出来,词语从每个复合体上向外扩展,复合体恰好包含互为补充的东西,此为音节所需求,模子所缺乏的。

第一种易音铸词,由最初模拟的复合体标示:

$$\text{tempus erat quo} \parallel \text{PRĪMĂ QUIĔS} \parallel \ldots$$

在复合体本身中,获得了 Priamides 的这些断片:

$$\text{Prī} \ldots \ldots \ldots \ldots \bar{\text{e}}\text{s}$$

第二种易音铸词。在 |Prima quiēs| 之后,我们遇到的下一个"模子"是

$$|\text{PERQVĔ PĔDĒS}|$$

$$[\ldots]$$

第三种易音铸词。其中心或由(与先前一样的)短语呈现,或由模子复合体呈现

$$\parallel \text{PUPPIBUS IGNĒS} \parallel$$

$$[\ldots]$$

第四种易音铸词集聚于模子

$$\parallel \text{PLŪRĬMĂ MŪRŌS} \parallel \text{周围}$$

$$[\ldots]$$

第五种易音铸词。我们或许应把

$$\text{EX-} \parallel \text{PROMERE VOCES} \parallel$$

看做新的模拟复合体,甚至首字母 P 没有完全分离开来之际,也是如此。

[...]

意在拥有特定内容的主题词,这一想法若是一点也不变卦,那么,维吉尔就得被迫选择 Priamidēs,我暗指他在同一断片内并没有恰当地将 Hector 细思一番,此时,我想我言过其实了。

[......]在这些音节里,到底是什么作为重要之物引我注目,虽则我总是想发覆这点,却仍是没有在入手之初就发现它的存在,因为我把注意力集中在 Priamidēs 上了。忽然,我意识到就是我的耳朵,无意识地受了 Hector 的诱引,这造成了如此一个感觉,就是"某物"与诗篇中表现的名字相关联。

——然而这也许归因于诗行本身之中词语 Hector 的存在。
(Saussure ms. fr. 3964, cité par Starobinski 1971:53—55)

索绪尔 1907 年 9 月 23 日致梅耶函,也谈到《吠陀诗篇》中"神名或付酬者的名字嵌入诗章的诸多密码文字内"(Saussure 1964:113)。

然而专名之为专名却在它的不可分析性,索绪尔称之为"无法探究的神性"(divinités incrutables)(Saussure 1986:504)。 难以把握和分析,没有道理好讲,具有独立特性,这些正是专名赖以构成的任意性的表现。 专名从来都是任意的,没有规范的。 这与索绪尔符号理论的任意性基石是合一的。 索绪尔道:"符号是任意的,看起来可随意地改变它们。 但正由于这个事实,语言就无法成为大众讨论的话题,即使假设大众对此比其实际上更加有意识,也是如此。 究其实,为了有一个讨论的场地,必须有一个诸类事物可相比较的规范。(譬如代表某种注重形式的宗教的象征。)一旦这种用于批评的合理的基石存在了,那么,事物就的确可以讨论了。 在某个象征系统中已经有合理的基石了,也就可以讨论了。 但一个任意系统是没有规范的。"(索绪尔 2007:114—115)"要讨论一件事情,必须以合理的规范为基础。 例如我们可以辩论一夫一妻制的婚姻形式是否比一夫多妻制的形式更为合理,并提出赞成这种或那种形式的理由。 我们也可以讨论象征系统,因为象征同它所指的事物之间有一种合理的关系。 但是对语言——任意的符号系统——来说,却缺少这种基础,因此也就没有任何进行讨论的牢固的基础。"(索绪尔 1980:109—110)涉及专名及其他语言符号的任意性问题,其中便会浮现主体心智运作和发音行为的机械或无意识面貌。 没有合理的规范可以遵循,没有道理好讲,这正是无意识的特点。 任意的关系是一种不自觉的无意识的关系,它们都是基于主体的运作。 不可分析形成专名的无意识的特征。

(三)语音变化的无意识性和言说者的无意识语言感

1889—1890 年,索绪尔以健康原因返回过日内瓦,并曾在立陶宛旅行。除此之外,1881—1891 年,索绪尔都在巴黎高等研究学院任讲师,倘若升任教授讲席,则必须放弃瑞士国籍,加入法国籍。 索绪尔因此在 1891 年 11 月回到日内瓦大学任印欧语之历史与比较教授,作过三次就职演讲,其中第二次即明确提及语言符号构成的无意识问题。 语言变化的两大原因:一是语音变化,一是类比变化。 实际上,导致语言新变的正是无意识因素和有意识因素,两者说到底都是意识的表现形态。 索绪尔即认为:"前者(语音变化)表现了言说的生理和物理的方面,而后者(类比变化)则与这同样行为的心理和精神方面相应和。 前者是无意识的(inconscient),后者则是有意识的(conscient),时刻要记得的,就是意识的观念完全为相对而言的,因而只涉及意识的两种程度:最高程度的仍然是纯粹的无意识,与伴随我们大多数言说行为的反思程度并驾齐驱。 人们因而总是说这涉及声音,那涉及语法形式,从而把这两种事实类型置于相对立的境地,这没有表达出明晰的观念,因为语言的形式只能是声音,但我们可以说此凭借声音对抗形式,彼凭借观念对抗形式;另外,我们可以说,此呈现了纯粹无意识的(mécaniques)运作,亦即在此发现不了目的和意图,彼则是心智的运作,其中有可能发现目标和意义。"(Saussure 2002a:159—160)处在时间中的语音变化基于言说者的记忆自发地、无意识地进行,其中有规律可循,并在发音器官的活动过程中展现出来。 "言说者对他们言说当中使用的符号的外壳(aposèmes)毫无意识,不比对(符号的)另外一方纯粹的观念(l'idée pure)更有意识。 他们只意识到整体的符号(sème)。 正是这点确保了历经数世纪的符号外壳完全无意识的变形。"(Saussure 2002a：109)言说者对语音变化完全是无意识的，也就是没有有意识的观念参与其中，只是潜存于或沉积于思维的深处、抽象的整体语言深处。

类比创造是一种凭借已有的语言材料有意识地重新进行组合的心理运作，是一种心智转换作用。这种创造具同时性，是词的相互之间突如其来的同化、共存，语音变化则是演替，此的产生由彼的消失为前提，具历时性。同样，两个相分离的词合并成单个词的粘着作用，譬如 ce ci 合并成 ceci，也是在时间中逐渐形成的，与类比创造也处于相对的境地，这是两种截然不同的铸词方式。根本的相异处则正在于它的无意识特点。索绪尔用"变化过程"来界定这一点："粘着作用(agglutination)的变化过程是什么呢？我说的是变化过程(processure)，而不是程序(procédé)：程序隐含着意愿(volonté)、意图(intention)；我们若是把某种意愿之物引入粘着作用内，就会误解粘着作用的特性；恰是这种意愿的缺失，方成为一种特性，粘着作用凭此与类比创造区别开来。"(Saussure 1993：124)"在粘着作用的变化过程中，我们可以注意到绝对没有什么能产性和有意识，一切都是被动的、偶然的，毫无意图——这是现象的最重要方面。我们看到音义关系是统一的(相结合的)，但这是整体语言的无意识倾向。它没有什么能产性，也不是由于经粘合作用之后，如今采用了词的某些外部特性。因而我们在此的确拥有了一种合并，这种合并可以说是独自产生的，不是有意识聚集：甚至类比创新这种能产性也不存在，类比创新强使词的分析在新词组成之前产生出来：恰是词本身，即便它不需要模型(样品)，也还是粘合作用中的要素；没有什么创新，而是对作为一个单位的两个词的接受。"(Saussure 1993：126)其中的原因是"整体语言使概念变得简单而不可分解的无意识倾向，抄近道的倾向，简化观念的倾向"(Saussure 1993：125)。

语言运作的无意识机制，博杜恩早在 1871 年就予以论述。有集体的原因或共同的要素促使语言发展，确定语言结构。博杜恩称之为"力量"(forces)或"法则"(laws)。这些根本上都是心理性的力量。博杜恩《对语言学和语言的若干一般观察》道它们是"(1)习惯，也就是无意识的记忆。(2)求简便。……(3)无意识遗忘和不去判断(遗忘曾经有意识不去知晓的东西，不去判断曾经有意识不去判断的东西)；但不是没结果的消极的遗忘和欠缺判断力(这情况与有意识的心智运作情景一样),而是有结果的积极的遗忘和欠缺判断力,这催生了新的无意识,新的一般规则。 (4)无意识的一般规则,感悟,亦即力量,凭此,一个民族就把全部精神生活现象聚合起来纳入某些一般性的范畴里。 这力量可与星系中的引力相比拟:就好似引力产生某些天体的系统,无意识一般规则的力量因而也引生了某些语言学范畴的系统和族类;好比某个天体脱离了特定行星的引力场,在宇宙独自运行,直至被吸入新的星系为止;同样,某些词或形态独自存在,与有亲缘关系的形态的连接失掉了民族感,或如借词一样,一开始与特定语言的本土词没有关连,直至靠言说者凭借类比之类创造新词的能力,这些词或形态被吸入某个词族或形态范畴为止。 (5)无意识的抽象过程,区别和分化的无意识倾向。 感悟若是语言中的向心力,则基于无意识抽象过程的此力可与离心力相对照,这两种力量合起来总体上构成了引力。"(Baudouin 1972:57—58)

　　博杜恩的意思是这些力量一是在语言的纯粹物理的方面展开,其音系和音群与特定言说群体的器官构造关连起来,基于生理和听觉的特性,并受惯性的持续影响;再就是在特定言说群体的语言感方面展开。 博杜恩引人注目的观点是:"言说者的语言感不是虚构,不是主观捏造,而是真实而确定的范畴(功能),可据其特性和效果予以界定,可以客观地凭事实确认和证明它们。"(Baudouin 1972:58)"法则和力量不是生物,它们甚至不是事实;它们是人类智力活动的产物,这活动的目的是使事实一般化,并相互关连,发现它们的共同特性和模式。"(Baudouin 1972:59)

　　因此,相互区别且具意义的音系和音群由言说者的语言感汇织为整体,赋予其范畴和类别,这是构成意义的力量和法则,其中言说者这一集体具有感悟语言事实的能力,同时又无意识地使语言事实一般化。 与博杜恩的语言感是言说者集体的无意识力量的观点稍有不同,克鲁舍夫斯基 1879 年发表的《论类比和流俗词源》则区别了言说者语言感的集体的无意识介入和个体的有意识介入,有意识介入属"次生的同化种类,说得更确切些,是异化种类"(Kruszewski 1879;cited by Williams 1993:65)。

　　1881 年,克鲁舍夫斯基发表长篇硕士论文《论元音交替规律问题:古斯拉夫语元音系统研究》,其中"序言"部分修订成《论语音交替》以德文发表,索绪尔收到克鲁舍夫斯基的赠书并在书中加以批注。 克鲁舍夫斯基发现语音规律不再适用之处，言说者的无意识语言感则可通过类比恢复规律的功能，这是"无意识心理要素"（Kruszewski 1995:22，24）的运作。 这点，与新语法学派雷斯琴"语音规律无例外"之说有出入。 新语法学派的另外两个代表人物奥斯脱霍夫和布鲁格曼在《形态学研究》杂志（1878 年）"序言"中对此也有所涉及，道："因为每个语音变化都无意识地（机械地）出现，因而它们按照承认无例外的规律产生了。"（Lehmann 1967:204）之前，维尔纳（Karl Verner）于 1875 年提出"例外必有规律"之说。 布鲁格曼则将这规律坐实为类比的运作。 克鲁舍夫斯基把布鲁格曼四个命题的前面两个归结为一个："所有语音规律必须被设想为允许无例外；与这点偏离的一切必须被设想为由于类比形成方式的缘故。"并将后者以肯定句形式重新表述为："所有语音规律都有例外，这些例外可由类比来解释。"或："语音规律的效果可由无意识的心理要素来中止（延留）。"（Kruszewski 1995:24）这意味着语音规律适用于心理领域时是无例外的，无意识的心理要素消弭或阻挡了语音规律的例外之处。

克鲁舍夫斯基与索绪尔的语音变化是无意识的，类比变化是有意识的观点不同，他认为类比方式之中也充满了无意识过程。 克鲁舍夫斯基道："语言在自然领域内占据着完全孤立的地位：它是受物理规律支配的生理学和听觉现象的结合物，也是受完全不同的规律支配的无意识和心理现象的结合物。 这事实把我们引向最重要的问题：一般地在语言里，特殊地在语音学内，物理要素和无意识及心理要素之间的关系是什么？ 已经呈现的所有问题都与这个问题分不开。"（Kruszewski 1995:8—9）克鲁舍夫斯基与索绪尔之后的观点一样，意识到研究语音变化的凭据是以文字符号表现出来的声音，时间的隔绝使我们无法直接面对声音本身。 文字表现了声音哪些方面，而哪些方面又完全没有表现出来？ 文字表象的物理要素与无意识及心理要素的关系是什么？

文字和声音的差别，实际上是处于纵向时间维度上的以文字符号代表的声音和处于横向时间（共时）维度上的声音的差别。

一切都处在无意识和心理要素的影响之下。 "这些要素与关联物的关系既处在破坏的境地，又处在强化的境地。（关联物是那些经由共存而相关的声音。）不论这些要素是破坏还是强化，都力求把完整的秩序和简洁度施

加于语言。 这是它们的终极目标。"(Kruszewski 1995:20)

语音变化过程是物理和心理的运作过程。 保罗即刻意强调语音产物的活性要素。 "即便物理的刺激消逝之后,这种(运动的)感觉依旧以记忆印象的形式留存着持久的心理效果,这对语音变化来说是最重要的。"(Paul 1890:36)正是记忆印象跨越时间和空间维度展现了语音变化。 但为了实现记忆印象,用以交流的语音的发出行为是必不可少的,凭此产生运动的感觉,同时使这种感觉进入双方的意识。 一旦进入意识,我们对语音的感知就趋于不假思索,这意味着我们的语音意识通常具有无意识性。 这种无意识性应该说是语音规律导致的结果。 但保罗所谓的语音规律,指的是在确定的语音历史现象内"起支配作用的规则性(一致性,不变性,同质性)"(Paul 1890:57),而不是物理、化学或历史科学的规律——有规则的重现。保罗没有区分历时性规律和共时性规律,索绪尔则予以区分:"在历时性领域,规律是强制性的或动态的。 它使此物消失,使另一物出现。 它由某种效果表示出来。 ……历时性规律表现出不顾一切阻力都要予以执行的强制性。 共时性规律则表现了一种现存的秩序。 ……这规律确认了事物的一种状态,实现了一种排列(秩序),不是强制性的,不是动态的。 法语重音在最末的音节上。 这是事物的一种状态,包含着固定的界线,表明了一种排列(秩序),所以,我们可称之为规律。 排列(秩序)是不稳固的(既然它不是强制性的),只要允许它存在,它就存在。 规律并不捍卫事物的原本状态,以抵御某种变化。"(索绪尔 2007:138)在索绪尔那里,共时性规律以状态面目呈现出来,但这一状态是历时变化的结果,只是在现存的共时的状态中,具有暂时的同质的不变性。 但无论对保罗还是索绪尔来说,正是那同质的不变性化为记忆,潜隐于无意识之内。 克鲁舍夫斯基显然沿循了保罗的无意识记忆的观点,他道:"我们的每个发音都受先前时刻发出的相同声音的无意识记忆的指引。 ……但我们的记忆只保存了先前发音的相近似的印象,我们的器官只近似地发这同样的音。 ……我们发 k'音特有的无意识记忆是我们发过的所有 k'音集合体的重新聚集。"(Kruszewski 1995:66)腭化的 k'音在时间中有细微的变化($k_1'\cdots k_2'\cdots k_3'\cdots k_4'\cdots k_5'\cdots k_n'$),并在时间中会缓慢地变化为 t'音或 x 音(k~k'~kx~x)。 (cf. Kruszewski 1995:66—67)当然,这是极其缓慢的,甚至历时几代之久。 这是自发的无意识的变化。

克鲁舍夫斯基对冯·哈特曼(Eduard von Hartmann,1843—1906)在1869 年初版的《无意识哲学》写过书评,虽则称之为"枯燥乏味"、"令人厌倦"且"未考虑无意识过程"(雅各布森引,2004:418),但不可避免地受其影响。 冯·哈特曼不考虑无意识过程,乃是其认为"只能凭结果才能思考无意识思维包含的所有要素"(Hartmann 2000:V.Ⅱ,60)的缘故。 倘若在无意识的过程中能够思考无意识,那么,这一无意识还是真正的无意识吗? 然而无意识过程是可以反思的,这应该是克鲁舍夫斯基的要求所在。哈特曼道:"无意识思维在单一的瞬间包含过程的所有要素,前提和结论,原因和效果,手段和目标等等,它不是在它们之前、旁边或之外思考,而是在结果本身思考;它只能凭结果才能思考无意识思维包含的所有要素。 因而这种思考不能被视为处在结果之外的专门的思考,而是蕴涵于结果的思维之中,不曾被阐明。"(Hartmann 2000:V.Ⅱ,60—61)我们只有通过无意识的结果,也就是只有对这结果有了意识,才能谈论无意识。 我们在结果中能体思到无意识,是因为整个无意识过程蕴蓄在结果内。 结果存在于记忆里。 我们就是凭借大脑中的记忆印象来理解无意识,因此无意识沉积于记忆里。 而记忆是无意识心智运作的产物和终端,为意识的产生打开了大门。 可以说无意识是心智运作的开端,有意识是心智运作的终端,其中记忆是关纽。 弗洛伊德也认识到,"我们的记忆在本质上是潜意识的,那些留下了最深刻印象的记忆也毫无例外。 它们有可能成为意识,但毫无疑问它们在潜意识状态中展开它们的所有活动。 ……当记忆再次变为意识时,它们表现出毫无知觉的性质,或者与意识相比是极为微不足道的。"(弗洛伊德 1987:503)"对意识的影响只是潜意识过程的一个遥远精神产物,潜意识过程并不照这样变为意识。 ……潜意识是真正的精神现实,其内在本质正像外部世界的现实一样对我们是未知的,并且正像我们通过感觉器官而报告了外部世界一样,它通过意识的资料而与我们进行着不完善的交流。"(弗洛伊德 1987:571)我们凭借记忆这一关纽或者通过意识才掌握无意识。记忆与意识的呈现是经由语言和语言结构完成的,所以知晓无意识也需经由语言和语言结构。 反过来,我们能够掌握无意识,正是由于掌握了语言和语言结构,那么,无意识也就成为通向语言研究和语言科学的条件。

（四）相邻性联想和相似性联想

联想关系多多少少都受潜意识或无意识的激发与指引。一般说来，联想总是无意识的。索绪尔和克鲁舍夫斯基都刻意关注符号、词的联想关系。在克鲁舍夫斯基眼中，我们的感觉可感的句子只是我们的感觉并不直接可感的思想的替代品。问题是句子替代什么呢？句子表现的是种种思想的整个群集，而不是一种思想；况且这群集应时应人而不同，是极其不定而多变的。（cf. Kruszewski 1995:51）群集不确定，则其表征物、替代品（句子）也就不确定。因此，句子不是语言的最基本的分析单位。词是句子的构成单位，那么，词相应地也是种种概念的整个群集，而不是一个概念的替代品。一个词表达的既然是诸种概念的群集，则这种群集在每人心中只能达到极为相似的地步，而不是同一的境地。（cf. Kruszewski 1995:51—52）词与词之间就是经由相似性的联想而连接在一起。这种相似性不仅是语音或结构这种形态方面的外部相似性，而且是语义符号学方面的内部相似性。前者就是由于特定的心理学规律，每个词都能在我们心中唤起形态上与之相似的其他诸多词来，而且它本身也可由这些词唤引出来。后者则基于语义上接近的联想之心理规律。（cf. Kruszewski 1995:96—97）"如果说诸词作为相似性联想规律的结果，必须在我们心智中存储进系统或套叠关系，那么，由于相邻性联想规律，同样这些词必须排列成系列。如此，每个词都以双重联结的方式勾接起来：据声音、结构或意义与其相关物相似的无数的联结，在每种可能种类的句子中与其各式各样旅伴相邻的同样数目的联结。一个词总是特定套叠关系或系统的成员，同时也是诸词的特定系列的成员。"（Kruszewski 1995:97）"各个词经连接互相结合起来，这是两种序列的连接：同时出现的（相似性）序列和依次连续出现的（相邻性）序列。不过，我们仍然没有穷尽全部意义：我们的心智完全可以把各种各样词构成的繁杂整体统一成均衡的整体。连接只是词之间的直接连接：词与其他词相勾连，或是因为它们作为词彼此相似，或是因为我们习惯上总是一起使用这些词。但我们决不能忽视语言的本性：词是个表示物的符号。物的表象和指称这物的词的表象，经联想（联结）律，得以勾连成不可分离的一对。这当然是相邻性的联结(联想)。 每种语言里只有象声词这极少的门类经相似性联结(联想)与相对应的物相勾连。 物的表象若与相对应的词的表象不可分离,那么随之产生什么结果呢? 我们心中必须把词安排在与它们指称的物相同的群集内。 我们的表象是,(1)物及其作用或状态的表象;(2)这些物的性质、数量与关系的表象;(3)它们的作用或状态的性质。在语言中我们有同样的群集:名词和代词、数量词、动词、形容词及副词。"(Kruszewski 1995:98—99)

克鲁舍夫斯基的相邻性联想和相似性联想,在索绪尔那里就是横组合关系和联想关系。 索绪尔从横组合关系发现符号的线性特征,从联想关系发现听觉印象(心理化的声音)与概念联结的任意性特征。 但索绪尔的横组合关系强调的是具有差异性的词与词之间的连接,他认为"诸符号和诸意义仅据诸符号的差异而存在"(Saussure 2002a:37)。 符号和意义的存在最终都依据诸符号之间的差异,诸符号的差异则是观念中的诸符号的差异。 索绪尔眼中的语言关系不是词与物的对应关系:

$$物 \begin{cases} *—a \\ *—b \\ *—c \end{cases} 词$$

而是 a—b—c 之间的差异关系,与外在事物无关。 (cf. Saussure 2002a:230)这是索绪尔 1891 年左右的观点(昂黑 1896 年出版的《语言的二律背反》也持类似的观点:"语言……是没有外部现实性的纯粹抽象物。" Henry 2001:24)。 克鲁舍夫斯基 1883 年出版的《语言科学大纲》强调的则是词与物之间的联结,词与词之间按照物与物之间的关系而相连接。 物与物之间的直接联结关系导致词与词之间产生间接的连接。 "如果我们用大写字母表示物的表象,小写字母表示与之相对应的词的表象,可如此表现这些连接:

$$
\begin{array}{cc}
A & \cdots\cdots\cdots B \\
\vdots & \vdots \\
\vdots & \vdots \\
\vdots & \vdots \\
a & b
\end{array}
$$

a 和 b 这两个词虽是没有直接连结,但还是被连结起来了,因为 a 与 A、b 与 B 不可分离地相连结,而 A 与 B 则直接相连结。 因此,这两种联结律(联想律)对语言学的重要意义与对心理学的一样。 这完全是可以理解的:词只存在于人类的心智中,存在于人类心智中的一切都受这两种规律(相似性和相邻性联想律)的支配。"(Kruszewski 1995:99)

　　在此之前,科学哲学家穆勒(John Stuart Mill,1806—1873)在《逻辑系统》一书中明确揭示了三种概念的律则:"概念,或再生的、转化而成的精神状态,由我们的印象或其他概念根据联想律激发出来,这些律则当中首先是往往会激发另外概念的相似的概念 [相似性联想]。 其次是两个印象常常或是同时或是直接前后相继地被经验到(甚或想到),这时候无论复现其中的一个印象还是概念,往往都会激发起其他的概念 [相邻性联想]。 第三是在印象的一方或双方大的强度在显示它们互相激发这方面等同于大的联结频率。 这些都是概念的律则。"(Mill 1904:557)心理学家詹姆斯(William James,1842—1910)在《心理学原理》中也设专章讨论了相邻性联想律和相似性联想律。 因相邻而联想,这是外部联想;因相似而联想,则是内部联想。 (cf. James 1983:529)克鲁舍夫斯基的物与物之间的直接联结导致词与词之间的间接联结的观点,即来自詹姆斯。 联想的结果是所想到的各个物之间在心智中相联结,而这些物之所以能够被想到,又是心智中各个程序相联结的缘故,程序联结→物系列被想到→各类物联结。 詹姆斯是这样表述的:"联想,就这词代表一种效果而言,连接着想到的事物——是诸类事物,而不是各种观念,在心智中联合起来。 ……就联想代表一种原因而言,它连接着大脑中的各个程序——就是这些程序,以特定方式联结起来,决定了一系列应被想到的物。"(James 1983:522)克鲁舍夫斯基沿袭了詹姆斯的观点,强调了各个物的联结,各个物的群集与结构是首要的;索绪尔则沿袭了保罗的观点,强调了符号、词和概念、意义的联结,各个符号之间的差异获得的意义、概念的联结。 保罗道:"连接完全只依靠诸概念的联结。"(Paul 1970:443)但把大脑中各个程序的联结作为根本原因,则是大家都一致公认的。 保罗也说:"语音符号和意义的连接总是由声音印象和运动原感觉(运动神经感觉)引起的。"(Paul 1970:444)克鲁舍夫斯基有关语言科学的许多观点和方法都直接来自于穆勒,在这点上也是如此。 穆勒道:

"联想并不存在于两种思维之间，而是存在于先于思维的大脑或中枢神经的两种状态之间：一种唤起另一种。"（Mill 1904：556）穆勒揭示的是唤起的无意识特性。 而各个物的联结在很大程度上还是心智根据思维或经验中的相邻性进行思考的结果。 这种相邻接实际上是沿循了习惯和记忆，习惯和记忆的东西都是人类共同拥有的，可以排列成序列。 或是词与物的联结，或是词与词的联结，形成线性的结构和并列的协调关系。 相似性则凭借心智中的同一化的力量，尤其是形态的同化力量。 类比创造实际上就是词的形态的相互同化，旨在确立相似性。 克鲁舍夫斯基则注意到相似性受到无意识过程的管束，而这种管束使得相似性程度愈来愈高。 "相似性联想使语言中的创造力成为可能。 与其他词的相似性连结弱的，或完全不相似的，这样的词很容易遭致遗忘。 它们都归无意识过程支配，无意识过程使它们与其他词更相似。"（Kruszewski 1995：100）无意识过程存在于人类思维之中，具有集体性。 这一过程能够产生，在于共同处和相似性引发了联想。 索绪尔称这种引发联想的形式为"能造成的形式"，这存在于人类集体的潜意识里，联想的结果则是"所造成的形式"，由个体表达出来。 类比这一语言创造的一般过程就孕含这两种单位类型：

nous poussons：je pousse ＝ nous trouvons→je trouve，↔（je treuve）

……须看到所造成的形式 je trouve 在定形之前首先需要回应我脑中一个明确的观念：第一人称单数。〈nous poussons，je pousse〉诸形式只是在半无意识状态被思索〈更确切地说，被觉察到〉；惟有 je trouve 形式由个体言说作成。因而为了弄清楚类比创新，须处于直面个体语言行为的状态。新形式〈je trouve〉不是在学者审议字典的聚会当中创造出来的。由于这形式渗透进了整体语言，就须(1)某人将它临时组成；(2)在个体言说、讲话之际临时将它组成，这情形对每一个随后偶遇它的人都是一样的。可称新形式为：引发了联想的形式，实际上由个体言说、需要及其他可产生联想的形式挑激出来。这些其他的形式不是由个体语言表达出来，而是留存于思维深处的潜意识里，然而引发了联想的形式〈je trouve〉则表现出来。（Saussure 1993：90）

同化过程的展开，通常在结构或声音之类外在形态层面和意义这一内在形态层面进行。 之所以存在同化过程，也与内在形态之间或外在形态之间具有同源和亲缘关系不可分。 这说明语言系统是各个结构构织而成的整体系统，也是结构与结构之间的关系构建而成的系统。 这需要对词具有丰富的记忆，使之能够纳入词的形态序列，也可以唤起其他的词。 词的形态结构的确定，词的新创和重铸，都凭借了心理性的联想。 Williams 归纳克鲁舍夫斯基的语言形态系统观念，道："经由相似性联想，依据形位在词中的复现，在言说者的语言感中'限定'了形位，抽象出词的类型用于归入语法范畴的基础。 虽则形态结构抽象自自身的词的基底，也依旧具有心理的现实性。 词之间的心理联想使类比的运作成为可能。"（Williams 1993：110）也就是说，相似性联想根据词的形态要素构造出语法和新的词，而这种形态要素是可以重新整合的，因而可以源源不绝地创出新词。 而相邻性联想则使词与词联结起来，也就是固定其意义。 克鲁舍夫斯基就此道："语言中旧的一切主要用来为再生产或相邻性联想提供基础，而新的一切则用来为生产或相似性联想提供基础。 照此看来，语言发展的过程，永远呈现为依赖相似性联想的革新之力和凭靠相邻性联想的守旧之力的对抗。"（Kruszewski 1995：144，151）"相似性联想是词的源泉，而相邻性联想则赋予词意义。"（Kruszewski 1995：173）心理联想是创新的源泉，语法和结构是守旧的力量。 这两种相反相成的因素构成了语言的活力和意义。

（五）语言的双重性经联想转化为同一性

语言具有双重性本质，这是索绪尔语言理论的精髓。 问题是这类双重性在语言中转变为同一性，这是语言本质的独特之处。 同一性"隐含有两种异质的因素相联结（联想）这一意义"（Saussure 2002a：18）。 相联结（联想），意味着这是心智运作的结果，意义和形式（符号）都是意识活动的产物，都是概念，索绪尔说是"纯粹意识的事实"（un fait de conscience pur）（Saussure 2002a：19）。 因此，所谓语言的同一性，就是纯粹意识的事实，纯粹而单一。 如此，思维与符号就到了相契的地步。 这种相契的达成，是由于思维与符号都是精神之物的缘故。 思维和符号的联结也是凭借它们都处于精神的范畴而达臻的。 索绪尔道："语言的首要现象是思维和符号的联结(l'association)；正是这一首要事实在符号的传递过程中被消除了。"(Saussure 2002a:47)符号在时间中的传递夷灭了符号和思维的联结，这表明经由一个时期之后符号不存在了，意义不存在了，惟有声音形态、听觉印象而已。 索绪尔就此道："(1)声音形态本身什么也不意指；(2)声音形态的差异或同一本身什么也不意指；(3)概念本身什么也不意指；(4)概念的差异或同一本身什么也不意指；(5)整体语言中的意义是(a)与诸符号相应的概念的差异或同一的联合；(b)基于概念的诸符号的差异或同一的联合；这两者不可分离地熔合在一起。"(Saussure 2002a:73)这意味着思维和符号的联结可以消除，也就是思维不固定，符号也不固定，但只要其间的差异存在，意义就永远存在。 当然，这是相对的变动的意义，因为差异和对立是相对和变动的。

克鲁舍夫斯基的"相邻性联想赋予词意义"(Kruszewski 1995:173)，除了表示词与词连接的线性特征外，就是指词自身的听觉印象与概念的联结。正是这种联结产生了意义，同时也展现了语言存在的依据。 索绪尔就此曾说："概念和符号的联想结合，正是这点构成为整体语言的本质。"(索绪尔 2007:81)"语言符号依据结合、联想而定，此联想由将两种截然不同的事物连接起来的心智所引致，但这两种事物都具精神性，且都居于主体内：听觉印象与概念相联结。"(索绪尔 2007:84)"印象呈现为具引发联想之力、激起想象之类的状貌。"(索绪尔 2007:87)1996 年发现的索绪尔橘园手稿"杂记"部分表达了同样的意思。 索绪尔也就是根据相邻性联想得出符号的任意性这一结论的。 他道："我们错误地以为(1)voir 那样的词独立地存在；(2)有一个意义，是与这个词**相联结**之物。 不过 [　]①，这意味着正是联结本身构成了词，没有这点，就什么也没有。 最好的证据就是 vwar 这音在其他语言中有另外的意义：因而这音本身是空洞的：因而就其令人联想到一种意义而言，它方才仅仅是一个**词**而已。 但一旦这点明确了，显然就无权再把它们分离开来，把词放在一边，把意义放在另一边。 它们完全构成为一个整体。"(Saussure 2002a:93)

---

① 原稿此处残缺。 凡引文中有方括号标识的，均示此意。

　　类比为思考现象背后的东西提供了基础，而现象"再现了精神中诸形式
的联结，这受到被表现的诸概念之联结的支配"（Saussure 2002a:161）。 各
个形式之间和各个概念之间是联结的，同时形式与概念也在心智中联结起
来。 类比活动使我们理解各个形式之间的关系，这意味着类比属于语法范
畴。 考虑关系，也就把形式蕴涵的意义和概念考虑在内，根据其意义和概
念联结各个形式。 索绪尔即认为类比创新活动"以对彼此间诸形式之共同
处（rapport）的意识和理解为前提，这蕴含着我们将诸形式与诸形式表达的
观念同时考虑、一并看重之意"（Saussure 1993:90）。 各个形式之间存在可
彼此比较的共同处，这共同处就成为进一步引发新形式的基点，新形式实际
上也就孕含在这种共同处或关系里。 这都需要动用语言库藏进行比较，值
得注意的是，这种比较是一种无意识的行为，是思维深处的库藏的运用。
索绪尔强调"比较的无意识行为不仅对创造而且对关系和理解都是必要的"
（Saussure 1993:91），这其实也表示了类比创造需要比较，需要关系和理
解，这些都是无意识的行为，在潜意识中运行。 另外值得注意的是索绪尔
讲到心智把形式和形式结合起来，这时的形式总是指蕴涵着观念的形式：

$$\frac{形式}{观念} \qquad 形式 - 形式 - 形式 = \left\{\frac{形式}{观念}\right\}\left\{\frac{形式}{观念}\right\}\left\{\frac{形式}{观念}\right\}$$

（Saussure 1993:93）

这与索绪尔在其他地方讲的基本一致，他在《论语言的双重本质》内写道：
"（1）形式与其他并存的处于对立的形式不可分；（2）形式与其意义不可
分。"（Saussure 2002a:29）"（1）**形式**首先意味着**形式的差别**（diversité de
forme）：不然的话，就没有什么对形式作片刻的理论思考的基础了，不管这
基础真实与否，合适与否。 （2）因此，形式意味着诸形式的复数性：没有这
点，作为形式存在基础的**差异**就不可能实现了。 （3）形式，意味着复数性中
的差异 [ ] ……**形式**蕴含以下诸义：**差异**:**复数性**。（系统？）。 同时性。
有含义的价值。 归结一下：形式＝不是平常领域、单一范畴的**肯定性的**实
体，而是既是**否定性**又是**复合性的**实体:（它没有任何物质基础），是与其他
形式有**差异**的结果，与其他形式之意义的差异**结合**在一起。"（Saussure
2002a:35—36）形式本身是空洞的，它不确定，它的存在在于和其他形式有
差异这一否定性的特征，形式的差异与形式之意义的差异是合一的。

形式(或者说语法)、意义都归属于共时的符号系统。 凡属语法的，都具有意义。 横组合关系和联想关系都处于共时态，构成差异的群集，横组合关系是线性联结的差异形式的群集，联想关系是心智上有差异的形式之间共同处的比较和集聚。

索绪尔1908—1909年第二次讲授普通语言学课程，提及"'逐一论谈'(discursif)和'直观'(intuitif)相交相照，它们就像横组合关系和联想关系那样相互对照"(Saussure 1997:56)，他1907年第一次讲授普通语言学课程时，就谈到词与词之间的联结以及词内部每个单位的联结是"一种谈说的渐次展开的型式(un ordre discursif)"，这是相邻性联想的型式；"另外有个直观的型式(ordre intuitif)，它是那些(像signifer，fero之类的)联结的型式，这结合不是处在线性的系统，而是心智瞬间就能一览无馀的。"(Saussure 1993:97)这是相似性联想的型式，索绪尔称之为"相当于记忆之文件柜的内在库藏"(Saussure 1997:52)。 我们能够联想某个词，靠的就是围绕这词的内在的语言收藏库。 我们可以对语言作系统的研究，或者把语言看做系统，也是由于它是个潜存于我们心智和记忆的内在库藏的缘故。这库藏或系统中的每个要素都与其他要素相关联，要素(词，符号)的价值是由这类关联构成并确定的。 索绪尔断言："惟有与其他词相关，并依据环绕在其周围的词，这词才存在。"(索绪尔2007:148)而这类语言总体的实现则需经由言说，纳入到言说链中去，在相邻性联想内展开。 索绪尔道："于整体语言内，我们拥有可联想或唤起的符号的总和，然而这类运作只能经由言说才会发生，这些处于潜在状态的符号完全是实在的(如摄影影像一般沉积在大脑里)。"(索绪尔2007:81)言说链中各个相继的话语单位显现出关系与组合，构成句段、组合段，它们可以是简单词、复合词或句子。 我们言说，我们就使用了各种类型的句段。 构成句段的各个单位就孕含有一个与各个单位本身相似或相异的词族、群集。 一方面是横组合段的群集，另一方面是纵向联想的词族的群集，语言的丰富、活力以及可能性就借此展显。 无论是横组合关系还是纵向联想关系，说到底都是差异与群集的寻求和实现。 横组合段中前后相继的单位经对立和差异而连接起来，这种情况一旦出现，也就意味了各个单位在我们的潜意识中孕含的词族群集已经形成，词族群集的形成与比较反过来表明横组合段真正完成了，因为要是没有联想的词族群集，一个单位就是一个完整、固定、纯一的单位，不再存在由充盈的词族连接而成的横组合段了。　横组合段的存在，源于联想群集的存在。　横组合关系和纵向联想关系是构成语言状态的两种相对而不可分的机制。　类比创造则是这一机制的典型产物。　类比的过程，是将词作分解的过程，分解而成的各个单位潜存和含蕴了诸多联想群集，它们都是重新构织横组合段的材料与模型。

(六) 结论:言说者语言意识造就联想关系和语言系统

我们在此讨论的语言符号的无意识直觉，心智中的记忆、存储及联想关系，听觉印象与概念的任意联结，类比的心理程序，这些都是言说者对语言的意识和运用，可以说言说者创造着语言，支配着语言。　这是以言说者为中心，而不是以语言为中心。　言说者潜意识的记忆能力或联想能力由各种各样的相似关系唤起。　这些相似，或是意义的类同，或是听觉印象的近似，或是具相同的语法功能。　语言各个方面的同义同形同构与心智对这些同义同形同构的记忆彼此感应，这是言说者对各种相似关系的认知，进而产生联结和联想关系。　所以，语言学讲到底是言说者对语言对象的意识的结果。　索绪尔把语言学的研究对象确定为"抽象的整体语言"(la langue)，也正是因为它是存储于每个人大脑的缘故，它可被唤起和运用。　索绪尔语言理论的重心在言说者的语言意识，这点长久以来都遭到误解和忽视。　语言符号的任意性也是言说者的语言意识产生影响的一个重要表征，是语言意识赋予的结果。　言说者的语言意识一方面是主体对语言符号再现特性的内在反思，符号表象、再现或代表事物及其意义，需要先抽空符号自身的存在特性，符合这要求的最显著的符号是心理化的声音或者说听觉印象，心理化的声音与概念的联想结合是任意的，这是语言符号本身的要求，也是言说者语言意识内在反思的结果;另一方面，言说者的语言意识在很大程度上是潜伏的，自动的，也就是无意识的。　因此，语言是一个完整的系统，要据诸要素的结构功能才能确定语言。　索绪尔的系统观念实际上蕴含了言说者的支配作用，决定语言是个完整系统的恰恰是言说者的语言意识，索绪尔的系统是有主体居于其中的系统。

参考文献

Amacker，René. 1994. 《Le rôle du sujet parlant dans le *de lingua Latina* de Varron》，*Cahiers Ferdinand de Saussure*. n°47(1993)：37—60.

Amacker，René. 1999. 《La théorie linguistique de Saussure et la psychologie》，*Cahiers Ferdinand de Saussure*. n°51(1998)：39—61.

Arrivé，Michel. 1986. *Linguistique et sychanalyse：Freud，Saussure，Hjelmslev，Lacan et les autres*. Paris：Meridiens Klinsieck.

Arrivé，Michel. 1994. *Langage et psychanalyse，linguistique et inconscient. Freud，Saussure，Pichon，Lacan*. Paris：Presses Universitaires de France.

Arrivé，Michel. 2007. 《Qu'en est-il de l'inconscient chez Ferdinand de Saussure? 》，in：*À la recherche de Ferdinand de Saussure*(pp.167—181). Paris：Presses Universitaires de France.

Bader，Françoise. 1993. *Anagrammes et alliterations*. Paris-Louvain：Peeters.

Baudouin de Courtenay，Jan. 1972. *A Baudouin de Courtenay Anthology：The Beginnings of Structural Linguistics*. Ed. and transl. by Edward Stankiewicz. Bloomington & London：Indiana University Press.

Baudouin de Courtenay，Jan. 2005. *Mikołaj Kruszewski，his life and scholarly work*. Transl. by Wayles Browne and ed. by Arleta Adamka-Sałaciak and Magdalena Smoczyńska. Kraków：Uniwersytet jagielloński.

Benveniste，Émile. 1966. 《Remarques sur la fonction du langage dans la découverte freudienne》，in：*Problèmes de linguistique générale*，t.1(pp.75—87). Paris：Gallimard.

Bouquet，Simon. 1997. *Introduction à la lecture de Saussure*. Paris：Éditions Payot & Rivages.

Chiss，J.-L. 1985. 《La stylistique de Charles Bally：de la notion de *sujet parlant* à la théorie de l'énonciation》，*Langages* n°77 [Le sujet entre langue et parole(s)]：85—94.

Courtine，Jean-Jacques(dir.). 1988. *Langages* n°91(Les Glossolalies).

Courtine，Jean-Jacques. 2004. 《La quête de l'inconscient linguistique：Victor Henry et le cas d'Hélène Smith》，in：*Linguistique et partages disciplinaires à la charnière des XIXe et XXe siècles：Victor Henry(1850—1907)*(pp.309—319). Louvain：Peeters.

Décimo，Marc. 1994. 《De quelques candidatures et affinités électives de 1904 à 1908，à travers un fragment de correspondance：le fonds Michel Bréal(Lettres d'O. Jespersen，A. Barth，V. Henry，G. Maspéro，A. Meillet，F. de Saussure et Ch. Bally)》，*Cahiers Ferdinand de Saussure*. n°47(1993)：37—60.

Dupuis，Michel. 1977. 《À propos des anagrammes saussuriens》. *Cahiers d'analyse textuelle*. n°19. Paris：Société d'Edition Les Belles Lettres.

Esper，Erwin A. 1973. *Analogy and Association in Linguistics and Psychology*. Athens：University of Georgia Press.

Fehr，Johannes. 2000. *Saussure entre linguistique et sémiologie*. Paris：Presses Universitaires de France.

Flournoy，Théodore. 1900. *Des Indes à la planète Mars：Étude sur un cas de somnambulisme avec glossolalie*. Paris：F.Alcan；Genève：Ch. Eggimann.

Flournoy，Théodore. 1902. 《Nouvelles observations sur un cas de somnambulisme avec glossolalie》. *Archives de psychologie*. t.1：101—255.

Flournoy，Olivier. 1986. *Théodore et Léopold. De Théodore Flournoy à la psychanalye. Correspondance et Documents de Hélène Smith，Ferdinand de Saussure，Auguste Barth，Charles Michel*. Neuchâtel：Éditionss de La Baconnière.

Frei，Henri. 1942. 《Ramification des signes dans la mémoire》，*Cahiers Ferdinand de Saussure*. n°2：15—27.

Gandon，Francis. 2002. *De dangereux édifices：Saussure lecteur de Lucrèce：les cahiers d'anagrammes consacrés au "De Rerum Natura"*. Louvain-Paris：Éditions peeters.

Godel，R. 1957. *Les sources manuscrites du Cours de linguistique générale de F. de Saussure*. Genève：Librairie Droz.

Gordon，W. Terrence. 1980. 《Les rapports associatifs》，*Cahiers Ferdinand de Saussure*. n°33 (1979)：31—40.

Hartmann，Eduard von. 2000. *Philosophy of the Unconscious：Speculative Results according to the Inductive Method of Physical Science*. V.I-Ⅲ. Tr. by William Chatterton Coupland. London：Routledge.

Henry，Victor. 2001. *Antinomies linguistiques/Le langage martien（Étude analytique de la Genèse d'une langue dans un cas de glossolalie somnambulique*). Louvain-Paris: Éditions peeters.

James, William. 1983. *The Principles of Psychology*. Cambridgw, Massachusetts: Harvard University Press.

Kruszewski, Mikołaj. 1995. *Writings in General Linguistics* (pp. 5—33: *On Sound Alternation*. 1881; pp. 43—173: *An Outline of Linguistic Science*. 1883). Ed. with an Introduction by Konrad Koerner. Amsterdam: John Benjamins Publishing Company.

Lacan, Jaques. 1981. *Le Séminaire, Livre III, Les psychoses*. Paris: Seuil.

Le Clair, Robert C. (ed.) 1966. *The letters of William James and Théodore Flournoy*. Madison, Milwaukee, and London: The University of Wisconsin Press.

Lehmann, Vinfred P. ed. & transl. 1967. *A Reader in Nineteenth Century Historical Indo-European Linguistics*. Bloomington & London: Indiana University Press.

Lévi-Strauss, C. 1972. «Religion, langue et histoire: à propos d'un texte inédit de Ferdinand de Saussure», *Méthodologie de l'histoire et des sciences humaines. Mélanges en l'honneur de Fernand Braudel*. t. II ;325—333. Toulouse: Privat.

Mayeda, Goro. 1969. «A propos du nom divin», *Cahiers Ferdinand de Saussure*. n°26;91—97.

Mill, John Stuart. 1904. *A System of Logic. Rationcinative and connected view of the principles of evidence and the methods of scientific investigation*. Londons: Longmans, Green, and Company.

Molino, Jean. 1982. «Le nom propre dans la langue», *Langages* n°66(Le nom proper): 5—20.

Paul, H. 1970. *Principles of the History of Language*. H. A. Strong tr. fr. *Principien der Sprachgeschichte* (1886, 2nd ed., Halle: Niemeyer). College Park: McGrath Publishing Company (New and revised ed., 1890).

Pétroff, André-Jean. 2004. *Saussure: la langue, l'ordre et le désordre*. Paris: L'Harmattan.

Reichler-Béguelin, Marie-José. 1990. « Conscience du locuteur et savoir du linguiste ». in: *Sprachtheorie und Theorie der Sprachwissenschaft (Festschrift fur Rudolf Engler)* (pp. 208— 220). Tübingen: Gunter Narr.

Rey, Jean Michel, 1974. « Saussure avec Freud ». in: *Parcour de Freud: économie et dicours* (pp.57—110). Paris: Éditions galilée.

Saussure, F. de. 1964. «Lettres de Ferdinand de Saussure à Antoine Meillet», publiées par Emile Benveniste. *Cahiers Ferdinand de Saussure*. n°21;89—130.

Saussure, F. de. 1972. *Cours de linguistique générale*. Édition critique préparée par T. de Mauro, Paris: Payot.

Saussure, F. de. 1967—1968. *Cours de linguistique générale*. t. 1. Édition critique par Rudolf Engler. Wiesbaden: Otto Harrassowitz.

Saussure, F. de. 1974a. *Cours de linguistique générale*. t. 2, fasc. 4: *Appendice, Notes de F. de Saussuresur la linguistique générale*. Édition critique par Rudolf Engler. Wiesbaden: Otto Harrassowitz.

Saussure, F. de. 1974b. *Deux cahiers inédits sur Virgile, Recherches—Sémiotexte*, n°16;113—146. « Les deux saussure». Fontenay-sous-bois: le Centre d'Etudes, de Recherche et de Formation Institutionne iles.

Saussure, F. de. 1986. *Le leggende germaniche*. Edition des manuscrits mythographiques établie par Anna Marinetti et Marcello Meli. Este (Padoue): Zielo.

Saussure, F. de. 1993. *Cours de linguistique générale. Premier et troisième cours d'après les notes de Riedlinger et Constantin*. Texte établi par Eisuke Komatsu. Tokyo: Université Gakushuin.

Saussure, F. de. 1994. «Les manuscrits saussuriens de Harvard», publiés partiellement par H. Parret, *Cahiers Ferdinand de Saussure*. n°47(1993);179—234.

Saussure, F. de. 1995. *Phonétique: il manoscritto di Harvard Houghton library bMs Fr 266* (8). edizione a cura di Maria Pia Marchese. Padova: Unipress.

Saussure, F. de. 1997. *Deuxieme Cours de linguistique générale d'après les cahiers d'Albert Riedlinger et Charles Patois*. Texte établi par Eisuke Komatsu. Oxford: Pergamon.

Saussure, F. de. 2002a. *Écrits de linguistique générale*. Texte établi et édité par Simon Bouquet et Rudolf Engler. Paris: Éditions Gallimard.

Saussure, F. de. 2002b. *Saussure lecteur de Lucrèce : morceaux choisis*. in: Gandon, Francis. *De dangereux édifices: Saussure lecteur de Lucrèce: les cahiers d'anagrammes consacrés au "De Rerum Natura"* (pp.211—379). Louvain-Paris: Éditions peeters.

Seiler, Hansjakob. 2006. «Signifiant, signifié et la communication: le cas des noms propres». in: *Nouveaux regards sur Saussure* (pp.95—105). Genève: Droz.

Simone，Raffaele. 1995. 《The language user in Saussure（and after）》. in：*Saussure and Linguistics Today*（pp. 313—331）. Roma：Bulzoni Editore.

Starobinski，Jean. 1971. *Les mots sous les mots：Les anagrammes de Ferdinand de Saussure*. Paris：Éditions Gallimard.

Suenaga，Akatane. 2005. *Saussure，un système de paradoxes：langue，parole，arbitraire et inconscient*. Limoges：Lambert-Lucas.

Tomimori，Nobuo. 1995. 《Sur les enquêtes linguistiques de Ferdinand de Saussure：observation et conscience linguistique du sujet parlant》. in：*Saussure and Linguistics Today*（pp. 129—150）. Roma：Bulzoni Editore.

Van Ginneken，Jacques. 1907. *Principes de liguistique psychologique：Essai synthétique*. Paris：Marcel Rivière.

Watkins，Calvert. 1995. *How to kill a dragon. Aspects of the Indo-European poetics*. New York：Oxford University Press.

Whyte，Lancelot Law. 1962. *The Uncouscious Before Freud*. New York：Anchor Books.

Williams，Joanna Radwańska. 1993. *A Paradigm Lost：The Linguistic Theory of Mikołaj Kruszewski*. Amsterdam：John Benjamins Publishing Company.

Yaguello，Marina. 2006. *Les langues imaginaries：Mythes，utopias，fantasmes，chimères et fictions linguistiques*. Paris：Le Seuil.

奥古斯丁，《论三位一体》（周伟驰译），上海：上海人民出版社 2005 年版。

亚里士多德，“论记忆”，《亚里士多德全集》第三卷（苗力田主编，秦典华译），北京：中国人民大学出版社 1992 年版。

巴依（巴利），《语言与生命》（裴文译），南京：南京大学出版社 2006 年版。

波德亚里，“易位书写”，《象征交换与死亡》（车槿山译），南京：译林出版社 2006 年版。

弗洛伊德，《释梦》（张燕云译），沈阳：辽宁人民出版社 1987 年版。

弗洛伊德，布洛伊尔，《癔症研究》（金星明译，杨韶刚校，赵国复修订），长春：长春出版社 2004 年版。

雅各布森，“语言学·现代语言学的特点与对象”（何林发译，周昌忠校），《社会科学和人文科学研究的主要趋势》（社会科学卷）（第 416—425 页）. 上海：上海人民出版社 2004 年版。

拉康，《拉康选集》（褚孝泉译），上海：上海三联书店 2001 年版。

列维-斯特劳斯，“普遍化和个别化”，“作为物种的个体”，《野性的思维》（李幼蒸译），北京：商务印书馆 1987 年版。

列维-斯特劳斯，“宗教、语言和历史：关于索绪尔一篇未发表的文章”，《遥远的目光》（邢克超译），北京：中国人民大学出版社 2007 年版。

索绪尔，《普通语言学教程》（高名凯译），北京：商务印书馆 1980 年版。

索绪尔，《索绪尔第三次普通语言学教程》（屠友祥译），上海：上海人民出版社 2007 年版。

托多罗夫，“索绪尔著作里的象征现象”，《象征理论》（王国卿译），北京：商务印书馆 2004 年版。

第　七　章
符号的空洞性与充实性

　　柏拉图初中期对话《克拉底鲁篇》(*Cratylus*)探讨语言形成的性状,有天然(physis)和规约(nomos)诸说。 克拉底鲁认为名称①是自然的,不是约定俗成的。 "名称的用途是告知,知道了名称也就知道名称所表达的事物。"(柏拉图 a 2003:127)苏格拉底在对话中将这进一步确定为名称就是事物,知道名称也就知道事物。 这引申得到克拉底鲁的认可。 这就意味着名称和事物完全是同一的。 名称既已将事物的本质凸显出来,就不再是中介之物,具有了独立自存的特性。 名称为典型的符号。 符号是事物的本质,那么,符号是充实的,概念与符号具有最深刻的关联。 符号既为充实,也就不再具有任意性。 因为所谓任意性,即指符号的最初确立是基于概念与符号之间没有任何预先存在的内部关联。 名称出乎事物的本性,则制定了的名称都是正确的,倘若不正确,就不是真正的名称。 而柏拉图自身在某种程度上持任意性的观点,觉得名称是不稳固的,"没有任何事物可以阻止现在称做圆的东西被称做直,或现在称做直的东西被称做圆,人们一旦改变事物的名称,以相反的名称传呼某事物,你们就可以发现名称并不稳定。"(柏拉图 b 2003:98)

　　赫谟根尼则认为名称正确性的唯一原则是约定俗成。 "自然并没有把名字给予任何事物,所有名称都是一种习俗和使用者的习惯。"(柏拉图 a 2003:58)但赫谟根尼是基于个体而持此论的,这种约定俗成是个体意志的产物。 "任何人施用于任何事物的随便什么名称都是正确的。"(Whatever

---

　　① onoma(名称),蕴有专名和通名两义,同时也泛指"语词"。

word anyone applies to anything is the right word. 384D. Joseph 2000:18)倘若用不同的名称去替换它,新名称跟旧名称一样正确。 赫谟根尼举了自己经常给奴隶换名字为例来说明这一点。 从这可看出赫谟根尼认定名称的制定者不是所有人,而是指有公民权的所有人,它可以是一个人,也可以是整个城邦。 后世语言学家则明确约定俗成应该是集体意志的产物。 索绪尔就认为语言符号的任意性不是"取决于个体的自由抉择"这一意义上的任意性,只是相对于概念来说,符号才是任意的,因为符号本身与这概念毫无特定的关联。 符号一旦确立,整个社会都不能改变它,因为语言演化的事实强制它继承过去。 (参见索绪尔 2007:87)

苏格拉底—柏拉图取折衷的观点,以为事物有它们自己专门的、永久的本质,它们并非与我们相连,而是独立的,保持着它们自己的本质和自然给它们规定的联系。 事物发出的行为也按照它们的专门性质来完成,例如在切割中,我们只使用恰当的工具,按照切割的自然过程进行。 讲话也是一种行为,成功的讲话者就是按照自然的方式、依据事物必须被讲述的方式、使用自然的工具来讲话的人。 命名也是一种行为,这种行为并非与我们相连,而是有其自身特性,我们必须按照自然过程用恰当的工具给事物命名,而不能随心所欲。 (柏拉图 2003a:61—62)我们从这些观念可以见出苏格拉底—柏拉图有近于克拉底鲁"名称缘自自然说"的方面。

我们拿名称来命名事物,如此,名称是一种工具。 "όνομα(名称)这个词似乎是由一个句子压缩而成,表示借助它来寻找。"(柏拉图 a 2003:108)这表明名称与事物是两分的,不是合一的。 名称外在于事物,以事物为寻找和模仿的对象。 拿字母和音节模仿对象,名称则进一步模仿这个已被模仿了的对象。 "立法家把一切事物都还原成字母和音节,用它们构成名称和符号,然后再通过对它们的模仿,复合出其他符号。"(柏拉图 a 2003:116)立法家制造名称,提供名称,那么他是如何制造的呢? 他观照什么而造呢? 柏拉图还是依据其"相"论来立说。 "他必须知道如何把每一事物真正的、天然的名称放入声音和音节中去,看着这个理想的名称(名称的'型'、'相')制造和提供一切名称。 不同的立法家不会使用相同的音节,质料可以多种多样,但'型'必须是相同的。"(柏拉图 a 2003:66)依照"型"而造的名称,自然而然具有事物的本性。 "名称自身可以证明它们不是人为地给予的,而是具有天然的适当性。"(柏拉图 a 2003:76)而真正的名称就是能"表现本性(自然)"(柏拉图 a 2003:75)。 苏格拉底—柏拉图逐渐从名称的工具论回复到本质论。 而这种本质说到底是事物的真实显现,因此,了解事物固然可以通过名称的中介来进行,但不如直接"通过事物本身来学习事物","要学习和研究事物必须学习和研究事物本身。"(柏拉图 a 2003:131—132)苏格拉底—柏拉图一方面使符号充实化,一方面又抽空了普通符号,把终极目光投向理想的名称(名称的"型"、"相"),投向事物本身或者实在。 把握名称或符号是把握实在的必要步骤。 "它们自身并不是所意指的事物,但所意指的事物要通过它们而显现。"(加达默尔 1992:128)这点,柏拉图在《第七封信》中阐述得最为明白。

> 每一存在的事物都有三样东西,关于存在物的知识必定通过这三样东西而来;知识本身是第四样东西,我们还必须添上作为知识真实对象的那个真正的实在,当做第五样东西。所以,我们有:第一,名称;第二,描述;第三,形象;第四,关于对象的知识……理智和正确的意见……它既不存在于声音中,也不存在于形体中,而是存在于心灵中。……在这四样东西中,理智就其亲缘性和相似性来说显然最接近第五样东西,即实在。……一个人如果不以某种方式把握前四样东西,那么他就决不会获得对第五样东西的理解。(柏拉图 b 2003:97—98)

但在柏拉图看来,前面四样东西的性质"都有天然的缺陷"(柏拉图 b 2003:99),无论名称、描述、形象,还是关于对象的知识,都有其自身独立的存在,与其要表现的实在一样,也是一种实在,因而"在进行揭示的过程中遮蔽了要通过它们而得到展现的事物"[①](加达默尔 1992:117)。我们觉得这正是符号需要空洞化的原因所在。 空洞化了的符号指向、断定的不是自身,而是对象。 就此,我们应该探究一下皮浪怀疑主义的符号观。

---

① 关于符号也是一种实在,加达默尔也曾谈及:"符号的此在……依赖于某些其他的东西,而这些东西作为符号物,一方面既有自为的存在而有它们自己的意义,另一方面也有它作为符号所指称的意义。"(加达默尔 1992:527)

　　皮浪怀疑主义体系的主要原理是："对于每个命题都有一个与之相反而等价的命题。"（恩披里科1989:3）把事物置于对立之中，对一切都不作决定，从而达到悬疑状态。　一般说来，符号是显明的东西，因而是非实在的、空洞的，我们拿符号这显明的东西去理解那些非显明的东西。　皮浪怀疑派将符号分为"忆想性"符号（recollective signs）和"指示性"符号（indicative signs）。　虽然怀疑派证明指示性符号实在性的论证与证明其非实在性的论证是对等的，但我们觉得其中隐含的却是侧重于指示性符号的非实在性、空洞性。　人们用符号意指事物，首先应该理解符号，否则就不可能真正用符号去揭示与符号自身一起被理解的现实事物。　斯多葛派认为，符号既相对于被意指的事物，又用以揭示被意指的事物。　就前者而言，怀疑派觉得符号须与被意指的事物一起理解。　我们以为这时符号是充实的，与事物相对相关的，有自身的独立本性。　就后者而言，符号应在被意指的事物之前得到理解，由理解符号而理解被意指的事物。　我们以为这时符号是一件工具，是空洞的，没有自性的。　而怀疑派则认为这两种情况都说明符号是非实在的。　怀疑派通过论证表明，事物"是什么"，同时又"不是什么"。　他们通过对符号的论证，得出结论："符号既不存在，也不不存在。"（恩披里科1989:124）就符号来说，我们认为这个结论非常确切。　符号是空洞的，因而不存在；符号是充实的，因而存在。

　　符号的空洞性使得它能够表现要意指的事物，其充实性则展显了符号本身的实在。　表现那事物的符号不是那事物本身。　我们往往把空洞性和充实性混淆起来。　庄子得意忘言说则是处于充实性中，却不有意识地专注于充实性，同时发挥空洞性的功用，我们在后面再加以论述。　海德格尔也以空洞性看待符号，在他那里，符号纯粹是个媒介，其本体论的基础不被看做是一个符号，也就是说存在≠符号，而符号的用具特性则在于显示存在。　但海德格尔注意到，对原始人来说，符号和所示的东西是共生的。　"符号不仅在替代的意义上能够代表所示的东西，而且符号本身其实始终就是所示的东西。"（海德格尔1987:101）这时符号还没有摆脱所示的东西，符号的用具特性（它的使用）还完全融化在所示的东西的存在里面，符号和存在没有分离，符号没有实现空洞化，那么，它的用具特性没有得到揭示。　如此看来，符号既是用具，同时又具有指引世界之为世界的存在论结构的功能，空洞性和充实性缠结着。

胡塞尔标举的符号意识指向的不是用以标志的符号,而是被标志之物(也就是意义)。 符号相同,而意义可以迥异,因而符号意指的进行(意义给予的行为)是最为重要的。 "尽管语词对我们来说还是当下直观的,它还显现着;但我们并不朝向它,在真正的意义上,它已经不再是我们'心理活动'的对象。 我们的兴趣、我们的意向、我们的意指仅仅朝向在意义给予行为中被意指的实事。"(胡塞尔 1998:42)其中意义给予行为直接构成自身,展现为充实性的活动,这种充实性源自语词表象的直观内涵。 "意指的行为不需要借助于任何一个充实性的或说明性的直观的出现就可以构造起自身,这个意指的行为是在语词表象的直观内涵中找到其依据的,但它与朝向语词本身的直观意向有着本质的差异。"(胡塞尔 1998:42)胡塞尔把符号的充实性转移到意指行为的充实性,确实启人深思。 这里,意指对象的本质的获取(得"意"),只有通过与意指对象有本质差异的意指行为才能实现。

使符号问题服从本体论的目的,意欲赋予符号和实在间的意指关系一个本体论的位置。 这是将符号充实化的过程,使之成为"一般符号"(le signe en général)。 令符号服从真理,语言服从存在,言说服从思维,文字服从言说。 德里达认为"传统方法的本质就在于此"(Derrida 1967:25)。 "能够具有一般符号的真理",这表述意味着"符号(引按:此符号尚未成为一般符号)不具真理的性能,符号不构成真理,仅限于意指真理,再现真理,代表真理,从属地记录或反射真理"(Derrida 1967:25—26)。

而胡塞尔断言"逻辑意指是一种表达",断言只有在表述中才具有理论的真理,坚定地研究具真理性能身份的语言表达问题,并不是必须以符号本质的单一性、统一性为前提,胡塞尔显出能够颠倒传统方法的行进方向,"在符号和实在间的意指关系的活动中,注重那些自身不具有真理却决定了真理的运作和观念的东西。"(Derrida 1967:26)

意指行为就是把符号看做意向性能够运行的框架。 框架本身不具有真理性,却支配了真理的运作和观念。 正是由于表达或意指行为,符号不再从属地记录真理,而是创造真理。 符号从获取充实性、真理性中抽身出来,回复为空洞性,却是意指行为得以充分施展的空洞性。 意指行为本身无法用意指行为来界定，它当下呈现，不过后才再现，这是它的生命所在。而这是在符号这一框架内进行的。符号这时不是起代表、再现的作用，它直接在场，是一个存在，一个与一般存在迥然相异的空洞性的存在。

公孙龙完全认识到这一点，其《指物论》道："指也者，天下之所无也。"以天下所无的指替代、再现天下所有的物（但指不是物，"以天下之所有，为天下之所无，未可。"这与克拉底鲁的观点截然不同），或者说，天下所有者转变为天下所无者，让这无来凸显有。倘若以有显有，则此有在某种程度上必定遮蔽彼有，因而"指"必须空洞化。公孙龙一再论证"物莫非指，而指非指"。倘若指可指，则指就充实化了，成为实体，成为"莫非指谓而然"的物。指与物相待，方呈现出指的"无"。然而公孙龙的明见则在于点出"指"本身就具有"非指"的本性和力量，并不一定要和物相与相待，也就是说，指本身具有"无化"的力量，不是非要与物之"有"相待方显出其"无"，而且只有与物相离[①]，才呈现出纯粹的无来，彻底显明指的本质，——指非指，指谓无法以指谓来显明。指与物分离，则可完美地指谓物，真正起到指的作用。指与物一旦相合，成为物指，就不是真正的指（"指与物，非指也"）。彻底空洞之指，方成为真正充实之指，具指之为指的自性。指非指，指谓行为无法用指谓来指明，却正展显了指谓行为本身，也正当下显现了指谓，达到了实际上指可指的完美境地。

然而凭借指穷尽万物，指向万物，如何实现？《墨子·经上》："举，拟实也。"《经说上》："告以之（此）名，举彼实也。"《经说下》："所以谓，名也；所谓，实也。""拟"意谓指向。名指向实，这是谓的过程。

[①] 语言符号及语言指谓的本质不在与事物的关系，而在其自身所具的差异关系，并且只有摈除与外在事物的关系，才能实现或凸显语言的本质。我认为语言思想史上只有公孙龙和索绪尔两人强烈地持这般观点，虽然公孙龙的着重点在指谓行为，索绪尔则在指谓与指谓之间的差异。《公孙龙子·指物论》道："指固自为非指，奚待于物而乃与为指？"索绪尔的核心观点为"诸符号和诸意义仅据诸符号的差异而存在"（Saussure 2002:37）。符号和意义的存在最终都依据诸声音形态、诸形式（符号）的差异，这是符号与符号之间的差异状态。只要出现形式或声音形态，出现一要素与其他要素的联结，就出现差异。但诸符号的差异是观念中的诸符号的差异。索绪尔所谓的符号学原则就是形态学原则、共时的状态原则。"形态学上，没有符号，没有意义，只有符号的差异和意义的差异。"（Saussure 2002:70）索绪尔始终强调这点。这意味着语言自身内部的差异关系是语言的真实关系，与外在事物无关，甚至反倒可说外在事物是由语言的差异关系构建而成的。把外在事物摈除出去，大抵为了凸现构成差异关系的两项要素均具有心理性、精神性，均居于持有抽象的整体语言（抽象的语言结构）的主体之内。可参见《索绪尔与喀山学派》及《索绪尔与惠特尼》诸章。

公孙龙也说:"夫名实,谓也。"名、实是谓的结果。 而墨家辩者则取先有实而后有名谓之的途径。 《经说上》:"有之(此)实也,而后谓之;无之实也,则无谓也。"虽则没有像苏格拉底—柏拉图那样最终回复到纯粹的事物本身去认识存在物,虽则名依旧起着作用,但实的获取终究是最重要的。《墨子·贵义篇》道:"今瞽曰:'皑者白也,黔者黑也。'虽明目者无以易之。 兼白黑使瞽取焉,不能知也。 故我曰:瞽不知白黑者,非以其名也,以其取也。 今天下之君子之名仁也,虽禹、汤无以易之。 兼仁与不仁而使天下之君子取焉,不能知也。 故我曰:天下之君子不知仁者,非以其名也,亦以其取也。"《经下》也道:"知其所不知,说在以名取。"在墨家看来,实(真理)的获取只有通过心的有意识的实践、有意识的用。 《经说下》:"循所闻而得其意,心之察也。""执所言而意得见,心之辩也。"谓(意指行为)和名(意指结果)只有在实际运用中才能实现自身的意指功能。

　　与公孙龙的"物莫非指"相同,庄子也持"物谓之而然"(《齐物论》)的观点,但庄子并不强求"指非指",并不寻求如何谓之而然,而是付诸天然,"无谓有谓,有谓无谓",随顺万物,自然而然地指谓或不指谓,"可乎可,不可乎不可;然于然,不然于不然",有谓而不知为什么会有谓,无谓也不知为什么会无谓,在庄子看来,这是自然的状态,是道的境地。(《齐物论》:"已而不知其然,谓之道。")指既非指,则不指、非指,连"指非指"这点也不指、非指,"以指喻指之非指,不若以非指喻指之非指。"一切都"为是不用而寓诸庸"(《齐物论》),不指而实现指的功用,不有意识地用,却达到无意识之用("庸"[①])。 以指显明指,以非指显明非指,不人为地把符号的彻底空洞化作为唯一的目标,不专注于指谓,正是"忘言"的境状。

---

　　① "庸"通"用",亦含"平常"、"日常"之意。 《庄子·应帝王篇》道:"至人之用心若镜,不将不迎,应而不藏。"这不将不迎、应而不藏正可移以说明不用之用、日常之用的无意识性。 《庄子·外物篇》:"惠子谓庄子曰:'子言无用。'庄子曰:'知无用而始可与言用矣。 天地非不广且大也,人之所用,容足耳。 然则厕足而垫之致黄泉,人尚有用乎?'惠子曰:'无用。'庄子曰:'然则无用之为用也亦明矣。'"大地广阔,人则只用立足之地,倘若侧足之外,掘至黄泉,仅馀立足之地,则此立足之地不复有用。 从这可知不用之用、不用而寓诸庸的道理。

荃者所以在鱼,得鱼而忘荃;蹄者所以在兔,得兔而忘蹄;言者所以在意,得意而忘言。吾安得夫忘言之人而与之言哉!(《庄子·外物》)

得意而忘言,这是纯粹处于天然的状态。"忘"就是"不用而寓诸庸",处于言中,有言之用,而没有意识到言。"泉涸,鱼相与处于陆,相呴以湿,相濡以沫,不如相忘于江湖。"(《庄子·大宗师篇》)鱼相忘于江湖,这时处于自然境地。只有处于陆地,鱼才会有意识地关注水,也才需要相濡以沫。"善游者数能,忘水也。"(《庄子·达生篇》)善游者完全与水融为一体。"忘足,屦之适也;忘要(腰),带之适也。"(《庄子·达生篇》)"忘言"亦为完美而恰切地展显了意并获取了意的境状。日常而无心地运用语言,毋需刻意关注语言,只要无意识地运用就可以了,这与墨家的有意取用、细心辩察不同,也与《吕氏春秋·审应》所谓"得其意则舍其言"异趣,无意识的"忘"不是有意识的"舍"。与维特根斯坦《逻辑哲学论》末尾所谓"弃置梯子"说①更不能相提并论。这时,对语言符号的空洞性与充实性完全无所措意,可以说是言意一体的完满实现。言和意不相对待,处于"独"②的一体的境地,则是复归于天然的表征。

加达默尔从另外的层面体悟到这一点。他道:

语言并不是意识借以同世界打交道的一种工具……语言根本不是一种器械或一种工具。因为工具的本性就在于我们能掌握对它的使用,这就是说,当我们要用它时可以把它拿出来,一旦完成它的使命又可以把

---

① 维特根斯坦:《逻辑哲学论》(6.54):"我的命题以如下方式起着说明的作用(erläutern dadurch):理解我的人,当他借助于这些命题——踩着它们——爬过它们之后,最终认识到它们是没有任何意义的。(可以说,在登上梯子之后,他必须将梯子弃置一边。)他必须放弃(überwinden)这些命题,然后他便正确地看待世界。"韩林合认为梯子之喻大抵源自毛特纳:"如果我想在语言批判(Sprachkritik)之途上攀登——这是思维着的人类最重要的事务,那么我就必须一步一步地破坏掉在我之后、在我之前和在我之中的语言。因此,在登上梯子的时候,我必须破坏掉它的每一个梯级。"韩林合进一步阐释道:"如果在了解了不可言说的东西为什么不可言说的道理之后,你还仍然执著于他的言说或命题,那么这说明你还没有真正地了解他的思想,更不能正确地看待世界……只有读了他的命题、不再执著于它们,并且也不再去言说不可言说的东西的人,才真正地了解了他的命题,也只有这样的人才能正确地看待世界。"(韩林合,2000:595—596)

② 《庄子·则阳篇》:"道不可有,有(又)不可无。"道是独体,越出有无对待之外。言意一体,不相对待,则也是独,这是天然的状态、道的状态。《庄子·天地篇》:"有治在人,忘乎物,忘乎天,其名为忘己,忘己之人,是之谓入于天。"忘己,则他者和自身、物和我的对待消失了,进入天然的独的境地。

它放在一边。但这和我们使用语言的词汇大不一样,虽说我们也是把已到了嘴边的词讲出来,一旦用过之后又把它们放回到由我们支配的储备之中。这种类比是错误的,因为我们永远不可能发现自己是与世界相对的意识,并在一种仿佛是没有语言的状况中拿起理解的工具。毋宁说,在所有关于自我的知识和关于外界的知识中,我们总是早已被我们自己的语言包围。(加达默尔 1994:62)

(语言具有)本质上的自我遗忘性。活语言根本意识不到语言学所研究的语言的结构、语法和句法。……从语言的自我遗忘性中引出的结论就是,语言的实际存在就在它所说的东西里面。人们所说的话语构成了一个我们生活于其中的共同世界。……语言的真实存在就是,当我们听到话语时,我们就能接受并参与进去。(加达默尔 1994:64—65)

符号的本质在于:它在其运用之中才有其存在,正因为此,它的能力就唯一在于指示。因此符号必然会在它的这种功能中被它所遭遇的并作为符号使用的环境衬托得更为突出,以便扬弃它自身物的存在,并化成(消失)为它的意义。(加达默尔 1999:527)

意义的理念性就在词语本身之中。语词已经就是意义。(加达默尔 1999:532)

虽然各有其理论立足点,但加达默尔的观念足可以与庄子的"得意忘言"说相互触发。

我们对相关学说作了分析和阐释,就此可以归纳出一条符号的空洞性和充实性的基本原理:符号意指实在,或者说指意指物。物经由指,方显示物之为物,也就是其固有特性被揭发了出来,但符号(指)也有其自身独立的存在本质,与其要表现的实在物一样,也是一种实在物,一种经由思维的抽象的实在物,因而符号具有充实性。这种充实性与符号(指)要意指的实在物共生,且正由于其充实性,反而遮蔽了要经由它而意指的实在物。因此，符号（指）需要空洞化。 空洞化的途径是扬弃或隐退符号（指）自身的存在，经历"指非指"的转换，或者说将"指"本身含具的"非指"特性抉发出来，这时意指功能得以充分展显，充实性从符号（指）向进行指谓的行为本身转移。 而这种"指"却"非指"，指谓无法另外用指谓来指谓，我们说"什么是什么"，那么，"是"（典型的"指"）又是什么呢？ 为了说明"是"，还得另外用"是"，这就陷入指谓不已的困境。 因此，指（符号）只能当下呈现，但这进行指谓的行为恰恰展显了指（符号）之为指（符号）的存在本性，展显了指（符号）的充实性。 充实性又回返到了空洞化后的符号（指），因而符号的自性或充实性的实现首先在于"非指"，在于将其自性扬弃或者说空洞化。 而"指"和指的行为之间的移动，实际上非常奇妙地蕴含在"指"这个汉字之中了。 "指"作名词用，表示意指结果，便是意义（旨），便是所指；作动词用，则表示意指过程，是赋予意义的行为和表象，这是能指。 汉语语辞浑沦一体，包纳一切，自有它的妙处。 魏晋间佛经翻译进来，印度的精密的析分的思想传入，方有能诠和所诠、能指和所指的区分。

维特根斯坦道："艺术是一种表达。 好的艺术是完善的表达。"（Ludwig Wittgenstein，*Tagebücher 1914—1916*，in：*Ludwig Wittgenstein：Werkausgabe in 8 Bänden*，Band 1，Frankfurt：Suhrkamp，1984，p. 179. 转引自韩林合 2000：591）因此，探究符号意指活动，即探究艺术之道。 中国艺术的写意与抽象传统就把符号的空洞性和充实性发挥到了极致。 萧疏的笔墨，简单的桌椅，甚至空白处，相对于它们要表现的实在来说，已至空洞的境地，却在画幅中、舞台上，经由艺术家的意指行为，指向并展现了奇山异水、历史真象、人间百态。 这种赋予意义的活动凭借符号的空洞性而实现了符号的充实性。

参考文献

Derrida，Jacques. 1967. *La Voix et le Phénomène*. Paris：Presses Universitaires de France.

Joseph，John Earl. 2000. *Limiting the Arbitrary：Linguistic Naturalism and its Opposites in Plato's Cratylus and the Modern Theories of Language*. Amsterdam：John Benjamins.

Saussure，F. de. 2002. *Écrits de linguistique générale*. Texte établi et édité par Simon Bouquet et Rudolf Engler. Paris：Éditions Gallimard.

柏拉图 a，《柏拉图全集》第二卷《克拉底鲁篇》（王晓朝译），北京：人民出版社 2003 年版。

柏拉图 b，《柏拉图全集》第四卷《第七封信》（王晓朝译），北京：人民出版社 2003 年版。

恩披里科，《悬疑与宁静：皮浪主义概述》（杨适等译），上海：上海三联书店 1989 年版。

海德格尔，《存在与时间》（陈嘉映、王庆节译，熊伟校），北京：生活·读书·新知三联书店 1987 年版。

韩林合，《〈逻辑哲学论〉研究》，北京：商务印书馆 2000 年版。

胡塞尔，《逻辑研究》第二卷第一部分（倪梁康译），上海：上海译文出版社 1998 年版。

加达默尔，《加达默尔论柏拉图》（余纪元译），北京：光明日报出版社 1992 年版。

加达默尔，《哲学解释学》（夏镇平、宋建平译），上海：上海译文出版社 1994 年版。

加达默尔，《真理与方法》下卷（洪汉鼎译），上海：上海译文出版社 1999 年版。

索绪尔，《索绪尔第三次普通语言学教程》（屠友祥译），上海：上海人民出版社 2007 年版。

第 八 章
语言的时间及感知问题

　　1996 年，日内瓦索绪尔家族宅第"橘园"在翻修过程中发现一批索绪尔手稿，由 Simon Bouquet 整理，与 Rudolf Engler 整理的 1967—1968 年和 1974 年纳入《索绪尔普通语言学教程校证本》正文和附录出版的未刊札记合为一集印行(Saussure 2002)。1968 年，哈佛霍顿专藏室收藏了另一批索绪尔手稿，雅各布森作了介绍和引述(Jakobson 1969：5—14；1973：287—295)；Herman Parret 作了摘编(Parret 1994：179—234)；意大利学者 Maria Pia Marchese 详加校勘整理，出版了第八只文件夹中整部语音学论文的法文手稿 [bMS. Fr. 266(8). Saussure 1995：1—232]。关于索绪尔语言理论的时间问题，M. Arrivé 有时间和象征化(Arrivé 1990：37—47)、共时和历时(Arrivé 2007：119—144)的专论，H. Parret 有时间和自我(Parret 1995：39—73)及声音与听觉(Parret 2003：62—78)两文，韩国学者崔龙镐(Yong-Ho Choi)在巴黎第十大学 M. Arrivé 的指导下做了索绪尔著作中的时间问题(Choi 2002)的博士论文。Arrivé 和 Parret 所论颇为深透，但 Arrivé 和 Yong-Ho Choi 没有涉及"橘园"手稿，Parret 与 Yong-Ho Choi 也仅引及"哈佛"手稿的摘编，没有引用意大利学者整理的语音学论文全文本。本文在此则以"哈佛"和"橘园"两类手稿为主，参用索绪尔的其他文献材料及其《普通语言学教程》的学生笔记，着重阐说时间意识的同一性、意欲与效果、语言现象学诸问题。

(一) 空间的真理是时间

　　语言的地理空间性往往展现得相当直接而明白，人们也可直观地感觉到诸语言在空间中的差异和类同。 初视之下，是空间造成了差别。 但诸语言在空间上的差别实际上是经历时间作用的结果，导致差别的原因是时间。我们从种种有差别的语言追溯上去，可发现它们原出自一个统一体。 索绪尔即从 mejo/medzo 的差别探溯到它们较早的统一体是 medio：

> mejo/medzo：这是个地理差别。决不会 mejo 转变成 medzo，反过来也不会 medzo 转变成 mejo。那么，统一体在什么地方转为差异呢？我们必须回溯到较早的形式 medio。恰恰是 medio，转变成 mejo、转变成 medzo。因而我们可以把这地理差别画成示意图：

这张示意图可从两个方向来读：有两条轴线。纵轴是时间，横轴是空间。（索绪尔 2007：25）

判断造成差别的原因，只有添加时间的维度才能确定，则时间是决定性的因素。 时间的演变产生的结果随地理空间的不同而不同（参见索绪尔 2007：27），如此，时间是导致差别的原因，空间则是差别导致的结果。 但差别一经产生，空间就成为传递和分布差别的场所。 时间上的距离与地理空间上的距离不可分。 索绪尔道：

> A:B 的差异理想地表现了时间中的差异，但实际上只存在 A: $B'B''B'''$ 的差异，这真正再现了同时存在于时间和空间中的差异。（Saussure 2002：167）

索绪尔这一时间观当源自黑格尔。 在黑格尔那里，空间和时间在"点"上是合一的，空间就是时间，或者说展现为时间，则时间是空间的真理和本然。 "空间的真理性是时间，因此空间就变为时间；并不是我们很主观地过渡到时间，而是空间本身过渡到时间。　一般的表象以为空间与时间是完全分离的，说我们有空间而且也有时间；哲学就是要向这个'也'字作斗争。"（黑格尔 a 1980:47）

（二）时间意识中的同一性

在黑格尔那里，空间的本质是时间，时间的本质和界限则是现在。　但"现在"这个"点"（点性，点之为点）既存在又不存在，已存在的现在（过去）已不存在，未存在的现在（将来）即将存在，因而现在永远存在，它是瞬间，是直观可把握的生灭的变易，所以黑格尔说"时间是那种存在的时候不存在、不存在的时候存在的存在，是被直观的变易。"（黑格尔 a 1980:47）"时间的过去和将来，当它们成为自然界中的存在时，就是空间，因为空间是被否定的时间；同样反过来说，被扬弃的空间最初是点，自为地得到发展，就是时间。"（黑格尔 a 1980:52）

时间的否定性就是单位，可用同一和差别表示。　这显示了时间的直观性。　"时间是在那里存在着的并作为空间的直观而呈现在意识面前的概念自身；……时间是外在的、被直观的、没有被自我所把握的纯粹的自我，是仅仅被直观的概念；在概念把握住自身时，它就扬弃它的时间形式，就对直观作概念的理解，并且就是被概念所理解了的和进行着的概念式的理解的直观。"（黑格尔 1996:268）"纯直观与纯思维只是完全同一的东西。"（黑格尔 b 1980:155）对"现在"的直观也正是如此。

现在是被直观的变易。　变易是语言在时间中的存在方式。　索绪尔第三次（1910—1911）讲授普通语言学课程的时候，他的亲笔讲稿涉及地理空间连续性中差别的构成，道："决没有绝对静止的例子。　这是时间中语言的运动原则，这是绝对的。　……即便是最平静的时期，我们也从未看到语言之流是同一的。"（Saussure 2002:311）这是对赫拉克利特著名论断的呼应："人不能两次踏进同一条河流。""我们既踏进又不踏进同一条河流，我们存在又不存在。"（北京大学哲学系编译 1957:27）一切皆处于流变之中，没有事物可以固定地存在。　语言的差异也是变易的，我们"任意地使两种事物在时间中区分开来"。（Saussure 2002:164）索绪尔屡屡重复赫拉克利特的观点，其符号的任意而约定俗成的理论，符号的不变性和可变性看法，都是基于此。他在回复惠特尼纪念大会的函中开首就道：

> 起符号作用之物决不可两次都是同样的：初时必定是一种检测或初始约定，以便知晓凭借什么，在什么界限，我们拥有称之为相同之物的权利；这使之与任何一物都具有根本的差异，这是至简至初的渊源。（Saussure 2002：203）

所谓起符号作用之物，就是声音及听觉印象。声音及听觉印象（能指）与概念（所指）的结合初时必定是任意的。听觉印象只在时间上展开，具有时间性。它"呈现了时间的长度；呈现的时间只能以一个维度成形"（索绪尔 2007：109—110）。所谓"凭借什么，在什么界限"，正是指人类凭借对时间维度的感知，辨别出、区分开各个单位。"正是听觉印象产生了各个单位的数目。"（索绪尔 2007：61）听觉印象根据时间中展开的诸声音的差异来确定单位。能指和所指之间任意的关系在时间中确立，通过听觉感知到单位的同一性，从而处于约定俗成的关系。这两次是不同的，变易的。"我们既踏进又不踏进同一条河流"，我们既踏进任意性关系又不踏进任意性关系，任意性关系既存在又不存在。最初检测之际存在任意性关系，语言单位的同一性一旦形成，任意性关系就不复存在。所以索绪尔明确说："最初的约定、契约是最不重要的，这不是与符号学系统相关的事实的核心。"（Saussure 1997：13）索绪尔以"理想"（想象 idéal）一词表示既存在又不存在的任意性关系："我们认可符号并不真正存在的刹那，只是理想（想象）而已。即便它的确存在，也不值得与整体语言的有规律的生命相并列来考虑。"（Saussure 1997：11）语言符号以本身无价值的空洞的发声形象去再现、代表事物及其意义，这特性先天地要求任意性，或者说任意性是实现语言符号代表特性的首要途径，所以索绪尔把任意性作为语言符号的首要原则来处理，承认它，但虚化它。索绪尔关注的是语言符号的既存事实，是共时地存在于言说者意识中的状态。

"我们拥有称之为相同之物的权利"，这是个单位的同一性问题。听觉印象居于发音行为和语音事实之间，发音行为要经由听觉印象才能成为语音事实，语音事实则通过听觉印象确定发音行为。 这意味着声音单位的确立必须凭借听觉印象。 索绪尔就此说道："一个发音行为是个生理事实的整体，与已确定的语音事实相应。 语音事实转而由听觉呈现出来，就只依据听觉，我们才确定发音行为。"（Saussure 1995：98）单位是听觉印象及时间意识的结果和界限。 声音、听觉与时间各自实现对方。 索绪尔指出过时间与听觉的相宜性："时间适于听觉，一如空间适于视觉。"（Saussure 1995：152）这是他的听觉印象与时间意识思想的出发点。

听觉之印象，亦即感知及感知的结果，经由时间实现了具有同一性的听觉实体，这种听觉实体构成单位。 因此，单位是时间意识予以界定的产物，是时间意识的同一性。 但这类同一性是感知凭借物理事实、运用言说器官而达到的，在时间中确定单位只与音位和音质相关，那么，语音要素的数目和音质作为感知的对象就不可或缺。 生理性的时间由语音要素的析分与接合来确定，发音的变化是决定因素。 音位作为最小的、不可再行切分的语音单位已经完全确定，则显明它具体地表示了时间，也就是说，时间和音位具有同一性。 索绪尔即说："时间＝音位，生理性的时间由音位来切割。"（Saussure 1995：132）我们依据听觉确定发音行为，而音位作为听觉的结果，则转而由发音行为来确定，或者说发音行为是确定音位的工具和手段，其中包括肌肉活动、听觉功能，以及这两者能够据以展开的差异秩序。肌肉活动与听觉功能都在语音链和时间中实现或展显，这意味着与之同一的音位是具体的；差异秩序只展示肌肉活动之间、听觉功能之间的区别特性，继而使之各居其类，则音位处在关系中，是抽象的。 索绪尔的断言是："处在分类中的音位是个抽象观念。 处于语音链中的音位是种具体观念。（链可简化至单个音位）。"（Saussure 1995：151）发音行为实现音位的抽象观念和具体观念，我们以为是与内在时间意识和具体占据一段时间相并行的，可用听觉印象这一概念来涵盖抽象与具体。

发音行为实现音位，但音位不是发音行为。 索绪尔的观点是："音位不是运作，而是进入运作，或者说一种或数种要素暂不运作。"（Saussure 1995：124）音位进入运作意味着音位只存在于运作中，存在于时间中。 听觉的同一性在时间中形成听觉的实体。 然则这段时间之后，音位如何存在呢？ 索绪尔自然认为"在这时间之后就落入不存在之境"（Saussure 2002：

32),音位在运作中存在,但音位不是运作。 索绪尔 1908—1909 年第二次讲授普通语言学课程时,也说过贝多芬的一首奏鸣曲的演奏不是奏鸣曲本身。 (cf. Saussure 1997:11)索绪尔的洞见在于他认识到音位或奏鸣曲以运作(运用)或演奏的同一性而存在。 "一首乐曲存在于何处呢? ……这乐曲实际上只存在于我们演奏它的时候;但把这种演奏看做乐曲的存在则是错误的。 乐曲的存在,是演奏的同一性。"(Saussure 2002:32)这是时间意识内再现或表象的同一性问题,是两种不同要素的联结和代表的问题。

　　概念和听觉印象的结合是语言的二重性本质,这是直接呈现的语言单位或语言实体。 缺少任何一个方面或分离两者,语言单位或实体就不存在了。 这需要进行言说,言说产生了声音链和概念链,某个声音和意义的重合在大量言说中出现,即可据此划定单位的界线,这也就确定了符号的同一性。 可以说,符号的存在,是言说的同一性。 言说过程中符号和符号之间有差异,凭借差异性,才能确定自身的同一性。 索绪尔明确说:"整个整体语言机制以同一性和差异性为转移。"(索绪尔 2007:93)差异是一种对立的关系,同一则是类同的关系。 只有在关系中,才能判断同一性。 关系说是索绪尔语言理论的根本,他道:"一切语言事实都在于关系,且只在于关系。"(Saussure 2002:263)他曾举街道的例子说明这点。 一条街道完全重建却仍是同一条街道,这是因为这条街道之为这条街道,是以它与其他街道的位置等等为依据的(参见索绪尔 1980:153),也就是依据关系才确定同一性。

　　这是索绪尔语言是个系统的观点的延伸。 这一系统观来自惠特尼:"语言中,根本的力量是心智的本质,原材料不只是分节的声响,这在某种程度上可看做是物理的结果,而是构成有意义之思想的声响。 其结果(引按:指语言)也是如此,是声响与心智内涵相结合的系统。"(Whitney 1867:49)惠特尼将其用做"分类"(classes)(Whitney 1867:91,265;1875:62)和"秩序"(order)(Whitney 1875:76)的同义语。 系统基于对立和同一,基于单位和同一性。 声音和意义就是根据单位而结合,单位也根据声音和意义的结合而确定。 语言事实的存在,在于同一性的关联,在于声音的物理—生理—听觉—心理的关联。 这些都决定了语言事实的价值,构成一个系统。 索绪尔就此往往举国际象棋为譬,他说:"每只棋子的价值都源自棋局的复杂系统（整体），而不是出自专属于每只棋子的价值。"（Saussure 1997:28）价值存在于关系，这时候棋子的物质材料被赋予了价值，划定了界线，形成单位，物质材料就与价值不可分离，产生同一性。正如具体演奏与乐曲的价值合一一样，具有了同一性。这种同一性是乐曲存在的表征。所以价值是同一性的基础。正因为价值、同一性、单位、现实（语言学现实）、具体的语言学成分这五样东西相互依傍，彼此生成，所以索绪尔不作区分。（cf. Saussure 1997:28；125）但索绪尔还是强调"价值是这些不同术语的惟一基石"（Saussure 1997:125），足见其在索绪尔心目中的地位。然而价值的确定则源自系统。符号内部能指和所指是能交换（代表）的异物，但要确定符号的价值或单位，还必须考虑可比较的同物，即比较符号与符号。内外交合，方能确定符号之价值的界线，确定同一性。

但观察同一性的角度不同，同一性的种类也就不同。语言事实的历时态和共时态的不同即由此造成。经由时间的同一性，或者说历时同一性，是价值在时间中的同一性。索绪尔即据此探测同一性存在与否："就是凭chaud '热的'和 calidus '热的'之间的联系，我们才说存在同一性。"（Saussure 1997:126）两者之间语音虽有变化，但我们根据价值判定不同时代的法语 chaud 和拉丁语 calidus 有确定的关系，或者说历时性的联系，是同一个语言单位，同一个语言现实，因而具同一性。而在整体语言的一个确定的时刻，如果拥有相同的价值，构成一种状态，就具有特定共时的同一性。可以说这是价值的同一性，抽象的同一性。索绪尔道，演讲者屡屡重复"先生"（Messieurs!）或"战争"（guerre）之词（参见索绪尔 1980:152，2007:93；Saussure 2002:327），虽声调语气会有不同，但具同样的价值，所以有同一性。而同音异义词价值不同，则不具同一性。"son violon a le même son（他的小提琴拉出相同的音）；尽管我先前专意于声音的同一性，在此则看到，听觉上的切分成分 son 重复两次，却并没表示同一性。"（索绪尔 2007:93）一切以价值为基准。

（三）意 欲 与 效 果

同一性和差异性都是效果。音位（最小的不可再行切分的语音单位）就是听觉据这效果进行划定界限的产物，是听觉的界限。 因此，单位是在时间中感知差异和同一的结果。 反过来，单位转而成为确认感知的框架。 音位是效果之果，同时又是效果之因，以此产生同一和差异。 这是音位与发音的不同处。 索绪尔即明确意识到，"音位以产生效果为条件，发音（phonation）则不。"（Saussure 1995：82）音位产生效果，表明它具有符号学价值，是最小的音义单位，在听觉上与其他音位产生对立，与自身则形成同一，再现了时间性。 发音却是纯粹的语音，不具意义，不形成单位。 倘若发音产生效果，则成为音位。

音位的时间性意味着感知到声音在时间中的完整与不可分割，展显出时间意识内的同一性。 索绪尔在"哈佛"手稿内记下两个等式："音位＝时间中声音的不分——相关的类似性的结果。""音位＝时刻感知到的声音的总体。"（Saussure 1995：91）他在"橘园"手稿中也道："不仅意义，而且符号（引按：这里符号与能指同义）都是纯粹意识的事实，语言同一性在时间中因而是单纯的。"（Saussure 2002：19）指的都是时间意识内同一性的完整与纯一。 这种单纯主要由于意义和符号都居于心智秩序导致的。 索绪尔曾从失写症和失语症性状完全一致推断这"隐含了音位的完整体居于大脑之中"（Saussure 2002：178），单位的完整性存在于意识和心智中，所以语言单位或完整体具有"无形性"（Saussure 2002：287）。 同时，此音位与彼音位在时间中又产生区别和分割，这种音位间的差异性产生效果，或者说导致感知，由区别而聚合成一个感知整体。 如此，音位一方面在时间中分开，一方面又在效果中合聚。 分开和合聚其实都是听觉效果。 在时间意识同一性内，听觉效果是分开的，展显出各个音位自身的同一性。 "语音单位是时间的切分，同时由互为对应的生理事实和听觉事实标示出来。"（Saussure 2002：249）在语音链中，具有差异性的音位纠结或复合起来，这是差异的效果的合聚。 "连续的单位表现了听觉总体的差异。"（Saussure 1995：104）同一和差异实则是引致感知的中介。

如此，语言及其本质就在于相对立的形态和价值所产生的效果。 "语言不存在于一个诸多绝对或肯定之价值的系统，而存在于一个诸多相对和否定之价值的系统，语言只凭借价值的对立效果而存在。"（Saussure 2002：80）"效果就是形式的区别。"（Saussure 2002：163）既然语言存在的居地和本质在于效果，则语言是一种人类共同使用的手段和工具，以产生效果、让人理解为职志。 而这类（听觉）效果是在一段时间内以同一性面目展显并实现的。

同一性在于关系，也在于效果。 音位作为最小的不可再行切分的语音单位，或者说音位之为音位，是切分和连接的效果，对立、否定和差异之关系的效果。 我们就是根据关系及关系之效果来界定音位的。 这种关系是生理行为与心理感知的关系，它在时间中展开和表现出来。 发音这一生理行为及物理现象的效果表现在被心理所感知，从而成形，转变为可感的听觉印象、音响形象，因此，发音是个首要条件。 发音行为成为实现音位的工具和手段。 "发音（articulation）是成为音位的必要要素。 发音的缺失在物质上是不可能的。"（Saussure 1995：24）口腔发音这一生理性事实成为出发点，听觉据此产生并确定时间意识，构成听觉印象和音位符号学价值。 生理性事实在此是原因，听觉印象、音响形象是效果，音位也是效果，具有符号学特性。 索绪尔"橘园"手稿就曾谈到"特殊的效果＝符号学的效果"（Saussure 2002：49）。 音位虽然有赖于连接和切分，但索绪尔的着落点则是音位的生理性界限、听觉界限的划定。 "音位不是语音链的构成单位，音位是生理学分类的一个界限。"（Saussure 1995：70）索绪尔之意在取音位的抽象性。 处在语音链中的音位是个具体观念，是以具体的方式理解音位。 而以抽象的方式理解音位，则是指向其区别性特征，这往往以划分的面目出现。 所谓生理学分类，就是指发音和不发音（哑音）的划分。 音位是听觉上的对立效果。 "凭音位的符号学（纯粹否定性）划界，仅依据听觉的界限。"（Saussure 1995：91）这种听觉的差异效果在生理性的时间内实现。 "一个要素（音素）的延留不是为了构成一个声音整体，而是为了提供愈加相对的要素（音素）。"（Saussure 1995：91）同时也是对生理性时间的确定，在同一的时间内再现一个听觉事实。 这一听觉事实是共时性事实，蕴含了一切与其相区别的事实，所以某个听觉效果、某个音位实际上是对所有要素的听觉结果，索绪尔所谓"音位＝时刻感知到的声音的总体"（Saussure 1995：91），即是此意。 它涵盖、蕴蓄所有其他要素，又否定、排除所有其他要素。 索绪尔以"音位＝复合体内的同时运作"（Saussure 1995：73）这一等式意指的恐怕正是这一点。 他得出"语言由一个听觉上对立的系统构成"

(Saussure 1995:91)这结论就凭借了音位的共时性。

　　哑音(silence)与响音之间有差异,存在共时的区别性特征,因而可以相互解释,凸显自身。 但要实现这效果,须借助于暂停的时间间隙。 索绪尔举出 amma、 affa 之类例子。 "我们发 affa 这音的时候,听觉(感知到)在两个 f 中间音节的分离。"(Saussure 1995:64)以喑哑之塞音(送气音)的停滞状态表现了哑音。 这是停顿、阻滞的作用,阻滞的单位也是音位,再现了时间单位,这由听觉凭经验判定。 如此,哑音是不可遗忽的听觉界限,它具有发出的行为。 发出的行为和时间界定了它的存在与效果。

　　生理性的共时由生理事实的整体表现出来,它面向的是效果和听觉。在索绪尔眼里,"不是根据生理性要素肌肉方面的活动,不是根据生理性要素生理上的活动,而是只根据生理性要素的总体,它是肌肉活动或非肌肉活动,是生理活动或非生理活动。"(Saussure 1995:86)索绪尔所谓的非肌肉活动、非生理活动,就是肌肉活动与生理活动面向的效果,也就是否定性与差异性。 发音行为是生理事实的整体,而发音行为的整合功能则使生理事实和听觉事实相勾连,听觉事实转而又确定发音行为的界限。 而索绪尔的灼见在于强调生理事实的整体与听觉事实的整体,能使两者关联的正是整体性。 "只有生理事实的整体和听觉事实的整体在我们看来是有关联的。"(Saussure 1995:105)因为最小的语音单位(音位)只能依据生理行为和听觉的整体效果来划分,才能达到具有同时性以及均质而不可再行切分的地步。肌肉活动的统一,听觉功能的统一,发音行为的这一整合效用使发音单位和听觉单位相对应。 索绪尔"哈佛"手稿中对音位下了诸多定义,其中一个即是:"音位=同时与感觉和生理行为有关的中介现象。"(Saussure 1995:97)呈现出总体的听觉印象和发音行为相结合的同时性结构,而最终依赖的则是差异秩序的统一。 "听觉单位与基于诸要素之总体的生理事实的区分相一致。"(Saussure 1995:123)从这区分确定发音单位,凭借差异和区分,听觉单位与发音单位相应,从而形成语音单位。 听觉单位与语音单位有直接的因果关系。 索绪尔甚至直截了当地说:"语音单位=听觉单位。"(Saussure 1995:117)这明显是从听觉的心理效果界定语音单位或音位。 这是总体的听觉效果,听觉印象涵盖和包纳了生理事实的总体和听觉事实的总体。 单位由区分和差异而来,差异由总体而来。 前面说过,依据区别特性，是抽象地理解语音单位，而具体地理解，则往往通过占据一个时间和空间的语音链。 我们对所有要素的总体产生听觉效果和听觉印象，就是依赖了种种要素之总体的差异和连续。 索绪尔这样表述这层相互依傍的关系："把握听觉印象中内含要素的总体，足以确定连续的单位。 连续的单位表现了听觉总体的差异。"(Saussure 1995：104)索绪尔标揭总体，意在确定单位。 单位的确定凭借差异，并表征了差异。 这是共时性事实，是听觉效果，也就是说，在同时的时间里，产生区别的效果。 索绪尔把语音学界定为"语音学＝语音的听觉－物理－生理的同一性"(Saussure 1995：113)，这儿的语音学，实则指语音单位。 "语音单位是一种时间的切分，同时由互为对应的生理事实和听觉事实标示出来。"(Saussure 2002：249)依据时间意识内行为与效果的同一及差异确定语音单位，则行为是语音单位产生的工具，效果则是语音单位存在的原基。 同一和差异都是效果，同时又是出发点。 索绪尔说："差异的结合是差异的效果的结合。"(Saussure 1995：154)这一语道破了他注重听觉印象、听觉效果(诸音位的结合)的原因，也是他不关注实体而只关注否定性、差异性关系的原因，差异不是固定的，而是移易的，只要产生差异的效果就行。 效果决定一切。

　　然而听觉印象具有心理特性，可以感知，却无法确定地从物质上分析。我们从心智角度思考发音行为，整体地重现听觉效果。 我们注目于效果，而对产生效果的具体物质构成不加关注。 索绪尔认为，对红的视觉"完全与进入眼睛的这红赖以形成的 72 000 光粒振荡的事实无关"(Saussure 2002：247)。 我们能够确定红的效果，根据的完全是与其他颜色整体上的差异。差异的辨出，意义的生成，又离不开我们的心智运用过程。 整体语言沉积于我们的大脑，同时我们处在社会集体之中运用整体语言，对听觉印象和效果的接受完全是一个思维过程，是一个再度心理化的过程，而且也展示了语言特具的社会集体特性。 言说者的意识在此起了创生的作用，它在时间中凭借差异引出自身的效果，同时又实现他人的效果。 在社会集体性中，言说者言说，言说者倾听。 如此，语言才存在。 这时候，照索绪尔的说法，"语言呈现了意欲的方面(un côté volontaire)。"(Saussure 2002：247)听觉印象能够导致和实现，意欲是关纽。

　　意欲指向印象，形成同一性和单位。 换句话说，是否具有同一性，这是没有固定标准的，是任意的，完全取决于意欲。 索绪尔有"音位＝意欲（la volonté）指向的感觉（可能印象）"（Saussure 1995：91）的断语，应该是就此而言的。 音位由意欲来确定，时间则由音位来切割，如此，音位具有中介特性，时间则在很大程度上是一种时间意识，但依然保存着生理性时间的意味。 时间意识构成单位，单位是对立和差异的结果，也是确认对立和差异的框架。 索绪尔明确说："在单位是对感觉的区分／领会／确认的情况下，单位是意欲。"（Saussure 1995：145）意欲指向感觉与印象，也就存在对感觉与印象作区分和划定的过程，同时也是理解和确认感觉与印象的过程，单位由此形成，并转而界定感觉与印象，如此，意欲和单位合一。 索绪尔应该是从这一意义上说"单位是意欲"的。 这个过程中，感觉与印象是时间的感觉与印象，时间感觉是构成单位的要件，也就是说，单位得以构成是对时间感觉的切割。 索绪尔为时间感觉设定的位置是："如果时间感觉的性质不是作为构成单位来指明，这性质就不会在意欲形象内呈现。"（Saussure 1995：145）意欲指向的感觉是由发音行为和听觉差异的关联引发的，所以意欲形象只以对立和差异的面目呈现。 "我们在言说中重现的是内部印象的构织，或意欲要素的数目或特性。" "对要素的界定等同于对其区别特性的理解。"（Saussure 1995：144）"意欲印象由构成要素形成。" "同样多的区别感，同样多的意欲。 这种再现的模型只包括对立。"（Saussure 1995：145）如此，意欲—对立—音位（单位）—时间—感觉等等，都处在听觉（心理）—物理—生理的循环中，都是索绪尔所谓的"符号学语音学（phonétique sémiologique）"（Saussure 1995：120）的基点。

　　索绪尔往往将感觉与生理行为并举，音位就是两者交互作用的产物，因而具中介特性："音位＝同时与感觉和生理行为有关的中介现象"（Saussure 1995：97），则这种生理行为在得到认可的情况下，同时也被意识行为构造了。 语音事实由言说者的听觉与意识呈现，如此，抽象而共时的同一性的确定，取决于言说者的听觉和意识。 索绪尔在 1897 年前后的音位学札记中道："只有听觉印象具有价值，最好的证据是举出如此事实，生理学家本身完全没法在声音的流动中区分单位，而是越出这些单位之外预先由听觉提供。 生理学家如何解释 b 的运作？ 首先是从呈现于其耳朵中的 b 的单位着手。 ……只有听觉能告诉我们这儿有音节之类的单位，或没有这样的单位，或者有像与 a 相区别的 b 这样的单位，或没有这样的单位。"（Saussure 2002：248）听觉具有裁定单位的能力。 原本属数量的事物，经由听觉，转化为性质。 "辅音和元音的差异是'数量上'的。 正是这样，我们不加顾虑地界定我们听到说话的环境（la sphère）。 生理上是数量的，物理上是性质的。"（Saussure 1995：17）这意味着发音器官呈现数量上的差异，听觉感知这些差异，形成单位，此时数量转成性质。 这是意欲的听觉效果。 意欲形成单位，单位为意欲的表显，但意欲本身是无形的，非物质的。 索绪尔就讲到单位与价值的生成都源于无形性。 "构成整体语言单位的，就像形成一切价值的，是无形性。 它不是发音材料、声音物质……这种价值是无形之物；同样，必须把词看做无形的单位。"（Saussure 2002：287）词为无形的单位，这里词指的是共存的要素，也就是听觉印象。 在索绪尔那里，词（mot）和要素（terme）是同义语。 （参见索绪尔 2007：155）一般讲来，总要有两种确定的要素，才能显示差异。 但索绪尔的观点则认为差异不在确定的实体，而在相区别的关系。 "语言中只有差异，没有确定的要素。"（索绪尔 2007：164）"一切语言事实都是由关系构成的，而且仅仅由关系构成，别无其他。""诸种语言实体不具有任何基盘；它们凭借其间的差异才拥有存在的属性，'它们'这代词本身处处都只是指称了某种差异而已。"（Saussure 2002：263）语言实体没有固定的界限和基础，实体之所以为实体，在于实体之间的差异。 而且实体本身彼此间各各呈现为差异，则赋予实体特征的（予以区别的特征，形态）与组成这实体的（构成区别的要素，内涵），完全合为一体（"要素和特征永远是一回事。"Saussure 2002：123，263），都是区别，都是差异。 "因为任何（形态或种类的）单位都只取决于差异，所以单位实际上总是想象之物，只有差异才真正存在。"（Saussure 2002：83）想象之物就是意欲之物，是不确定的，但在实际运用中予以确定。 "一个词的真正存在，无论从什么角度去看它，只有经言说者时时刻刻的运用才能得到确认。 就是这点使这个词与其他声音序列、其他词区别开来，甚至这词用同样的声音序列来构成，也是如此。"（Saussure 2002：83）此词与他词拥有同样的声音序列，而仍相区别，或者说同样的声音序列用以构成不同的单位、不同的词，这是意欲及意欲付诸实施的结果。 所以索绪尔这里说"必须把词看做无形的单位"，无形即指不确定。 听觉印象、要素和词是不确定的,唯一确定的是差异。 那么,单位、价值和词显然都属于性质,不属数量。 然则为何说"物理上是性质的"呢? 这主要是从"环境"来说的,指听觉所处的物理环境。 在这种环境中,"耳朵只能自然地确定感知的相似、同一和差异。"(Saussure 1995:99)这是对物理事实的感知,从中确定同一性的时间。 物理上自然也有数量的方面(cf. Saussure 1995:114),但索绪尔强调它的性质方面,显然是就其环境或关系、共存要素及其无形性、非物质性着眼的。 索绪尔把同一性的时间析分为听觉的、物理现象的、诸要素之数目和性质的这样三方面(cf. Saussure 1995:114),听觉同一性的时间是线性的时间,诸要素之数目和性质同一性的时间是生理器官的运作,只有物理现象同一性的时间涉及物理环境,听觉在这环境中确定音位的同一和差异。 Herman Parret 认为,环境(周域)时间超越了线性时间(主观时间)和要素时间(客观时间)的对立,"不再是线状,而是环形,不是封闭的环形,而是一个趋于无限的环状物。 时间是一个环境,是主体在其中活动的自主环境,一个存在场所。"(Parret 1995:56—57)主体、言说者在其中感知听觉印象,这个物理环境是"听觉的环境"(la sphère acoustique),物理性质是"听觉的性质"(qualité acoustique)。 (Saussure 1995:116)物理性质含具心理性,而线性时间也含有物理环境性质,这点从索绪尔研究易音铸词(anagramme)也可看出来,原本线性展开的音位和时间(音位与时间具有同一性,cf. Saussure 1995:161),转而与周围的音位和时间构连起来,听觉链内延展的线状时间转化为共存的感觉的球状时间。 我们无法脱离时间来考虑音位,然而如何确定时间呢? 索绪尔认为,"我们只有经与响音的关系,与音位的关系来确定。"(Saussure 1995:92,n.221)音位(单位)与时间彼此不可析分,则基于"单位(音位)是意欲"的观点,意欲与时间也不可析分,意欲在球状时间、环境时间或共存的感觉的时间中展开和实现,必具有暗示、默会的象征特性。

在哈佛收藏的这部语音学长篇论文手稿中,索绪尔与意欲(volonté)一道提出了意向(l'Intention)(Saussure 1995:137—138,141)这一观念。 "须区分由肌肉传送的意欲和产生印象特征的意向。"(Saussure 1995:138)我想索绪尔的意思是,意向旨在听觉印象和效果,这是意向投射的结果;意欲则在统一的肌肉活动(发音行为,音位的切分与连接)中呈现区别和单位,是实现听觉印象和效果的条件、愿望。 意欲展显时间感觉及对这感觉的区分和确认过程，意向则在时间感觉同一性的实现与获取。 索绪尔引入意向概念是为了使意欲概念精密化，可以说，意向是意欲的效果。 然则意欲如何展开？ 表面看来，它在生理性时间内展开，可由听觉感知，实则意欲依据默示的要素迂回曲折地进行，分辨发音行为的意欲与非意欲，这本身就是意欲的过程，逻辑分析的过程，不是听觉能够完成的。 索绪尔所谓的非意欲，可以理解为消极被动的意欲。 他说："如果一切语音事实同样都依据意欲，那么，我们就可以把器官功能看做机器功能，将它撇开不谈。 语音事实或多或少都是意欲的事实，正因这点，我们可以把器官当成机器，这就把意欲和器官放在术语上相对的境地。 非意欲事实的研究是分析意欲必不可少的章节，因为必须观察每一个特定的行为，看它是不是意欲的，最后，无论哪个意欲（意欲行为）都是间接的（暗示的）结果。 间接（暗示）首先是适宜于逻辑而不是听觉。"（Saussure 1995：141）"不存在纯粹机械的行为，只存在意欲的间接行为，因为每个非意欲事实本身都是意欲事实的结果，或意欲事实的条件，都是作为结果或条件蕴藏在意欲事实内。"（Saussure 1995：142）"说（听觉）效果是意欲，这意味着将印象中拥有的予以重现。 说（发音）活动是意欲，这意味着受印象特定要素的呈现的支配。 这是意欲活动的二律背反，也就是说，受印象的某个部分的引发，可产生不是意欲的听觉要素。"（Saussure 1995：142）不是意欲的听觉要素，则是非意欲事实，它可产生意欲事实，这说明意欲是间接的，暗示的，呈现为听觉的"内在印象"（Saussure 1995：144）。

索绪尔在《杂记》（Note Item）第三条道："在任何符号学系统（发声的语言或其他类型）中都有……基本的要素。 （1）默示的要素（élément tacite），一切都从这要素产生出来。"（Saussure 2002：94）默示的要素以区别特性外显出来，这是种意欲形象，也是发声现象具有符号性的依据，是语言存在的本质。 没有意欲的纯粹的发声什么也不表示，它没有符号化过程，不生成意义。 语言中的发声现象蕴含意欲，处在心智秩序内，才是个符号。 索绪尔强调语音意识、符号在构成语言中具有的唯一性，"语言只有作为符号的语音意识。"（Saussure 2002：182）这里，符号指意义或者说发声意欲的结果。 一般讲来，语音和观念之间存在二重性。 但索绪尔指出，发声现象本身也存在内在的二重性的区分，有纯粹客观的声音(物质的声响)和声响的精神印记(听觉印象、符号)之别。 这是索绪尔语言符号理论的精微之处。 "划分语言的内在的二重性并不植根于语音和观念的二重性，发声现象和心智现象的二重性；这是条构想二重性的便当而危险的道路。 这二重性存在于**就像这样**(COMME TEL)的发声现象和**作为符号**(COMME SIGNE)的发声现象二重物——(客观的)物理事实和(主观的)物理—心智事实当中，而绝不是在与意义的'心智'事实相对的声音的'物理'事实这二重物当中。 有内在的心理的根本领域，在那儿既有意义，又有符号，两者彼此不可分离；还有另外一个外在的领域，那儿只有'符号'，但此刻符号还原为一连串声音的波浪，在我们眼里仅仅担得起发声形象的名目。"(Saussure 2002:20—21)则以发声现象是否蕴涵意义为二重性的准绳。 音位(phonème)含具意义，起符号作用，它与语音(son)的差别也正在于此。 也可见出在能指和所指两方面(索绪尔多数地方称为符号和概念)，索绪尔的关注重点始终在能指或符号，就因为能指本身已经蕴涵了精神性，蕴涵了意义，这是一种语音意识。

(四) 解释:言说者意识的凸显与语言现象学的滥觞

意欲(包括有意识和无意识的意欲)是无形的，非物质的。 意欲的效果或者说听觉印象也是无形的，不可分析。 而语言的实现在于切分和连接，在于线性展开，在于言说，从中获取观念和意义。 那么，共存的球状时间须复归于连续的线性时间，用索绪尔的话说，就是"我们在言说中重现内在印象的构成"(Saussure 1995:144)，在物质性中再现意欲。 如此，所复归的线性时间无疑已蕴含了球状时间的性质，蕴含了无形的意欲。 况且我们总需要在有形的框架内观察语言，语言归根结底是具体的。 索绪尔一方面道抽象的整体语言完全是心智事实，一方面又道其为具体现实。 "在整体语言中，我们拥有一个具体性的现象(客体)。 这些符号不是抽象的，虽则它们存在于精神之中。 从社会角度认可了的联想总体，构成了居于大脑的整体语言；这是个现实的总体，就像其他心理现实一样。 须补充一句，整体语言是可感的，这就是说，可显现为视觉印象之类的固定印象，这不可能适合于言说行为之类。 词语的发音体现了空气、肌肉等等各式各样的运动。 这极难识别出来。 但在整体语言中只存在听觉印象,那可显现为稳定的印象。"(索绪尔2007:80—81)稳定的听觉印象应该看做是球状时间纳入到线性时间的结果,在横组合段中展现。 值得注意的是,索绪尔认为听觉印象具有视觉印象的可感性。 表面上看,这是听觉的时间意识转化为视觉的空间形态,但我认为这其实涉及同一性问题。 不管听觉还是视觉,都牵涉到形式的运用和观念的表象。 运用之于形式,表象之于观念,具有同一性。 这是语言符号的特性。 如此,语言在话语、在横组合关系中的展开和实现,正是在实施语言符号的同一性。 可感的运用与表象,显示了话语的时间性和语音链的区别要素,达到了与形式和观念的同一。 索绪尔道:"把语言作为系统来研究,也就是说语言的形态学研究,或是归于形式运用研究,或是归于观念表象研究。 以为某处存在形式(独立自存,与其运用不相干),或某处存在观念(独立自存,与其表象不相干),这是错误的。"(Saussure 2002:31)索绪尔之意是,与一种或数种形式相关,则不仅蕴含着运用的同一性,还蕴含着意义的同一性、价值的同一性,同样,与一种或数种意义、价值或运用相关,就蕴含了形式的同一性。 质料与质性合为一体,方具同一性。 前面说过,同一性在于关系,索绪尔所举国际象棋譬喻的意旨也在于此。 孤零零的马不是象棋中的一个具体成分,它不具有价值。

> 因为仅取其物质性,而不顾其所处的格子以及其他环境,就只表现了某种涉及普遍性物质材料的东西,而完全与棋局无关;具体的成分乃是马拥有了它的价值,物质材料与价值合为一体。它具有同一性吗? 在它具有价值的情况下完全是的。我们不仅注意到其他一切马,甚至还注意到与这马毫无共同处的(其他)象棋,只要它们与另外所有棋子相区别,就可称其与一盘棋具有同一性,只要它们拥有相同的价值。由此,我们明白我们论及的系统中的同一性尺度与其他地方是不一样的。(Saussure 1997:29)

同一性可以说是系统的表征。 同一性为什么如此重要呢? 原因在于我们的思想"处于无定形的型态"(索绪尔2007:160),我们的言说固然是具体的,但要成为语言现实,必须具备形式的运用和观念的表象相互蕴含的同一性，才能构成语言单位。 索绪尔说某个人在某个时间和地点发 aka 这音，与千万人在千万个时间和地点发这音，都完全只是特定的事实。 "只有这些 aka 听觉上的同一性这一抽象的事实，才形成了 aka 的唯一的听觉实体：要寻找比这最初的抽象物更具体可感的原初物是没有用的。"（Saussure 2002:32）所以索绪尔所谓的具体可感是指同一性而言。 抽象物而能具体可感，就在于同一性。 "对任何听觉实体来说都是相同的，这是因为它受制于时间的缘故：（1）占取时间以实现自身；（2）在这时间之后归于寂灭。 可把音乐作品比做一幅画。 一首乐曲存在于何处呢？ 这跟问 aka 存在于何处是一样的。 这乐曲实际上只存在于我们演奏它的时候；但把这种演奏看做乐曲的存在则是错误的。 乐曲的存在，是演奏的同一性。"（Saussure 2002:32）如果演奏是运用、表象或再现，则乐曲是形式或观念，两者之间具有同一性。

同一性确立语言单位（"同一性是单位的基础。"Saussure 1997:29）。然而语言单位或者说区别性单位如何显明呢？ 索绪尔提出了一个重要概念：解释。 这是他在 1908—1909 年第二次讲授普通语言学课程时首次作为核心概念来用的。 语言事实的不同，全在对单位的不同解释，由此产生不同的价值。 "整体语言解释了它所接收到的事实，虽则并不是它所接收事实的原貌。 每个词语的价值都变化了，但归根结底是单位的新划分。 为了看清发生了什么，每个单位含纳的物质实体完全与我们赋予这实体的功能一样重要。 然而根本问题在于句法内含纳的事实。 然而我们利用句法的时候，以为可以在纯粹意义的领域内运作，便是种错觉。"（Saussure 1997:33）这牵涉到横组合关系中词语的顺序或位置，位置的移动产生各种不同的事实。 在这里，事实就是关系。 关系由差异表现出来，差异形成或促成意义，构成事实和单位，而单位又反过来确定意义。 立足点在关系，不在纯粹的意义。 索绪尔甚至认为语言学就只是研究单位，研究线性之言说链中的处在关系里的事实及单位。 "单位问题本质上与事实研究的问题相同。事实研究是阐释单位问题的一条途径。 语言学除了研究单位之外，没有更好的事情可做了，但这与事实问题本质上没有区别。 两者紧密地联系在一起：关键始终在于思维如何在浑然的言说块团中剪切出形状来。"（Saussure 1997:44）在言说的横组合事实中，各个单位都精密地相互依赖，也就是说，都处在一个严密的关系中。　横组合事实在线性时间中展开，呈现的却是秩序、型态和关系，所以是共时性的，构成一个系统。　在系统内，语言要素同时相关联。　索绪尔之所以强调共时态研究，就因为共时态是形成系统的唯一条件。

> 只有共时态才形成系统，才能够形成系统。历时性事实的效力是在任何时刻改变这系统，但它们相互没有关联，在它们中间形成不了系统＝只是孤立的事实的总和。因而有两个极不相同的领域：第一类事实只能作为一种关联的功能来研究，这类事实在其自身中形成这种关联，系统的各个部分凭借诸部分的整体只拥有一种意义；另一类事实则完全不具有这般特征。我们说到系统的时候，都是指总体的、一般的系统。系统的转换由孤立事实的接连而达成。与太阳系作比较：一颗新星完全能改变整个太阳系，但（它本身）只是个别的事实。我们在整体语言中看到的正是如此：元音交替（gebe: gab 之类）在德语中占据主要地位，希腊语内也有同样的交替：trepho: tetropha，lego: logos：有大量语法系列经有规律的对立 e/o 而相互关联起来。这种对立的意义价值在德语里是巨大的。在其他语言里（在整个印度-波斯语系、印度-伊朗语系的分支里），这种系统可一下子消除掉：

> 这种交替事实是形成语言系统的要素之一，是共时性的，涉及语言中无限的事物。而历时性事实则消除这种无限性，它是个别的、孤立的事实（确实是成双的，但没有彼，此也能出现：没有同时关联起来）。（Saussure 1997:45）

这与索绪尔的哈佛手稿中共存要素所处的球形时间观念的无限性相呼应，也与他的著名论文《论印欧语元音的原始系统》的元音交替事实研究相呼应，正是索绪尔对元音交替事实的共时性系统的天才揭示，直接启发了克鲁舍夫斯基的元音交替规律的研究工作。

索绪尔的"解释"观念意在确定单位,其中类比创造就是一个典型的解释活动。 索绪尔正是凭借语言的整体观和系统论认识到共时性力量创造了类比。 类比是单位的重新排布和切分,重新形成单位。 他说:"这种解释作用由诸单位的区别来表明(诸单位的区别是所有语言活动的最终结果!)。"(Saussure 1997:59)言说者被动地接受既存的语言事实,同时又在关联的确定的时间中进行解释和排布,创生新的语言事实,但表征永远是区别性,这是不变的。 索绪尔道:"类比创造……是解释(l'interprétation)、单位区别(la distinction des unités)这类一般活动事实的分支:语言被重新设想单位,并以如此这般方式排布它们,而后可运用它们当做类比创造。"(Saussure 1997:62)如此,解释是在横组合段、听觉链、线性时间中进行的切分与连接活动,是语言的现时状态,其间各个单位之间形成差异和区别,同时也归结为群集,作为新的类比创造的框架和模型。 这种分和合兼具形式与意义两大特性。 解释活动最重要之处在于言说者的凸显。 索绪尔曾说:"语言并不作为实体存在,而只作为言说者存在。"(cité par Engler 1968:49)克鲁舍夫斯基1882年5月3日复函给当时身在欧洲的博杜恩,谈博士论文的写作情况及新语言科学的基础,提出了"语言现象学"(the phenomenology of language)的构想,道:"我不知道我的论文题目会是什么;论题则是这样:(1)在目前的语言科学旁边,绝对需要另外一门更具一般性的语言科学,譬如语言现象学。 (2)在青年语法学家新近形成的派别中可看到对这样一门科学的某种(无意识)直觉。 (但)他们宣示的原则不适合于确立这样一门科学,而且也是不充分的。 (3)我们可以在语言中发现这样一门科学的永久不变的基础。"(cited by Baudouin 2005:36)这是思想史上第一次提出语言现象学的概念。 克鲁舍夫斯基是从哈特曼(Eduard von Hartmann)《无意识哲学》一书内获取"现象学"这一概念的。 (参见雅各布森2004:418)在索绪尔那里,虽没有正式出现"语言现象学"的名称,但大量存在诸如"现象是事实(fait)本身,这赋予了现象本身以特征。"(Saussure 2002:288)"整体语言现象是内在的,根本上是复合的。 它假定了两种事物的结合:概念和听觉印象。"(索绪尔2007:89)"一切都归结为共时性和历时性。 尤其并首先会有历时性现象和共时性现象。 会有历时性

关系和共时性关系。 讨论现象，抑或讨论关系，以什么方式提出问题，这
是不同的。 关系或现象以一定数量的词语为前提，关系或现象经由词语而
产生，处在词语之间而出现。 这些词语正是我们在全力关注着的单位，从
现象出发返回至单位是有益的；这一视点可以突出单位的本质。 我们还是
一着手就留意现象本身。"(Saussure 1997:36)"语言学里现象和单位之间
没有根本的差别：真是悖论！ 但每个语言学单位都再现了一种关系，每个
现象也是一样。 因而一切都是关系。"(Saussure 1997:43)"所有现象都是
关系当中的关系……一切都只是当做对立使用的差异，对立产生价值。"
(Saussure 1997:43)可知在索绪尔那里，现象＝关系(rapport)＝单位＝事实
(fait)本身，则现象与差异和意欲也相互呼应。

波斯(Hendrik Josephus Pos，1898—1955)《现象学与语言学》(Pos
1939)一文可以说正式确立了语言现象学。 按梅洛-庞蒂的说法，波斯"界
定语言现象学的努力，不是把现存的语言放回到每种可能语言的本相
(eidétique)框架内，也就是说，不是把这些现存的语言与普遍而无形的构成
意识相对照，使之客体化，而是让它们回返到言说者(le sujet parlant)，回返
到我与我说的语言的接触。"(Merleau-Ponty 1960:106)回返到言说者，那么，
语言与言说者互为主体，具有共合性、现时性。 我言说，我与其他一切言说
者也处于主体间的关系。 这是通过语言实现的。 语言凭借言说者则实现了共
时的系统特征。 这里，真正具有语言现象学意义的，是回返到"言说者"。

在索绪尔那里，普遍而无形的构成意识属抽象的整体语言(la langue)，
他在抽象的整体语言里区分出内部现象(意识现象)和可直接掌握的外部现
象，但索绪尔的意识现象包括意义和形式不可分的合体在内，他不是把意义
和形式对立，而是将发声形象(la figure vocale)这外部现象与意义—形式(la
forme-sens)予以区分(cf. Saussure 2002:17)。 各个形式都有意义，这意义
的形成就在于各个形式之间存在差异。 所以区别意识是言说者的构成意
识。 回返到言说者，最终即回返到区别意识、差异意识。 如此，发声形象
受言说者区别意识的左右，区别意识予以界定，发声形象就以形式的面目呈
现。 索绪尔道：

　　形式是对言说者的意识而言确定了的发声形象,也就是说,既是存在

的,又是限定了的。它不越出限定的界限,也不流失存在的特性。它不一定有明确的"意义";但作为存在的某物则被感觉到了。我们若是改变其精密构型的任一部分,它就不再存在了,或不再是同一物了。(Saussure 2002:37)

这是索绪尔语言现象学思想的主要观点。 形式不是发声形象,而是经区别意识限定了的发声形象,因而是意识现象、内部现象。 我和我说的语言相接触的,就是形式。 这形式有界限限定,界限不同,形式也就不同。 形式具有变易性、特定性,没有恒定的根基。 如果说有根基的话,也就是区别意识。 而形式的变易正体现了区别意识。 可以说,索绪尔语言现象学的关纽即是差异性,这差异性以否定性的面目存在,却空洞而任意,并不确定。 能确定的就是其否定性。 索绪尔道:"群体语言(le langage)是一种现象;它是人类所具能力的运用。 整体语言(la langue)是协合一致的诸形式的集合体,诸形式的集合体在全体个体中、在确定的时间点呈现这现象。"(Saussure 2002:129)这里值得关注的是"时间点"一语。 可知索绪尔所谓的"现象"是付诸听觉的声音现象,它在时间中展开,而不是诉诸视觉的在空间展开的文字。 索绪尔认识到,当时的研究者,尤其是他本人开始"从文字转向发音,从纸面转向言说者。 ……群体语言和整体语言唯一恰当的所在,乃是作为人或作为社会存在的言说者。"(Saussure 2002:130)他与葆朴(Franz Bopp)关注点的不同在于后者不把语言看做现象,不在现象特性中思考和观察语言。 现象是一种关系和形式,就此而言,声音显然比文字更纯粹,更抽象,也更空洞,可以更完美地实现符号的特性。 以符号代表事物及其意义,则符号本身含具的存在特性会移置、添益到事物及其意义的存在特性上去,所以完美的符号应该是空洞化的符号,抽空自身的存在本性,任意地代表、再现事物及其意义。 声音无疑是人类具有的可以完成这一要求的最佳凭借。 索绪尔认识到,作为符号的发声现象与其他事物的截然不同处就在于"(1)符号的内在的空洞(nullité);(2)我们的精神能够掌握本身是空无的词语。"(Saussure 2002:109)声音符号本身的空无特性与心智对这种空无性的领会是人类思维高度发展的标志。 索绪尔曾用 Kénôme 一词表示差异之意(cf. Saussure 2002:93),此词当源自希腊语 kenos(空无),但这思想本身应该缘于印度(索绪尔是当时著名的梵文学家、印度学者,哈佛所藏手稿共 995 页,其中涉及印度学的手稿就有 300 页左右。 索绪尔符号学的重要观念大都来自印度,这点我将在别处详论),如此,差异不在于固定的实有之物间的差异,而在于差异关系、差异现象本身,导致差异者是任意的、非固着的,亦即空无的。 空无、任意实现差异,同时差异也呈现为空无、任意的面目。

索绪尔的回返到言说者,是以言说者的意识或印象作为语言观察的唯一的基准。 他道:"只有一种方法,就是寻思言说者的印象是什么。 因知晓了某物存在的范围,就应当探究它存在于言说者意识中的范围,它意指的范围。 因而只有一个视角和方法:观察言说者所感觉到的东西。"(Saussure 1997:49)"我们不能自问语言学中后缀本身是否存在——这问题毫无意义——但只有它存在于言说者的意识里,这问题才有意义。(后缀)作为语言学要素而存在,就是从前至后或从后至前划定意义(明确的意义)的界限,这意义是言说者赋予后缀的。"(Saussure 1993:98)"惟有言说者本身,才是重要的!"(Saussure 1993:116)"性、数、格的变化……之中诸形式按照言说者的感觉而聚集。 ……把语言意识所辨识、认可的视为真实的,将其没辨识的看做不真实的。"(Saussure 1997:63)语言的横组合关系和联想关系的构成由言说者的意识来检测和裁决。 而索绪尔眼中的类比创造也取决于言说者的 "内在意识"(la conscience intérieure)及 "语言感"(le sentiment de la langue)(Saussure 1997:61)。 博杜恩之前曾提及声音的物理特性与其意义的差异在言说者的 "语言感"(linguistic feeling)(Baudouin 1972:93),语言范畴主要依据言说者的 "语言感"(the speakers' feeling for the language), "依据人类机体的客观而无意识的条件"。 (Baudouin 1972:73)博杜恩和索绪尔都认识到言说者的意识与发声现象的接触。 语言单位的构成是言说者的内在意识与语言感进行界定的结果。 索绪尔对言说者意识的注重显然直抵语言的感知及认知问题的核心。

参考文献

Arrivé, Michel. 1990,《Saussure: le temps et la symbolisation》. in: *Sprachtheorie und Theorie der Sprachwissenschaft*(*Festschrift fur Rudolf Engler*)(pp.37—47). Tübingen: Gunter Narr.

Arrivé, Michel. 2007,《Le〈T〉emps dans la réflexion de Saussure》. in: *À la recherche de Ferdinand de Saussure*(pp. 119—144). Paris：Presses Universitaires de France.

Baudouin de Courtenay，Jan. 1972，*A Baudouin de Courtenay Anthology：The Beginnings of Structural Linguistics*. Ed. and transl. by Edward Stankiewicz. Bloomington & London：Indiana University Press.

Baudouin de Courtenay，Jan. 2005，*Mikołaj Kruszewski，his life and scholarly work*. Transl. by Wayles Browne and ed. by Arleta Adamka-Sałaciak and Magdalena Smoczyńska. Kraków：Uniwersytet jagielloński.

Choi，Yong-Ho. 2002，*Le problème du temps chez Ferdinand de Saussure*. Paris：L'Harmattan.

Engler，Rudolf. 1968，*Lexique de la terminologie saussurienne*. Utrecht/Anvers：Spectrum.

Godel，R. 1957，*Les sources manuscrites du Cours de linguistique générale de F. de Saussure*. Genève：Librairie Droz.

Guillaume，Gustave. 2004，*Prolégomènes à la linguistique structurale* II：*Discussion et continuation psychomécanique de la théorie saussurienne de la diachronie et de la synchronie*. Québec：Les presses de l'université laval.

Jakobson，Roman. 1969. "Saussure's unpublished reflections on phonemes." *Cahiers Ferdinand de Saussure*，n°26：5—14. Genève：Librairie Droz. 1973，《Réflexions inédites de Saussure sur les phonèmes》. *Essais de linguistique générale*. t. II. *Rapports internes et externes du langage*(pp. 287—295). Paris：Les Éditions Minuit.

Merleau-Ponty，Maurice. 1960，*Signes*. Paris：Gallimard.

Parret，Herman. 1995，《Réflexions saussuriennes sur le Temps et le Moi. Les manuscrits de la Houghton Library à Harvard》. in：*Saussure aujourd'hui：Actes du colloque de Cerisy la Salle，12—19 août 1992*（pp. 39—73），Numéro Spécial de LINX，éd. par M. Arrivé et C. Normand. Nanterre：Université de Paris X.

Parret，Herman. 2003，《Métaphysique saussurienne de la voix et de l'oreille dans les manuscrits de Genève et de Harvard》. in：*Saussure*(pp. 62—78)，éd. par Simon Bouquet. Paris：Éditions de l'Herne.

Pos，Hendrik Josephus. 1939，《Phénoménologie et linguistique》. *Revue internationale de philosophie*，n° 1：354—365.

Saussure，F. de. 1972，*Cours de linguistique générale*. Édition critique préparée par T. de Mauro，Paris：Payot.

Saussure，F. de. 1967—1968，*Cours de linguistique générale*. t. 1. Édition critique par Rudolf Engler. Wiesbaden：Otto Harrassowitz.

Saussure，F. de. 1974，*Cours de linguistique générale*. t. 2，fasc. 4：*Appendice，Notes de F. de Saussuresur la linguistique générale*. Édition critique par Rudolf Engler. Wiesbaden：Otto Harrassowitz.

Saussure，F. de. 1993，*Cours de linguistique générale*. *Premier et troisième cours d'après les notes de Riedlinger et Constantin*. Texte établi par Eisuke Komatsu. Tokyo：Université Gakushuin.

Saussure，F. de. 1994，《Les manuscrits saussuriens de Harvard》，publiés partiellement par H. Parret. *Cahiers Ferdinand de Saussure*，n°47(1993)：179—234. Genève：Librairie Droz.

Saussure，F. de. 1995，*Phonétique：il manoscritto di Harvard Houghton library bMs Fr 266*（8）. edizione a cura di Maria Pia Marchese. Padova：Unipress.

Saussure，F. de. 1997，*Deuxieme Cours de linguistique générale d'après les cahiers d'Albert Riedlinger et Charles Patois*. Texte établi par Eisuke Komatsu. Oxford：Pergamon.

Saussure，F. de. 2002，*Écrits de linguistique générale*. Texte établi et édité par Simon Bouquet et Rudolf Engler. Paris：Éditions Gallimard.

北京大学哲学系编译，《古希腊罗马哲学》，北京：生活·读书·新知三联书店 1957 年版。

贝耐特，"胡塞尔贝尔瑙手稿中的时间意识新现象学"（孙周兴译），《中国现象学与哲学评论》第六辑"艺术现象学·时间意识现象学"（第 116—137 页）. 上海：上海译文出版社 2004 年版。

德里达，《声音与现象》（杜小真译），北京：商务印书馆 1999 年版。

黑格尔 a，《自然哲学》（梁志学、薛华等译），北京：商务印书馆 1980 年版。

黑格尔 b，《小逻辑》（贺麟译），北京：商务印书馆 1980 年版。

黑格尔，《精神现象学》（下卷）（贺麟等译），北京：商务印书馆 1996 年版。

胡塞尔，《内时间意识现象学》（倪梁康译），北京：商务印书馆 2009 年版。

胡塞尔，"感知分析"，"内时间意识现象学"，《生活世界现象学》（克劳斯·黑尔德编，倪梁康译），上海：上海译文出版社 2002 年版。

雅各布森，"语言学·现代语言学的特点与对象"（何林发译，周昌忠校），《社会科学和人文科学研究的主要趋势》（社会科学卷）（第 416—425 页）. 上海：上海人民出版社 2004 年版。

波佩尔，《意识的限度：关于时间与意识的新见解》（李百涵、韩力译），北京：北京大学出版社 2000 年版。

索绪尔，《普通语言学教程》（高名凯译），北京：商务印书馆 1980 年版。

索绪尔，《索绪尔第三次普通语言学教程》（屠友祥译），上海：上海人民出版社 2007 年版。

第　九　章
声音和文字:索绪尔论萨图尔努斯诗体

(一)

　　索绪尔在《第三次普通语言学教程》(1910—1911)中将声音奉于主位,将文字贬在次位。 把书写的语言和言说的语言、字母和语音区分开来,是自新语法学派开始的,索绪尔就指出历史比较语言学家葆朴(Franz Bopp)的《比较语法》没有作出这样的区分。 索绪尔自己则明确地把文字从语言中抽离出来,认定语言和文字是两个符号系统,文字系统的唯一使命就在于表现语言系统,文字是语言的仆从或影像。 况且声音能表现文字无法显现的区别。 "若我们拥有某个时期的诗歌杰作,则无论韵律体系是什么,几乎总能获取有关某种拼写的确切音值的材料。 譬如,音节的数目向我们提供了有关哑音 e 的音值的情况。 参看 tāle, māke,那儿目前已不复有 e 音了。 早期阶段的英语是否把 tale、 make 看做两个音节,我们或许会寻思一番。 不过乔叟是把 tale 视为两个音节的。 诗歌的其他规则把音量考虑在内;(这把文字中没有呈现的音延的材料提供给了我们)。 如果有脚韵(rime)甚或半韵(assonance)这样的诗歌手段,则是一个极其重要的资料来源,且为检验文字的途径。 譬如 faz 和 gras 若是押脚韵,这是因为这些擦辅音是一样的或极相近的缘故:

gras　　gras
faz　　faβ

譬如古法语中一个源自拉丁语 a 的 e(mer, cher, telle)就不与别的 e 押脚韵 [vert(viridis), elle(illa)] 。 但在文字中它们是相混融的;这种区别仅由脚韵显示出来。 文字游戏也可呈现有关发音的迹象。"(Saussure 1993:260;索绪尔 2007:58—59)

虽是如此,索绪尔在《普通语言学教程》中还是专门用了一章来讨论文字,说明他对文字的重视程度。 实际上,他甚至对文字的地位怀有恐惧感。 他在开普通语言学课程的同时,也在研究变换字母顺序以成另一词的易音铸词法(anagramme),并留下了 115 本笔记,斯塔罗宾斯基(Jean Starobinski)从中摘编成《字下之字》(Les mots sous mots)一书。 在一张破碎且无日期标记的信纸上,索绪尔写道:"……文字叫我震惊,毛骨悚然,这件工作让我觉得纯粹是种痛苦的体验,与其相对说来不重要的地位极不相称。 倘若我不被迫坦承这点,则绝对是不可理喻的。"(Saussure ms. fr. 3957;cité par Starobinski 1971:13)由此可见他对待文字的游移的态度。

(二)

古代北欧字母——如尼字母,字母表内编号第八的字母其文字形态是 Y,声音却发为 Z。 (cf. Saussure ms. fr. 3958/4;cité par Starobinski 1971:16)它不具备稳定性和整体性。 文字和声音的这种歧出,促发了索绪尔的符号学思考。 他认为 Y 是个象征(符号),因为它的特性无法固定不变,也不能无限地变化不定。 "在特定的界限内或然地(模糊地)变化。"(Saussure ms. fr. 3948/4;cité par Starobinski 1971:15)这是象征(符号)之所以成为象征(符号)的必要条件。 这种介于变与不变的滑移的性状,索绪尔以为是象征(符号)处于流通之中的缘故,它由社会大众运用着。 社会大众只能在当下这一特定的时刻确定象征(符号)的价值,无法确定随后的状况。 索绪尔将此作为符号学的普遍现象,运用于传奇的特殊问题。 在他看来,传奇由一系列已被具体指明的象征(符号)构成,而且这类象征(符号)无意识当中遵循的变化和法则,与语言之词语的象征(符号)所遵循的变化与法则是一样的。 据此观察"a. 名称,b. 相对于他者的位置,c. 特性,d. 功能和行为之类的变化。 ……倘若某个名称变换了,则行为部分也会有相应的变换,此类偶然因素或许完全改变了整个戏剧性效果。"(Saussure ms. fr. 3948/4;cité par Starobinski 1971:16)索绪尔在此实际上奠定了文学符号学的基本原则，法国六七十年代的叙事语法研究的勃兴与细化，实际上是这一原则的具体运用。

　　偶然因素的作用造成了传奇。传奇和历史之间不可能具有完美的一致性，在索绪尔眼里，诗人搜集和结撰传奇，只是在最为确切且具戏剧性的意义上复现一切独特场景原有的那些事物，使之成为道具。这显然是另一种历史集中，与真实的历史集中不同。"演员下了台，留下了几样东西：地板上的一朵花，依然留存于记忆内的一件　[　]（原缺），多多少少暗示了曾发生过的事情，替……留出了空间。"（Saussure ms. fr. 3953/3；cité par Starobinski 1971：18）因此，人们可以用传奇所具的各个不同的因素，譬如名称和行为之类，去解释并证实一个传奇。传奇由此而获得了自然性，具备了自身存在的法则，而这法则迥异于历史的法则。传奇基于某个名称和行为之类的意义，经过将诸因素变换或联结，不断地引生出新的意义，或者说，使之获取了目前拥有的意义。种种意义的产生，就在于传奇含具的各个不同的因素。因此，索绪尔探讨这些因素，尤其是其中的易音铸词（anagramme），或者说字下之字（hypogramme）。

（三）

　　索绪尔凭借头韵，打开了萨图尔努斯诗体的密藏——每行萨图尔努斯诗的每个音节，自始至终都受头韵法则的支配。他在1906年7月14日的一封信里（Saussure ms. fr. 3962；cité par Starobinski 1971：20—26）透露了他的发现，欣喜之情，溢于言表。今撮其要旨，加以简述。

　　一、一行萨图尔努斯诗体的诗句内存在一个元音，而在诗行某处也存在一个相对的元音，也就是同样的元音、相等的音量，成双配对。每一诗行内的元音总数必须确切地达到 $2\check{a}$、$2\check{i}$、$2\check{o}$（或 $4\check{a}$、$4\check{i}$、$4\check{o}$，或 $6\check{a}$、$6\check{i}$、$6\check{o}$）等等。倘若元音不成双，则须在下一诗行内配对，以成平衡之势。

　　二、每个辅音也总是存在着偶数数目，而且辅音以群组的形象出现。譬如 qvod 这词，在诗行内必定继之以另一个 q 或 c，另一个 v，另一个 d，到出现4、6或8为止。与自身相对称的辅音大半在下一行就出现，少数则须等待数行诗句。

三、　如果诗行内存在着音节的奇数数目,则会出现元音的余数。　由于辅音群组不考虑音节的数目,便容易出现辅音的余数,这是合乎规则的,因为单一的 e 或 l,在某个像 fl 的群组里,已经与 f 押了头韵(用了同声母),但诗人注重这个 e 或 l,便让它在下一句诗行内重现,作为一个残数,与前面诗行的过剩相符。　萨图尔努斯诗句适宜祭词、诔词或墓碣铭的撰作。　诗人对墓碣铭诗句断片的计算,把不受诗句限制的标题或附言的内容也包括在内。　譬如把主题或标题取定为 Diis Manibus Luci Corneli Scipionis Sacrum,就墓碣铭的诗句断片而言,其辅音总数是奇数的,字母表示为 D.M.L.C.S.|R。　因为专有名词惟有首字母才计算在内,Sacrum 则必须把所有字母都接纳进去,然而 S、C、M 都已经存在于 D.M.L.C.S.之内了,把一个新的 S 或 C 或 M 加到诗句断片上去,则产生了偶数,被抵消了,因而只能取 R 来表示。

撰作萨图尔努斯诗句的步骤,首先是掌握各类音节和语音的组合,借以构织主题。　这主题只由数个词语构成,或完全是专有名词,或是扩展专有名词内在特性的一二个词语。　主题由诗人或为碑文付酬者择定。　在这第一步,诗人以结撰诗句为标的,在他面前便必须具有最大数量的潜在语音片断,这些,他可从主题内引出来。　譬如主题或构成主题的一个词语是 Hercolei,则其拥有可资利用的片断 -lei-或-co-,或对词语作另外类似的分隔,便有片断 -ol-或-er-,再作别的类似分隔,则有 rc 或 cl 等等。

然后,诗人必须对碎片作整理,以便把这些片断的最为庞大的可能数目吸纳到诗行中来,譬如 afleicta 令人联想到 Herco-lei 之类。　然而这仅是其工作的一般而大体的方面,或只是其专门考虑和使用的一般的语音实体。熔化于 Hercolei 之类主题内的元音序列,在一行诗或至少一行诗的一部分里,会以处于同样的秩序或产生变化的方式清晰地重现。

(四)

易音铸词具有音节整体性,进行复制的词语乃是一个整体。　索绪尔引用诗行 Taurasia Cīsauna Samnio cēpit,认为这是句易音铸词的诗行,以音节 cī + pī + ĭō,加上 Samnio cēpit 的 S,这是一个字组的首字母,如此,便包含了罗马将军和政治家小西庇阿 Scīpio 的完整名字。 可见萨图尔努斯拉丁语诗体完全受到预先安排好的声音的支配，聚集预先确定的声音的数目，诗人欲在一个小范围、一两个词语之中，集聚主题词语的所有因子。 （cf. Saussure ms. fr. 3964；cité par Starobinski 1971:31）

在此，诗人独特的巧艺就是专意于词语的声音分析。 词语的发声形式的技巧，索绪尔认为是形成印欧文化特质的原因。 在吠陀诗篇中，"崇高而神圣的名称的音节，在颂歌中重现，而此名称就是颂歌的对象。" （Saussure ms. fr. 3963；cité par Starobinski 1971:36）譬如奉献予 Agni Angiras 的颂歌，就是一组双关语，像 girah（歌）、anga（合）之类，用以模仿崇高而神圣的名称的音节，来呈现最为重要的引人入神。 《黎俱吠陀》（Rg-Vêda）的第一首颂歌，明白地使 Agni 这名字发生了词尾变化。 一连串诗行，有些以 *Agnim* îdê 为始，其他的以 *Agninâ* rayim açnavat 为始，还有以 Agnayê、 Agnē 之类为始，它们是对神名作出表述，被有意识地置于诗节之首。 名字的变异，在语音上正确地表达神，同时又符合诗歌的规律。 （cf. Saussure ms. fr. 3963；cité par Starobinski 1971:37—38）但索绪尔觉得诗篇似乎想确立词语的文字形式，超出了对诗行韵律的考虑。

在编号 3965 和 3966 的法文手稿内，索绪尔开始用"字下之字"（hypogramme）这术语替代"易音铸词"（anagramme）。 其对之爱不释手，觉得此词语与须抉出者合若符节，比易音铸词更加精确。 索绪尔揭示其效用为：（1）在声音中暗示。 造成对某种非同寻常之意的暗示。 这种诗歌安排并非为了使象征与书写符号一致，而是欲以声音替代书写。 文字游戏即是如此，它"与声音要素息息相关，乃至于因由声音而释义"（Saussure ms. fr. 3966；cité par Starobinski 1971:32）。 在此，声音仍然占着要位。 （2）以文字再现。 上面的字犹如一位文书，代表、再现下面的字。 与汉字字谜游戏颇为类似。 （3）用化妆品突出面部特征。 "'字下之字'倾力于强调和突出一个名字、一个词语，特别注意重复其音节。"（Saussure ms. fr. 3965；cité par Starobinski 1971:31）索绪尔以化妆品的作用表示"字下之字"上面的字经由有意识的添加从而产生凸显的功效，其中一个重要的手段就是重复。 "在一个简单的段落里，连续有十、十二或十五之数，全呈现为同样的词语。"以此方式标示主题的整体性。 因此，"标识语不应再本能地理解为声音词语，甚至也不是领会作'词语'：它是种'书写物'（gramme，γράμμα），围绕某个主题构织而成，此主题给整个段落灌注了生气，且多多少少是段落的'逻各斯'，其理性的内在一体性，其目的。"（Saussure ms. fr. 3966；cité par Starobinski 1971：32—33）后两者中，文字占据了要位，它支配了整个段落，成为此段落存在的根源。 索绪尔在此充分意识到了文字的作用，破天荒地给予了文字以"逻各斯"的崇高地位。这点很值得重视。 西方传统始终视文字、字母、可感知的铭文为外在于精神、呼吸、言语和逻各斯的形体与物质材料。（参见德里达 1999：47）柏拉图的《斐德若篇》将文字看做替代良好而自然的记忆力的助记手段，则其意味着遗忘。 "之所以说文字意味着遗忘，是因为文字是一种中介，是逻各斯离开了自身。 没有文字，逻各斯自然就停留于自身之内。"（德里达 1999：50）自柏拉图以来，认为在逻各斯中意义向心灵的呈现具有自然性、原始性和直接性，文字则将这些性质掩盖了。 索绪尔一方面承继了这一观念，一方面又意识到文字所具的逻各斯特性，这直接引发了法国 60 年代文字思想和文本理论的诞生。①罗兰·巴特对索绪尔这种情景的描述足以见出当时的气氛，我们以此作为这篇引述文章的结语。

　　索绪尔以《普通语言学教程》名满天下，现代语言学自此书沾洽良多。然而一些片断之作印了出来，我们开始意识到，这位日内瓦学者的宏大构想，完全不是要确立新语言学（他在《教程》中几乎不予考虑），却是欲将一个发现展来，硬想其他颇为怀疑的学者接受它，他毕生迷执于此，远甚于结构语言学。这发现是：存在着某种神的名称，英雄的名称，由诗人以神秘而固定的样式创制出来，编织入（吠陀梵文、希腊文、拉丁文）古诗的行节中，这些名称经由依次选择数个特定的字，使其可被人理解。简括地说，索绪尔发现诗是双层的：行上覆行，字上覆字，词上覆词，能指上覆能指。这种变换字序以成新词的圆转若环的现象，索绪尔以为可在各到各处遇见；他被它迷住了；若是听不到原初意义的簌簌细响，他就无法读一行诗。若干字结了盟，播撒遍了诗行，历历在目，形成了某种仪式的名称，

----

① 同时我们也可据此校正德里达在《论文字学》中对索绪尔的一些误解。

可由此听取原初意义的细响。其学者之理性与副听觉之确切,为截然的两段,索绪尔为此有大烦恼:他生怕被看做疯子。然而是何等可赏赞的象征真实呵!意义决不是单一的(数学情形除外),数个字形成一个词,虽则每个字理性上都是毫无意义的(语言学反复教导我们,声音与词相对,声音形成区别性单位,而非意指单位),字却继续在我们身上寻觅它们的自由——去意指别的什么。(Barthes 1982:111;巴特 2002:130—131)

参考文献

Barthes, Roland. 1982. *L'obvie et l'obtus*. Paris:Éditions du Seuil.

Gandon, Francis. 2002. *De dangereux édifices:Saussure lecteur de Lucrèce:les cahiers d'anagrammes consacrés au "De Rerum Natura"*. Louvain-Paris:Éditions peeters.

Saussure, F. de. 1974. *Deux cahiers inédits sur Virgile*, in:*Les Deux Saussure. Recherches—Sémiotexte*, n°16:113—134. Paris.

Saussure, F. de. 1993. *Cours de linguistique générale. Premier*(pp.11—176;1907)*et troisième*(pp.181—368;1910—1911)*cours d'après les notes de Riedlinger et Constantin*. Texte établi par Eisuke Komatsu. Tokyo:Université Gakushuin.

Starobinski, Jean. 1971. *Les mots sous les mots:Les anagrammes de Ferdinand de Saussure*. Paris:Éditions Gallimard.

巴特,《文之悦》(附录)(屠友祥译),上海:上海人民出版社 2002 年版。

德里达,《论文文字学》(汪堂家译),上海:上海译文出版社 1999 年版。

索绪尔,《索绪尔第三次普通语言学教程》(屠友祥译),上海:上海人民出版社 2007 年版。

第 十 章

罗兰·巴特与索绪尔:
文化意指分析基本模式的形成

(一) 以语言学模式分析一切意指现象

索绪尔提出"符号学"设想的意图其实在于解决普通语言学的研究对象问题。 他着眼于整体语言(la langue),而不是个体语言(la parole)。 缘由就是整体语言具有社会性,是一种约定的社会制度,语言符号的本质在其中得以呈现。 索绪尔正是基于这样的思考,为了更好地阐述他心目中语言学明确的研究对象——整体语言,也为了巩固对整体语言社会性的看法,就顺理成章地把目光投注到完全具社会约定性的符号学上来了。 他把符号学看做具有社会性的代表 ["社会集体性及其法则是符号学现象的内在要素。"(Saussure 2002:290)],继而把语言学阐释为符号学的一部分,则语言学的特性自然也就是社会性。 这主要是为了明确语言学的研究对象而设立的。索绪尔仔细分析语言学中哪一种因素最具有社会性,那么,这种因素(整体语言)就是语言学要研究的对象。 再进一步将整体语言析分为言说的整体语言(口语)和书写的整体语言(文字),在符号学体制内比较两者的共同特征,显现文字的功用,最后把言说的整体语言确定为语言学真正的研究对象。(详细论述参见第五章"索绪尔'符号学'设想的缘起和意图")

索绪尔将整体语言和个体语言之和,亦即抽象的语言系统及其具体使用的总体,看做群体语言(le langage)。 他将整体语言和个体语言剥离开来,这是创举。 在索绪尔看来,之前及当时的语言学都在研究个体语言,并没有找到真正的研究对象(整体语言),因为个体语言不具有同质的统一性和稳定性。 罗兰·巴特承续索绪尔整体语言和个体语言的二分,也关注整体语言的社会性,却将符号学视为语言学的一部分。 这一颠倒有什么意义呢?

罗兰·巴特和索绪尔之间实际上经历了叶尔姆斯列夫(Louis Hjelmslev, 1899—1965)这一中间环节。 罗兰·巴特《符号学基本概念》(Eléments de sémiologie)叙述索绪尔整体语言/个体语言观点之后,即引述叶尔姆斯列夫图式/习用(schéma/usage)的理论观念。 在叶尔姆斯列夫眼里,整体语言/个体语言的区分是索绪尔学说的精髓,或者说索绪尔的学说皆可归结到这一点上,"全部理论都可从这首要论题逻辑地推演出来。"(Hjelmslev 1971: 78)但叶尔姆斯列夫觉得应该进一步做这种剥离的工作。 "结构按定义就是相依性(dépendances)或应变项(函数项,fonctions)的编织,因此,结构语言学的主要任务就在于研究应变项及其类型。 为了能够以最简单同时又最复杂的方式描写一切符号学结构,须编制必要而充分的关系类型的清单。" (Hjelmslev 1971:80)叶尔姆斯列夫区分了(1)双边依存性;(2)单边依存性或决定性,被决定者以有决定者为前提。 此外,叶尔姆斯列夫还区分了变换(les commutations)和取代(les substitutions)。 在一个聚合体的内部,能指的两项的变化可引起所指的相应两项的变化,所指的两项变化可引起能指的相应两项的变化,这就是变换。 相反,一个聚合体的两项之间没有满足这种条件,就是取代。 因而在变体中间总是有变换,在非变体当中则总是有取代。 要明晓整体语言和个体语言间存在的应变项类型,叶尔姆斯列夫就拿这些概念来达到目的,但他将这个问题限定在共时性框架内。 叶尔姆斯列夫的剥离工作,主要是他觉得索绪尔的整体语言/个体语言的术语有含混之处,他想进一步厘清,编制必要而充分的关系类型的清单。 他把整体语言看做:

a) 一种纯粹的形式,对其确定可以完全不管其社会实现和物质表现;

b) 一种物质的形式,由已定的社会实现来确定,但依旧可以不管(物质)表现的细节;

c) 一种单一的习惯总体,特定的社会采取了,并由可观察的(物质)表现加以确定。 (cf. Hjelmslev 1971:81)

叶尔姆斯列夫将纯粹形式的整体语言称做图式(schéma),物质形式的整体语言称做模范(norme)，习惯总体的整体语言称做习用(usage)。 模范决定习用和言说，只有先有习用和言说，而后才有模范，这是单边依存性；习用和言说之间则为双边依存性；言说、习用和模范决定图式，包含在物质里的变数决定纯粹形式的常数，这也是单边依存性。

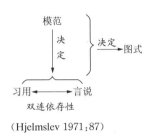

(Hjelmslev 1971:87)

这是叶尔姆斯列夫为整体语言编制的清单。

叶尔姆斯列夫依据索绪尔《普通语言学教程》，归结出个体语言区别于整体语言的三个特性：一为个体语言是实施，不是制度；二为个体语言是个体的，不是社会的；三是个体语言是自由的，不是固定的。 这三个特性缠结在一起，所有实施不一定都是个体的、自由的，所有个体的不一定都是实施、自由的，所有自由的不一定都是个体的。 但这三个特性对界定个体语言都是不可缺少的。 "我们可从个体和社会的区别与自由和固定的区别中作出抽象，来思考实施。 同时，就导致了仅仅把图式视做制度，把其余一切都看做实施。"(Hjelmslev 1971:88)言说者运用整体语言(图式)规则表达其个人思想，这需经组合。 索绪尔把组合(les combinaisons)与机制(le mécanisme)区分开来(参见索绪尔 1980:35)，这种心理—物理机制使言说者能够把这些组合表现出来。 图式的实施物、表现物就是个体语言，索绪尔把心理—物理机制纳入或限于个体语言的框架，把"音位学"仅仅看做编列在个体语言清单内的学科。 (参见索绪尔 1980:60)叶尔姆斯列夫觉得正是这点处在基本边界上：纯粹形式与实体、非物质与物质的边界上。 这等于说"制度理论简化为图式理论，实施理论包含了全部实体理论"(Hjelmslev 1971:88)，实施物为模范、习用和言说。 三者紧密地连接在一起，自然而然地归并为、构成为只有一个真正的物：习用。 模范相对于习用来说是种抽象，言说相对于习用来说是种具体化。 "只有习用才是实施理论的对象，模范实际上仅仅是种人工构造物，言说则仅仅是转瞬即逝的材料（证据）。"（Hjelmslev 1971:89）因此，图式的实施必然是一种习用："集体的习用和个体的习用。"（Hjelmslev 1971:89）

索绪尔认为整体语言是寄居于每个人大脑中的社会产物，是种一般产物，具有社会集体性和普遍性，个体语言则是对社会产物的个体实施，是个体机制对整体语言规则（亦即组合）作出的表现或发出的回应。"实施处于个体状态，在彼处我确认个体语言的领域。"（索绪尔 2007:78）而叶尔姆斯列夫经由这种进一步的剥离工作，把纯粹形式的整体语言作为图式划分出来，把模范、习用和言说划作实施（对图式的实施），进而将模范这一人为构造出来的抽象物和言说这一短暂存在的具体物（也就是索绪尔所谓的个体语言、言说）剥离掉，留下了或者说凝聚为抽象与具体、个体性与集体性兼具的习用，作为实施的代表，以图式/习用来取代索绪尔的整体语言/个体语言，这把索绪尔原本截然区别开来的社会性/个体性的两分化解了，消融了。"完全可像把个体语言看做整体语言的证据一样，把言说看做个体习用的证据，转过来把个体习用看做集体习用的证据。"（Hjelmslev 1971:89）叶尔姆斯列夫虽则把图式/习用看做符号学根本的唯一的细分，但我以为这实际上将原本是社会集体性和形式化的代表——符号学凝缩为图式，使之更趋形式化，乃至绝顶；同时凸显习用的社会集体性，或赋予习用社会集体性，这是对索绪尔学说的创造性改变。

罗兰·巴特则认为，叶尔姆斯列夫这种变动"使所有'确切的'和'实体的'东西在个体语言旁边轻松通过，使差异的东西从整体语言旁边轻松通过。"（ce mouvement permet de faire passer tout le "positif" et le "substantial" du côté de la parole, tout le différentiel du côté de la langue）（Barthes 1993a:1474）我想罗兰·巴特"使差异的东西从整体语言旁边轻松通过"的意思，是说界定纯粹形式的整体语言，亦即图式，可以完全不管其社会实现和物质表现，不抓住其确定的差异物，也就是说，有差异，但不存在确定的差异物，差异物完全是偶然的。索绪尔也表达过类似观点："照我们的看法，差异含有两种确定的要素，在这两种要素之间方可确立差异。然而反常的现象是：语言中只有差异，没有确定的要素。这不合常情，却是事实。"（索绪尔 2007:164）个体语言在索绪尔那里强调的是其个体性，与社会产物无关。 而整体语言是从社会角度认可了的联想总体,"这是个现实的总体,就像其他心理的现实一样。 ……整体语言是可感知的,这就是说,可显现为视觉印象之类的固定印象,这不可能适合于个体语言行为(言说)之类。"(索绪尔 2007:80—81)在索绪尔看来,个体语言不具实体性。叶尔姆斯列夫则注意其实施的特性,赋予其实体性,转换为或剥离出习用,使之成为社会采纳的习惯总体,由可观察的物质表现加以确定,所以罗兰·巴特说使所有"确切的"和"实体的"东西在个体语言旁边轻松通过。

索绪尔屡屡说整体语言是一种形式而不是实体(参见索绪尔 1980:169),他曾举下棋的游戏作譬:只有棋子之间的位置与数目是重要的,棋子的材料无关紧要。 这与叶尔姆斯列夫的纯粹形式的整体语言相近,或者说叶尔姆斯列夫心目中的纯粹形式的整体语言,就是索绪尔所谓的抽象的整体语言。 而索绪尔认定"凡关涉到形式的一切事物,必定都归属于符号学"(Saussure 1997:114)。 形式是符号学的标志。 叶尔姆斯列夫则将形式移易到图式和模范上,移易到纯粹形式的整体语言和物质形式的整体语言上,同时将物质形式的整体语言剥离出去,把纯粹形式的整体语言(图式)作为形式的代表,实际上,已隐隐然从符号学包含语言学转移为语言学包含符号学。

这与叶尔姆斯列夫"视所有科学皆辐辏于语言学"(Hjelmslev 1961:78)的观点直接相关。 语言学是各门科学的途径,它提供理论思考的对象和工具。 语言是人类精神及思维的居所和居住者,是存在的所在。 语言有它的有章可循之处、稳固坚实之处,那就是传达概念和判断的词语及句子。 通过它们,通过明确而日用的居所,人类把握到自身精神及思维的存在本质,触摸到观念的超越个体意识之外的集体无意识特性。

经由心理学和逻辑的解释,(科学)在语言中探寻人类精神的变和人类思维的不变,前者居于无常的生命和语言的变化中,后者居于语言的两类公认的符号——词语和句子之中。……语言被设想为一个符号系统和稳定的实体,被认为提供了打开人类思维系统和人类精神本质的钥匙。语言被设想为超越个体的社会制度,有助于描述出观念的特征。……鉴于此,语言甚至是科学研究的对象的时候,其本身也不是目的,而是途径:通向知识的途径,知识的主要对象居于语言本身之外,虽然也许只有通过语言才可完全到达。……语言在此是通向先验的知识的途径,而不是内在固有知识的目的。因此,对言语-声音作物理和生理的描述,容易变质为纯粹的物理学和纯粹的生理学,对符号(词语和句子)作心理和逻辑的描述,易于变质为纯粹的心理学、逻辑学和本体论,因而语言学出发点从视野中消失了。(Hjelmslev 1961:4)

正因为语言是存在的所在,人类研究语言,同时也就研究了人类的精神及思维。 人类的精神及思维有笼罩、消融一切的力量。 各门学科会聚于语言学,原本就作为通道的语言学在其中似乎淡出了,其他各门学科倒凸显出来,但与其如叶尔姆斯列夫所说语言学变质为各门科学,还不如说语言学挟人类的精神及思维之势消融了各门科学。 这种消融的力量就是图式,就是叶尔姆斯列夫所称的不变之物。

语言理论……必须寻找一个不变之物,它不是锚定在语言之外的某种"现实",这不变之物使语言成为语言,而不管这语言会是什么样子,这不变之物使特定的语言在其所有表现上与自身一致。当这种不变之物被发现和描述,它就会投射到处在语言之外的"现实"上去,而不管这种"现实"会是什么种类(物理的,生理的,心理的,逻辑的,本体论的),因此,即使考虑到"现实",语言作为意义的中心点依旧是主要对象——不是作为聚集,而是作为有机整体,与作为主要原则的语言结构结合在一起。(Hjelmslev 1961:8)

图式使语言成为语言,使物理、生理、心理、逻辑、本体论的现实成为物理、生理、心理、逻辑、本体论的现实,这一切也可以说是符号学现实。图式与语言结构合一,含摄了符号学结构,把它们统统归于语言,归于使语言成为语言的图式。 这使其他结构都向语言结构靠拢,拿它作参照和比拟。 图式便成为纯粹形式的科学之物,成为抽象转换的结构。 "从文学、艺术、音乐和通史,一直到逻辑学和数学的研究,为许多原则确立一个共同视点看来是有效且必要的。 从这共同视点,这些科学集聚于从语言学角度界定的问题框架内。"(Hjelmslev 1961:108—109)

　　叶尔姆斯列夫的图式/习用理论,其实涉及的就是社会实现和物质表现问题。 不管这问题与必须以此问题来确定,是图式与习用的区别所在,但社会性则是两者的共性。 罗兰·巴特接受了叶尔姆斯列夫的这一观点,据此断定语言是唯一具有广泛意义的符号系统,他在1964年11月《传播》杂志第4期"符号学专号"引言中说道:"我们一转入具真正社会学深度的(符码)总体,就会再次遭逢语言。"(Barthes 1993b:1412)语言的图式/习用支配着符号的结构、运作和意义。 索绪尔将语言学纳入符号学之中,是为了检测语言中具有社会性的是什么,因为符号学最具社会性;而罗兰·巴特凭借叶尔姆斯列夫的转换,剥离出社会性这一共性,使语言成为支配模式,统领一切意指研究,那么,具社会性的符号学就转而成为语言学的一部分了。 这恐怕是研究立场与目的不同造成的。 索绪尔借助符号学,意在研究语言学,确定语言学的真正研究对象;罗兰·巴特借助语言学,旨在抽取其普遍结构与模式、其意义生成方式,以此进行符号学研究,作文化意指分析和人类心智的一般分析。 符号学转变成元语言,自然就成为语言学的一部分。 罗兰·巴特抽取的语言学模式主要是横组合关系(syntagmatique)和纵聚合关系(paradigmatique)。 横组合关系主要进行叙事信息的结构分析,纵聚合关系则主要研究含蓄意指。

(二) 句子:意识形态分析的模型、渠道和对象

　　语言符号的听觉印象是呈线状展开的,这是言说的整体语言的特性,因为听觉性只能在时间上呈现出来,听觉符号"只能在以线条形象来表示的空间里呈现纷繁复杂之物"(索绪尔2007:88)。 我们能够把句子切分成词语,就是根据其线性特征,词语与词语有着并列的相关关系——"整体的价值决定于它的部分"(索绪尔1980:178);而鱼贯而连的线状的符号要素在听觉印象里能够转换成空间形态,因此,我们要确定一词语的价值,就得依据环绕在其周围的其他词语——"部分的价值决定于它们在整体中的地位"(索绪尔1980:178)。 这种前后相继的词语单位之间以及词语与整体之间的关系,索绪尔称之为横组合关系。 横组合关系是符号要素相继在空间上出现的聚集,是实有的,当然索绪尔所谓的空间是"时间上的空间"(索绪尔2007:

149），只有一个维度，但在整体上起作用。 横组合段（syntagme）是两个以上单位的组合，最典型的就是句子。 "句子是个定序形式（ordre），而不是组列（série）。"（Barthes 1994a：76）它是一个完足体，具体而微地含纳了话语的一切要素。 反过来，话语则是放大了的句子。 罗兰·巴特说叙事是个大句子，也是在这个意义上说的。 在他眼中，叙事可无限地催化，正如乔姆斯基认为句子在理论上可无限催化一样。

那么，叙事这一句子的主语是什么呢？ 格雷马斯（A. J. Greimas）称之为"行动元类型"（la typologie actantielle），它使行动统一起来，使之容易理解，同时我们也可据行动了解人物。 照语言学结构分析起来，主语是人物，属代词及名词（名称）的语法范畴。 托多罗夫从《十日谈》抽象出叙事语法，认为"语法是制定撇开具体言语的话语规则"（托多罗夫 1989：177）。而《S/Z》五种符码中的意素符码，罗兰·巴特则专门用来指出与人物直接相关的所指，它是人物的声音。 这些意义化合起来，辐辏于某个专有名称，这时候就创造出了人物。 专有名称起磁场的作用，把诸多意素聚合拢来，仿佛磁化了一般，因而具有了传记的发展时态，把时间和心理的意义赋予了人物。 这种磁化特性展现了名称的经济功能，或者说替代功能。 "名称是一种交换手段：经由确定符号和总量之间的等价关系，名称使某个名目单位能够替代一群特征：这是个巧妙的计算法，价格相同的商品，精要之物比庞杂的一大堆显得更为可取。"（巴特 2000：183）罗兰·巴特尤其关注普鲁斯特的专有名称理论。 普鲁斯特《驳圣伯夫》第十四章"人物的名称"及《在斯万家那边》第二卷第三部分"地名：名称"对此作了大量讨论。专有名称的经济功能在普鲁斯特那里成为压缩功能、包裹功能。 名称是人物要与之相融的真实环境，又是压缩而蕴满香气的珍异物品，须如花一般绽开。 "……轻巧地解开习惯的细带子，重睹盖尔芒特这名称初见时分的清新……"（cité par Barthes 1994b：1371）这环境和物品，这专有名称，是起着意指功用的符号，"包孕着茂密的意义，任何习用都不能简化、压扁它，与普通名称不同，后者经横组合段仅仅呈现出一个意义。"（Barthes 1994b：1371）专有名称这时摆脱了横组合段的束缚，获取了纵向聚合的诗性的隐喻意义。 罗兰·巴特在此借普鲁斯特的"盖尔芒特"揭示出专有名称的包孕与压缩功能。 反过来，正如句子在理论上可无限催化一样，专有名称也是能无限催化、无限扩张的，这需经由寻找的过程、解码的过程。罗兰·巴特认为整部《追忆逝水年华》都是出自若干个专有名称。"盖尔芒特这名称是小说的框架。"（《盖尔芒特之家》）(cité par Barthes 1994b：1372)作者进行编码，叙述者、人物进行解码，但它们都是主语、想象的主语，因为它们都是符号，对不在场的事物进行摹写、虚构，令不在场者出场，创造了事物的本质，使之成为施动者。然而现代写作的标志在罗兰·巴特眼里则是不回答"谁在说话？"（巴特 2000：239）这个问题，也就是不确定语言背后的主体，不探究作品为什么如此的原因。这侵蚀了专有名称的实在本质，明显的特征就是将名称（人物）的年代顺序错乱了，使之失却传记的时态。人物没有了传记的存在时间，也就没有了持续而稳定的意义。这时候人物（personnage）移易为形象（figure），形象不是横向的种种意素的化合或组合，而是一种纵向聚合的象征结构，游移不定，人物便没有确切的意义。没有确切而稳定的意义也就意味着人物丧失了专有名称，人物（或者说主语）虚化了，消蚀了，成为"形象经过（和回复）的场所"（巴特 2000：148），也就是成为象征关系配置的场所，成为差异往返的通道。

叙事当中谜的提出和主题化，形成了需要表述和阐释的问题，因而真相命题是个句子，谜的提出就是这个阐释句子的主语。而谜的通道或活动区域，则是人物。在这种阐释句子内，主语寻找谓语，谜寻觅真相，谜是谓语缺乏的标志，"真相就是最终被发现了的谓语"（巴特 2000：302），主语得到了表述，实现了确定性，句子（叙事）就完成了。叙述过程是主语和谓语被充满的过程。这是个完整的阐释结构，其间充满了催化因子，充满了误解、延宕，出现诸多从句、分句，或者说对谓语进行了组合、变化和转换。这完全是依循逻辑和时间的程序前行的，处在横组合关系内，是不可逆的，因为句子必须完成。罗兰·巴特《S/Z》拈出五种符码，其中布局符码和上面谈及的阐释符码就属这类谓语的基本性状。"叙事是（意指的或符号化的）语言活动，必须在语言方面对它进行分析：命名对分析者来说因而也是一种有根据的操作，与其对象也是同质的，好比测量员之于测量。……名称是系统构成的证据。"（Barthes 1994c：1259）布局序列或情节序列之所以具有序列，就是因为依据经验找到了一个名称，来命名情节，因此可以说是名称造就了序列。"序列随着寻觅或确定命名这一进度而展开。"（巴特

2000:83)找出名称，是一种语言的分类活动，也是一种阅读活动。 布局过程、情节展开过程是从这个名称的展开到那个名称的展开的过程。 "阅读是从名称到名称、从褶层到褶层地进行，它依某一名称将文折叠起来，而后缘此名称的新褶层将其铺开。"（巴特 2000:167）阅读（或写作）沿循着名称褶层收拢情节序列的折扇，这是发现或确立名称，有时候这是个元名称，起缩束的作用；然后依据这确立了的名称褶层展开情节序列的折扇，有时候就依据那元名称催化出一系列情节序列。 这过程凭借的是经验，既已是经验，则这种名称、序列都是"已做过或已读过"（巴特 2000:83）的，"绑架"、"爱的表白"等等指涉每个已被写过的绑架、爱的表白。 从符码归结出来的名称单位和序列是"这么一大堆永远已经读过、看过、做过、经验过的事物的碎片：符码是这已经的纹路。"（巴特 2000:85）所以叙述单位或者说功能永远是这种"已经"的踪迹，谓语的形式因而是可以归结出来的，展现了人类的一切经验和文化沉积。 阐释符码寻求真相，布局符码展现经验，它们都有确切的目标和根据，不可避免地趋向单一性、完成性，这种横向组合的操作与罗兰·巴特内心企望的复数性写作、可逆性写作相悖。

　　句子蕴含的完成力量以及句子本身的完整性，使它成为结构和整体的样式与保证。 同时经由重复和固着，可从纷繁的句子抽取出数得清的句式，有限的句法结构又可以转换出无穷的句子。 如此，意识形态具有的重复、固着及完成的特性与句子所蕴含者是一致的，句子便成为文化意指分析、意识形态分析（文化意指分析即意识形态分析）的模型、渠道及对象。 朱利叶·克莉斯特娃（Julia Kristeva）称"每一意识形态活动均呈现于综合地完成了的语句形式中"，因为句子横组合层面的连续性流动造成的自然感，正是原本为文化之物的意识形态想以自然面貌呈现的最佳掩饰，我们分析意识形态活动，也正可从句子入手。 罗兰·巴特觉得还应自相反的方向来理解克莉斯特娃上面那句话，"凡业已完成了的语句均要冒成为意识形态之物的风险。"（巴特 2002:61）而且句子也总是"作为意识形态之物来揭露"（Barthes 1975:108）。 在《艾驹，或名以字的样式》中，罗兰·巴特以为独立而毫无关联的字是最优雅而洁净的，是语言的原朴状态，若按顺序排列成明白可解的词，出现了组合段，堕落或意识形态的沾染就开始了，句子这组合段的典范更是堕落的极致。（参见巴特 2002:133）因此，实验写作使自身处于句子之外,不再以通常完整的句子面目呈现,是对句子的主语、谓语骨架的拆解,对其完整性、自足性的拆解,也是对意识形态结构的拆解。 罗兰·巴特经常举索莱尔(Philippe Sollers)的写作来说明这点(参见巴特 2002:16,41),索莱尔的句法不再是符合逻辑的单位,不再是句子。 另外,罗兰·巴特《福楼拜和句子》举出作家的三种修改方式:替换、删除和增补。前者属纵聚合关系,后两者处在横组合关系层面。 罗兰·巴特在小注里引福楼拜的言语,谈及如何连接各种观念,使它们由此及彼自然地引生出来,福楼拜道这是"残酷的艰难","真是障碍重重!"(Barthes 1994d:1381)福楼拜意识到观念的真正状况与句子进行的流动性连接无法榫合,因此没完没了地删除、紧缩,但福楼拜简省到句子的主谓结构便停止了,没有进到索莱尔的地步。 同时,福楼拜觉得句子这样又太紧缩了,继而将它们拆松,没完没了地进行扩张。 福楼拜的举动在一定程度上破坏了句子的完整性,消蚀了它的完成力。 这正是罗兰·巴特视福楼拜开始具备现代写作特征的地方。

(三) 修辞手段:意识形态的运行特征

纵聚合关系是无意识唤起、联想出来的并列或对照关系,这种心理联想是与语言内的其他要素共存而产生的,或是观念、所指、意义方面有共同的东西,或是听觉印象、能指、形式方面有共同的东西,或是意义和形式两者均有共同的东西,从而产生联想。 这种联想关系不是在空间上展开的。 索绪尔区别横组合关系和纵聚合关系,就是依据有没有"空间的观念"(索绪尔 2007:151)进行的。 倘若从横组合关系讨论一个词,那么,就存在此词之前或之后(亦即上下文)这般空间观念,它们是出现的,具有物质性;而从纵聚合关系来讨论,则围绕这词的一切,都是出自意识,"经意识的关系而联结起来,不存在什么空间的观念。"(索绪尔 2007:151)没有在物质性的空间上呈现,只存在于意识的联想里,则属隐藏的、潜在的词语聚集。 这是人类心智起作用的结果。 而存在于人类大脑中的总体语言库藏,或者说联想能够产生的原基,属于整体语言领域。 索绪尔构想的整体语言"只存在于大脑里"(索绪尔 2007:79),具有社会性,但这种社会性是纯粹精神的、心理的社会性,具有潜意识性。 "词语之间呈现的共同之物于记忆内形成了联想,这创生出不同的群集、系列、族类,在其内部伸展着截然不同的关系(但都包括在单一的范畴内):这就是联想关系。"(索绪尔 2007:153)心智据出现的词语引发了潜在的、隐藏的词语记忆系列,然而这是无意识的近乎被动的活动。 形式和观念、能指和所指在人类大脑中的原初结合,以及形式和形式的结合,是先验的秩序,语法学家就是根据人类内在固有的潜意识秩序归纳出语法原则和范畴,这种有意识的分类依据了原已存在的无意识的内在分类。 "在内在方面(整体语言领域),决没有什么对诸形式作事先考虑,甚至没有沉思和反省。"(Saussure 1993:92)因此,纵聚合关系处在整体语言领域,具有社会集体性,呈现出潜意识的状态,是个相互关联的整体,也就是说是个意指系统,其中含有不同的层级和类别,可作分析。

在 1964 年 11 月《传播》杂志第 4 期 "符号学专号" 引言中,罗兰·巴特说纵聚合关系法则是 "对含蓄意指(connotation)诸单位作分类"(Barthes 1993b:1413),那么,这是就意指系统、符号系统而言的。 含蓄意指相对于直接意指(dénotation),叶尔姆斯列夫据此析离为三种符号学:表达层面(能指)和内容层面(所指)结合起来才构成符号,那么,这是直接意指符号学;若一种符号学,其表达层面(能指)就是符号(能指和所指的结合物),则此符号学为含蓄意指符号学(connotative semiotics);若一种符号学,其内容层面(所指)就是符号(能指和所指的结合物),则此符号学为元符号学(metasemiotics)(Hjelmslev 1961:115),即研究符号学的符号学,波兰逻辑学家 Alfred Tarski 则称之为元语言,罗兰·巴特《符号学基本概念》就采用元语言(le méta-langage)(或译释言之言)这术语。 但叶尔姆斯列夫对含蓄意指符号学和元符号学的界定只是临时的,因为表达层面(能指)和内容层面(所指)只是相对而言,且相互关联,界限并不固定,然而也可见出含蓄意指符号学偏重于表达层面的描述,元符号学侧重于内容层面的描述。 含蓄意指符号学的表达层面由直接意指符号学的内容层面和表达层面联合提供,那么,含蓄意指符号学的表达层面(能指)本身就是一个意指系统;同样,含蓄意指符号学的内容层面由直接意指符号学的内容层面和表达层面联合提供,则含蓄意指符号学的内容层面(所指)本身即成为一个意指系统。 叶尔姆斯列夫称这般意指系统为含蓄意指者(connotator)(Hjelmslev 1961:

118)。 含蓄意指者是第一意指系统,由此衍发出第二意指系统:含蓄意指系统。 我们已知含蓄意指的能指实即直接意指系统,而含蓄意指的所指又是什么呢？ 罗兰·巴特说是"意识形态的蛛丝马迹"(Barthes 1993a:1518),具有普泛性、统一性、弥漫性。 含蓄意指的所指当中的不变者或常数就是意识形态。 "意识形态是含蓄意指之所指的形式(依叶尔姆斯列夫对形式的界定①),而修辞学是含蓄意指者②的形式。"(Barthes 1993a:1518)这一断言实为罗兰·巴特意识形态分析或文化意指分析的关纽。

　　直接意指和含蓄意指的分层,实际上赋予了直接意指为第一义的权威,"视直接意指基于真实、客观与法则"(巴特 2000:65),凭借句子形式,使之呈现为"简朴、如实、原初之物的状貌,亦即真实之物的状貌"(巴特 2000:68),因此,倘若要揭示含蓄意指的业已固定的所指,揭示意识形态,就必须探究直接意指,探究形成含蓄意指之所指或能指的那个直接意指。意识形态是人们对事物的固定看法,是约定俗成的意见,也就是文化产物、人为结果,不是真理。 但它总是呈现为自然产物的状貌,僭居天然的、真理的位置。 它之所以能够成功,就是凭借了人们心目中具有自然性的直接意指的缘故。 直接意指往往依循有规则的句子、近乎自然的句法及语言结构,使含蓄意指的所指或能指自然化了。 直接意指是含蓄意指的基点,但不管怎样衍化,归根结底都呈现为能指和所指的结合,都呈现为人类语言的第一系统的状貌,所以直接意指是含蓄意指的起点,也是含蓄意指的终点。 含蓄意指和直接意指处在内在互涉的关系中,最终指归则是直接意指的逼真的"自然性"、"真理性"。 罗兰·巴特的工作就是揭露直接意指的这种"自然"幻象。 《罗兰·巴特自撰学记》"直接意指用做语言的真实"这一断片道:

　　　　在绝壁药房(le pharmacien de Falaise),布法和白居谢使枣膏经受水的测试:"它呈现肥肉皮的景象,这直接表明了明胶的存在。"直接意指在此是种具有科学性的神话:语言的一种"真实的"状态,仿佛每个句子内部皆含具某类词源词(étymon)(源起和真实)。直接意指/含蓄意指:这

---

① 叶尔姆斯列夫所谓的形式,指某种表现形式中的常数、不变者。 (参见 Hjelmslev 1961:12, 50)
② 这里指含蓄意指之能指。 但在叶尔姆斯列夫及罗兰·巴特其他论述中,含蓄意指者或指含蓄意指的能指,或指含蓄意指的所指,或两者兼指。

一成对的概念仅流通于真实之域内。每需检测某一信息（使之真相显露）之际，我便使其居于某种外部世界的实例状态，简化为不雅的肉皮之类，这构成其真实的基质。对立因而只在与化学分析内的实验相类的批评工作的界限内产生作用：每相信真实存在之际，我就产生直接意指的需要。（Barthes 1975：71）

　　直接意指直显真实，但这是一种语言的真实，将语言及句子（语言实体）内蕴含的意义本质显露出来。批评工作就是揭示、找出这种本质。"批评总隐含有某种战术意图，某一社会惯例，且常具某类依稀可感的想象物的覆层。"（巴特 2002：22）只有凭借约定俗成的惯例才能找寻出意义，归结出意义，因而也可说这种意义是外在赋予上去的，是一种意识形态物或想象物。

　　1949 年秋，罗兰·巴特去埃及亚历山大大学教法语，与格雷马斯相遇，第一次听他谈及索绪尔，并开始读索绪尔的书。（Calvet 1990：124）1954 年至 1956 年间写作《神话修辞术》，则集中运用了索绪尔的语言理论，当然也是经过了叶尔姆斯列夫的中间环节。索绪尔认为语言是"社会事实"（le fait social），静态语言学研究同一个"集体意识"（conscience collective）感觉到的各项同时存在且构成系统的要素间的逻辑关系和心理关系（索绪尔2007：141），"社会事实"、"集体意识"之类概念均来自涂尔干（Emile Durkheim）。罗兰·巴特把"神话"视为"集体表象"（représentations collectives）（Barthes 1994e：1183；1957：7），这同样是从涂尔干社会学中借用的术语。神话是一种集体行为，也是"一种意指形式"（un mode de signification）（Barthes 1957：193），一种言语表达方式（措辞）（prole）（Barthes 1957：181）。这种意指形式或措辞的特点是颠倒，亦即把社会和文化之物逆转为"自然"之物。"神话什么也不掩盖，它的功能是扭曲事物，而不是使之消失。"（Barthes 1957：207）凡是使用这般意指形式的，都是在制造神话。神话成了社会习惯和意识形态。神话之所以能够构成，扭曲之所以能够实现，乃是由于神话的形式（含蓄意指的能指）已经由直接意指的符号形成了。直接意指的符号具有能指（形式）和所指（意义），它转为含蓄意指的能指（形式）的过程，就是在保持直接意指的能指（形式）不变的情况下，扭曲、改变直接意指的所指（意义）的过程，使同样的能指形式负载不同的所指意义,而这所指意义得到集体的认同,就成为意识形态。

与意识形态(含蓄意指的所指)相应,含蓄意指的能指称为含蓄意指者。各类含蓄意指者的集合处在聚合的、隐喻的领域,有各种能指可供选择,因而是种修辞学。 如此,"修辞学呈现为意识形态的意指方面。"(Barthes 1982:40)

> 可将修辞学作为语言的含蓄意指的层面来界定;修辞学符号的所指很久以前由各种不同的"风格"构织而成,凭借规则,现今就凭借文学概念,以识别风格;修辞学符号的能指形成了不同规模的单位(多半要比符素大),在很大程度上与修辞格相契。
>
> 辞格可分成两大组:第一组,或反复(métaboles)组,包括所有含蓄意指者,它们涉及语义转变;也就是隐喻:夜行者=暮年;以下述方式确立语义链:能指1(/yè xíng zhě/)=所指1("夜行者")=所指2("暮年")=能指2(/mù nián/);在此链内,转变保持了能指1=所指2;此链的典型形式与大多数耳熟能详的辞格对应(隐喻,换喻,反语,曲意法,夸张法),这些辞格惟经所指1和所指2的关系特性方区分开来;可援引不同的方法(逻辑分析,语义分析,语境分析)来界定这种关系;语义链可以包括两类反常的情形:(1)能指2=0;这是强喻(la catachrèse)的情形,其中"本义的"词在语言本身内是缺乏的;(2)所指1=所指2;这是双关语的情形。
>
> 第二组,或意合法(parataxes)组,包括种种得到编排的偶然性,可影响"正常的"句法组合序列(ABCD……):中断(错格句),落空(顿绝法),拖延(中止),缺失(省略法,连词省略),扩充(重复),对称(对照,交错配列法)。(Barthes 1994f:959—960)

第二组辞格处在横组合关系中,其特征为句法偏离。 第一组则处于纵聚合关系内,其特征是语义转变、偏离、改易,修辞的本义和转义处在转移、取代当中。 "炼字之可能,乃在于同义语属语言系统(昆提利安);言说者可用此能指取代彼能指,在这番取代之中,他甚至能生成次生意义(含蓄意指)。 种种取代,不论其范围与样式如何,皆属转义('转换')。"

（Barthes 1994g：953）可见含蓄意指的能指（形式）就是转变、扭曲，与含蓄意指的所指——意识形态相结合，构成含蓄意指的符号；而含蓄意指的能指或所指本身（语言 2）又是由直接意指的符号系统转移而成，直接意指符号系统（语言 1）则是对真实系统（事物）的负载和转移。 转移、变换、扭曲属于功能范围，因而具人类文化属性。 事物的自然本性并不因文化属性的赋予而改变，反过来，文化之物却因由变换、改易的途径，拥有了各自固定的类别，仿佛原本即如此，从而获取了自然性。 这种自然性的涂饰成功，由事物→语言 1→语言 2 的转移、语言 2→语言 1→事物的负载（蕴含）而导致。 转移、改易、蕴含是修辞学手段，也是意识形态的运行特征，如此，文化意指（含蓄意指）分析本质上是意识形态研究和修辞学研究。

参考文献

Barthes，R. 1957. *Mythologies*. Paris：Seuil.

Barthes，R. 1975. *Roland Barthes par Roland Barthes*. Paris：Seuil.

Barthes，R. 1982. «Rhétorique de l'image». dans *L'obvie et l'obtus*. Paris：Seuil.

Barthes，R. 1993a. Eléments de sémiologie, dans les *Œuvres Complètes*. T. I. Paris：Seuil.

Barthes，R. 1993b. «Présentation». dans les *Œuvres Complètes*. T. I. Paris：Seuil, 1993.

Barthes，R. 1994a. «Introduction à l'analyse structurale des récits». dans les *Œuvres Complètes*. T. II. Paris：Seuil.

Barthes，R. 1994b. «Proust et les noms». dans les *Œuvres Complètes*. T. II. Paris：Seuil.

Barthes，R. 1994c. «Les suites d'actions». dans les *Œuvres Complètes*. T. II. Paris：Seuil.

Barthes，R. 1994d. «Flaubert et la phrase». dans les *Œuvres Complètes*. T. II. Paris：Seuil.

Barthes，R. 1994e. «La mythologie aujourd'hui». dans les *Œuvres Complètes*. T. II. Paris：Seuil.

Barthes，R. 1994f. « Le classement structural des figures de rhétorique ». dans les *Œuvres Complètes*. T. II. Paris：Seuil.

Barthes，R. 1994g. «L'ancienne rhétorique. Aide-mémoire». dans les *Œuvres Complètes*. T. II. Paris：Seuil.

Calvet，L.J. 1990. *Roland Barthes*. Paris：Flammarion.

Hjelmslev，L. 1961. *Prolegomena to a Theory of Language*. tr. F.J.Whitfield. Madison：University of Wisconsin Press.

Hjelmslev，L. 1971. *Essais linguistiques*. Paris：Minuit.

Saussure，F. de. 1993. *Cours de linguistique générale*. Premier（pp.11—176；1907）*et troisième*（pp.181—368；1910—1911）*cours d'après les notes de Riedlinger et Constantin*. Texte établi par Eisuke Komatsu. Tokyo：Université Gakushuin.

Saussure，F. de. 1997. *Deuxieme Cours de linguistique générale*（1908—1909）*d'après les cahiers d'Albert Riedlinger et Charles Patois*. Texte établi par Eisuke Komatsu. Oxford：Pergamon.

Saussure，F. de. 2002. *Écrits de linguistique générale*. Texte établi et édité par Simon Bouquet et Rudolf Engler. Paris：Gallimard.

巴特，《S/Z》（屠友祥译），上海：上海人民出版社 2000 年版。

巴特，《文之悦》（屠友祥译），上海：上海人民出版社 2002 年版。

索绪尔，《普通语言学教程》（高名凯译），北京：商务印书馆 1980 年版。

索绪尔，《索绪尔第三次普通语言学教程》（屠友祥译），上海：上海人民出版社 2007 年版。

托多罗夫，《从〈十日谈〉看叙事作品语法》（黄建民译），收于《叙述学研究》（张寅德编），北京：中国社会科学出版社 1989 年版。

结　论

　　我们大量引用了索绪尔语言理论的原始资料，对其做了复原、阐释、引申或推进的工作①，得出如下十条结论：

　　一、音位的符号学价值的发现，一如物理学中原子的物质价值的发现。音位关系处于共时系统中，音位的价值或意义能够实现，就在于它与其他音位的共存及相对。音位的相对性在形态上并不在于相对的诸方的实有，而在于相对本身。诸声音的对立或差异产生意义。在我们的印象中，一声音形成完整的单位，具有均质性，不可再行切分，则此声音就构成音位，其实现需经想象，这是个心理过程，因而音位是种心理现实，是含具意义或确定意义的听觉印象。抽象的整体语言唯一而根本的特征，是声音及听觉印象与某个概念的心理联结。而心理联结的实现则在于对已经心理化了的听觉印象再次心理化，如此，正是心智活动造就了符号学价值。我们说语言是思维的工具，是用来帮助思维展开的，实则语言这一工具功能的最终实现完全依赖了思维对听觉印象或视觉印象的再次心理化，思维从根本上实现了语言。

　　二、博杜恩始终将语音的共时态和历时态交织在一起论述，索绪尔则往往偏重于共时状态。博杜恩眼中最重要的是语音上虽有差异但词源上却

---

　　①　关于理论复原工作，与米开朗基罗所说雕塑家的工作同理。雕塑原本隐藏于石头内，雕塑家的工作就是凿除不需要的石头，使之显露出来。另外，某种理论内涵众人都认为是如此如此，这可看做理论 A，而通过复原及阐释过程，呈现出来的却不是如此如此，这可看做理论 B。那么，这就等于新创了一种理论。

有关联的语音共存事实。 可见这是历史维度上的共时秩序，而共时性事实能够被发现，词源上的意义或形态起了关键作用。 另一方面，只有找到共存事实，才能发现造成共存事实的历时原因。 因此，共时和历时不可割裂，但共时特性的发现依旧是首要的。

　　索绪尔也着意于交替的诸要素的同时性，但索绪尔的重点在诸要素之间的差异以及差异的规律性变化，纯粹凭借差异而产生意义并掌握意义，而非博杜恩所称的词源意义上的关联。 言说者能够意识到单位正是由于差异和差异的规律性。 但这种规律性或语言状态是偶然的状态，这是社会集体心理的产物。 索绪尔在很大程度上就是从这一视角认定语言科学是一门历史科学。 在他眼里，整体语言是由偶然的事实构成的，而历史科学就处理偶然的事实。 我想正是基于这一观点的缘故，索绪尔以为可以把共时和历时割裂开来，取共时态的横断面研究偶然的语言事实和状态。 而博杜恩虽也持历史科学只研究偶然而例外的事实之论，却时时回溯至词源意义，因而共时与历时并谈。 如此看来，巴赫金和雅各布森据博杜恩的"合取论"而攻索绪尔的"分割论"，就没有考虑到两人各自的立足点。

　　对语言的共时状态作描写，具确定的对象和表达意义的手段，索绪尔认为这正是"语法"(grammaire)一词的意义。 这里，价值与共存性、同时性在意义上等同，都排除了时间的因素。 因为语言的总体特征并没有随时间而变化，语言的机理依旧保存在人类的大脑里。 然而语言的变化也确是事实，对此，索绪尔的意见是：变化的，是系统内的种种要素，而不是系统本身。 这里的系统，我们应该理解为对立和差异关系构成的整体。 构成对立和差异的诸要素是会变化的，但对立和差异的关系本身却永远不变。

　　另外，言说者面对的是共存的要素，是一种状态，为了描述这一状态，必须排除产生这一状态的时间作用，取固定的视角，才能将整体解释清楚。在索绪尔那里，我们注意到形态学和语法都以共存的价值为研究对象，只不过形态学专注于形式，语法着意于形式的作用或功能，其中牵涉到意义和心理。 形式的差异造成意义，意义造成价值和共时性语言事实。 价值永远是共存或现存的，共存或现存之物、共时性之物由历时性形成，但要说明共存的价值必须超越历时的演化视角。 我们通过共时的对立和差异关系确定意义，同时又凭借意义凸显共时的对立和差异关系。 倘若引入历时性事实，必定改变现存的共时性系统。

语法范畴是我们心智感知的结果。 我们能够感知它们，则表明其处于共时的状态，表明其正在被使用之中，也显示潜存于大脑中的抽象的整体语言结构被唤醒。

三、 保罗的"共同语"和"个体言说"的区分对索绪尔的"整体语言"和"个体语言"的区分有直接的影响，但保罗以为个体语言活动是语言学唯一的研究对象，索绪尔则认为抽象的整体语言是语言科学的研究对象。 取径的不同，我们认为一是缘于当时心理学研究方法以及保罗和索绪尔对语言学与心理学关系的看法的差异；二是由于对类比创新的注重程度的差异，对类比创新的不同观点导致对整体语言和个体语言的异见。

索绪尔从心理学出发探究符号学，将符号学看做心理学的一个分部，符号学包含在心理学之内，语言学包含在符号学之内。 如此，符号学成为语言学和心理学之间的中介或关纽。 索绪尔之所以注重符号学，就在于社会集体性是符号学现象的内在要素。 经由符号学，把语言学最终嵌合在心理学之内，进而把抽象的整体语言的社会集体性凸显出来，则抽象的整体语言不仅成为语言学的明确研究对象，同时也成为进入心理学的一个入口，或者心理学发挥作用的一个出口。 如此，抽象的整体语言的确定对心理学也有根本性的助益。 反过来，我们若要精确界定抽象的整体语言的单位，也须借助心理学，或者说须根据意义和价值功能。

索绪尔谈及心理学往往指的是集体心理学、社会心理学，而保罗则明确指个体心理学，但两人都基于心理学来研究语言学，说明语言学是一门精神科学，自然而然牵涉到心理学问题。 保罗和索绪尔都关注并阐释了语言中的无意识活动的决定作用，已存语言总体当中的有意识之物转换为无意识之物，且永远处于可唤发并产生变化的状态。 不过，保罗是从语言历史的总体来看的，正因为意识不可能掌握已存语言的全部，无意识的潜存力量就开始发挥效用。

类比是对各种形式的共同处有所理解，考虑到了它们的形式和意义，因而观念必定参与其间。 形式和意义（观念）的结合与语法相关，而语法只是留存于思维深处潜意识里的观念与形式的外在表征。 类比对大脑中储存的材料进行分类和激活，由此而成为一种构造力量。 保罗注目于演化与替代，认为声音和意义同时独立发展是类比影响的结果，类比是因；演化现象总是出现在个体语言里，创新也总是具有个体性，保罗因此自然而然地注重个体语言，注重其历史发展。 索绪尔则认为类比现象再现了形式和观念、声音和意义的关联，类比现象是果，因而强调其共时的存在状态。 如此，我们应关注的自然是语言的现存事实。

　　四、 索绪尔和惠特尼在语言科学观念，尤其是语言符号任意而约定俗成的特性诸方面有深刻的关联，且都是两人对语言科学作出重大贡献的所在，凸显了语言科学含具的人类精神特性。 这种精神性以发声形态和意义形式的联结展现出来，因此，联结必是心理的、想象的联结。 联结的实现，则缘于人类拥有抽象的整体语言能力。 语言与思维同一，抑或语言仅为思维的工具，学者一直聚讼不已。 抽象的整体语言沉积于每个人的大脑里，具有集体无意识特征，是人类内在固有的语言分类活动。 这一存储物是被动的语法体系，需要激发。 在此意义上，语言和思维是同一的，语言是理性的实质，是人类内在能力的产物，同时又是理性的符号，是探索和表达这种内在能力的工具。 语言与思维首先是同一的，在此基础上，语言才能成为思索和表达思维的工具。 如此，原本潜存的集体无意识力量被个体有意识地运用并唤醒，抽象的整体语言得到实施或实现。 但语言系统依然复归于、还原为无意识结构。 这其中的中间环节就是经由集体的约定过程。

　　约定依赖抽象的整体语言，同时又实现抽象的整体语言，使之由隐而显，令原本没有内在意义和价值的声音符号经由想象含具了意义和价值。然则如何实现约定？ 就是凭借相对立、具差异的关系。 每个符号引发的与其他符号的声音上的对立、差异，赋予其自身意义和价值。 这种对立或差异处于关系之中，其间并没有固定的界线，也没有本质上的关联，完全是任意的。 唯一可确定的是差异关系。 差异关系是人为造成的，因而也可以后天经由习得获取，如此形成语言制度。 语言制度是被无意识运用的结果，又是被学习和使用的工具和规约，以付诸运用。 如此，语言制度就是沉积于全部个体的那抽象的整体语言，使个体能够凭借这种制度或社会规约实施人类天赋的群体语言能力。 索绪尔不同于惠特尼之处，在于他注意到集体约定的语言制度是无意识地形成的，则语言制度迥异于其他人类有意设计的制度；这种无意识凭借任意的差异关系而运转，所指和所指对象都不确定，也不存在词和物的对应，只有语言自身内部的差异关系。 差异基于对立和否定，因而处于移易、变化的关系之中，充满了任意性和可能性，这正是语言的活力所在。

索绪尔从横组合关系发现符号的线性特征，从纵向的联想关系发现听觉印象（心理化的声音）与概念联结的任意性特征。 但索绪尔的横组合关系强调的是具有差异性的词（符号）与词（符号）之间的连接，则横向关系也存在任意性和约定性。

五、 符号学研究符号及其在人类社会中的活力，我们将言说的整体语言归入其中，自然而然将其社会性突出了，进而能对言说的整体语言进行分类。 索绪尔把握了各个符号系统的共同点——社会性，方把握住了语言符号的本质，也就是说，语言符号的本质可在言说的整体语言中见出来，从而确定了语言学研究的对象——言说的整体语言。 反过来，我们若要研究符号学，也必须从符号的主要系统——言说的整体语言着手，方可明晓符号学基本问题。 可见索绪尔重视符号学，意在语言学研究对象的界定。

然而视觉的文字再现了听觉印象的结构。 人类将言说的整体语言写了下来，才能对处于时间中的整体语言进行分类。 文字的符号系统记录了言说者已经认知的语言单位或结构，则文字成为认知语言单位或结构的框架、规则和媒介，为思考言说的整体语言结构提供了概念和范畴，也就是说，意识到言说的整体语言结构恰恰是文字的符号系统导致的结果，因为文字已成了规则和范型。 而关注规则，就是关注集体共同的约定性和社会性，就是关注价值。 规则以纯粹形式的面目出现，而关涉形式的一切事物，皆属符号学。 形式上有差异，就产生价值，而这差异基于集体共同确认的听觉印象，正是集体经由约定，才创造了社会事实，创造了价值。

语言符号的任意性这一首要真理，只在符号创制出来，以与概念相对应的一刹那，确是首要真理；但一成为社会事实，任意性就无足轻重了，因为它与符号学系统攸关的社会事实不相干，那社会事实的核心就是对社会产物的被动接受。 可见索绪尔一方面奉任意性为第一原则，另一方面又以为它并不真正存在，只是一个想象而已，因为语言永远是一种既存、已在的状态，我们面对或身处的是社会事实。 因此，符号对其所表示的概念而言是任意的，对使用符号的语言社会而言却是强制的，两者都是由集体决定的，这充分说明语言符号的本质是社会性。

六、 我们讨论了语言符号的无意识直觉，心智中的记忆、存储及联想关系，听觉印象与概念的任意联结，类比的心理程序，这些都是言说者对语言的意识和运用，可以说言说者创造着语言，支配着语言。 这是以言说者为中心，而不是以语言为中心。 言说者潜意识的记忆能力或联想能力由各种各样的相似关系唤起。 这些相似，或是意义的类同，或是听觉印象的近似，或是具相同的语法功能。 语言各个方面的同义同形同构与心智对这些同义同形同构的记忆彼此感应，这是言说者对各种相似关系的认知，进而产生联结和联想关系。 所以，语言学讲到底是言说者对语言对象的意识的结果。 索绪尔把语言学的研究对象确定为"抽象的整体语言"（la langue），也正是因为它是存储于每个人大脑的缘故，它可被唤起和运用。 索绪尔语言理论的重心在言说者的语言意识，这点长久以来都遭到误解和忽视。 语言符号的任意性也是言说者的语言意识产生影响的一个重要表征，是语言意识赋予的结果。 言说者的语言意识一方面是主体对语言符号再现特性的内在反思，符号表象、再现或代表事物及其意义，需要先抽空符号自身的存在特性，符合这要求的最显著的符号是心理化的声音或者说听觉印象，心理化的声音与概念的联想结合是任意的，这是语言符号本身的要求，也是言说者语言意识内在反思的结果；相对立、相区别的价值都是由符号无意识地引发的。 另一方面，言说者的语言意识在很大程度上是潜伏的、自动的，也就是无意识的。 因此，语言是一个完整的系统，要据诸要素的结构功能才能确定语言。 索绪尔的系统观念实际上蕴含了言说者的支配作用，决定语言是个完整系统的恰恰是言说者的语言意识，索绪尔的系统是有主体居于其中的系统。 言说的主体问题，后来在拉康那里成为其精神分析理论的支撑点。

我们注意到索绪尔研究易音铸词和德国传奇时总是迷执于专名问题。专名之为专名却在它的不可分析性，难以把握和分析，没有道理好讲，具有独立特性，这些正是专名赖以构成的任意性的表现。专名从来都是任意的，没有规范的。这与索绪尔符号理论的任意性基石是合一的。涉及专名及其他语言符号的任意性问题，其中便会浮现主体心智运作和发音行为的机械或无意识面貌。没有合理的规范可以遵循，没有道理好讲，这正是无意识的特点。任意的关系是一种不自觉的无意识的关系，它们都是基于主体的运作。不可分析形成专名的无意识的特征。这点，对列维-斯特劳斯结构人类学的专名理论产生了根本的影响。

我们无法考虑无意识过程，倘若在无意识的过程中能够思考无意识，那么，这一无意识就不是真正的无意识了。但无意识过程是可以反思的，我们只有通过无意识的结果，也就是只有对这结果有了意识，才能谈论无意识。我们在结果中能体思到无意识，是因为整个无意识过程蕴蓄在结果内。结果存在于记忆里。我们就是凭借大脑中的记忆印象来理解无意识，因此无意识沉积于记忆里。而记忆是无意识心智运作的产物和终端，为意识的产生打开了大门。可以说无意识是心智运作的开端，有意识是心智运作的终端，其中记忆是关纽。我们凭借记忆这一关纽或者通过意识才掌握无意识。记忆与意识的呈现是经由语言和语言结构完成的，所以知晓无意识也需经由语言和语言结构。反过来，我们能够掌握无意识，正是由于掌握了语言和语言结构，那么，无意识也就成为通向语言研究和语言科学的条件。

七、我们对相关学说作了分析和阐释，归纳出一条符号的空洞性和充实性的基本原理：符号意指实在，或者说指意指物。物经由指，方显示物之为物，也就是其固有特性被揭发了出来，但符号（指）也有其自身独立的存在本质，与其要表现的实在物一样，也是一种实在物，一种经由思维的抽象的实在物，因而符号具有充实性。这种充实性与符号（指）要意指的实在物共生，且正由于其充实性，反而遮蔽了要经由它而意指的实在物。因此，符号（指）需要空洞化。空洞化的途径是扬弃或隐退符号（指）自身的存在，经历"指非指"的转换，或者说将"指"本身含具的"非指"特性抉发出来，这时意指功能得以充分展显，充实性从符号（指）向进行指谓的行为本身转移。 而这种"指"却"非指"，指谓无法另外用指谓来指谓，我们说"什么是什么"，那么，"是"（典型的"指"）又是什么呢？ 为了说明"是"，还得另外用"是"，这就陷入指谓不已的困境。 因此，指（符号）只能当下呈现，但这进行指谓的行为恰恰展显了指（符号）之为指（符号）的存在本性，展显了指（符号）的充实性。 充实性又回返到了空洞化后的符号（指），因而符号的自性或充实性的实现首先在于"非指"，在于将其自性扬弃或者说空洞化。

如此，我们可以说，索绪尔标举为第一原则或首要真理的"语言符号的任意性"完全是由符号的本质决定的。 符号的本质就是不呈现符号的内在固有的价值，而是抽空它，人们以集体约定的方式拿空洞化了的符号任意地表示事物及其意义。

语言是一种现象，我们自然应在现象特性中思考和观察语言。 而现象是一种关系和形式，就此而言，声音显然比文字更纯粹，更抽象，也更空洞，可以更完美地实现符号的再现或代表的特性。 以符号代表事物及其意义，则符号本身含具的存在特性会移置、添益到事物及其意义的存在特性上去，所以完美的符号应该是空洞化的符号，抽空自身的存在本性，任意地代表、再现事物及其意义。 声音无疑是人类具有的可以完成这一要求的最佳凭借。 声音符号本身的空无特性与心智对这种空无性的领会是人类思维高度发展的标志。 照此看来，索绪尔强调的差异正是一种现象，一种关系，而不是固定的实有之物间的差异，因为导致差异的声音符号是任意的、非固着的，亦即空无的。 空无、任意实现差异，同时差异也呈现为空无、任意的面目。

八、 在 1906 年至 1909 年间，索绪尔研究变换字母顺序以成另一词的易音铸词法（后来称为"字下之字"），留下诸多笔记。 这段时间与他总共三次讲授普通语言学课程的时间（1907 年，1908—1909 年，1910—1911 年）几乎是同步的，而对声音和文字的看法却有迥然不同之处，这值得我们深究，以形成一个完整而复杂的真实索绪尔的形象，并校正德里达《论文字学》中对索绪尔的一些误解。

传统的易音铸词经由变换文字及书写符号要素的位置而在视觉上实现。而索绪尔则着重关注诸音位的组合,诸音位在时间和空间、听觉和视觉上都进行了重构。 索绪尔多从心理性角度论及音位,而作易音铸词(anagramme)研究时则偏于音位的物质性方面,其中一个表征就是强调符号的线性特征。 线性特征为物质性特征,它是确定语言价值和语言分析的有形框架。 但索绪尔另一方面又从抽象的观点考虑音位,只关注其自身最简约而同质的切分,将它单独取出,不管线性连接之内或者时间当中的其他要素。 我们就此也可推出音位存在摆脱线性羁束的潜质。 索绪尔"听觉印象可转换成空间形态"的观念,恐怕除了抽象地抽取各个音位,使之具有同时性,然后重新编织成线状之外别无他途。 他的易音铸词的研究就是这种把前后相继的听觉印象转换成同时并存的视觉印象的代表,实际上就是把声音转换成了文字,一个向度的在空间上的连贯转变成多个向度的并现,时间上连贯有序的渐进转变成空间上的直接掌握。 如此,在索绪尔眼里声音和文字原本浓烈的主从关系也就淡化乃至消弭了。 索绪尔曾谈及音位连续性的复音(diphone),其意义和价值就在于复合。 复合可以是音位的连续,也可以是音位的非连续,也就是可以跳过一个音位进行复合。 索绪尔的意思是超越了线性次序而又复归于线性次序,其中就是凭借了听觉印象在心理上具备的超越时间的特性。 这是声音和文字的熔合,听觉印象内线性次序与空间形态得到互化。 表音系统的语言把声音和主题(意义)重复地会聚于某处时,就出现书写性。 文字的书写性有标识和代表的功效,同时文字中蕴含的声音反过来又起着引导及支配、暗示和解码的作用。 可见索绪尔一方面对声音和文字有前后关系的看法,同时又对声音和文字有同一、融合的观点。

博杜恩和索绪尔都对混淆言说和文字、语音与字母提出指责。 人们所以混淆声音和文字,我想原因在于文字(尤其是表音文字)原本是人类据"音位直觉"而创制的,用以凝定转瞬即逝的声音,转而成为表示声音或恢复声音、蕴含声音的符号。

发音和听觉要素虽呈现为物理与生理特性,呈现为物质实体性,甚至以更稳固的视觉形象——文字或字母来表示和暗示,但一旦经由听觉印象或视觉印象产生意指过程和结果,则根本上就是心理要素,那物质实体性是为了作心理感知的凭借。

索绪尔区分了言说的整体语言和书写的整体语言(文字),文字只是言说的外壳或表象。 其心目中的语言符号或能指实际指听觉印象。(单一的)听觉印象与事物及其意义(概念)的联想结合是任意的,这一基本原理适用于一切具体的整体语言,我们汉语也不例外。

九、 索绪尔使用频率极高的"现象"一词,往往是指付诸听觉的声音现象,它在时间中展开,而不是诉诸视觉的、在空间展开的文字。 关注声音现象,自然而然就关注言说者这一声音现象的产生者。 语言是声音现象,是社会现实,则意味着言说者是社会存在物;反过来,正因为言说者是社会存在物,决定了语言是社会现实、社会关系,声音现象是最明显的社会关系或社会形式。

我们一再强调语言符号的任意性不是语言符号的本质,而是实现语言符号本质的途径和手段。 因为语言符号含具自身的存在本性,它要表象和再现的事物及其意义也含具自身特有的存在本性,符号和概念的联想结合,必定导致此存在本性移益、添附到彼存在本性上去,如此,我们必须抽空符号的存在本性,使之空洞化,尔后任意地、充分明晰地再现或表象事物及其意义。 人类能找到的最空洞化的符号就是"无言",其次则为"声音",当然这是心理化的声音,是言说现象和听觉印象。 索绪尔异乎寻常地重视"声音",并一再地将它与"文字"区分开来,我觉得缘由即在于"声音"是空洞化的符号。 这一空洞化的符号与概念的联想结合是任意的,其间没有内在的关联,也正因为没有内在的关联,才接近完美地再现或表象了概念。如此,语言符号的本质是再现、表象和代表,任意性是实现语言符号这一本质的途径和手段。 本质一旦得以实现,则成为事实,不因时间和地理空间的变化而变化,具有强制性,人类须被动地接受。 因此,任意性和强制性是抽象的整体语言符号本质得以实现的途径和结果。

在索绪尔那里,虽没有正式出现"语言现象学"的名称,但具体论述中有一条明晰的理路存在，就是：现象＝关系＝单位＝事实本身。 听觉印象经由时间实现具有同一性的单位，各个单位一方面在时间中分开，一方面又在效果中合聚。 分开和合聚其实都是听觉效果。 同一性在于关系，也在于效果。 而同一性没有固定标准，完全取决于意欲。 意欲指向感觉与印象，也就存在对感觉与印象作区分和划定的过程，单位由此形成。 运用之于形式，表象之于观念，具有同一性。 言说要成为语言现实，必须具备形式的运用和观念的表象相互蕴含的同一性，从而构成语言单位。 语言单位的构成是言说者的内在意识和语言感进行界定的结果。

言说者作界定的最重要凭借则为差异关系，现象与差异和意欲相互呼应。 各个形式都有意义，这意义的形成就在于各个形式之间存在差异。 所以区别意识是言说者的构成意识。 语言在此不再是一个客体，语言回返到言说者，最终即回返到区别意识、差异意识。 发声形象这可直接掌握的外部现象受言说者区别意识的左右，区别意识予以界定，发声形象就以形式的面目呈现。 形式不是发声形象，而是经区别意识限定了的发声形象，因而是意识现象、内部现象。 我和我说的语言相接触的，就是形式。 这形式有界限限定，界限不同，形式也就不同。 形式具有变易性、特定性，没有恒定的根基。 如果说有根基的话，也就是区别意识。 而形式的变易正体现了区别意识。 可以说索绪尔语言现象学的关纽即是差异性，这差异性以否定性的面目存在，却空洞而任意，并不确定。 能确定的就是其否定性。

如此，语言与言说者互为主体，具有共合性、现时性。 我言说，我与其他一切言说者也处于主体间的关系。 这是通过语言实现的。 语言凭借言说者实现了共时的系统特征。

十、 符号学分析已经成为意识形态批判的基本方法。 符号学固有的特征是社会集体性，而意识形态则是一种集体意识和集体表象，是一种意指形式，因此，以符号学模式分析意识形态，可以说是天造地设。

索绪尔把语言区分为整体语言/个体语言(社会性/个体性)，以符号学为准绳，确定言说的整体语言为语言学研究对象，因为它具有社会集体性；叶尔姆斯列夫则以图式/习用替代索绪尔的整体语言/个体语言，认为图式、习用两者均具社会性；罗兰·巴特即经由叶尔姆斯列夫这一环节——语言的图式/习用支配着符号的结构、运作和意义，从而颠倒了索绪尔的语言学是符号学一部分的理论，改变为符号学是语言学的一部分，也就是运用语言学模式——横组合关系和纵聚合关系，分析一切符号学事实，分析一切意指现象。

其中句子是典型的横组合段。 句子蕴含的完成力量以及句子本身的完整性，与意识形态的重复、固着及完成的特性是一致的，句子因此成为文化意指分析、意识形态分析的模型、渠道和对象。

纵聚合关系则对含蓄意指的能指或所指作出分类。 直接意指直显真实(语言的真实)，它转移为含蓄意指的能指或所指，或者说含蓄意指的能指或所指负载、蕴含了直接意指。 含蓄意指的所指当中的不变者或常数就是意识形态，它凭借自身负载、蕴含的直接意指实现意识形态的"天然性"、"真理性"的幻象。 含蓄意指的能指的常数是修辞学，或者说修辞学呈现为意识形态的意指方面。 含蓄意指的能指或修辞的手段或意识形态的意指面貌，是语义转变、偏离、扭曲。 这是实现意识形态幻象和揭露意识形态幻象的途径。 因此，文化意指分析本质上是意识形态研究和修辞学研究。

附　录

学术的进展和译名的重定

——关于索绪尔三个重要概念的中译及其他

《文汇读书周报》2001 年 6 月 9 日 "译苑笔谈" 载张智庭先生《谈罗兰·巴特著述的翻译》一文，其中涉及拙译《S/Z》之处，有这样数句："langage，langue，parole，这三个术语在我国语言学界早已采纳了汉译索绪尔《普通语言学教程》一书中的译法，并将其用在了一些新编大学普通语言学教材里，它们分别被译为'言语活动'、'语言'和'言语'。'言语活动'包括'语言'与'言语'两个方面，'语言'是集体的、社会的和潜在的词语和语法系统，'言语'是个人对语言的运用。""在《S/Z》中，langage 一词被译为'群体语言'、'语言'，langue 被译为'总体语言'、'总体语言结构'，parole 被译成'个体语言'、'言说'。笔者认为，对于 langue 和 parole 的翻译中含有概念注释的内容，还有些可取之处，但 langage 一词的译文则很难反映其与 langue 和 parole 的关系。""pertinence(相关性)、texte(文本)、intertexte(互文、关联文本)，它们在《S/Z》中依次被译为'确切性'、'文'、'文际关系'，这也是有悖于这些术语至今已经形成的译名的。"

我想这事涉学理，况且其他读者或许也会有这般看法，便在此作出答复。

《S/Z》书初稿是在 1987 年译出的，其后的 13 年间重译过五次，几乎每次都是另起炉灶。字字句句，精雕细琢而成。其中与通行的译名有不同处，绝非率意而为，亦绝非不了解所致，而是和自身守持的两条准绳有关。

一、译名亦犹变色龙，居于上下文之间，须与前后的语境化融，彼为翠绿的，则现身为翠绿的，彼为枯黄，也展显为枯黄。亦犹流水，随物赋形，在方为方，在圆成圆，无法一成不变。譬如罗兰·巴特的重要概念 suspension，随上下文而分别译为"中止"、"未济"、"不表露出来"，并不是一概译为"中止"。张先生提及的 pertinence，李幼蒸等先生译为"相关性"，自然是正确的。而此词原本含具"确切性"和"相关性"诸义，《S/Z》"二十七、对照 II：婚礼"讲到对照的侵越："纵聚合关系两极不可侵犯的区分被取消，分隔的栅栏被移开，所有'确切性'（pertinence）的基石被撤去。"（巴特 2000：145）这里，pertinence 乃是指构成对照两极的"确切不移"（pertinence）的性状，固定而"合乎情理"（pertinence）的情形，这自然应该译成"确切性"。再，在巴特眼里，古典叙事的"确切性"意谓着具有"预定目标"，呈现为句子的样态，叙事提出"主语"，"谓语"必随之展开。（参见巴特 2000：171，302—303，306）这个过程是"确切不移"的，"合乎情理"的。巴特将古典叙事的这种合乎逻辑发展的特性，当做意识形态的运作过程来揭露。

二、译名应以释义的面目出现。二十余年来，西学术语腾于众口，棘硬的名词渐趋熟软，对其意义却不甚了然。80 年代初期译名，许多现今已成定名，然而当时有些译者对所译对象未必了解得十分深透而周全。如今学术有所进展，译名也该相应地重定。譬如张隆溪先生将 le scriptible 译为"可写的"。罗兰·巴特这辞语原指文的编织方式或构成形式引动了人们想模仿的欲望，也跃跃然要依循它写出自身的文来，《S/Z》中译本据此定名为"能引人写作者"，这正显示了"文"的泯灭主体和客体区分的特性，它是客体（倘若纯粹地固定为客体，则在巴特看来是作品，不是文），同时又是主体（发挥作者的功能）。要是译作"可写的"，就容易理解为客体，与巴特的 le scriptible 含义不吻合。"可读的"，则相应地定名为"能引人阅读者"（le lisible）。其实这也正展显了"文"（texte）的编织过程的特性，"文"引我们进行编织，同时也意味着我们被"文"编织：我们编织，我们被编织。这时候不存在作者和作品，唯一存在的是"文"（编织）。如此，传统意义上的"作者"消亡了，或者说转换了，变成为"文"。罗兰·巴特时时使用充满色欲气息的语辞，也只是摹状"文"的主客体界限全然消融的编织过程，这般界限消融迹近狂喜的销魂境地。méta-langage 一般译作"元语言"，以此语言表述、解释彼语言，则此语言为释言之言，就径直译为"释言之言"。 méta-linguistique 也相应地译作"释语言学之学"。méta-源自古希腊语前缀 μετα-，意为"在……之后"、"在……之外"。 索绪尔三个关键术语的汉文定名（群体语言，总体语言，个体语言），也是基于术语内含纳释义的考虑。

至于 inter-texte 译为"文际关系"，则是符合汉语构词方式的名称。张智庭先生说"关联文本"是这术语"至今已经形成的译名"，就我闻见所及，并非如此，这个汉译名恐怕是张先生的首创。 况且，译成"关联文本"其实是不恰当的，因为一切"文"不管有无关联，都具有文际关系。罗兰·巴特的 inter-texte 观念旨在消除起源与影响的历史源流关系，强调平等互涉的共同关系。 倘若译成关联文本，则具有源流关系者，岂不是最大的"关联"吗？ 这与罗兰·巴特的出发点明显不合。

texte 一般通译作"文本"，但巴特所谓的 texte，不能译为"文本"。巴特乃取用 texte 的词源义："织品"。 用以强调 texte 的生成、编织的延展不已。 "文(Texte)意思是织物(Tissu)；不过，迄今为止我们总是将此织物视做产品，视做已然织就的面纱，在其背后，忽隐忽露地闪现着意义(真理)。 如今我们以这织物来强调生成的观念，也就是说，在不停地编织之中，文被制就，被加工出来；主体隐没于这织物——这纹理内，自我消融了，一如蜘蛛叠化于蛛网这极富创造性的分泌物内。 倘若我们喜好新词的话，则可将文论(la théorie du texte)正名为 hyphology(织物论)(hyphos 乃织物及蛛网之意)。"(Barthes 1973:100—101)这一过程无端无涯，亦无中心，亦无基点。

> 文是语言的一块碎片,将自身置于诸类语言的一种恰当关系上(一种透视点上)。传授某类文的知识,或展示对文的某种理论思考,便意味着我们自身以此或彼方式重现文的编织实践。(Barthes 1994:1680)

> 即便写完了(凝定了),文也不断工作着,维持着生产的过程。文工作着什么呢? 整体语言(La langue)。文将用于交流、描述或表达的整体语言解构掉(个体或集体之主体在整体语言处也许会有作了模拟或表达的幻象),重建另外一种整体语言,庞大,无底无面,因为它的空间不是画像、

舞台场面和镜框那般的，而是立体平画法的空间，组合的无穷变幻的空间，一旦越出（因循意见的）日常交流和叙事的逼真性或推论的可能性所具的界限，就会有那样的空间。（Barthes 1994:1681）

"庞大，无底无面"，"组合的无穷变幻的空间"，实际上与日常的"空间"意义截然不同。而汉语语词"文本"之"本"，则蕴含着"范围"、"界域"、"原本"、"依据"之类的意义，与巴特所称的 texte 不合。汉语内有一个字，其词源义也表示编织、交错，它就是"文"。《易·系辞》称："物相杂，谓之文。"《国语·郑语》道："物一无文。"《说文》解释为："文，错画也。"所以用"文"来译 texte，是用古义来译古义，最为精确。

我们再来谈谈索绪尔三个术语的翻译。《普通语言学教程》中译本虽是迟至 1980 年方出版，然而在建国前，陈望道、方光焘诸先生即已介绍索绪尔的语言理论。至五六十年代，高名凯、方光焘诸先生之间就索绪尔理论曾有激烈的讨论，"语言"、"言语"和"言语活动"也是当时讨论之际的共用术语。但方光焘先生觉得："在语言学中，使用'言语'这一术语是否妥当，还是可以讨论的。过去，我们也曾用'言'、'言谈'来翻译索绪尔的 parole，陈望道先生也曾译为'辞白'。……我国心理学者首先使用了（言语）这个译语。……为了避免误解，是否可以改用别的术语，我个人没有成见。"（方光焘 1997:389）陈望道先生 1938 年在《论语言》一文中，将 langage 译为"语言"或"语言活动"，langue 译为"话语"或"言语"，parole 译作"言谈"或"言"。（陈望道 1986:307—309）语言学界对这三个术语的汉语译名也一直有种种不同意见。许国璋先生就认为："langage 译成'言语活动'（俄语是这样译的），我觉得可以商量。langage 是多形式的，杂糅的，不成系统的一种初级事物，从中抽象出来'语言'（langue），而 langage 本身则是'言语'（parole）。因此，'言语活动'中'言语'一词是完全可以接受的。但是加了'活动'这一尾巴，又如何增加它的区别性？因为'言语'本身是有活动的。是不是译为'群体言语'，比较接近于索绪尔所说的杂糅性？如果这一译法可以接受，是不是干脆把 parole 译为'个体言语'？"（许国璋 1997:175）即便在西语中，各类译法也是丛出的。　意大利语言学家茅赢《索绪尔普通语言学教程评注本》罗列了十三种语言的对译（Mauro 1972：423—425）。

其中德语为：隆梅尔（Lommel）以 Sprache（语言）译 langue，以 menschliche Rede（人类话语）译 langage，以 das Sprechen（言说）译 parole。　巴尔丁格（Baldinger）等则以 Rede（话语）译 parole。　奥托（Otto）等以 Sprachtum（语言总体）译 langue，以 Sprechakt（语言行为）译 parole，以 Sprache（语言）译 langage。　波齐格（Porzig）以 Gespräch，das wirkliche Sprechen（实际的言说）译 parole。　基柏（Gipper）以（Mutter）Sprache（母语，总语）或（Einzel）Sprache（纯体语言）译 langue，以 Sprech（akt）（语言行为）parole，以 Sprach（fähigkeit）（语言能力）译 langage。

英语为：巴斯金（W. Baskin）以 language（语言）译 langue，speech 或 human speech（人类言语能力）译 langage，speaking（言说）译 parole。

西班牙语为：阿隆索（A. Alonso）以 lengua（语言）、lenguaje（语言表达方式、语言行为）、habla（言说）译 langue、langage、parole。　同时也以 circuito de la palabra，palabras（言语的交流）译 parole。

匈牙利语为：勒林奇（E. Lörinczy）以 nyelv（自具特性的语言）译 langue，beszéd（言谈）译 parole，nyelvezet（语言行为）译 langage。

意大利语为：孔特（M. E. Conte）以 atto linguistico（语言表达、语言行为）译 parole。

波兰语为：以 mowa jednostkowa（个人语言）译 parole。

瑞典语为：伦内尔（Regnéll）以 språk 译 langue，tal som konkret fenomen（具体的言语事件）译 parole。　马尔姆贝里（B. Malmberg）以 Språket och mänriskan（形形色色的语言活动）译 langage。

俄语为：Vvedenskij 以 rečevaja dejatel'nost（言语活动）译 langage（但俄文本《索绪尔普通语言学札记》编辑者斯留萨列娃认为"言语活动"译成"语言活动"更好些）。

另外，英语译名除茅赢提及者外，尚有哈里斯（R. Harris）的译法，他用 the language 译 langue，language 译 langage，speech 译 parole。（cf. Saussure 1983）霍尔德克罗夫特（D. Holdcroft）则以 natural language（原朴语言）译 langage，a particular language（特定语言）译 langue，speech（言语能

力）译 parole。（Holdcroft 1991：20）

这些译名大多含具了释义的性质。 如何予以精确地界定，我们只能从索绪尔本人的阐释中来求得。

索绪尔《第一次普通语言学教程（1907）》道："内在的 langage 可看做为 parole 的预先思索。 惟于内在的 langage 里，方具预先思索，我们其实能自言自语。 正是在 parole 中表出之后，新的形式才在 langue 里呈固定之势，成为得到确认的形式。"（Saussure 1993：129—130）《第三次普通语言学教程（1910—1911）》称："langue 现象作为一个完整体……"（Saussure 1993：181）"……同质的整体（此整体即 langue）。"（Saussure 1993：188）"语言学的一个目标，就是要界定自身，识别自身所统领的范围。 ……也就是说，以 langage 的所有表现形式，论及 langage，论及最为广泛的可能领域所涉的对象。"（Saussure 1993：186）在每一个体身上，都存在着 langage 的能力，此能力首先以声音形式呈现出来，依照须集体遵循的 langue，具体地运用这种能力。 "langue 必然具有社会性。 langage 必然不具有社会性。 后者可以在个体层面上专门予以界定。 它是抽象之物，需要人类将其显现出来，使之具体化。 ……经由了 langue 和 langage 能力的区分，我们也就区分了：(1)社会性之物和个体性之物，(2)本质性之物和或多或少偶然性之物。 ……听觉印象与概念相结合，这是 langue 本质的方面。 正是在发音的产生过程中，吸纳了种种偶然之物，因为呈现出来的重复不是丁是丁卯是卯，这点为事实的无限种类、发音的多样变化的根源，它们是一大群偶然之物。"（Saussure 1993：189）"我将 langue 和 langage 置于相对之地，langue 是 langage 的一个根本部分。"（Saussure 1993：276）"langue……是社会产物，其存在使得个体可以运用 langage 能力。 ……langage 面貌无定，乃是一个复杂多变、无章可循的领域。"（Saussure 1993：276）"langue 虽则复杂，却呈现为一个可抽析的总体（整体）（tout），一个自成一体的机体（un organisme en soi），就此说来，它是可分类的。 langue 呈现为心智能领会的一个总一体（统一体）（unité）。 ……langage 能力可说作为我们天然就获得的一种能力而展显在我们面前（引案：人类 langage 能力是天赋的，这是 langage 能力的面目），与之相反，langue 则是得到确认和约定之物。"（Saussure 1993：276—277）"由 langage 构成的全部是无法分类的，因为不具备同质的统一性(unité homogène)。"(Saussure 1993:304—305)"运用、实现依旧是个体行为,彼处,我们确断为 parole 的领域。"(Saussure 1993:279)

据索绪尔自身的阐释,langue 是同质的完整体,具有总一性、社会性和本质性,是业已确认和约定之物。

再来看诸国语言学家的译法,觉得奥托等以 Sprachtum(语言总体)、基柏以(Mutter)Sprache(母语,总语)或(Einzel)Sprache(纯体语言)、勒林奇以 nyelv(自具特性的语言)来翻译 langue,是确切的。 因而《S/Z》中译本译作"总体语言"。 也可译为"整体语言",或许更明确些。 在《文之悦》中译本就采用了"整体语言"或"整体语言结构"的译名。 巴特《符号学基本概念》I.1.4.引述 V. 步隆达(Viggo Brøndal)对语言的界定,道: "langue 是完全无形的存在,是超越个人的规范、基本型式的模具。 parole 以无限多样的方式实现 langue。"(cité par Barthes 1993:1472)步隆达《结构语言学》一文审慎地提出了"用法"(usage)这一概念,以为是 langue 和 parole 之间的中介,是种次要的规范,可以为语言的抽象且高级的系统所采纳。 叶尔姆斯列夫(Hjelmslev)则以"图式(schema)/用法"替代"langue/parole"。 罗兰·巴特在很大程度上沿用了叶尔姆斯列夫的"图式"的意义,因而译 langue 时,缀上了"结构"一词,成"总体语言结构"一名(《文之悦》中译本为"整体语言结构"),以见递嬗之迹。

索绪尔所谓的 langage,是天赋的,人类心智固有的,涉及最为广泛的可能领域,也就是涉及"一般文化",它以声音形式呈现出来,是一大群偶然之物,无法分类,变化多端,具有群杂性,我们便将 langage 译为"群体语言",同时 langage 也指最广泛意义上的语言,因而又译作"语言"。

奥托等以 Sprache(语言)、基柏以 Sprach(fähigkeit)(语言能力)、巴斯金以 speech 或 human speech(人类言语能力)、马尔姆贝里以 Språket och människan(形形色色的语言活动)、霍尔德克罗夫特以 natural language(原朴语言)译 langage,是恰当的。

语言的运用或实现永远是由个体进行的,故 parole 相应地译作"个体语言"、"言说"。

隆梅尔以 das Sprechen(言说)、奥托等以 Sprechakt(语言行为)、波齐格以 Gespräch, das wirkliche Sprechen(实际的言说)、基柏以 Sprech(akt)

(语言行为)、巴斯金以 speaking(言说)、阿隆索以 circuito de la palabra, palabras(言语的交流)、孔特以 atto linguistico(语言表达、语言行为)、波兰语以 mowa jednostkowa(个人语言)、伦内尔以 tal som konkret fenomen(具体的言语事件)译 parole,是正确的。

许国璋先生译 langage 为"群体言语"、parole 为"个体言语",对我有莫大的启发。 但我认为无论 langage、 langue,还是 parole,都是"语言",为"语言"的存在或显现的三种不同样式,所以通译作"群体语言"、"抽象的整体语言"(总体语言)、"个体语言"。 据索绪尔的界定:群体语言=抽象的整体语言(或译为总体语言,纯体语言)+个体语言。 也就是说,人类心智固有且丛杂原朴的群体语言,经由个体语言的运用,才构成抽象的整体语言(总体语言),具有规则和本质,进而反过来规约个体语言,所以索绪尔着意研究抽象的整体语言(总体语言)。

至于这三个术语的汉译名是否确切,要看知识界是否接受。 接受了,就是确切的,否则,便是不确切的。 这是语言的社会约定性。 尼采曾就修辞手法问题述说这层关系:"语言由个别言语艺术家创制出来,但由群众集体的趣味作出抉择,这一事实规定着语言。 只有极少数的个人表出修辞手法,其功效则在成为众人的导引。 倘若这些修辞手法没有盛行开来,那么,人人都会诉诸通常的惯用法层面,以显示种种手法的不规范,文理不通。 某一修辞手法寻不到买主,就属谬误之物。 一谬误之物被某些惯用法接纳,就成为一修辞手法。"(尼采 2001:21—22)与这种社会力量的作用形影相并的,还有时间的作用。 "离开了时间,语言现实性就不完备,任何结论都无法作出。"(索绪尔 1980:116)随着时日的推移,知识界或许接受我的译名,从而成为"规范",也是说不定的。

问题的关键其实在于能否驳倒我的译名所依赖的学理根据。

参考文献

　　Barthes, Roland. 1973. *Le Plaisir du texte*. Paris: Seuil.
　　Barthes, R. 1993. 《Eléments de sémiologie》. dans les *Œuvres Complètes*. T. I. Paris: Seuil.
　　Barthes, R. 1994. 《Texte》. dans les *Œuvres Complètes*. T. II. Paris: Seuil.
　　Holdcroft, David. 1991. *Saussure: Signs, System, and Arbitrariness*. New York: Cambridge university press.
　　Mauro, T. de. 1972. *Cours de linguistique générale*. Édition critique préparée, notes biographiques

et critiques sur F. de Saussure. Paris：Payot. Transl. from the It. *Corso di linguistica generale di Ferdinand de Saussure*. Bari：Laterza，1967.

Saussure，F. de. 1983. *Course in General Linguistics*，trans. R. Harris. London：Duckworth.

Saussure，F. de. 1993. *Cours de linguistique générale*. *Premier*（pp. 11—176；1907）*et troisième*（pp. 181—368；1910—1911）*cours d'après les notes de Riedlinger et Constantin*. Texte établi par Eisuke Komatsu. Tokyo：Université Gakushuin.

巴特，《S/Z》（屠友祥译），上海：上海人民出版社 2000 年版。

巴特，《文之悦》（屠友祥译），上海：上海人民出版社 2002 年版。

尼采，《古修辞学描述》（屠友祥译），上海：上海人民出版社 2001 年版。

索绪尔，《普通语言学教程》（高名凯译），北京：商务印书馆 1980 年版。

索绪尔，《索绪尔第三次普通语言学教程》（屠友祥译），上海：上海人民出版社 2007 年版。

方光焘，《漫谈语言和言语问题》，收于《方光焘语言学论文集》（原载 1962 年 10 月《江海学刊》），北京：商务印书馆 1997 年版。

陈望道，《陈望道语文论集》，上海：上海教育出版社 1986 年版。

许国璋，《从两本书看索绪尔的语言哲学》，收于《许国璋文集》第一卷（原以《关于索绪尔的两本书》为名刊于《国外语言学》1983 年第一期），北京：商务印书馆 1997 年版。

索绪尔已刊论著与未刊手稿整理状况简目

索绪尔生前已刊的论文、书信及观点片断

一、1878 年 12 月(版权页标为 1879 年),索绪尔 21 岁,出版长篇论文
《论印欧语元音的原始系统》(*Mémoire sur le système primitif des voyelles*
dans les langues indo-européennes. Leipzig:Teubner),被当时语言学界视为
天才之作。

二、1922 年,巴利和戈蒂埃将索绪尔生前已刊的诸多印欧语研究论文
编为《索绪尔已刊科学论文集》(共 641 页)(*Recueil des publications*
scientifiques de Ferdinand de Saussure. éd. par Charles Bally et Léopold
Gautier. Lausanne:Librairie Payot),其中含著名论文《论印欧语元音的原
始系统》(第 1—268 页)。这些已刊论文大多是索绪尔 1880—1891 年参与巴
黎语言学协会,回日内瓦后,1894 年组织第十届国际东方学大会,1901—
1904 年参与日内瓦历史与考古学协会之类工作的反映。至 1913 年去世,索
绪尔这 10 年间基本上处于沉默状态,但留下大量珍贵手稿。

三、除此论文集外,日内瓦大学心理学教授弗洛诺乙(Théodore
Flournoy,1854—1920)1893 年出版的《光幻觉现象(带有色彩的听觉)》
[*Des phénomènes de synopsie*(*Audition colorée*). Paris:F. Alcan;Genève:
Ch. Eggimann] 讨论听觉引起的色觉,在第 50—52 页引用"杰出的语言学
家"索绪尔有关元音色觉问题的论述。这与索绪尔语言符号联想关系的观
点密切相关。

1900 年,弗洛诺乙将观察通灵者"爱勒娜·丝迷黛"的结果写成《从印

度到火星》(*Des Indes à la planète Mars*：*Étude sur un cas de somnambulisme avec glossolalie*. Paris：F. Alcan；Genève：Ch. Eggimann)一书出版。 其中收录了多封索绪尔与弗洛诺乙讨论丝迷黛梦游状态下所说所写类梵文的书信，涉及语言创制的无意识问题。 这是专业心理学家、精神分析学家和专业语言学家的第一次合作，也是精神分析与语言学的初次相遇。

四、1907 年 7 月 29 日，索绪尔在《日内瓦日报》(*Journal de Genève*)发表关于 Paul Oltramare《印度灵智学思想史，第一卷，婆罗门灵智学》(*L'Histoire des idées théosophiques dans l'Inde*，I，*La théosophie brahmanique*)的书评《婆罗门灵智学》。 当时知识界视索绪尔为"杰出的东方学家"(弗洛诺乙语)，索绪尔从巴黎回到日内瓦后除教书之外唯一的公开活动，就是组织过一次颇具规模的东方学大会。 这是发现印欧语系各语言亲缘关系的必然结果，研究梵语，必研究这语言蕴含的思想，同时也与索绪尔喜好理论思索的习性相吻合。

索绪尔身后由他人整理发表的函札、论著手稿及学生听课笔记

§ 普通语言学研究之部

一、 1916 年，巴利和薛施蔼编辑出版索绪尔《普通语言学教程》。

1957 年，葛德尔出版《索绪尔普通语言学教程稿本溯源》(R. Godel，*Les sources manuscrites du Cours de linguistique générale de F. de Saussure*. Genève：Librairie Droz)，分析了通行本材料来源和两位整理者的改编工作，并就索绪尔涉及的重要理论专题按脉络作了梳理。

1967 年，意大利语言学家茅赢(T. de Mauro)出版《普通语言学教程评注本》(*Corso di linguistica generale di Ferdinand de Saussure*. Bari：Laterza，1967；*Cours de linguistique générale*. Édition critique préparée，notes biographiques et critiques sur F. de Saussure. Paris：Payot，1972)。

1967—1968 年和 1974 年，恩格勒出版《普通语言学教程校证本》(*Cours de linguistique générale*. t.1—2. Édition critique par Rudolf Engler. Wiesbaden：Otto Harrassowitz)，按通行本《教程》的框架，用新发现的学

生笔记及索绪尔的手稿，加上巴利和薛施蔼所用学生笔记的原件，试图还原索绪尔理论。

日本学者小松英辅在 90 年代编辑出版了索绪尔先后讲授三次的普通语言学课程的学生笔记原本 [*Cours de linguistique générale. Premier*（pp. 11—176；1907）*et troisième*（pp. 181—368；1910—1911）*cours d'après les notes de Riedlinger et Constantin*. Texte établi par Eisuke Komatsu. Tokyo：Université Gakushuin；*Deuxieme Cours de linguistique générale*（1908—1909）*d'après les cahiers d'Albert Riedlinger et Charles Patois*. Texte établi par Eisuke Komatsu. Oxford：Pergamon]，不再按照巴利和薛施蔼编辑本的框架，而是让原始笔记依原貌呈现，更有利于展显索绪尔理论的脉络，尤其是最具系统之第三次普通语言学课程的孔斯唐丹笔记到 50 年代才由其后人献出，巴利和薛施蔼当时没有见到。 但小松英辅的第一次和第三次教程合编本偶有印刷错误。

日内瓦 Droz 出版社 2006 年印行的《索绪尔集刊》（*Cahiers Ferdinand de Saussure*）第 58 期也全文刊载了第三次普通语言学课程的孔斯唐丹笔记。

1980 年，商务印书馆出版高名凯译，岑麒祥、叶蜚声校注的《普通语言学教程》巴利及薛施蔼编辑本。

2001 年，江苏教育出版社印行裴文重译的通行本《普通语言学教程》。

2001 年，湖南教育出版社印行张绍杰从英译文翻译的《索绪尔第三度讲授普通语言学教程》孔斯唐丹笔记。

2002 年，上海人民出版社印行屠友祥从法文翻译的《索绪尔第三次普通语言学教程》孔斯唐丹笔记，2007 年出新版，收入上海世纪出版集团"世纪文库"。 小松英辅整理的第一次和第二次教程，屠友祥也已经译完，因巴黎 Gallimard 出版社也准备印行普通语言学课程的全部学生笔记，不知整理情况如何，中译本需与之参校，方可印行。

二、 2002 年，布恪和恩格勒编辑出版《索绪尔普通语言学文集》（Ferdinand de Saussure，*Écrits de linguistique générale*. Texte établi et édité par Simon Bouquet et Rudolf Engler. Paris：Éditions Gallimard），这是根据 1958 年索绪尔两个孩子哈伊蒙及雅克提供给日内瓦公共与大学图书馆的手稿及 1996 年翻修索绪尔日内瓦宅第"橘园"时所发现手稿的汇集，前者恩

格勒 1974 年曾在《普通语言学校证本》第二卷印行过(*Cours de linguistique générale*. t. 2，fasc. 4：*Appendice，Notes de F. de Saussuresur la linguistique générale*. Édition critique par Rudolf Engler. Wiesbaden：Otto Harrassowitz)。 此书的内容是索绪尔理论的精髓所在，具有重大的价值，但布恪和恩格勒的文字整理工作有可商之处，存在整页或整段文字颠倒错乱的问题，尤其是索绪尔写于页边的文字究竟应置于正文何处，仍需从内在理路出发重新定夺。

屠友祥已译出《索绪尔普通语言学文集》，尚需精细校订和斟酌，方可印行。

§传奇研究之部

意大利学者 Anna Marinetti 和 Marcello Meli 在 1986 年整理出版了索绪尔论《尼伯龙根》等德国传奇的几乎全部法文手稿 [Ferdinand de Saussure，*Le leggende germaniche*. Edition des manuscrits mythographiques établie par Anna Marinetti et Marcello Meli. Este(Padoue)：Zielo] (全书511 页)。

之前，另一位意大利学者 D'A. S. Avalie 在 1972 年编辑出版了索绪尔一部分论德国传奇的手稿(Ferdinand de Saussure，*Note sulle leggende germaniche*. raccolte da D'Arco Silvio Avalle. Torino：G. Giappichelli)，Avalie 1973 年在《索绪尔的叙事符号学》一文内收录了索绪尔论德国传奇的重要理论性段落(《La sémiologie de la narrativité chez Saussure》，in：*Essais de la théorie du texte*，éd. par Charles Bouazis. Paris：Galilée，1973：19—49)。

1984 年，《索绪尔集刊》发表意大利学者 Aldo Prosdocimi《论索绪尔的德国传奇研究》一文 [《Sul Saussure delle leggende germaniche》，in：*Cahiers Ferdinand de Saussure*，n°37(1983)：35—106]，其中大量引用了索绪尔手稿原文。

日本学者小松英辅 1985 年也编辑出版了部分论传奇《特里斯坦》的手稿(《Tristan：notes de Saussure》，éd. par Eisuke Komatsu. Tokyo：The annual collection of essays and studies/Faculty of letters，Gakushuin

University. 1985，vol. 32:149—229）。

2003 年，Béatrice Turpin 整理发表了索绪尔论传奇有关象征、符号、历史、神话诸问题的手稿（《Légendes et récits d'Europe du Nord: de Sigfrid à Tristan》，éd. par Béatrice Turpin. in: *Saussure*. Paris: Éditions de l'Herne，2003:351—429）。

§易音铸词研究之部

斯塔罗宾斯基 1971 年编辑整理并加评语出版了索绪尔关于易音铸词的手稿，取名为《字下之字：菲尔迪南·德·索绪尔的易音铸词》（Jean Starobinski，*Les mots sous les mots*：*Les anagrammes de Ferdinand de Saussure*. Paris: Éditions Gallimard）。

1974 年，《研究》第十六期刊载了索绪尔关于维吉尔的两个未刊笔记（*Deux cahiers inédits sur Virgile*，in: *Les Deux Saussure*. *Recherches—Sémiotexte*，n°16:113—134. Paris）。

冈铎 2002 年在其专著《危险建筑：索绪尔解读卢克莱修，〈物性论〉易音铸词研究笔记》（Francis Gandon，*De dangereux édifices*：*Saussure lecteur de Lucrèce*，*les cahiers d'anagrammes consacrés au* "De Rerum Natura". Louvain-Paris: Éditions peeters）后半部（pp. 211—379）影印了索绪尔手稿（*Saussure lecteur de Lucrèce*：*morceaux choisis*）。

2003 年，冈铎整理发表索绪尔论卢克莱修十一行诗中关于情爱幻象的易音铸词问题手稿（《Chaos des corps, chora des mots: Onze vers de Lucrèce sur l'illusion amoureuse》，éd. par Francis Gandon. in: *Saussure*. Paris: Éditions de l'Herne，2003:430—441）。

§语音学研究之部

一、1968 年，哈伊蒙·德·索绪尔向哈佛大学霍顿专藏室提供了一批其父亲的手稿，其中最重要的是一部语音学论文手稿及若干印度学研究手稿，雅各布森 1969 年对其中重要的音位理论观点作了详细引述 [Roman Jakobson，"Saussure's unpublished reflections on phonemes." *Cahiers Ferdinand de Saussure*，n° 26（1969）：5—14. Genève: Librairie Droz.

《Réflexions inédites de Saussure sur les phonèmes》. *Essais de linguistique générale*. t. Ⅱ. *Rapports internes et externes du langage*. 1973：287—295. Paris：Les Éditions Minuit〕。

Herman Parret 介绍了哈佛藏手稿的总体情况，对其中精要之处作了摘编〔《Les manuscrits saussuriens de Harvard》，publiés partiellement par H. Parret. *Cahiers Ferdinand de Saussure*，n°47（1993）：179—234. Genève：Librairie Droz〕。

意大利学者 Maria Pia Marchese 于 1995 年完整地整理出版了这部法文手稿〔*Phonétique*：*il manoscritto di Harvard Houghton library bMs Fr 266（8）*. edizione a cura di Maria Pia Marchese. Padova：Unipress〕。

二、2002 年，Maria Pia Marchese 整理出版了日内瓦公共与大学图书馆收藏的《领音（响音）理论》手稿（Ferdinand de Saussure，*Théorie des sonantes*：*il manoscritto di Ginevra*，*BPU Ms. fr. 3955／1*. xxxvi＋132 p.；edizione a cura di Maria Pia Marchese. Padova：Unipress）。

三、1981 年，Reichler-Béguelin 阐释并整体地整理引用了索绪尔 1909—1910 年讲授的语音学课程（希腊语和拉丁语辅音系统）的学生笔记〔Marie-José Reichler-Béguelin，《Le consonantisme grec et latin selon F. de Saussure：Le Cours de phonétique professé en 1909—1910》. *Cahiers Ferdinand de Saussure*，n°34（1980）：17—97〕。

四、2009 年，René Amacker 整理发表了索绪尔有关立陶宛语声调研究方法论问题的两篇断章〔René Amacker，《F. de Saussure，Deux fragments méthodologiques à propos de l'intonation lituanienne（AdS 378/12，1894）》. *Cahiers Ferdinand de Saussure*，n°61（2008）：159—173〕。

§杂论之部

1960 年，葛德尔编辑发表了索绪尔 1903 年所作《关于青少年时期和求学年代的回忆》手稿〔《Souvenirs de F. de Saussure concernant sa jeunesse et ses études》，éd. par R. Godel. *Cahiers Ferdinand de Saussure*，n°17（1960）：12—25. Genève：Librairie Droz〕。

葛德尔所编《语言学日内瓦学派读本》收入索绪尔《形态学与静态语言

学：若干基本原则》手稿 [《Morphologie et Linguistique statique：quelques principes généraux》，in：R. Godel(éd.)，*A Geneva School Reader in Linguistics*. Bloomington/London：Indiana University Press，1969：23—52] 。

1976 年，Redard 所作《菲尔迪南·德·索绪尔和路易·阿韦》整理引用了索绪尔词源学手稿 [Georges Redard，《Ferdinand de Saussure et Louis Havet》. in：*Bulletin de la Société linguistique de Paris*，n°71(1976)：313—349] 。

1978 年，Davis 整理发表了索绪尔十四岁半时的处女作《试论希腊语、拉丁语和德语的词可约简为少量词根》 [《Essai pour réduire les mots du grec，du latin et de l'allemand à un petit nombre de racines》，éd. par Boyd Davis. *Cahiers Ferdinand de Saussure*，n°32(1978)：73—101] 。

1983 年，列维-斯特劳斯整理发表了索绪尔一篇有关专名问题的手稿 (C. Lévi-Strauss，《Religion，langue et histoire：à propos d'un texte inédit de Ferdinand de Saussure》. *Méthodologie de l'histoire et des sciences humaines*. *Mélanges en l'honneur de Fernand Braudel*. t. II：325—333. Toulouse：Privat，1972)中译文"宗教、语言和历史：关于索绪尔一篇未发表的文章"，收入《遥远的目光》（邢克超译），中国人民大学出版社 2007 年版。

1988 年，Amacker 和 Bouquet 整理发表了索绪尔十八则词源学手稿 [René Amacker et Simon Bouquet，《Dix-huit notes étymologiques inédites de Ferdinand de Saussure》. *Cahiers Ferdinand de Saussure*，n°42(1988)：215—244] 。

1995 年，Abe 整理发表了索绪尔希腊语和拉丁语比较语法课程里德林格的笔记 [《Grammaire comparée du grec et du latin(1907—1908) notes d'Albert Riedlinger》，éd. par Hiroschi Abe. in：*Saussure and Linguistics Today*. Roma：Bulzoni Editore，1995：51—65] 。

1999 年，Arsenijević 整理发表了索绪尔关于名称问题的手稿 [《Manuscrit inédit de Ferdinand de Saussure à propos des noms de *Genthod*，*Écogia*，*Carouge* et *Jura*》，éd. par Milorad Arsenijević. *Cahiers Ferdinand de Saussure*，n°51(1998)：275—288] 。

2007 年，Amacker 整理发表了 1894 年第十届国际东方学大会会议记录内索绪尔有关梵文字母标注问题的见解 [René Amacker，《Saussure et la transcription officielle du sanscrit（1894）». *Cahiers Ferdinand de Saussure*，n°59（2006）：175—178]　。

§函札之部

本韦尼斯特 1964 年编辑发表索绪尔与梅耶的通信 [«Lettres de Ferdinand de Saussure à Antoine Meillet»，édité par E. Benveniste. *Cahiers Ferdinand de Saussure*，n°21（1964）：92—135. Genève：Librairie Droz]　。

1967 年，Gazdaru 编辑发表索绪尔与意大利语言学家 Ascoli 的通信（Correspondencia Ferdinand de Saussure—G. I. Ascoli. in：*Controversias y documentos*，éd. par Demetrio Gazdaru. La Plata：Universidad Nacional de La Plata，1967：179—184）。

1968 年，Nava 编辑发表索绪尔与意大利诗人 Pascoli 的通信 [«Lettres de Ferdinand de Saussure à Giovanni Pascoli»，éd. par Guiseppe Nava. *Cahiers Ferdinand de Saussure*，n° 24（1968）：73—81. Genève：Librairie Droz]　。

1971 年，雅各布森编辑发表索绪尔致梅耶关于易音铸词的第一封信 [Roman Jakobson，«La première lettre de Ferdinand de Saussure à Antoine Meillet sur les anagrammes». in：*L'Homme*（1971）：11/2：15—24. *Questions de poétique*. Paris：Éditions du Seuil，1973：190—201]　。

1972 年，斯柳莎列娃编辑发表索绪尔致博杜恩的信函 [«Lettres de Ferdinand de Saussure à J. Baudouin de Courtenay»，éd. par N. A. Sljusareva. *Cahiers Ferdinand de Saussure*，n°27（1970/72）：7—17. Genève：Librairie Droz]　。

1973 年，葛德尔在《关于索绪尔在立陶宛的旅行》一文后发表了索绪尔 1889 年 11 月 23 日致 C. Jaunius 的信函 [Robert Godel，«A propos du voyage de Ferdinand de Saussure en Lituanie»，Lettre de F. de Saussure à C. Jaunius. *Cahiers Ferdinand de Saussure*，n°28（1973）：13—15]　。

1973 年，Pirockinas 编辑发表了索绪尔 1894 年 8 月 14 日致 Zubatui 的信函 [«Lettre à J. Zubatui du 14 août 1894»，éd. par A. Pirockinas. in：*Baltistica*，9（2）：199—202]　。

　　1975 年，Candaux 在《索绪尔，语言学家在十四岁半的时候》一文内编辑发表了索绪尔 1872 年 8 月 17 日致庇克岱的一封信 [Jean-Daniel Candaux，《Ferdinand de Saussure linguiste à quatorze ans et demi》. *Cahiers Ferdinand de Saussure*，n°29(1974—1975):7—12]。

　　1975 年，Louca 编辑发表了索绪尔致 Berchen 的信函 [《Lettres de Ferdinand de Saussure à Max van Berchen》，éd. par Anouar Louca. *Cahiers Ferdinand de Saussure*，n°29(1974—1975):27—36]。

　　1986 年，布恪整理发表了在法兰西学院梅耶档案室发现的索绪尔致梅耶函 [Simon Bouquet，《Documents saussuriens retrouvés dans les archives d'Antoine Meillet au Collège de France》. *Cahiers Ferdinand de Saussure*，n° 40(1986):5—9]。

　　1986 年，弗洛诺乙的孙女 Olivier Flournoy 所著《特俄道赫与列俄波：从特俄道赫·弗洛诺乙到精神分析学》后半部(Olivier Flournoy，*Théodore et Léopold*. *De Théodore Flournoy à la psychanalye*. *Correspondance et Documents de Hélène Smith*，*Ferdinand de Saussure*，*Auguste Barth*，*Charles Michel*. Neuchâtel: Éditionss de La Baconnière，1986:115—211)收入了比弗洛诺乙《从印度到火星》更为完备的书信文献。

　　1988 年，Joseph 整理发表了索绪尔致惠特尼的一封信，作为两位语言理论家 1879 年在柏林会面的证据 [John E. Joseph，《Saussure's meeting with Whitney，Berlin，1879》. *Cahiers Ferdinand de Saussure*，n°42(1988): 205—214]。

　　1991 年，Villani 整理发表了保存在莱比锡大学索绪尔档案及柏林斯特莱特贝格(Wilhelm August Streitberg)遗物内的索绪尔信件 [Paola Villani，《Documenti saussuriani conservati a Lipsia e a Berlino》. *Cahiers Ferdinand de Saussure*，n°44(1990):3—33]。

　　1995 年，Décimo 整理发表了索绪尔 1881—1888 年的信函，这段时间属索绪尔巴黎时期(1881—1891) [Marc Décimo，《Saussure à Paris》. *Cahiers Ferdinand de Saussure*，n°48(1994):75—90]。

　　1995 年，René Amacker 整理发表了索绪尔与巴利的通信汇集 [René Amacker，《 Correspondance Bally-Saussure 》. *Cahiers Ferdinand de*

Saussure，n°48(1994)：91—134〕。

2003 年，Buss、Ghiotti 和 Jäger 整理发表了索绪尔莱比锡时期(1876—1880)的书信〔《Lettres de Leipzig(1876—1880)》，éd. par Mareike Buss，Lorella Ghiotti，Ludwig Jäger. in：*Saussure*. Paris：Éditions de l'Herne，2003：442—472〕。

2009 年，Pierre-Yves Testenoire 整理发表了索绪尔 1906 年 7 月 30 日致巴利信函的草稿，谈对易音铸词问题的想法〔Pierre-Yves Testenoire，《Une étape inédite de la réflexion anagrammatique：Le brouillon d'une lettre de Ferdinand de Saussure à Charles Bally daté du 30 juillet 1906》. *Cahiers Ferdinand de Saussure*，n°61(2008)：239—250〕。

索绪尔手稿选编及中译文

51

— Une forme est une figure vocale qui est pour
la conscience des sujets parlants à la fois ~~existante~~ et
~~délimitée~~ déterminée , c'est à dire à la fois exis=
tante et délimitée. Elle n'est rien de plus ; comme
elle n'est rien de moins. Elle n'a pas nécessairement
un sens précis ; mais elle est ressentie comme quel-
que chose qui est ~~et qui~~ pour l'esprit qui ne
de plus ne serait plus, ou ne serait plus la même chose, si
on changeait quoi que ce soit à son exacte conformation

(Je doute qu'on puisse définir la forme par
rapport à la figure vocale ; il faut partir
de la donnée sémiologique)

(note)　　　　　　en replaçant
— On remarquera, au point de vue du moraliste, que
si des mots comme crime, passion vice, mensonge,
dissimulation, honnêteté, ~~~~ se voient relégués
linguistiquement dans de simples catégories négatives et
banales : il y a une véritable immoralité dans la
linguistique. Si cette immoralité était
un fait incontestable, je ne crois pas que personne
eût le droit de cacher que la langue est im-
morale, et de se refuser à la constatation d'un fait
que ce fait nous offense. Mais je ne vois pas en
quoi la morale est plus atteinte que toute autre
que la langue est immorale, ni morale : elle
est comme la nature parfaitement indifférente
on trouvera les termes comme audace

T. S. V. P.

52

ramification de la pensée par l'inconvénient
fondamental selon n'ôtera jamais de la lgue.
Il n'y a pas d'objet matériel, qui puisse
être n'l'avons vu, qui puisse être exactement
compris et atteint par un mot

Pourquoi supposerait-on par conséquent
qu'il y ait un objet

Il n'y a pas un seul objet matériel au-
quel s'applique exactement et exclusivement un
mot; cela ne supprime pas l'existence
de ces objets matériels. De même, il n'y a pas
un seul fait moral, qu'on puisse exactement
et exclusivement enfermer d'un certain terme;
mais cela n'atteint pas l'existence de ces faits
moraux.   pas seul instt

Ce qui peut être proposé come une question digne
d'examen, c'est jusqu'où le mot correspond à
un fait moral déterminé, de même qu'on est
obligé de rechercher jusqu'où l'idée d'ombre par
exemple correspond à un fait matériel déterminé.
Les deux séries d'investigations ne relèvent plus
de la longuistique. J'ajouterais, en sortant du
à peine du domaine linguistique, que le fait moral, qui n'existe
de que par la conscience, ne paraît plus l'immédiate
conscience que nous en avons, est probablement
infiniment plus important come facteur lek que par le fait
matériel qui n'arrivent que très indirectement à notre conn
et très incompletà toujours à notre conna connaissance.

53

— Une forme vocale devient 1 forme depuis l'instant qu'il

Une forme ~~et une~~ ~~figure~~ vocale ~~qui~~ on introduit

dans le jeu de signes appelé langue, de la même

façon qu'un ~~signal~~ ~~maritime~~ est un morceau

d'étoffe ~~qu'on~~ _durant à fond de cale_ ~~devient~~ un signal à l'instant

où on ~~l'insère~~ ~~dans~~ ~~une~~ il est hissé

1° parmi d'autres signes hissés au même moment

et concourant à une signification; 2° entre cent

autres qui auraient pu être hissés, et ~~pas~~ dont le

souvenir ne concourt pas moins à la

54

Monsieur le pasteur et Madame

ont l'honneur de vous faire part

des fiançailles de leur fille Sophie avec

Monsieur Wilhelm Bruckner.

Genève, Octobre 1891.

55

Comment décider si ~~ἔχγν~~ s'il y a une formation d'aoriste
si l'on n'invoque directement le sens ἔχγν si l'on n'in~~voque~~

— Que fait-on en affirmant qu'il y a une formation d'ao-
=riste ἔχγν si ce n'est d'invoquer le sens ~~d'aoriste~~ ? ~~du mot~~
Mais ~~que fait-on~~ comment en définis~~s~~ant le sens d'aoriste
~~si ce n'est d'~~ ~~examiner~~ en s'il n'y a pas des ou comment
en exister-t-il un

*n'est pas
celui de l'
imparf.
ou d'et ch.*

Tout le temps il faudra opposer ἔχγν à ~~φγγν~~ et non-seu:
=lement pr la forme mais pr le sens, et en mêm temps
λείπω : ἔλιπον non-seulement pr la forme mais pour le
sens ~~(en cherchant à ~~ôter~~ de côté le + matériel des chos~~

Comment décider si ἔχγν est une forme d'aoriste ou
s'il y a ~~une~~ des formation~~s~~ d'aoriste telle que ἔχγν à moins
d'invoquer ~~le deini~~ le sens ~~qui n'est pas celui de l'~~ imparfait
~~ou d'autre chose~~ Mais comment fixer le sens ~~de~~ d'ao-
=riste ~~ce~~ sur lequel on se fonde qu'on déclare prendre pour
~~base à moins d'invoquer la forme~~

*compare
à ἔχγν ?*

1° le sens général d'aoriste 2° le sens particulier d'ἔχγν
qui apparait aut~~re~~ ~~par~~ celui d'un imparfait. Mais ~~comment~~
~~semblable au sens général d'aoriste.~~ Mais ~~comment~~
D'où tirons-nous maintent le sens ~~général~~ d'aoriste ? sous
lequel ~~nous classer~~ les formes ? Nous le tirons uniq~ment
et purement de ces formes mêmes : il serait impossible
réciproquement de dégager une idée quelconque pouvant
~~servir de lien~~ ~~... d'aoriste à ... par ... le nom d'aoriste si~~
~~ces formes ne présentaient ... quelque chose de parti~~
Or comme on l'aperçoit immédiat~ment ces forme~s~
cette forme n'existe véritablement que par leurs différences, et opportu
~~particulier~~ n'existe à aucun moment dans
~~cette~~ particularité de la forme ne consiste absolument
en rien d'autre que dans le fait absolument négatif de l'oppo-

56

=ation ou de la différence avec d'autres formes : ainsi
ἔδειξα est différent de ἐδείκνυν, de δείκνυμι et
de δείξω — ἔλιπον est différent de ἔλειπον,
de λείπω, ou de λείψω, λέλοιπα — ἔχεα est différent
de χέω, ἔχεον, ——— ἔχρισα est différent de χρίω, χρίσω, χρίσει, etc. Mais il n'y a rien qui
[et caractérist.] soit un entre les formes ἔχην, ἔδειξα, ἔλιπον, ἔχεα,
et   Il pourrait à vrai dire très bien arriver que ces formes
eussent qch de commun et de caractéristique; mais ce serait
un pur accident comme ex. les imparfaits latins
en (-bam). Mais ce fait, s'il se produisait, n'aurait
aucune importance en principe, devrait
être considéré comme accidentel et sans portée décisive un
[d'ailleurs incontestable] simple accident : pouvant avoir certas conséquences, comme
ts les accidents dont se compose la langue, desa côté
éternelles

mais pas plus l'accident sur lequel nous renons de nous
arrêter.

Il reste maintenant à constater (IV) qu'aucune
des considérations n'est séparable.

Nous sommes toujours ramenés aux 4 termes
irréductibles et aux 13 rapports irréductibles entre eux:

$$(1 \; \text{signe} / \text{1 sem. sens en matière}) = 2 \; \text{formes} \; \text{différence entre 2}$$

ne formant
qu'un seul
tout pr
l'esprit

$$\text{formes} - \text{différence entre 2 sens} \quad (1 \; \text{forme} / 1 \; \text{autre}$$
$$\text{forme}) + = (1 \; \text{signe} / 1 \; \text{autre sens}).$$

57

— C'est là ce que nous appelons le QUATERNION FINAL, et en considérant les 4 termes dans leurs rapports : le triple rapport irréductible . C'est peut-être à tort que nous renonçons à réduire ces trois rapports à un seul ; mais il nous semble que cette tentative dépasserait la compétence du linguist.

[Capital]　Ce n'est pas la même chose de parler du rapport de la forme et de l'idée, ou du rapport de l'idée et de la forme : parce que si l'on prend pour base la forme A on embrassera (± exact) un certain nombre d'idées $a\,b\,c$; et que si l'on prend pour base l'idée a on embrassera (± exact) un certain nombre de formes, A H Z. Il y a donc le résidu $b\,c$ d'une part et H Z de l'autre (rapport $\frac{a\,b\,c}{A}$) et nul si l'on prend pour base l'idée a on embrassera ± exactem un certain nombre de formes A H Z (rapport $\frac{a}{A\,H\,Z}$) . Or il n'y a aucun moyen d'établir le rapport au moins l'un des 2 termes pour terme donné et déterminé d'avance par lui-même ; mais 2° en réalité il n'y a aucune détermination ni de l'idée ni de la forme autre que par leur conjonction fugitive qui sera exprimée si l'on extrait de leur rapport ; et ainsi la forme A n'est déterminé que par $a\,b\,c$, de même que l'idée a n'est déterminé que par A H Z . maintenant on cherche On remarque qu'il n'y a donc aucun point de départ ou point de repère quelconque de la lang

$\frac{a}{A}\quad\frac{b}{a}\quad\|\quad\frac{b}{a}$

Capitl
Capitl
Capitl
Capitl

T. S. V. P.

58

Un pareil état ne pourrait pas se produire si l'un des deux termes était régulièrement déterminé.

Il faudrait pour qu'autre chose se produisît que l'un des deux termes fût déterminé en soi-même; et c'est ce que nous supposons momentanément en parlant d'une idée a ou d'une forme A. Mais en réalité il n'y a aucune détermination ni de l'idée ni de la forme, il n'y a d'autre détermination que celle de l'idée par la forme et celle de la forme par l'idée

La 1re expression de la réalité serait de dire que la langue (c.à.d. le sujet parlant) n'aperçoit ni l'idée a, ni la forme A, mais seulement le rapport $\frac{a}{A}$; cette expression serait encore tout à fait grossière. Il n'aperçoit vraiment que le rapport entre les 2 rapports

$$\frac{a}{AHZ} \text{ et } \frac{abc}{A}, \text{ ou } \frac{b}{ARS} \text{ et } \frac{blr}{B} \text{ etc}$$

Simon Bouquet 和 Rudolf Engler 的整理：

[*Forme-Figure vocale*]

Une forme est une figure vocale qui est pour la conscience des sujets parlants *déterminée*, c'est-à-dire à la fois existante et délimitée. Elle n'est rien de plus; comme elle n'est rien de moins. Elle n'a pas nécessairement «un sens» précis; mais elle est ressentie comme quelque chose qui *est*; qui de plus ne serait plus, ou ne serait plus la même chose, si on changeait quoi que ce soit à son exacte configuration.

(Je doute qu'on puisse définir la forme par rapport à la «figure vocale», il faut partir de la donnée sémiologique.)

(Note) - On remarquera, en se plaçant au point de vue du moraliste, que si des mots comme *crime*, *passion*, *vertu*, *vice*, *mensonge*, *dissimulation*, *hypocrisie*, *honnêteté*, *mépris*, *estime*, *sincérité* se voient relégués linguistiquement sous de simples catégories négatives et passagères, il y a dans ce cas une véritable immoralité dans la linguistique ou dans la langue. Si cette immoralité était un fait attestable, je dénierais certainement à qui que ce soit le droit alors de cacher que la langue est immorale, ou de se refuser à la constatation d'un fait sous le seul prétexte que ce fait nous offense. Mais je ne vois pas en quoi la morale est plus atteinte que toute autre ramification de la pensée par l'inconvénient fondamental que l'on n'ôtera jamais de la langue.

Cet inconvénient, nous l'avons signalé après tous les autres chercheurs; il n'y a pas un seul objet matériel, nous l'avons vu, auquel s'applique exactement et exclusivement un mot; cela ne supprime pas l'existence de ces objets matériels. De même, il n'y a pas un seul fait moral, qu'on puisse exactement et exclusivement enfermer dans un certain terme; mais clea n'atteint pas un seul instant l'existence de ces faits moraux. Ce qui peut être proposé comme une question digne d'examen, c'est jusqu'où le mot correspond à un fait moral déterminé, de même qu'on est obligé de rechercher jusqu'où l'idée d'*ombre* par exemple correspond à un fait matériel déterminé. Les deux séries d'investigations ne relèvent plus de la linguistique. J'ajouterais, sans sortir du domaine linguistique, que le fait moral, lequel existe de par l'immédiate conscience que nous en avons, est probablement infiniment plus important comme facteur de la langue que le fait matériel n'arrivant que très indirectement et très incomplètement toujours à notre connaissance.

Une figure vocale devient une forme depuis l'instant crucial où on l'introduit dans le jeu de signes appelé langue, de la même façon qu'un *morceau d'étoffe* dormant à fond de cale devient un *signal* à l'instant où il est hissé 1° parmi d'autres signes hissés au même moment et concourant à une signification; 2° entre cent autres qui *auraient pu* être hissés, et dont le souvenir ne concourt pas moins à la [　]

Alessandro Chidichimo 和 Daniele Gambarara 的整理：

[55]（ *b.*)-Comment décider si ~~ἔφην est une~~ <s'il y a une> *formation d'aoriste*/si l'on n'invoque ~~directement le sens~~ ἔφην si l'on n'in/voque [　]

[（ *b.*)-Que fait-on en affirmant qu'il y a une *formation* d'ao/riste ἔφην si ce n'est d'invoquer le sens ~~d'aoriste~~<du mot, qui n'est pas celui d'un imparfait ou d'autre chose>/Mais ~~que fait on en définissant~~<comment définira-t-on> le sens d'aoriste/~~si ce n'est d'observer en s'il n'y a pas des~~ ou comment/en existera-t-il un [　]

Tout le temps il faudra opposer ἔφην à φημι<etc. > non seu-/(10)-lement pour la forme mais pour le sens, et en même temps/λείπω: ἔλιπον non seulement pour la forme mais pour le/sens]

[（ *main dessinée*)]Comment décider<en cherchant à rester dans le côté le plus matériel des choses que puisse envisager le morphologiste>

<-comment décider<（Ⅰ）>>si ἔφην est une *forme d'aoriste*<comparable à ἔβην,> ~~ou~~/s'il y a ~~une~~<des> *formation*<*s*> *d'aoriste* telle[s] que ἔφην à moins/d'invoquer<tout de suite> le *sens*：

[（*b.*）-qui n'est pas<dans ἔφην> celui ~~d'un~~<de l'>imparfait/ou d'autre chose. Mais comment fixer ~~le~~<ce> sens d'ao/riste ~~sur lequel on se fonde~~ qu'on déclare prendre pour/base à moins d'invoquer la forme [　]

1° le sens général d'aoriste 2° le sens particulier<contenu> dans ἔφην/（20）qui ~~apparaît autre que celui d'un imparfait~~<fait que cett forme ~~par ex.~~ n'est pas un imparfait comme ἐδείκνυν mais un aoriste comme ἔφην> et/semblable au sens général d'aoriste<s'il est bien décrit>. Mais ~~comment~~ <（Ⅱ）>/d'où tirons-nous<maintenant> ce sens ~~général~~ d'aoriste ~~sur/lequel nous classons~~<sans lequel il serait impossible<on vient de le voir> de classer> les formes? Nous le tirons uniquement/~~des formes~~/et purement de ces formes mêmes：il serait impossible/~~réciproquement~~ de dégager une *idée* quelconque pouvant

[（*b.*）rece/voir le nom<servir de lien aux formes sous le nom> d'aoriste à certaines formes sous le nom d'aoriste si/ ces formes ne présentaient ~~dans la~~ [　] quelque chose de particulier.]/

<être dénommé *aoriste*><s'il n'y avait *dans la forme* quelque chose de particulier>

Or<（Ⅲ）> comme on l'aperçoit immédiatement

[（*b.*）] ces formes/n'existent véritablement que par *leurs différences et opposition*[　]/<cette forme> particulière n'existe à aucun moment dans [　]

/（30）cette particularité de la forme ne consiste ~~absolument~~/en rien d'autre que dans le fait<aussi> *absolument négatif*<que possible> de l'oppo-/

[56]-sition ou de la différence avec d'autres formes：ainsi/ἔδειξα est différent de ἐδείκνυν, de δείκνυμι et / de δείξω—~~ou~~ ἔλιπον est différent de ἔλειπον, /de λείπω, ou de λείψω<et> λέλοιπα—ἔχεα est différent/de χέω,

ἔχεον, ete.<—ἤνεγμον est différent de φέρω, ἔφερον, οἴσω, ἐνήν> Mais il n'y a rien d'un qui / soit *un* <et caractéristique> entre les formes ἔφην, ἔδειξα, ἔλιπον, ἔχεα,<etc.>/Il pourrait à vrai dire très bien arriver que ces formes / eussent quelque chose de commun et de caractéristique; mais ce serait/un pur accident comme par ex. les imparfaits latins/(*10*)(en-*bam*). Mais ce fait, s'il se produisait, n'aurait/qu'une aucune importance en théorie. principe, devrait / être considéré comme accidentel et sans portée décisive, un/ simple accident: pouvant<d'ailleurs incontestablement> avoir certaines conséquences<de son côté> comme/tous les accidents dont se commpose< éternellement> la langue, et/comme < mais pas plus que > l'accident <inverse> sur lequel nous venons de nous/arrêter.

Il reste maintenant à constater(Ⅳ) qu'aucune/des considérations[   ] n'est séparable [   ]/

Nous sommes toujours ramenés aux 3 4 termes/(*20*) irréductibles et aux 3 rapports irréductibles entre eux<ne formant qu'un seul totu pour l'esprit>: /(1 forme<signe>/et son sens<sa signification> = 2 formes différence entre 2/ formes-diffé rence entre 2 sens(1 forme<signe>/1 autre/forme<signe>) on <et de plus> = (1 sens< signification >/1 autre sens< signification >)./[(*cinq lignes blanches*)]/

[57]-C'est là ce que nous appelons le QUATERNION FINAL,/et en considérant les 4 termes dans leurs rapports: le triple/rapport irréductible. C'est peutêtre à tort que nous renonçons / à réduire ces trois rapports à un seul; mais il nous semble / que cette tentative dépasserait<commencerait à dépasser> la compétence du linguiste.

<Capital>

– Ce n'est pas la même chose<comme on le croit souvent> de parler du rapport/de la forme et de l'idée, ou du rapport de la l'idée/et de la forme: parce que si l'on prend pour base / la forme on A on embrassera<(plus ou moins exactement)> un certain nombre/(*10*) d'idées *a b c*,

［（*b*.）et que si l'on prend pour base l'idée *a* /on embrassera（plus ou moins exactement）un certain nombre de formes/A B̶ C̶ H Z. Il y a donc le résidu *b c* d'une part et B̶ C̶ H Z de / l'autre］

$\left(\text{rapport } \dfrac{abc}{A}\right)$ et que si l'on prend pour / base l'idée *a* on embrassera plus ou moins exactement un certain / nombre de formes AHZ $\left(\text{rapport } \dfrac{a}{AHZ}\right)$.

［（*b*.）Or＜1°＞ il n'y / a aucun moyen＜pour notre système＞ d'établir le rapport s̶a̶n̶s̶ ̶p̶r̶e̶n̶d̶r̶e̶/l̶'̶u̶n̶ ̶o̶u̶ ̶l̶'̶a̶u̶t̶r̶e̶ ̶p̶o̶u̶r̶ ̶t̶e̶r̶m̶e̶ ̶d̶o̶n̶n̶é̶ ̶e̶t̶ ̶d̶é̶t̶e̶r̶m̶i̶n̶é̶/ d̶'̶a̶v̶a̶n̶c̶e̶＜ si ce n'est de supposer/au moins l'un des deux termes＞ déterminé par lui-même ; mais 2° en réalité il / n'y a aucune détermination ni de l'idée ni de la/（20）forme autrement que par l̶e̶u̶r̶ ̶c̶o̶n̶j̶o̶n̶c̶t̶i̶o̶n̶ ̶f̶u̶g̶i̶t̶i̶v̶e̶/ f̶u̶y̶a̶n̶t̶e̶ ̶q̶u̶i̶ ̶s̶e̶r̶a̶ ̶e̶x̶p̶r̶i̶m̶é̶e̶ ̶d̶a̶n̶s̶ $\dfrac{a}{A}$ s̶i̶ ̶l̶'̶o̶n̶ ̶e̶x̶t̶r̶a̶i̶t̶/en extrayant $\dfrac{a}{A}$ d̶e̶ ̶l̶a̶ leur rapport ; e̶t̶ ainsi la/

forme A e̶s̶t̶ ̶d̶é̶t̶e̶r̶m̶ n'est déterminée que par＜les idées＞ *a b c*, de même / que l'idée *a* n'est déterminée que par ＜les formes＞ AHZ.

$$\dfrac{a}{b} \quad \dfrac{b}{a} \quad \dfrac{b'}{a'} \quad \dfrac{b/b'}{a/a'}$$

Si maintenant / on cherche］

On/ remarque qu'il n'y a / donc aucun point de / départ ou point de repère＜f̶e̶r̶m̶e̶ fixe＞ quelconque dans la langue.

［58］［（*b*.）C̶e̶ Un pareil état ne pourrait pas se produire / si l'un des deux termes était régulièrement déterminé. ］/

Il faudrait pour qu'＜une＞ autre chose se produisît que / l'un des＜deux＞ termes fût déterminé＜encore artificiellement＞ p̶u̶r̶ ̶l̶u̶i̶ ̶s̶o̶i̶ ̶m̶ê̶m̶e̶＜en soi＞ ; et / c'est ce que nous supposons m̶o̶m̶e̶n̶t̶a̶n̶é̶m̶e̶n̶t̶＜par nécessité et dans une certaine mesure＞ en parlant/d'une idée *a* ou d'une forme A. Mais en réalité il / n'y a＜dans la langue＞ aucune détermination ni de l'idée ni de la forme / e̶n̶ s̶o̶i̶＜;＞ il n'y a d'autre détermination que celle de l'idée / par la forme o̶u̶＜

et> celle de la forme par l'idée

[(*faire part Braschoss*, *renversé*)]

/(*10*) ~~L'express~~ La première expression de la réalité serait de / dire que la langue(c'est-à-dire le sujet parlant) n'aperçoit / ni l'idée a, ni la forme A, mais seulement le rapport $\frac{a}{A}$;

/cette expression serait encore tout à fait grossière. Il / n'aperçoit vraiment que le rapport entre les 2 rapports/$\frac{a}{AHZ}$ et $\frac{abc}{A}$, ou $\frac{b}{ARS}$ et $\frac{blr}{B}$ etc.

论语言的双重本质
〔形式作为声音形态〕

形式是对言说者的意识而言确定了的发声形象(声音形态),也就是说,既是存在的,又是限定了的。它正好是这样,不多也不少(它不越出限定的界限,也不流失存在的特性)。它不一定有明确的"意义",但作为存在的某物则被感觉到了。我们若是改变其精密构型的任一部分,它就不再存在了,或者不再是同一物了。

(我们是否可与"声音形态"联系起来界定形式,对此我没法确断,〔可确断的是〕必须从符号学的前提条件出发。)

(案)——我们注意到,从道德学的角度来看,诸如犯罪、激情、美德、邪恶、谎言、虚伪、欺瞒、诚实、藐视、尊重、真挚之类词语若是从语言学角度归入否定而临时的单一范畴内,则这种情形在语言学或语言中就存在真正的非道德性。这种非道德性如果是可证实的事实,我肯定就不会认可任何人有权利去隐匿语言所具的非道德性,或不会认可仅仅以这事实令我们不舒服为借口就拒绝确认客观事实。大家都无法摆脱语言的根本缺陷,然而道德如何比思想体系的其他分枝受到这根本缺陷的更多损害,这点我倒看不出来。

我们已随其他所有研究者一道指出过这种缺陷,它是:没有独一无二的具体对象，某个词可恰如其分且非其莫属地专用于这一对象；这不是消除这些具体对象的存在。　同样，也没有独一无二的道德现象，我们可用某种词语恰如其分且非其莫属地将其含纳。　但这丝毫也不损害这些道德现象的存在。　这可以作为一个值得探究的问题提出来，就是到什么程度词才与确定的道德现象相对应，就好比必须探究到何种程度譬如阴影的观念与确定的具体现象相对应。　这两个研究系列不再属语言学的范围。　在不越出语言学领域的情形之下，我补充一句，就是那经由我们直接意识的掌握方才存在的道德现象，作为语言要素可能比作为具体现象要远为重要得多，具体现象总只是以极其间接且不完整的方式进入我们的意识。

我们把声音形态引入叫作语言的诸符号的相互作用内，从这一决定性的瞬间开始，声音形态就成为了一种形式。　废存于船舱底部的一小块布片就以同样的方式成为了一种信号，此刻，它（1）与其他符号同时并排吊起来，且共同达成了某种意义；（2）在许多个其他原本可能已经被吊起来的符号中间，它与它们共同合成的记忆印象同样也达成了〔意义〕。

想要处在事物的具体方面，如形态学家可能面对的那样多的具体方面，则如何确定：

（Ⅰ）ἔφην 是否为可与 ἔβην 相比较的不定过去时形式，是否存在诸如ἔφην的不定过去时构成形式，如果不马上援引如下意义的话：（1）援引不定过去时的一般意义；（2）援引包含于 ἔφην 的特殊意义，ἔφην 使得这种形式不是像 ἐδείκνυν 那样的未完成过去时，而是如 ἔβην 那般的不定过去时，ἔβην 与不定过去时的一般意义相类似，如果它得到了完美的描述的话。

但是（Ⅱ）我们现在是从哪儿得到这种不定过去时的意义的？　我们刚才已表明，如果没有这一点，就不可能给种种形式加以分类。　我们纯粹是从这些形式本身得到意义的：如果形式之中并不存在某种特殊之物，就不可能析离出任何一个概念，可将此概念取名为不定过去时。

不过（Ⅲ），由于这种形式的特殊性是立刻就可感觉到的，它只存在于尽可能完全否定的事实，与其他形式或相对或相区别的事实：如此，ἔδειξα 与ἐδείκνυν、δείκνυμι 与 δείξω 相区别；——ἔλιπον 区别于 ἔλειπον、λείπω 或 λείψω、 λέλοιπα;——ἔχεα 区别于 χέω、ἔχεον;——ἤνεγμον 区别于 φέρω、ἔφερον、οἴσω、ἐλῆν。　然而在 ἔφην、ἔδειξα、ἔλιπον、ἔχεα 等等形式当中没有统一的区别性特征。　其实，很可能会发生这样的情形，就是这些形式具有某类共同的区别性特征(某类共同之物和特征之物);譬如拉丁语-bam 当中的未完成过去时即是如此。　但这种现象倘若出现的话，不具有根本的重要性，只被视为偶然之物:尽管如此，这像所有偶然之物一样，肯定具有它自身的某些结果，抽象的整体语言就是永远由这些结果构成的，但并不比刚才我们的注意力所集中的与之相反的偶然之物导致的结果更多。

然而依旧能看到(IV)以上这些没有一点是可以孤立开来观察的。

我们总是被重新引向这不可再简化的四项以及四项当中不可再简化的三种关系上来，对心智来说，这只构成了一个独立的整体:(符号/其意义)=(符号/其他符号)及其他什么=(意义/别的意义)。

——这就是我们所称的**确定目标的四元数**，考虑到其间关系的这样四项:不可再行简化的三元关系。　我们不再想把这三种关系归结为一种，这或许是不对的;但我们觉得这般企图开始超出语言学家的专业能力了。

要　点

谈论形式和概念的关系，或概念和形式的关系，这并非像我们通常以为的那样是一回事:因为我们若是取形式 A 作为基础，则多半确切地含纳了一定数量的概念 abc;

(关系 abc/A)

我们若是取概念 a 作为基础，则多半确切地含纳了一定数量的形式 AHZ

(关系 a/AHZ)

我们从而觉察到任何出发点或固定的基准点在语言当中都不存在。

为了产生另外的现实，还必须就其本身人为地限定两项当中的一项;这在某种程度上就是我们不得不设限谈论概念 a 或形式 A 的原因。　但实际上语言当中既没有概念的限定，也没有形式的限定;只存在经由形式的对概念的限定和经由概念的对形式的限定。

事实的初步表述可如此说，抽象的整体语言(也就是言说者)领会的，不是概念 a，也不是形式 A，而仅仅是 a/A 之间的关系；这一表述依然是十分粗糙的。 他所真正领会的，只是 a/AHZ 和 abc/A 这两种关系，或 b/ARS 和 blr/B 这两种关系，等等。

118

6 Déc. 91.

———

Parallélie εἶμι — δώσω (etc.)
Caratéristique : idée de futur déterminée.

Si on considère chaque membre de la
parallélie, il s'exprimera ainsi :

$$\frac{εἶμι}{fut.} \quad \frac{δώσω}{fut.}$$

———

Parallélie εἶμι — δίδωμι — φέροιμι
Caractéristique de la paralléli :

Bilatérale : idée de 1ᵉ pers.

signe concordant.

En csid. chaque seul $\dfrac{εἶμι}{1ᵉ pers. -μι}$

! Mais chaque parallélie ne peut être déterminé
que par la présence d'autres ; ainsi εἶμι —
δώσω par ἔρχομαι — δίδωμι

εἶμι — δίδωμι par la considération des
cas où l'on n'a pas -μι , par ex. φέρω
et de la règle selon laquelle on a -μι.

T. S. V. P.

119

Comme Il n'y a aucune unité (de la lgue posit.) (de quelque
ordre et de quelque nature qu'on l'ima-
gine) qui repose sur autre chose que
des différences, en réalité l'unité
est toujours imaginaire, la différence
seule existe. Nous sommes forcés de
procéder néanmoins à l'aide d'unités
positives, sous peine d'être absolument
distributur incapables de maîtriser la masse des
prisvoir faits. Mais il est essentiel
de matériaux se rappeler que ces unités
sont un expédient inévitable de
notre　　　　, et rien de plus : aussitôt
que l'on pose une unité, cela revient
à dire qu l'on convient de laisser
de côté　　　　　　pour prêter momen-
tanément une existence séparée à

　　　　Ainsi la parallélie unilatérale
de l'ablatif

120

Parallélie unilatérale de l'aoriste
est celle qui réunit ἔδεγν, ἔδιεξα, ἔλιπον
en invoquant l'unité d'une certaine
idée. Comme il n'y a pas d'unité corresp. des formes
cette parallélie est unitaire.

~~C'est le premier sens auquel est pris~~
~~catégorie grammaticale ": celui où on~~
imagine

On peut parler en second lieu de
la ~~catégorie~~ parallélie ~~bilatérale~~ de l'ao-
riste en -σα, qui ~~est bilatérale~~ une
parallélie bilatérale, offrant une certe
unité de forme et un lien de l'idée entre
ces formes.

~~Avant de~~

La ~~cote~~ parallélie unilatérale n'est
pas plus séparable de la forme que la
parallélie bilatérale

Ou si l'on parle ici d'une CATÉGORIE
GRAMMATICALE de l'aoriste,

Or Sur quoi repose cette parallélie, puisqu'elle
n'est pas donnée par les formes? Uniquement
sur des différences internes avec d'autres parallélies
(lesquelles seront tantôt unilatérales, tantôt bilaté-
rales) en ce qu'ils concerne. T.S.V.P.

(un sens
défini)

121

Ainsi la différence avec ἐπιδρομήν:
ἐπιδείκνῦν...

On voit donc que la parallélie
dont nous faisons momentanément
une unité positive et indépendante
des formes, n'est pas positive pour
la même raison qu'elle n'est pas indé-
pendante des formes ; ~~mais~~ ou n'est pas
indépend^{te} des formes p^r la même
raison qu'elle n'est pas positive ;

Ce qu'est la Catégorie gram.
par rapport à la parallélie

Alessandro Chidichimo 和 Daniele Gambarara 的整理：

[118]   6 déc. 91.

[(*deux lignes blanches*)]

Parallélie   εἰμι-δώσω(etc.)

Caractéristique：idée de futur déterminée.

Si on considère chaque membre de la / parallélie, il s'exprimera ainsi：

$$\frac{εἰμι}{\text{futur}} \qquad \frac{δώσω}{\text{futur}}$$

Parallélie   εἰμι-δίδωμι-φέροιμι

Caractéristique de la parallélie：

Bilatérale：idée de 1e personne.

signe concordant.

/(*10*)En considérant chaque membre：$\dfrac{εἰμι}{\text{1}^e \text{ pers.：} μι}$

! Mais chaque parallélie ne peut être déterminée / que par la présence d'autres；ainsi εἰμι-/δώσω par ἔρχομαι-δίδωμι

εἰμι-δίδωμι par la considération des / cas où l'on n'a pas -μι, par ex. φερω,/et de la règle selon laquelle on a -μι.

T. S. V. P./

[119] <Comme> Il n'y a<dans la langue> aucune *unité*<positive> (de quelque/ordre et de quelque nature qu'on l'ima/gine) qui repose. sur autre chose que / des *différences*, en réalité ~~ces unités~~<l'unité>/~~sont~~ est toujours imaginaire, la différence / seule existe. Nous sommes forcés de / procéder néanmoins à l'aide d'unités / positives, sous peine d'être ~~absolumenent~~/<dès le début> incapables de maîtriser la masse des/(*10*) ~~phénomènes~~ faits. Mais il est essentiel / de ~~maintenir~~ se rappeler que ces unités /sont un expédient inévitable de/notre [   ], et rien de plus：*aussitôt* / *que l'on pose une unité, cela revient*/ à dire que l'on convient de laisser / de côté [   ] pour prêter momen / tanément une existence séparée à [   ]/

Ainsi la parallélie unilatérale / de l'ablatif[(*quatre lignes blanches*)]/

[120]〔(*main dessinée*)〕Parallélie *unilatérale* de l'aoriste / est celle qui réunit ἔστην, ἔδαξα, ἔλιπον / en invoquant l'unité d'une certaine / idée. <Comme il n'y a pas d'unité correspondante dans les formes / cette parallélie est unilatérale.>

　　〔(*b.*) C'est le premier sens auquel est pris / «catégorie grammaticale»: celui où on / imagine 〔　〕

　　〔(*suivent sept lignes déplacées ici du bas avec une flèche*)〕

　　〔(*b.*) Or si l'on parle ici d'une CATÉGORIE / GRAMMATICALE de l'aoriste, 〔　〕

/(20) <Or> Sur quoi repose cette parallélie, puisqu'elle / n'est pas donnée par les formes? Uniquement / sur<une somme in<dé>finie de> des différences <~~infinies~~> avec d'autres parallélies/(lesquelles seront<en ce qui les concerne> tantôt unilatérales, tantôt bilaté/rales).

On peut parler en second lieu de la ~~catég~~ parallélie ~~bilatérale~~ de l'ao-/ (10)-riste en -σα, qui est une / parallélie bilatérale, offrant une certaine/ unité de forme et un lien de l'idée entre / ces formes. /

　　〔(*b.*) Avant de 〕/

La ~~cate~~ parallélie unilatérale n'est / pas plus séparable de la forme que la /parallélie bilatérale/

　　〔(*ici étaient les lignes déplacées*)〕 T. S. V. P. /

　　[121] Ainsi la différence avec ἱστάμην:/ἐδείκνῠν ...

On voit donc que la parallélie / dont nous faisons momentanément / une unité positive et<~~déf~~> indépendante / des formes, n'est pas positive pour / la même raison qu'elle n'est pas indé / pendante des formes; ~~mais~~ ou n'est pas / indépendante des formes pour la même / raison qu'elle n'est pas positive; 〔(*une ligne blanche*)〕

　　Ce qu'est la *Catégorie* grammaticale par rapport à la parallélie 〔　〕

　　〔(*12 lignes blanches*)〕

［并行］

εἰμι—δώσω(等等)的并行

特征：确定之将来时的观念。

若考虑并行的每个成分，可将它们如此表示：

$$\frac{εἰμι}{将来时} \qquad \frac{δώσω}{将来时}$$

εἰμι—δίδωμι—φέροιμι 的并行

并行的特征：

两方对称：第一人称的观念。

　　　　　相一致的符号。

注意到每个成分：εἰμι/第一人称：μι

但每个并行的成分只能由其他成分的呈现来确定；如此，εἰμι—δώσω 由 ἔρχομαι—δίδωμι 来确定，εἰμι—δίδωμι 由不具有-μι 的情形譬如 φέρω 来予以考虑，据此，我们就有了(呈现为)-μι 的规律。

因为语言中不存在任何确定的单位(任何我们可想象的范畴或种类的单位)，这种单位完全取决于差异，单位实际上永远是想象之物，只有差异才是存在的。 然而我们只得借助于确定的单位方可着手，〔因为若是没有这些，〕几乎从一开始就不可能掌握事实(现象)的总体。 不过，记得这些单位仅仅是我们〔心智、意识的〕没法避免的权宜之计，这是至关重要的：我们一旦确定了单位，就意味着我们大家约定让它处在〔四元数诸项之间三元关系的运作〕这一侧，以便暂时地赋予〔形式或意义〕独立的存在特性。

如此，就有了夺格单方面非对称的并行。

不定过去时单方面非对称的并行集聚 ἔστην、ἔδειξα、ἔλιπον 用以造成某种概念的单位。 因为在各种形式当中不存在相对应的单位，则这种并行就是单方面非对称的。

　　这种并行既然不是由各种形式来给出，那么，它以什么为依据呢？　只以与其他并行有差异的不确定的总体为依据（至于其他的并行，有时候是单方面非对称的，有时候是两方对称的）。

　　我们继而可谈及不定过去时-σα 的并行，这是两方对称的并行，呈现出某种形式的单位，以及这些形式之间概念的联结。

　　单方面非对称的并行与形式的区别跟两方对称的并行与形式的区别是一样的。

　　如此，就有了与 ἱστάμην:/ἐδείκνῡν ... 的差别。

　　我们因而就看到我们暂时地把并行看作确定的单位且与形式相区别，这并行（其实）并不是确定的单位，同理，也并不与形式相区别；或者说并行并不与形式相区别，同理，也不是确定的单位。

　　语法范畴与并行相关联，〔这是四元数的效果。〕*

---

　　* 方括号内的语义补足，基本上依据茅赢译《索绪尔普通语言学未刊文集》所作的颇具价值的注释（Ferdinand de Saussure, *Scritti inediti di linguistica generale*. Introduzione, traduzione e commento di Tullio De Mauro. Bari: Editori Laterza, 2005），下同。

128

1 ε/

le proposant
à l'attente
est

Il me semble qu'on peut l'affirmer, et
On ne le pénétrera jamais assez
de l'essence purement négative, pu=
= rement différentielle, de chacun des
éléments linguistiques (absolument quel=
= conques) auxquels nous accordons une

précipitez en existence ; il n'y en a aucun, dans
aucun ordre, qui possède cette existence
supposée — quoique peut-être et soit
impossible pour l'esprit des à recon=

je l'admets, même si nous soyons appelés à
reconnaître que, sans cette fiction, l'esprit
se trouverait littéralt incapable de maîtriser cette
une pareille somme de différences, où il n'y a
nulle part à aucun moment un point
de repère positif et ferme.

Dans d'autres domaines, si je ne
me trompe, on peut parler de chaque
des différents objets, envisagé ainsi comme d'une chose exis=
= tantes par elle-même (à moins de petites
pousser les faits jusqu'aux limites de la
métaphysique, ou de la question de connais=
= sance) ; ce dont nous
entendons faire abstraction) ; or nous
comprit formuler autre

129

il semble que la science du langage
soit placée à part : en ce
que les objets qu'elle a devant elle aucune espèce
d'objet n'ont jamais de réalité ayant une existence en soi,
ou à part des autres; n'ont
absolument aucun autre substratum à leur
réalité existence que le fait même de leur
hors de apparition, leur différence
ou plutôt des
ou en LES différences de tte espèce auxquelles
qu'elles, qui s'y attachent pour l'esprit
que l'esprit trouve moyen de s'y d'attacher
à cette différence fondamentale : mais
sans qu'on sorte nulle part de cette
donnée
fondamentales
mais sur leur différence n'y fait toute leur existence à chacun
et à tout jamais négative, de la DIFFÉREN
de 2 termes et non des propriétés d'un terme
toutes les fois que dans une bran
= che quelconque de la linguistique, un
auteur s'est livré à et s'est au point
et ne se réclamant d'1 point de vue quelconque, un auteur s'est
livré à une dissertation sur
un objet déterminé — par exemple
de « phonétique », de morphologie : de syn

130

Distinction grammaticale de

l'existence d'un féminin en indo-
européen, ou bien la présence
d'un n cacuminal en sanscrit
à — cela signifie ~~que~~ qu'il
~~a étudié en quoi d'autres formes~~
~~sont exclues; et~~ (peut-être en
restant ~~dans l'illusion du fait~~
~~positif~~) en quoi un certain
secteur de faits négatifs, ~~com~~
~~et une toujours~~
~~régulièrt~~ ~~plein~~ dépourvus en eux-mêmes
~~comme toujours~~
~~d'une existence~~ de sens ni d'existence;
Son étude sera profitable dans la
mesure où il aura opposé les termes
qu'il fallait opposer; ~~n'existe et~~
~~souvent~~ pas autrement, et cela
dans un sens non banal : à savoir
que le fait dont il s'occupe n'existe
littéralemt pas ailleurs que dans
la présence ~~by certains~~ de faits opposables.
Or, il est ~~incontestable~~ admis que si l'on
s'occupe d'une certaine substance
chimique, ou d'une certaine espèce
je ne songe pas à Zoologique (à moins, ~~et toute repris~~ de
~~de faire définir,~~ de la mettre en question philosophiqut ~~être~~

A voulu étudier

4 Σ₆) ¹³¹

la valeur entière de notre connaissance
on s'occupe vraiment d'un objet
ayant ... hors des objets du même
ordre. (à lui) Nous nierons
au contraire qu'aucun fait de langue, depuis

existe un seul instant
DIFFÉRENTS de tout genre qui lui
confèrent une réalité si ...
qui peuvent lui conférer une réalité.
il appartient qui font qu'il
parce fait n'est pas autre chose, et qui
font croire à beaucoup de personnes
dès lors
[qu'il est] quelque chose.

[mais] il se compose, et que nous
[n']cessons

DIFFÉRENCES avec lesquelles
on lui compose une réalité. Être et
une réalité.

pour lui-même de son opposition avec d'autres, et qu'il
hors
soit autre chose qu'une manière de
justice a fait de résumer ... les ensemble de différences
qui sont en jeu : sans qu'il y ait jamais rien
de sorte que seules ces différences existent,

5 ΣC)   132

et que par là-même tout l'objet de

Sur bjeut La science du langage est précipité dans

une sphère de relativité, sortant

tt à fait ~~ordinement~~ de ~~complétant et presse~~

~~ment~~ de ce qu'on entend d'ordinaire

par la relativité des faits.

A leur tour ces différences, en

lesquelles consiste toute la langue, ne

représenteraient rien, n'auraient pas

même de sens en telle matière, si

l'on ne voulait dire par là : ~~les différ~~

~~ences je ne sais quoi pour entre~~

ou bien la différence des formes (mais

cette diff. n'est rien), ou bien la diff. des

H (c'est quelque chose, formes aperçue par l'esprit †, ou bie

mais peu ~~les~~ diff. qui résultent du jeu compli-

de chose *de la qté)* qué et de l'équilibre final

(Ainsi non-seulemt il n'y aura pas de tous positif

mais des différences ; mais 2° ces différen

qui résultent d'combinaison de la form

Cme qui fait de langue demande

†† Séparation entre les points de vue

évolutive †† synoptiq.

Simon Bouquet 和 Rudolf Engler 的整理：

　　Il me semble qu'on peut l'affirmer en le proposant à l'attention: on ne se pénétrera jamais assez de l'essence purement négative, purement *différentielle*, de chacun des éléments du langage auxquels nous accordons précipitamment une existence: il n'y en a aucun, dans aucun ordre, qui possède cette existence supposée — quoique peut-être, je l'admets, nous soyons appelés à reconnaître que, sans cette fiction, l'esprit se trouverait littéralement incapable de maîtriser une pareille somme de différences, où il n'y nulle part à aucun moment un point de repère positif et ferme.

　　Dans d'autres domaines, si je ne me trompe, on peut parler des différents objets envisagés, sinon comme de choses existantes elles-mêmes, du moins comme de choses qui résument choses ou entités positives quelconques à formuler autrement (à moins peut-être de pousser les faits jusqu'aux limites de la métaphysique, ou de la question de connaissance, ce dont nous entendons faire complètement abstraction); or il semble que la science du langage soit placée à part: en ce que les objets qu'elle a devant elle n'ont jamais de réalité *en soi*, ou *à part* des autres objets à considérer; n'ont absolument aucun substratum à leur existence hors de *leur différence* ou en DES différences de toute espèce que l'esprit trouve moyen d'attacher à *LA différence* fondamentale (mais que leur différence réciproque fait toute leur existence à chacun): mais sans que l'on sorte nulle part de cette donnée fondamentalement et à tout jamais négative de la DIFFÉRENCE de deux termes, et non des propriétés d'un terme.

　　Toutes les fois que, dans une branche quelconque de la linguistique, et en se réclamant d'un point de vue quelconque, un auteur s'est livré à une dissertation sur un objet de «phonétique», de «morphologie», de syntaxe déterminé — par exemple l'existence d'une distinction grammaticale de féminin en indo-européen, ou bien la présence d'un n cacuminal en sanscrit, — cela signifie qu'il a voulu étudier un certain secteur de faits *négatifs* et dépourvus en eux-mêmes de sens et d'existence, — son étude sera profitable *dans la mesure où il aura opposé les termes qu'il fallait opposer* ; pas autrement, et cela dans un sens non banal : à savoir que le fait dont il s'occupe n'existe littéralement pas ailleurs que dans la présence de faits opposables. Or, il est admis que si l'on s'occupe d'une certaine substance chimique, ou d'une certaine espèce zoologique (à moins, je ne songe pas à le répéter, de remettre en question philosophiquement la valeur entière de notre connaissance), on s'occupe vraiment d'un objet ayant une existence à lui *hors des objets du même ordre*. Nous nions au contraire qu'aucun fait de langue, depuis [   ] n'existe un seul instant pour lui-même hors de son opposition avec d'autres, et qu'il soit autre chose qu'une manière plus ou moins heureuse de résumer un ensemble de différences en jeu : de sorte que seules ces différences existent, et que par là même tout l'objet sur lequel porte la science du langage est précipité dans une sphère de relativité, sortant tout à fait et gravement de ce qu'on entend d'ordinaire par la «relativité» des faits.

À leur tour ces *différences* en lesquelles consiste toute la langue ne représenteraient rien, n'auraient pas même de sens en telle matière, si l'on ne voulait dire par là : ou bien la différence des formes (mais cette différence n'est rien), ou bien la différence des formes aperçue par l'esprit (ce qui est quelque chose, mais peu de chose dans la langue) ou bien *les différences* qui résultent du jeu compliqué et de l'équilibre final.

Ainsi non seulement il n'y aura pas de termes positifs mais des *différences* ; mais deuxièmement ces différences résultent d'une combinaison de la forme et du sens perçu.

Comme quoi *fait de langue* demande séparation entre les points de vue diachronique et synoptique.

［否定性和差异, 2］

我提议关注(否定性与差异)这一问题,我觉得可下这样的断语:我们从来没有充分地认识每一语言要素纯粹否定、纯粹差异的本质,这种语言要素我们立刻就承认是存在的:任何一个语言要素,无论身处怎样的种类,都不拥有这种假定、想象的存在——虽则我承认这点,我们恐怕还要认识到若是没有这种虚构,心智就完全没法掌控这般差异的总数,在差异那儿任何时刻、任何地方都丝毫不具有确定而稳固的基准点。

要是我没弄错的话,其他领域的不同的思考(观察)对象,可以说即使不是作为实存之物本身,至少也是作为某种概括之物或确定之实体,作出不同的表述(至少是可能将事实推进到形而上学的极限,或知识问题的极限,而我们对此却完全没作考虑);如此,语言科学看来别具一格:它应探讨的对象本身完全不具备固有的实存性,或完全与其他要考虑的对象各自分离开来;这些对象存在的根基只有它们的差异,或心智想方设法隶属于根本之差异的不论任何类别的种种差异,除此之外,绝对没有另外什么了(不管怎么说,它们彼此之间的差异构成了它们各自的整个存在):但是我们一点也离不开**差异**之两项这种根本而否定性的要素,而不是一项要素的种种特性。

在语言学的某一分支,某位作者通过倚仗某一观点,专门论说"语音学"、"形态学"、句法之类特定主题,——譬如印欧语阴性语法区别的呈现或梵文舌尖辅音 ṇ 的影响,——每逢此时,这都表明他想研究事实的某个领域,这些事实是否定性的,其本身不具有意义或实存性,——他的研究若在需要对比的诸项要素已经得到了对比的情况下会是受益颇丰的;同样,这在某种意义上也不是平凡的:也就是说,所研究的事实只有在那些与之相对比的种种事实的影响之下方才真正存在。 不过,倘若我们探究某种化学物质,或某种动物类别(我要是不将我们知识的全部价值复原为从哲学角度考虑的问题的话,就不打算反复讲这一点),我们确实探究了一个有独立存在特性的对象,它与同一领域的种种对象不相关连,这是大家认可了的。与之相反,我们不认为(语言科学中有一个具独立存在特性的对象),〔我们一旦确认〕任何语言事实脱离了与其他语言事实相对比的境况，从这时候起，哪怕是一瞬间，这事实本身也就不存在了，它只能以大体完满的方式概括运作中的诸差异的整体：因而只有这些差异才是存在的，语言科学所涉的整个对象同样也由此而居于相对性（相关性）的境地，完全而彻底地超越了我们惯常通过诸事实的"相对性"（相关性）想指的意思。

这些差异反过来构成了抽象的整体语言的总体，它什么也不再现、不表象，甚至就在这方面也不具有意义，除非我们想由此表明：或者诸形式的差异（但这种差异无足轻重），或者被心智认知的诸形式的差异（这有点份量了，但在抽象的整体语言中数量不多），或者由复杂的活动和最终的均衡导致的诸差异。

如此，不仅不存在（差异的）确定的两项，而且只存在诸种差异；而且这些差异是由形式和体认到的意义的结合而导致的。

因此，语言事实就要求在历时性和综合性视点之间作出区分。

De l'essence

157

(Avant propos), considéré en tant que ... en
tant que"... Mais à force de voir que chaque
élément du langage et de la parole est autre
chose selon le point de vue où on se place,
il arrive ~~que~~ un moment où il est absolument
~~nécessaire~~ ~~dit de placer~~ innombrables, et négligible
les points de vue presque ~~infinis~~ ou on peut ~~se~~
~~se placer~~ pour l'envisager, il arrive un moment
où ~~il ~~~~

et où il faut passer à la discussion de ces
points de vue eux-mêmes, à la classification
raisonnée qui fixera la valeur respective de
chacun.

(Proposition). — Considérée à n'importe
quelle point de vue ~~la langue consiste~~ pas
non dans des valeurs positives
mais dans des valeurs négatives, et relatives,
n'ayant d'existence que par le fait même de leur op-
= position.

Corollaire à la propo 5. — La synonymie d'un
mot ~~définie par rapport à celle d'un autre~~
mot, est absolument indéfinie ou infinie en
~~elle-même .~~

En effet, il n'y a jamais qu'une barrière
négative entre le contenu de tel signe et le contenu
de tel autre ; de telle manière que te idée
qui viendra de présenter trouvera place aussitôt où nous le 1er
ou le 2d

T.S.V.P.

158

Suite du Corollaire .)

C'est pourquoi ~~chercher à~~ vouloir épuiser
les idées ~~qui sont~~ contenues de 1 mot
quelconque est une ~~travail inutile et~~
Si entreprise ~~presque~~ bien ~~parfait~~ chimérique, à moins
peut-être de se borner aux ~~noms~~ à des noms d'objets
matériels ~~que nous rencontrons et très~~
et d'objets très rares, par ex. l'aluminium,
l'eucalyptus etc. Déjà si l'on prend le
fer et le chêne, on n'arrivera pas
au bout de la somme de ~~sens~~ d'emplois (ou
d'emplois, ce qui est la même chose) que
nous donnons à ces mots, et rien que la
comparaison de fer ~~avec~~ et d'acier, ~~avec de~~
~~étain de~~ plomb, or ou métal
rien que la comparaison de chêne avec
2 ou 3 mots comme saule, vigne, bois ou
arbre représente un infini travail.
Quant à épuiser ce qui est contenu de
esprit par opposition à âme ou à pensée ou
à ~~intellect~~; ce qui est contenu dans éducation par
aller par opp° opposition à instruction, ~~culture etc.~~; une
à marcher
passer, vie humaine pourrait sans comparaison
cheminer s'y passer. Or comme dès l'âge de 15 ou 16 ans nous
venir ou avons un sens ~~fort net~~ précis de ce qui est
se rendre contenu ~~dans des~~ milliers non-seulement
de ces mots, mais dans des milliers
d'autres, il est évident que ce sens repose

159

sur le pur fait négatif de l'opposition
des valeurs ; vu que le temps matériellat
réunis pr de connaître la valeur positive des leur
signes nous aurait cent fois et mille fois
manqué.

Le synonymiste qui s'émerveille de
à toutes les choses qui peuvent être contenues
dans 1 mot, y peut
suprême dépôt de la philosophie et de la sagesse
de vingt générations ; — il n'aurait
que seule la sagesse, la philosophie et
la réflexion ne pourrait jamais y être entré s'il s'établie
que tous ces trésors sont le fruit de la
réflexion, de la sagesse, et de la philosophie
profonde qui accumulée par au fond de la
d'une langue par les générations qui s'en sont servi.
En quel sens il peut avoir raison
D'une certaine mesure, c'est ce que je n'examine
pas, parce que cela est en réalité le fait
fait secondaire. Le fait primaire et
fondamental, c'est que d'importe quel
système de signes qu'on mettra en circulation,
il s'établira presque instantanément une synonymie,
car le contraire est impossible, et reviendrait
à dire qu'on n'accorde pas de valeurs
opposées aux signes opposés. Du moment qu'on
leur en accorde une, il est inévitable qu'une
nouvelle opposition d'idées quelconques se loge soit

160

excitant

De 1 signe par opposition à 1 autre

soit de 2 ou 3 signes par opp. à 2
ou 3 autres etc

ou bien De 2 ou 3 + par opp. à 1 ou 2 aut des

chaque signe »

Aucun signe n'est limité dans la
somme d'idées positives qu'il est apte
au vieu mot appelé à de concentrer ; il n'est limité que ne ja=
= tirent, par la présence
simultané d' des autres signes. et il est donc vain de
qu'ilest chercher jusqu'où va les significations
la somme des d'un mot, qui ne sont
pas en réalité ou aucun façon limitées.

multiple

Une Des faces sous lesquelles se
présente ce fait et celle-ci ;
un missionaire chrétien croisdes
pénétrer au sein d'un peuplade
d'inculquer à 1 peuplade sauvage l'idée
De l'idée indig d'âme — ; il se trouve avoir à sa disposi
2 mots, l'un exprimant plutôt par ex. le souffle l'aut
De même un philosophe qui
plutôt la respiration ; — immédiatement, s'il
est complet et a fait familier avec l'idiome
indigène, et jusqu'où l'idée à introduire soit
gh de totalité incomp nouvelle, — et la simple opposition
négative des 2 mots, "souffle" - "respiration"
†par que dicte impérieusement sous lequel des 2 se placent
raison secrète) la nouvelle idée d'âme ; et cette raison secrète ne

Suite du Corollaire
De l'Erreur

maladroit 161

à tel point que s'il choisit le 1er
terme au lieu de l'autre, il en peut
résulter les plus sérieux inconvénients
pour le succès de son ~~terme~~ apostolat
— or cette raison secrète ne peut être
qu'une raison négative, puisque l'idée
positive d'âme échappait totalement
par avance à l'intelligence ~~et~~ et
au sens du peuple en question. — De la
même façon, quand un philosophe
ou un psychologue, ~~ayant médité sur~~
à la suite de ses méditations, ~~entre~~

p. ex.   ~~en scène avec un~~ sur le jeu de nos
facultés, entre en scène avec un système
qui fait table rase de te notion précé-
= dente, il ne s'en trouve pas moins
que ~~tous les termes existent~~ toutes ses idées

~~termes des~~   peuvent venir se classer sous des termes
révolutions   de la langue courante, ~~et~~ mais dans cas
qu'ils ont   ne p~~euvent~~ indifféremment venir se classer
              ~~soit~~ sous les mot ~~de~~ comme de raison ~~soit sous~~
L'arrêt d'y   celui d'intellect soit sous celui d'in-
faç. arbitr.   ~~tendement~~ ~~soit sous celui~~ d'intelligence
              ou ~~soit~~ soit celui d'entendement, de jugement
              ~~etc~~ connaissance etc; et que d'avance
              il y a un certain terme qui répond
              mieux que d'autres aux nouvelles
              distinctions. Or la raison de cette propriété
encore 1 fois, ne peut être que négative, puisque ~~la~~ la

162

conception qu'on y introduit date d'hier et que depuis longtemps tous les termes en question n'était pas moins de ~~longtemps~~ le jour d'avant de leur valeur respective.

Une autre manifestation flagrante de l'action parfait négative. Des signes, ~~tel~~ toujours dans l'ordre des faits de synonymie, et livré par l'emploi figuré des mots (quoiqu'il soit impossible au fond de distinguer jamais l'emploi figuré de l'emploi direct).

Ainsi : si l'idée ~~positive~~ de supplice était ~~la vraie~~ la base de l'idée de supplice, il serait tt à fait ridicule de parler p. ex. "du supplice de porter des gants trop étroits", ce qui n'a pas le moindre rapport avec les épouvantes du supplice de la roue. On dira : mais c'est le propre justement de la locution figurée. Très bien. Prenons donc un mot qui représente en somme un ensemble en sens direct et un ensemble de faits matériels tt à fait semblable à celui que représente supplice :

Nous voyons en fait qu'il n'y a rien d'autre que le fait NÉGATIF de l'opposition de supplice avec martyre, ~~torture~~ tourment qu'avec tel autre mot, qui fixe l'ensemble des emplois

On avouera qu'entre le supplice de St Laurent ~~et le martyre~~ St Laurent, il y a moins

163

Nous voyons donc que ce n'est nullem[en]t l'idée POSITIVE contenue d[an]s supplice et martyre, mais bien le fait NÉGATIF de leur opposition qui fixe t[ou]te la série de leurs emplois, permettant n'importe quel emploi pourvu qu'il n'empiète pas sur le domaine voisin (Il faudrait naturellement tenir compte en outre de tourment, torture, affres, agonie et[c])

On avouera qu'entre le supplice de S[ain]t Laurent et notre supplice du saut ~~trop étroit~~ la distance est telle, qu'à ~~fournit~~ qu'en comparaison il n'y en a ~~aucune~~ véritabl[emen]t aucune entre le supplice de S[ain]t Laurent et son martyre. Cela n'empêche pas que Une si petite distance de fait positif ne devrait avoir aucune conséquence pl[us] de distance qu'entre le supplice de S[ain]t Laur[en]t et notre supplice du saut étroit

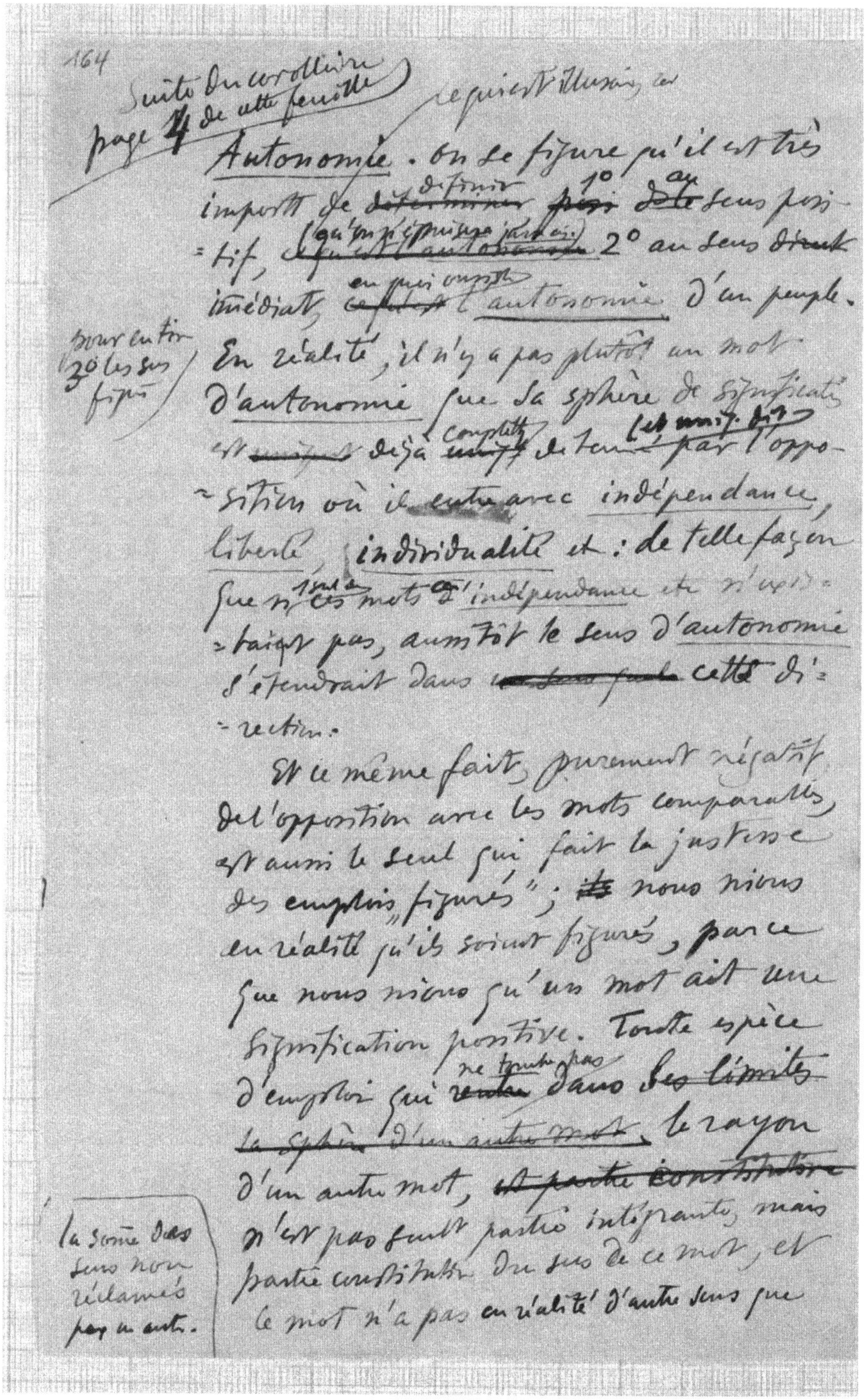

Simon Bouquet 和 Rudolf Engler 的整理：

De l'essence

（Avant-propos.）«Considéré en tant que» ... «En tant que» ... Mais à force de voir que chaque élément du langage et de la parole est autre chose selon les points de vue presque innombrables et également légitimes où on peut se placer pour l'envisager, il arrive un moment où [　] et où il faut passer à la discussion de ces points de vue eux-mêmes, à la classification raisonnée qui fixera la valeur respective de chacun.

（Proposition n°5.）Considérée à n'importe quel point de vue, la langue ne consiste pas en un ensemble de valeurs *positives* et *absolues* mais dans un ensemble de valeurs *négatives* ou de valeurs *relatives* n'ayant d'existence que par le fait de leur opposition.

（Corollaire à la proposition 5.）La «synonymie» d'un mot est en elle-même infinie, quoiqu'elle soit définie par rapport à un autre mot.

En effet, il n'y a jamais comme donnée première qu'une barrière négative entre le contenu de tel signe et le contenu de tel autre : de telle manière que toute idée nouvelle qui viendra se présenter trouvera place aussitôt ou sous le premier signe ou sous le second(si elle entre dans tous deux, c'est qu'il y a opposition avec un troisième ou quatrième signe coexistant).

C'est pourquoi vouloir épuiser les idées contenues dans un mot est une entreprise parfaitement chimérique, à moins peut-être de se borner à des noms d'objets matériels et d'objets tout à fait rares, par exemple l'*aluminium*, l'*eucalyptus*, etc. Déjà si l'on prend le *fer* et le *chêne*, on n'arrivera pas au bout de la somme de significations (ou d'emplois, ce qui est la même chose) que nous donnons à ces mots, et rien que la comparaison de *fer* avec deux ou trois mots comme *acier*, *plomb*, *or* ou *métal*, rien que la comparaison de *chêne* avec deux ou trois mots comme *saule*, *vigne*, *bois* ou *arbre* représente un infini travail. Quant à épuiser ce qui est contenu dans *esprit* par opposition à *âme* ou à *pensée*, ou ce qui est contenu dans *aller* par opposition à *marcher*, *passer*, *cheminer*, *se porter*, *venir* ou *se rendre*, une vie humaine pourrait sans exagération s'y passer. Or, comme dès l'âge de quinze ou seize ans nous avons un sens aiguisé de ce qui est contenu non seulement dans ces mots, mais dans des milliers d'autres, il est évident que ce sens repose sur le pur fait *négatif* de l'opposition des valeurs, vu que le temps matériellement nécessaire pour connaître la valeur positive des signes nous aurait cent fois et mille fois manqué.

Le synonymiste qui s'émerveille de toutes les choses qui sont contenues dans un mot comme *esprit* pense que ces trésors ne pourraient jamais y être contenus s'ils n'étaient le fruit de la réflexion, de l'expérience, de la philosophie profonde accumulée au fond d'une langue par les générations qui s'en sont servies. En quel sens il peut avoir raison dans une certaine mesure, c'est ce que je n'examine pas, parce que cela est en réalité en tout cas le fait secondaire. Le fait primaire et fondamental, c'est que, dans n'importe quel système de signes qu'on mettra en circulation, il s'établira instantanément une synonymie, car le contraire est impossible et reviendrait à dire qu'on n'accorde pas de valeurs opposées aux signes opposés. Du moment qu'on leur en accorde une, il est inévitable qu'une opposition d'idées quelconques venant à surprise se loge soit dans un signe existant par opposition à un autre ou bien dans deux ou trois signes par opposition à un ou deux autres, etc.

Aucun signe n'est donc limité dans la somme d'idées positives qu'il est au même moment appelé à concentrer en lui seul; il n'est jamais limité que négativement, par la présence simultanée d'autres signes; et il est donc vain de chercher quelle est la somme des significations d'un mot.

Une des multiples faces sous lesquelles se présente ce fait est celle-ci: un missionnaire chrétien croit devoir inculquer à une peuplade sauvage l'idée d'*âme*;

il se trouve avoir à sa disposition dans l'idiome indigène deux mots, l'un exprimant plutôt par exemple *le souffle*, l'autre plutôt *la respiration* ; — immédiatement, s'il est tout à fait familier avec l'idiome indigène, et quoique l'idée à introduire soit quelque chose de totalement inconnu à [ ], — la simple opposition des deux mots « souffle » et « respiration » dicte impérieusement par quelque raison secrète sous lequel des deux doit se placer la nouvelle idée d'âme ; à tel point que s'il choisit maladroitement le premier terme au lieu de l'autre, il en peut résulter les plus sérieux inconvénients pour le succès de son apostolat — or cette raison secrète ne peut être qu'une raison négative, puisque l'idée positive d'*âme* échappait totalement par avance à l'intelligence et au sens du peuple en question.

De la même façon, quand un philosophe ou un psychologue, à la suite de ses méditations, par exemple sur le jeu de nos facultés, entre en scène avec un système qui fait table rase de toute notion précédente, il ne s'en trouve pas moins que toutes ses idées neuves, si révolutionnaires qu'elles soient, peuvent venir se classer sous des termes de la langue courante, mais en tout cas qu'aucune ne peut *indifféremment* venir se classer sous les mots existants, fussent-ils parfaitement arbitraires, comme *raison* ou *intellect*, soit sous celui d'*intelligence* ou sous celui d'*entendement*, de *jugement*, *connaissance*, etc. ; et que D'AVANCE il y a un certain terme qui répond mieux que d'autres aux nouvelles distinctions. Or la raison de cette propriété, encore une fois, ne peut être que négative puisque la conception qu'on y introduit date d'hier et que tous les termes en question n'étaient pas moins délimités le jour d'avant dans leur valeur respective.

Une autre manifestation flagrante de l'action parfaitement négative des signes, toujours dans l'ordre des faits de synonymie, est livrée par l'emploi figuré des mots (quoiqu'il soit impossible au fond de distinguer jamais l'emploi figuré de l'emploi direct).

Ainsi, si l'idée positive de supplice était la véritable base de l'idée de supplice, il serait tout à fait impossible de parler par exemple «du supplice de porter des gants trop étroits», ce qui n'a pas le moindre rapport avec les épouvantes du supplice du gril et de la roue. On dira: mais c'est le propre justement de la locution figurée. Très bien. Prenons donce un mot qui représente en somme au sens direct un ensemble de faits tout à fait semblable à celui que représente *supplice*.

Nous voyons donc que ce n'est nullement l'idée POSITIVE contenue dans *supplice* et *martyre*, mais bien le fait NÉGATIF de leur opposition qui fixe toute la série de leurs emplois, permettant n'importe quel emploi pourvu qu'il n'empiète pas sur le domaine voisin. (Il faudrait naturellement tenir compte en outre de *tourment*, *torture*, *affres*, *agonie*, etc.)

On avouera qu'entre le supplice de saint Laurent et notre supplice du gril la distance est telle qu'en comparaison il n'y en a véritablement aucune entre le *supplice* de saint Laurent et son *martyre*. Une si petite différence dans le fait positif ne devrait avoir aucune conséquence pour la [   ]

Alors même qu'il s'agit de désignations très précises comme *roi*, *évêque*, *femme*, *chien*, la notion complète enveloppée dans le mot ne résulte que de la coexistence d'autres termes; le *roi* n'est plus la même chose que le *roi* s'il existe un *empereur*, ou un *pape*, s'il existe des *républiques*, s'il existe des *vassaux*. des *ducs*, etc.; —le *chien* n'est plus la même chose que le *chien* si on l'oppose surtout au *cheval* en en faisant un animal impudent et ignoble, comme chez les Grecs, ou si l'on l'oppose surtout à la bête fauve qu'il attaque en en faisant un modèle d'intrépidité et de fidélité au devoir comme chez les Celtes. L'ensemble des idées réunies sous chacun de ces termes correspondra toujours à la somme de celles qui sont exclues par les autres termes et ne correspond à rien d'autre; ainsi le mot *chien* ou le mot *loup* aussi longtemps qu'il ne surgira pas un troisième mot; l'idée de *dynaste* ou celle de *potentat* sera contenue dans le mot *roi* ou dans le mot *prince* aussi longtemps qu'on ne procédera pas à la création d'un mot différent des premiers, etc.

（Corollaire.）- Il n'y a pas de différence entre le sens propre et le sens figuré des mots — parce que le sens des mots est une chose essentiellement négative.

Rédaction du principe posé plus haut

（Proposition x.）Considérée à n'importe quel point de vue qui veuille tenir compte de son essence, la langue consiste, non dans un système de valeurs absolues ou positives, mais dans un système de valeurs relatives et négatives, n'ayant d'existence que par l'effet de leur opposition.

（Proposition x.）Il n'existe dans aucune langue ni dans aucune famille de langues un fait qui ait le caractère d'être un trait permanent et organique de cette langue ou de cette famille.

（〔Sur le mot〕 *autonomie*.）On se figure qu'il est très important de définir 1° au sens positif(ce qui est illusoire: qu'on n'épuisera *jamais*), 2° au sens immédiat, en quoi consiste l'*autonomie* d'un peuple pour en tirer 3° les sens figurés. En réalité, il n'y a pas plutôt un mot d'*autonomie* que sa sphère de signification est déjà complètement déterminée et uniquement déterminée par l'opposition où il entre avec *indépendance*, *liberté*, *individualité*, etc. de telle façon que, si un seul de ces mots comme *indépendance*, etc. n'existait pas, aussitôt le sens d'*autonomie* s'étendrait dans cette direction.

Et ce même fait, purement négatif, de l'opposition avec les mots comparables, est aussi le seul qui fait la justesse des emplois «figurés»; nous nions en réalité qu'ils soient figurés, parce que nous nions qu'un mot ait une signification positive. Toute espèce d'emploi qui ne tombe pas dans le rayon d'un autre mot n'est pas seulement partie intégrante, mais est aussi partie constitutive du sens de ce mot, et ce mot n'a pas en réalité d'autre sens que la somme des sens non réclamés.

论本质
［补充意见］

（绪言）"看做"……"作为"……但由于根据差不多不可胜数而且还是合情合理的视点把群体语言和个体语言的每个要素看做另外一个东西，我们可以居于那些视点观察每个要素，最终［可以归结它们，确定它们］，这些视点本身也必须予以讨论，将其纳入系统的分类之中，这种分类可确定每个视点各自的价值。

（命题第5）无论从什么角度来考虑，抽象的整体语言都不是由确定而绝对的诸价值的总体构成的，而是由否定的诸价值或相对的诸价值的总体构成的，这些价值完全只依据它们的对立这一事实而存在。

（命题5的推衍）一个词的"同义性"本身是无限的，即便它要与其他词相关联才能界定，也是如此。

作为首要的前提条件来看待的，其实只是某种符号的内涵和其他符号的内涵之间否定的界限：使得所有新概念立刻找到置身于或是第一个符号之下或是第二个符号之下的位置（倘若它处在它们两者之间，那么，必定出现与第三或第四个同时存在的符号的对立）。

这就是为什么希望穷尽蕴含于某个词内的诸种观念十足是个幻想之举的原因，除非可局限于具体之物和极其罕见之物的名称，譬如铝、桉树之类。即使拿铁和橡树为例，我们也不能穷尽我们已经赋予这些词的诸多意义（或诸多用法，这是一回事）的总和，仅仅拿铁与两三个像钢、铅、金或金属那样的词相比较，只是以橡树跟柳树、葡萄树、树林或树木之类的词相比较，就已呈现为是件没完没了的工作了。至于穷尽蕴含于跟灵魂或思想相对照的心智的内涵，或者蕴含于跟步行、穿过、缓步而行、蜂拥而至、到来、前往相对照的行进的内涵，这是件终身的工作，一点也不夸张。既然十五六岁的时候，我们不光对这些词，而且对另外成千上万的词的内涵都已经有了敏锐的意识，这种意义显然取决于相对照的诸价值的纯粹否定的事实，因为用以掌握诸符号的肯定的（确定的）价值所需的时间实际上千百倍于此也是不够的。

　　对像心智这类词中含纳的一切事物感到惊叹的同义词研究者，以为这份库藏倘若不是经一代又一代的使用，从而积聚于语言深处的反思、经验、高深之哲学的结果，那么，其中就不会有什么内涵之物存在。不管从哪个方面看，他在某种程度上都是有道理的，对这点我不加考虑，因为无论怎样这实际上都是次要的事实。首要而根本的事实，乃是在任何处于流通、传播之中的符号系统内，他很快就能确定某种同义性，因为相反的情形是不可能的，若有这情形，就等于说我们不认可相对照的诸符号之中的相对立的诸价值。一旦我们认可了它们，任何概念之间突然出现的意想不到的对照就或是留存于已存在的某个符号之中，作为另外某个符号的对照，或是留存于两三个符号之中，作为另外一两个符号的对照，等等。

　　因而就不把任何符号限定在诸确定（肯定）观念的总和上，这种确定（肯定）观念的总和要求同一时刻只集聚于它本身；因与其他符号同时呈现，则这种限定只能是否定性的限定，由此，寻求一个词的诸种意义的总和是徒劳无功的。

　　可阐述这事实的诸多方面，其中之一就是：基督教传道师确信他必须在蛮族中反复灌输灵魂的观念；土著语言的使用中恰好有两个词，一个表示的观念相当于气息，另一个相当于呼吸；——倘若传道师非常熟悉土著语言，尽管〔蛮族对〕引入的观念（灵魂）为何物完全一无所知，——"气息"和"呼吸"两个词之间的简单对置，因某种隐藏的缘由，蛮横地强行将灵魂这一新的观念赋予这两个借词；如此，倘若他笨拙地选择前面这个词，而不选择另外那个词，那么，对其传教的成功就可能产生非常严重的妨碍——不过，这种隐藏的缘由只能是个否定性的缘由，因为灵魂的肯定性（明确）的观念事先已完全超出了我们讲到的民众所具的理解力和辨别力。

　　同样，当一个哲学家或心理学家对诸如我们能力的运作之类作出深思之后，一个系统就将以前的全部观念彻底推翻了，处在这番景象当中，他仍然觉得自身所有新的观念，无论多么具有革命性，都只能在现行语言的词语之下分类，但不管怎样，任何一个观念，无论它们完全是任意的，譬如理性或知性之类，还是列于判断力、理解力、或识别力、辨别力等等之下，都不能在现存的词语之下被无所谓地归类；况且某种特定的词语比其他词语更加适应于新的区别，这是预先就存在了的。不过，对这种特性的论证又只能是否定性的,因为我们就在前不久引入的概念以及前一天提到的所有词语仍然是限定在它们的相互价值这一层面上。

符号之完全否定的效力的另一个明显表现,依旧在同义性现象的范围之内,就是由词的比喻性运用展露出来(虽则从根本上区分比喻性运用与直接运用是不可能的)。

如此,倘若痛苦的明确(肯定、具体)观念是痛苦观念的真实基础,那么,想说譬如"手套太紧了引起的痛苦"这样的话,就完全是不可能的了,它与像受火刑、车轮刑那样可怕的痛苦没有一丁点关系。 有人会说:可这是比喻性措辞特有的词语。 很好。 那我们就选取一个词,其直接意义表现的诸现象的整体与痛苦的整体非常接近。

我们因而看到这决不是痛苦和折磨中包含的**明确(肯定)的**观念,而是它们之间相对立的**否定性**的事实(现象),这种相对立固著了它们运用的整个系列,允许任何使用存在,只要它不侵入相邻的区域。 (当然还得考虑忧苦、苦楚、苦恼、苦闷等等。)

我们承认圣罗朗的痛苦与我们所说的火刑的痛苦两者间的距离太大了,使得对圣罗朗的痛苦和他所受的折磨之间作比较的话几乎就看不出真正的分别来。 明确(肯定)的事实当中这般微细的差别对〔运用的变化〕应该不会有任何影响。

即使涉及极其清晰的名称,如国王、主教、妇女、狗之类,完全包含于词中的概念也仅仅是与其他词语共存而致的结果。 若是存在着皇帝或罗马教皇,若是有共和政体,有诸侯、大公等等,则一个国王(的含义也随之而变),就不再是一成不变者;——若狗像希腊人眼里那样,是指粗鄙下劣的动物,相对于马来说尤为如此,或是如克尔特人那里一般,狗是指无畏而忠于职守的典范,相对它勇猛攻击的野兽来说更是如此。 用这些词语当中的每一个聚集起来的诸概念的整体总是会与那些排除其他词语的诸概念的总体相对应,并且只与此相对应,一点也不与其他概念相对应;如此便是狗这词或狼这词的情形,只要不突然出现第三个词;小君主的概念或大国专制君主的概念将包含于国王这词或君王这词内,只要我们不进行与这两个原初之词等等不同的词的创造。

（推衍。）——词的本义和转义之间没有什么区别——因为词义从根本上讲都是否定性之物。

前面提出的原理的拟定

（命题十。）无论从怎样的视角考虑语言的本质，语言都不由绝对或肯定性的价值系统组成，而由相对而否定性的价值系统组成，仅凭价值的对立效果而存在。

（命题十。）任何语言或语系都不存在这样一个事实：可以被显示为这种语言或语系的稳定而统一的特征。

（〔论词〕自足性。）大家以为界定（1）原初的意义（这是个幻象：大家从未彻底研究过），（2）直接的意义，人们从中得出的自足性建立在什么基础之上，（3）比喻的意义（转义），这些都是非常重要的。 实际上，刚说有一个自足性的词，其意指的范围就已经被它与独立性、自主性、个体性的相对（相区别）关系完全而单一地确定了。 结果是倘若像独立性之类这些词当中单独的一个并不存在，那么，自足性的意义马上就朝这个方向上扩展。

与可比较的诸词相对（相区别）的纯粹否定的同样事实，因而只有"比喻"运用的恰当这一点了；我们其实不接受它们是比喻之物的说法，因为我们不接受一个词具有原初的意义。 所有种类的运用并没有落在另外词的范围内，运用不仅是整体中不可缺少的部分，而且也是这词的意义的构成部分，这词其实只具有并不需要的诸意义之总和这样一个意义而已。

176

La parole effective, ou,

— Nous appelons syntagme la combinai-
=son des éléments d'éléments ~~successifs~~
~~que l'on~~ ~~présentés~~ ~~entre d~~
~~représentés pas~~ une tranche de parole réelle

~~par opposition aux parallélies qui repré~~
~~=sentent sont des collectivités d'éléments,~~
~~représentés~~ conçus par l'esprit

— ou le régime par ~~lequel~~ ~~les~~ ~~nos~~ éléments
se trouvent liés ~~à ce qui suit et précède~~
~~dans le discours~~ entre eux par leur suite
et précédence.

ce qui que
~~est~~ ~~ou~~ ~~avant~~
contient
en

Par opposition à la parallélie ou
parole potentielle, ou collectivité d'éléments
conçus et associés par l'esprit, ou régime duquel
un élément mène une existence abstraite au
milieu d'autres éléments possibles,

Toute espèce d'élément vocal (et comme
nous le verrons toute espèce d'élément mor-
=phologique) est soumis ~~à deux ordres de~~
~~relations, qui~~ de sa nature à exister
sous 2 régimes : celui où il devient défi-
=nissable par rapport à ce qui suit et
précède, — celui où il est définissable
par rapport à

T. S. V. P.

Simon Bouquet 和 Rudolf Engler 的整理：

[*Parole effective et parole potentielle*]

Nous appelons *syntagme* la parole effective，
— ou la combinaison d'éléments contenus dans une tranche de parole réelle，
— ou le régime dans lequel les éléments se trouvent liés entre eux par leur suite et précédence.

Par opposition à la *parallélie* ou parole potentielle，ou collectivité d'éléments conçus et associés par l'esprit，ou régime dans lequel un élément mène une existence abstraite au milieu d'autres éléments possibles.

Toute espèce d'élément vocal（et comme nous le verrons toute espèce d'élément morphologique）est soumis de sa nature à exister sous deux régimes：celui où il devient définissable par rapport à ce qui suit et précède，celui où il est définissable par rapport à [　　]

[实际的言说和潜在的言说]

我们称实际的言说为横组合段，
——或是包含在实际言说断片内的诸要素的组合，
——或是运作序列，其中诸要素处在与其后和其前之物相连接的状态。

实际的言说与相似性（译按：指纵聚合体）或潜在的言说相对，或与心智的想象和联想中的诸要素的集聚相对，或与运作的序列相对，在后者这样的序列内，一个要素引出了处于其他潜在（可能）的要素当中的抽象实体。

所有类型的发声（声音）要素（正如我们会看到的那样，所有类型的形态学要素），都将其特性纳入两种运作序列而存在：一是与其后和其前之物相关联的可确定者，一是与〔相似性〕相关联的可确定者。

ne pas sacrifier ／ (ou de post~~meditation~~ ~~délibérati~~) — réflex 188

Le phénomène d'intégration est le phéno-
mène qui résume tout le côté actif du langage,
et par lequel [1° les signes existants pr évoquent
NÉCESSAIrt, par le fait de leur différence, ~~les idées~~
par le simple ~~juste d'où pu puisse venir cette différence~~
~~exposé in tout de~~ et par l'état, accidentel de leurs Différences, à
chaque moment de la langue, ~~autant de~~
un nombre égal d'~~oppositions~~ d'idées ~~les~~
~~unes très générales~~ valeurs opposés pr... qu'...
~~de catégories d'idées (les mots généraux com~~
~~les autres parti tout géré~~
(tant générales que particulières, les unes appelées
p. ex. ~~des catégories~~ grammaticales, les autres ~~comme~~
tapées de faits de synonymie, ~~ou de lexicologie~~ ; cette
opposition ~~qui~~ de valeurs est un fait PUREMENT NÉGATIF,
se transforme en fait positif, parce que
chaque signe ~~..~~ en évoquant une antithèse
avec l' ensemble d'autres signes comparables
à un ... soit, en commençant par le général et en finissant
par les catégories générales et en finissant par les
particulier, se trouve être délimité dans sa
Valeur propre. Ainsi une ／ comme malgré lui
, nous
langue composée au total de 2
signes, ~~comme~~ ba pa et ta, disposera au
~~total~~ en état la totalité des ~~notions~~
perception ~~qui frapperont~~ en face de l'esprit ~~sera~~ viendra NÉCESSAIR
de classer dans une 1° idée ou sens
ou ~~2° idée générale ba : l'esprit trouvera, ou simple

189

fait qu'il existe une différence ba — la
et qu'il n'en existe pas d'autre, ~~un caractè-~~
~~tère commun à l'ensemble des notions~~
~~classées sous ba, et distinctif de celles~~
une ~~et distinction~~ caractère distinctif
~~quelconque permett~~ lui permettant réputés
~~de classer l'idée ou sous ba ou sous la~~
de tout classer sous l'un ou sous l'autre
~~des~~ chef ~~figros~~ ; à ce moment la somme
de sa connaissance positive sera repré-
le caractère
-senté par ~~l'idée~~ commune qu'il attribue
aux choses ba et le caractère commun
qu'il se trouve avoir attribué aux choses
la ; ce caractère est positif, mais il n'a
généralité
jamais cherché ~~autre~~ que le caractère négatif
qui pût permettre de décider entre
point
ba ou la ; il n'a ~~pas~~ essayé de ~~coor~~
~~don~~ réunir et de coordonner, il a uniquent
Or qu'à
voulu différencier ; ~~Mais~~ ~~et~~ ensuite il n'a
chose
voulu différencier, que parce que ~~la signe~~
différent qu'il avait reçu l'y forçait
l'y invitit et l'y ~~matériellement impéri~~ impérieux~~t. fue machin~~
~~forçait~~ ~~même impérieux~~ en dehors de son
amener ~~sans~~ ~~vouloir~~ 2) Dans chaque signe existe,
et ~~ses considération de ce qu'à pres~~
~~soit l'état existe antérieur~~, ~~soit dans le monde~~
~~des signes soit de celui des idées~~ ~~vient~~

la di~~tive~~ de solide et de non-solide

se trouve avoir attribué

le fait ~~extérieur~~ en la près. de soi

à chaque inst.   (de post mérieur)   190

nent donc s'INTÉGRER une ~~ville~~ de
= terminée, ~~qui n'est d~~ qui n'est
jamais déterminée que par l'ensemble des
signes coexistants ou absents au même
ment, ~~comme~~ et comme le nombre et la
nature de ces signes change, d'époque
en époque de moment en moment, le
résultat de cette activité, pour chaque signe,
et pr'l'ensble, change aussi de moment en moment. Ce
de 1 même ~~changement offre~~ cette particularité
non capitale et imprescriptible dans les condi-
calculables ~~tions qu'elle impose à la recherche, de ne pou-~~
~~voir être compris~~

20

Alessandro Chidichimo 和 Daniele Gambarara 的整理：

［188］♯.＜ne pas sacrifier＞

Le phénomène d'*intégration* ＜（ou de *postméditation* ＜~~élaboration-réflexion~~＞）＞ est le phéno/mène＜double＞ qui résume tout ~~le côté actif~~ ＜la vie active＞ du langage，＜et＞ par lequel

1° les signes existants ~~pro~~＜é＞voquent/＜MÉCANIQUEMENT，＞

　　［（*b.*）par le fait＜brut＞ de leur différence，＜~~des idées~~＞/et d'où que puisse venir cette différence/~~et par~~＜et grâce à＞］

＜~~et~~ par le simple ~~jeu~~ *fait* de leur présence et de＞ l'état ＜toujours＞ accidentel de leurs *différences* à / chaque moment de la langue，~~autant de~~/un nombre égal

　　［（*b.*）d'*oppositions* ~~d'idées~~＜entre les concepts＞，（les / unes très générales les unes générales les ［　　］/（10）de *catégories* d'idées（les unes générales comme / les autres parti tant géné［　　］/

＜non pas ~~d'idées séparées~~＜de concepts＞，mais＞＜de ~~valeurs~~＞＜valeurs opposées par notre esprit＞（tant générales que particulières，les unes ~~considé/rés comme~~＜appelées par ex.＞＜catégories＞ grammaticales，les autres ~~comme~~/＜taxées de＞ faits de synonymie，~~ou de lexicologie~~＜etc.＞）；cette/*opposition*＜*de valeurs*＞ qui est un fait PUREMENT NÉGATIF，/se transforme en fait positif，parce que / chaque signe ~~apr~~，en évoquant une antithèse / avec ~~un~~ ＜l'＞ensemble ~~d'~~＜des＞ autres signes comparables，/~~soit~~ ＜à une époque quelconque＞，en commençant par ~~le général et en finissant~~/（20）~~par~~ les catégories générales et en finissant par les / particulières，se trouve être délimité，＜~~comme malgré lui~~＞＜*malgré nous*，＞ dans sa / valeur propre. Ainsi＜dans＞ une / langue composée au total de 2/signes，~~comme pa et ta~~ *ba* et *la*，~~disposera au/total sera en état~~ la totalité des ~~notions/qui frapperont~~ ＜perceptions confuses de＞ l'esprit ~~sera~~ viendra NÉCESSAIREMENT/se ~~classer sous une 1° idée générale~~ *pa* et une/2° ~~idée générale~~ *ta*＜ranger ou sous *ba* ou sous *la*＞：l'esprit trouvera，du simple/

［189］ fait qu'il existe une différence *ba—la*/et qu'il n'en existe pas d'autre，

　　［(*b.*) un carac/tère commun à l'ensemble des notions / classées sous *ba*, et distinctif de celles ［　］/une grande distinction］

un caractère distinctif/~~quelconque permett~~ lui permettant régulièrement/~~de elasser l'idée ou sous ba ou sous la~~/de tout classer sous ~~l'un ou sous l'autre~~/~~des 2 signes~~<le 1ᵉʳ ou sous le 2ᵈ/chef><(par ex. ~~l'idée~~<la distinction> de *solide* et de *non-solide*)>； à ce moment la somme/(10) de sa connaissance positive sera repré/sentée par ~~l'idée~~<le caractère> commune qu'il ~~attribue~~/<se trouve avoir attribué> aux choses *ba* et le caractère commun/qu'il se trouve avoir attribué aux choses/*la*； ce caractère est positif，mais il n'a/<jamais> cherché ~~d'abord~~<en réalité> que le caractère négatif/qui pût permettre de décider entre /*ba* et *la*； il n'a ~~pas~~<point> essayé de ~~coor/do~~ réunir et de coordonner，il a uniquement / voulu différencier；~~et ensuite~~. <~~Mais~~><Or et enfin> il n'a/(20) voulu différencier，que parce que ~~le signe~~< l'existence < ~~la possibi lité~~ > ~~du signe~~ >/< le fait ~~extérieur impérieux péremptoire~~ <matériel> de la présence du signe> différent qu'il avait reçu l'y

　　［(*b.*) forçait / matériellement impéri <aussi> impérieusement que machi/nalement<sans aucune autre activité>］

<l'y invitait et l'y ~~forçait~~ amenait，~~même~~ impérieusement，en-dehors de son ［　］>/

2̣ Dans chaque signe existant，/

　　［(*b.*) et sans considération de ce qu'a pu /~~exister~~< être l'état > antérieurement soit dans le monde / des signes soit dans celui ~~des idées~~<de la pensée absolue>，vient］/

［190］< vient > donc < à chaque instant > s'INTÉGRER，< (se post~~méditer~~<-élaborer>)> une ~~idée~~<valeur> dé/terminée，~~qui n'est d(＊)~~ ［　］ qui n'est/< jamais > déterminée < ~~par autre chose~~ > que par < ~~la~~

considération de> l'ensemble des / signes ~~coexistants~~<présents> ou absents au même / moment；~~comme~~ et comme le nombre et la/~~nature~~ ~~<situation relative~~ l'aspect réciproque et relatif> de ces signes change ~~d'époque/en époque~~ de moment en moment<d'une manière infinie>，le / résultat de cette activité，pour chaque signe，/<et pour l'ensemble，> change aussi de moment en moment<dans une mesure non calculable>.

[(*b.*) Ce/(10) changement ~~offre cette~~ <offrira la> particularité/ capitale et imprescriptible dans les condi/tions qu'elle impose à la recherche，de ne pou/voir être compris [　]/

2° [(*12 lignes blanches*)]

[191(*blanche*)]

〔同化或反思〕

同化现象或反思现象是双重现象，它概括了群体语言活动的整个生命，由此现象而

（1）在抽象的整体语言的每一时刻经由诸符号之差异的呈现以及差异总是偶然的状态这样的简单事实，实存的诸符号**无意识地**令人回想的不是等同数目的概念，而是同等数目的由我们心智感到的相对之价值（不管是一般的还是特殊的，其中有些譬如称作语法范畴，另一些则当成是同义性的事实之类）；诸价值的这种相对，是一种**纯粹否定性的**事实，转变成为了肯定性的事实，因为每个符号与其他可比较的诸符号的整合体在任何时刻都形成对比，始自一般的范畴，终于特殊的范畴，它在这过程中完全限定在自身的价值上，不依赖于我们。 如此，语言总的说来是两种符号 ba 和 la 构成的，心智的模糊感知之总体**必然**处在或是归属于 ba 或是归属于 la 的位置上：只存在着 ba/la 的差异而没有另外的差异，这一简单的事实让心智发现了区别性特征，使一切都能有规律地归在第一项或第二项之下（譬如固体 solide 和非固体 non-solide 的区别）；在这种情况下，实际知识的总和以共有特征来呈现，共有特征会聚归于 ba 物，以及共有特征会聚归于 la 物；这种特征是肯

定性的(明确的),但心智实际上只寻求否定性的特征,可以在 ba 和 la 之间作出确断的否定性特征;它并不想归并和协调,它只是想作出区别;总之,它仅仅想作出区别,因为不同符号呈现的具体事实引得它这样,实际上强制它这样做,跟它的〔意欲〕无关,……

因而在每个实存的符号中,事后随时出现**同化、吸收**某种已被确定的价值的情形,〔作为实在之物〕,它只是同一时刻由呈现或不呈现的诸符号的整合体所确定的;而且,由于这些符号的数目和相对相依的方面时刻都在不停地变化,对每个符号,对诸符号的整合体来说,这种活动的结果也在不可测定的尺度内发生着变化。

(2)　〔　　〕

191

Item | ⟨N⟩) On commet cette er
erreur de croire qu'i
1. un mot comme ~~xxx~~ p.ex. existant
en soi. 2. Une signification, qui est
la chose associée à ce mot. — Or
~~c'e~~

c'est-à-dire que c'est l'association-même
qui fait le mot, et que hors d'elle
il n'y a plus rien.

Meilleure preuve est que rwar dans
une autre langue aurait autre sens : n'est
par conséq[uent] rien en soi : et par conséquent
n'est un mot que dans la mesure même où
il évoque un sens. Mais, cela vu, il
est donc bien clair que vous n'avez plus
le droit de diviser, et d'admettre d'un
côté le mot, de l'autre sa signification.
Cela fait tout un. — Vous pouvez
seulem[ent] constater le kénôme et le
"sème" associatif I

Simon Bouquet 和 Rudolf Engler 的整理：

[*Kénôme*]

Item. On commet cette erreur de croire [qu'il y a]

1. un mot comme par exemple *voir* existant en soi, 2. une signification, qui est la chose *associée* à ce mot.

Or [　], c'est-à-dire que c'est l'association même qui fait le mot, et que hors d'elle il n'y a plus rien.

La meilleure preuve est que *vwar* dans une autre langue aurait un autre sens: n'est par conséquent rien en soi: et par conséquent n'est un *mot* que dans la mesure où il évoque un sens. *Mais, cela vu, il est donc bien clair que vous n'avez plus le droit de diviser*, et d'admettre d'un côté le *mot*, de l'autre sa *signification*. Cela fait tout un.

Vous pouvez seulement constater le *kénôme* ∩ et le sème associatif ⊃⊂

〔空无〕(差异，否定性关系)

杂记。　我们错误地以为

1. voir 那样的词独立地存在；2. 有一个意义，是与这个词相联结之物。

不过〔voir 本身空无一物〕，这意味着正是联结本身构成了词，没有这点，就什么也没有。

最好的证据就是 vwar 这音在其他语言中有另外的意义：因而这音本身是空洞的：因而就其令人联想到一种意义而言，它方才仅仅是一个词而已。但一旦这点明确了，显然就无权再把它们分离开来，把词放在一边，把意义放在另一边。　它们完全构成为一个整体。

大家所能做的就是确认空无(差异，否定性关系)∩的存在以及相联结的整体的符号⊃⊂的存在。

193

[Item]

Lorsqu'on dit « signe », ~~le mini~~ en s'imaginant
très faussement que cela pourra être ensuite
séparé à volonté de « signification » et que cela ne
désigne que la « partie matérielle »,
(on pourrait s'instruire) bien qu'en considérant
que le signe a une limite, et que déjà cette limite
est en elle-même « un signe », une porteuse de
signification. Il est donc entièrement illusoire
d'opposer à un aucun instant le signe à la signification.
Ce sont deux formes du même concept de l'esprit,
vu que la signification n'existerait pas sans un signe,
et qu'elle n'est que l'expression à rebours du signe,
Comme on ne peut pas découper une feuille de papier
sans entamer ~~le verso~~ et le «a» l'envers et l'endroit
de ce papier du même coup de ciseaux,

Item

Les réalités sémiologiques ne peuvent à aucun moment
se composer ~~d'un~~

De sorte que vous êtes placé depuis le début devant ce
dilemme : Ou bien vous vous occuperez seulement du mouve-
=ment de l'index, ce dont vous êtes libres, mais alors il n'y
a ni sémiologie ni langue qui soit expliquée de ce que vs expliquez.
Ou bien vous vous , si vous voulez faire de la sémiologie,
vs serez obligé de non-seulement
mais, ce qui est autrement difficile, de constituer vos
premières unités au moyen d'une combinaison
[   ]

参合 Simon Bouquet、Rudolf Engler 和 Claudia Mejía Quijano 的整理：

〔Signe et signification——Réalités sémiologiques〕

Item. Lorsqu'on dit «signe», en s'imaginant très faussement que cela pourra être ensuite séparé à volonté de «signification» et que cela ne désigne que la «partie matérielle», (on pourrait s'instruire) rien qu'en considérant que le signe a une limite matérielle, comme sa loi absolue, et que déjà cette limite est en elle-même «un signe», une porteuse de signification. Il est donc entièrement illusoire d'opposer à aucun instant le signe à la signification. Ce sont deux formes du même concept de l'esprit, vu que la signification n'existerait pas sans un signe, et qu'elle n'est que l'expression à rebours du signe, comme on ne peut pas découper une feuille de papier sans entamer l'envers et l'endroit de ce papier, du même coup de ciseaux.

Item. Les réalités sémiologiques ne peuvent à aucun moment se composer [   ]

De sorte que vous êtes placé depuis le début devant ce dilemma：

Ou bien vous vous occuperez seulement du movement de l'index, ce dont vous êtes libre, mais alors il n'y a ni sémiologie ni langue dans ce que vous explorez；

Ou bien, si vous voulez faire de la sémiologie, vous serez obligé non-seulement [   ] mais, ce qui est autrement difficile, de *constituer vos premières unites* (irréductibles) au moyen d'une combinaison [   ]

〔符号和意义——符号学现实〕

杂记。 我们在思索"符号"之际，极其错误地设想尔后可随心所欲地将其与"意义"区分开来，而符号只是指其"质料部分"而已，只认为符号有一个质料的界限，作为它的不容置疑的原则，并且这界限本身就已经是

"一个符号"，是一个意义的运载者（蕴含者），如此，我们就可以学习了。任何时候将符号和意义对置因而就完全是种幻觉。　符号和意义是对心智的同一理解方式的两种形态，鉴于没有符号的话，意义就不存在，那么，意义仅仅是与符号相反的表达而已，就好比我们倘若不将一张纸的反面和正面一起裁开来，就没法裁开一张纸，符号和意义就是一起裁开的一张纸的两面。

　　杂记。　符号学现实任何时候都不能由〔质料部分和心理部分〕构成。

　　因而从一开始就面临着这样的两难境地：

　　——要么只考虑示指的动作，在这点上，你是不受约束的，但这种情况下你探究的，就既不是符号学，也不是抽象的整体语言；

　　——要么你想从事符号学研究，你不仅将被迫〔考虑示指及其表现〕，而且得通过〔有差异的形式和有差异的意义之间关系的〕联结，确立你的最基本的（不可再行切分的）单位，这是更加困难的事。　……

Les contraires

11

Il est singulier qu'on puisse parler du recto et du verso d'une page, de l'endroit et de l'envers d'un habit, mais que

Il y a des contraires auxquels s'associe [j'attache] toute une série d'idées indépendante de leur opposition, ainsi si je parle de l'endroit et de l'envers d'un habit, il y a immédiatement dans cette seule idée d'envers l'idée de quelque chose de contraire à l'ordre, contraire à l'attente, de sorte qu'envers n'est plus littéralement, le simple co-respectif d'endroit.

Si je parle, en revanche, du recto et du verso d'une page, ce sont là des contraires qui restent parfaitement co-respectifs l'un à l'autre, vu qu'il n'y a d'avance aucun caractère qui distinguerait plus spécialement le recto du verso, ou vice-versa.

La terminologie numismatique cherche, si je ne me trompe, un

参合 Simon Bouquet、Rudolf Engler 和 Claudia Mejía Quijano 的整理：

Il y a des contraires auxquels s'attache toute une série d'idées inévitables indépendante de leur opposition même，ainsi si je parle de l'*endroit* et de l'*envers* d'un habit，il y a immédiatement autour de cette seule idée d'envers l'idée de quelque chose de contraire à l'ordre，contraire à l'attente，de sorte qu'*envers* n'est plus littéralement，le simple co-respectif d'*endroit*.

Si je parle，en revanche，du *recto* et du *verso* d'une page，ce sont là des contraires qui restent parfaitement co-respectifs l'un à l'autre，vu qu'il n'existe d'avance aucun caractère qui distinguerait plus spécialement le recto du verso，ou vice-versa.

La terminologie numismatique cherche，si je ne me trompe，un〔　〕.

有对立附着在一系列分离不开的概念上，（虽则）这些概念与它们之间的对立本身没有关系，因此，如果我说到衣服的正面和反面，围绕反面这单一的概念，马上就有与顺序相反、与预料相反的某物的概念产生了，因而反面不再是正面的文字上单纯的对应物。

相反，我若是说到纸页的正面和反面，此类对立彼此之间完全处于对应物的状态，因为没有任何事先确定的特征可专门把正面和反面区别开来，反过来也一样。

如果我没弄错的话，古钱币学的术语寻求一种〔　〕。

1

I. Le langage est réductible à cinq ou six
DUALITÉS, ~~elles-mêmes irréducti~~ ou paires
de choses ; en acceptant ~~pour cette dualité~~ une
conception positive.

II. C'est un avantage considérable de pouvoir
le réduire à ~~ces~~ dualités. ~~Tel qu'il est donné~~,
un ~~certain chiffre de dualités~~. Tel qu'il est offert
~~nombre pour~~ de terme

III. ~~Il serait chimérique de chercher~~
(ue l'idée)
Le langage ~~s'offrirait~~ ne promettrait ~~que~~ une
~~Complexité~~ inclassable
Multiplicité), elle-même composée de faits hétéro-
gènes, ~~et~~ formant un ensemble inclassable.

III. ~~Il est chimérique~~, à propos d'une ~~M~~ ~~paire~~ quelconque
~~Comme sur l'ensemble du langage~~, de ~~vouloir~~
~~penser que la loi de DUALITÉ sera~~
~~franchissable où que ce soit.~~

III. ~~Vouloir franchir les paires,~~

III. ~~Vouloir aller au delà des paires, s'imaginer~~
~~là où que ce soit la loi de D~~

III. La loi de Dualité demeure infranchissable.

Simon Bouquet 和 Rudolf Engler 的整理：

I. Le langage est réductible à cinq ou six DUALITÉS ou *paires de choses*.

II. C'est un avantage considérable de pouvoir le réduire à un nombre déterminé de paires. Tel qu'il est offert，le langage ne promettrait que l'idée d'une *multiplicité*，elle-même composée de faits hétérogènes，formant un ensemble *inclassable*.

III. La loi de Dualité demeure infranchissable.

〔二重性〕

（Ⅰ）语言可归结为五六个**二重性**或成对之物。

（Ⅱ）这是个值得重视的好处，可以把语言〔特性〕简化为成对的确定数目。 如语言本身所呈现的那样，它仅仅预示了多重复合之物的型相，它本身由异质的事实构成，形成为无法归类的整合体。

（Ⅲ）二重性法则〔迄今〕仍然是无法打破的。

Caractères du Langage. — Continuellement on considère le langage dans l'individu humain, point de vue faux. La nature donne l'homme organisé pour le langage articulé, mais sans langage articulé. La langue est un fait social. L'individu, organisé pour parler, ne pourra ni arriver à utiliser son instrument que par la communauté qui l'environne, — outre qu'il n'éprouvera le besoin de l'utiliser que par rapports à elle. Il dépend entièrement de cette communauté; sa race est indifférente ⟨sauf ph[?] p[?]our q[?]ues faits de prononciation⟩. Donc en ceci l'homme n'est complet que par ce qu'il emprunte à sa nature.

Le fait social de la langue pourra se comparer aux us et coutumes (constitution, droit, mœurs, etc.). Plus éloignés sont l'art et la religion, qui sont des manifestations de l'esprit où l'initiative personnelle a un rôle important, et qui ne supposent pas l'échange entre 2 individus.

Mais l'analogie avec les „us et coutumes" est elle-même très relative. Voici les principaux points de divergence:

1. Le langage, propriété de la communauté comme les „usages", répond dans l'individu à un organe spécial préparé par la nature. En cela ce fait social est sans analogue.

2. [rayé] l'existence de coutumes est [?] peut être nécessaire dans toute société [?] matériellement à ce que celles qui sont établies dans tel peuple ne soient changées.

[rayé] une nécessité absolue dans toute société; avoir des règles [?]

2. La langue est par excellence un moyen, un instrument, tenu à remplir constamment et immédiatement son but: se faire comprendre. Les usages d'un peuple sont souvent [?] une fin (ainsi les fêtes); ou un moyen très indirect. Et comme le but du langage, qui est de se rendre intelligible, et de nécessité absolue dans [?] société, [rayé] humaine dans l'état où ns les connaissons, il en résulte que l'existence d'un langage est le propre de toute société.

Développer:

1. Existence nécessaire du langage de [?] communauté humaine.

2. Continuité absolue de [rayé] la langue.

a. Une interruption est innombrable. On ne peut pas supposer un peuple se passant de parler pendant un jour ou 2, même si les bouleversements qui suspendent tout travail.

b. L'initiative d'un seul, ou de [?], et [rayé] impossible [?] inconsciente. Dans l'état de [?] on pourrait supposer l'initiative de qqs, mais elle est aussitôt enrayée par le fait qu'ils la rendent inintelligible. Ou si elle se voit pour ce sont un général des [?] innovation purement lexicographiques, et encore faut-il le [?] vent que les matériaux en soient puisés à la langue comm.

Ainsi la langue constitue une tradition qui se modifie continuellement mais que le temps et les sujets parlants sont impuissants à briser, si elle ne s'éteint pas pour une cause ou une autre. Mais si un peuple adopte une langue étrangère [?] [?] le principe de la continuité subsiste intact. Une langue [?] éteinte; celle qui [?] est tout aussi ininterrompue. Ainsi, une langue étant donnée, on ne peut dire jusqu'à quand elle durera, mais on est sûr qu'elle [?] indéfiniment [?] remonte aussi loin qu'il est possible de remonter et qu'elle amène ses matériaux du [?] profond [?]

[marginalia à gauche:] Rien ne se [?] mais il y a des pertes mais elle ne se crée. Tout se transforme.

[marginalia:] C. L'initiative consciente de tous inutile, innombrable, sans exemple.

[marginalia:] q. consti... de la [?] indivi... de la 5e [?] conta... à l'instinct.

[marginalia à droite:] Les [?] divergents sont vraiment une bonne comparaison pour les [?] [?], permettant de faire [?] comme angles, éléments [?] de temps, et absence de vie organique.

参合 Claudia Mejía Quijano 和 Simon Bouquet、Rudolf Engler 的整理：

Caractères du langage. —Continuellement on considère le langage dans *l'individu humain*, point de vue faux. La nature nous donne l'homme *organisé pour le langage articulé*, mais *sans langage articulé*. La langue est un fait social. L'individu, organisé pour parler, ne pourra arriver à utiliser son appareil que par la communauté qui l'environne, —outre qu'il n'éprouve le besoin de l'utiliser que dans ses rapports avec elle. Il dépend entièrement de cette communauté; sa race est indifférente <sauf peut être pour quelques faits de prononciation>. Donc en ceci l'homme n'est complet que par ce qu'il emprunte à son milieu.

Le fait social de la langue pourra se comparer aux *us* & *coutumes* (constitution, droit, mœurs, etc.). Plus éloignés sont l'art et la religion, qui sont des manifestations de l'esprit où l'initiative personnelle a un rôle important, et qui ne supposent pas l'échange entre 2 individus.

Mais l'analogie avec les «us et coutumes» est elle-même très relative. Voici les principaux points de divergence：

1. Le langage, propriété de la communauté, comme les « usages », répond dans l'individu à un organe spécial préparé par la nature. En cela ce fait est sans analogue.

2. La langue est par excellence un moyen, un instrument, tenu à remplir *constamment* & *immédiatement* sa fin et effet：se faire comprendre. Les usages d'un peuple sont souvent une fin (ainsi les fêtes), ou un moyen très indirect. Et comme le but du langage, qui est de se rendre intelligible, est de nécessité absolue dans toute société humaine dans l'état où nous les connaissons, il en résulte que l'existence d'un langage est le propre de toute société.

Développer：

1. Existence nécessaire du langage dans toute communauté humaine.

2. Continuité absolue de la langue.

a) Une interruption est inconcevable. On ne peut pas supposer un peuple se passant de parler pendant un jour ou 2, même dans les bouleversements qui suspendent tout le reste.

b) L'initiative d'un seul, de plusieurs, est impossible d'abord par inconscience. Dans l'état de conscience on pourrait supposer l'initiative de quelques uns, mais elle est aussitôt enrayée par le fait qu'ils se rendent inintelligibles. Ou si elle se voit quelquefois, ce sont en général des innovations purement lexicographiques, et encore faut-il le plus souvent que les matériaux en soient puisés dans la langue commune. Il y a des pertes, mais rien ne se crée. Tout se transforme. —Cf. Curtius dans le morceau méthodologique de la 5e édition, commentaire de la 2ème partie;

c) L'initiative consciente de tous inutile, inconcevable, sans exemple.

Ainsi la langue constitue une tradition qui se modifie continuellement mais que le temps et les sujets parlants sont impuissants à briser, si elle ne s'éteint pas pour une cause ou une autre. Si un peuple adopte une langue étrangère, le principe de la continuité subsiste intact. Une langue s'est éteinte; celle qui triomphe est tout aussi ininterrompue. Ainsi, une langue étant donnée, on ne peut dire jusqu'à quand elle durera, mais on est sûr qu'elle remonte aussi loin qu'il est possible de remonter et qu'elle amène ses matériaux de la plus profonde antiquité comme une moraine de glacier.

Les glaciers divergents sont vraiment une bonne comparaison pour les idiomes congénères, permettant de faire saisir: commune origine, éléments nouveaux, différence des temps, et absence de vie organique.

〔群体语言的特性〕

群体语言的特性。 我们总是在人类个体层面探究群体语言，这是错误的视角。 自然的力量使我们成为善于安排结构严密之群体语言的人，但并不真正拥有结构严密之群体语言。 抽象的整体语言是一种社会事实。 安排有序的个体语言用于言说，只能达到在社会群体的环境中使用发音器官的地步，——此外，个体只是在与那社会群体产生联系时才感到有使用它的需要。 个体完全依赖于这种社会群体；他（属什么）民族是无关紧要的（或许除了某些发音现象之外）。 因此，就这点来说，人类只有借助于社会环境才具备完整性。

抽象的整体语言的社会事实（现象）可与习俗（法规、法令、习惯等等）相比拟。 它与艺术和宗教相距甚远，后者是精神的显现，个人首创性（自主性）具有重要作用，并且不以两个个体之间的交流为前提。

但与习俗的比拟本身也只是相对而言的。 这是主要的分歧点：

1. 群体语言，属社会群体所有，简直就是"器官的机能"，在个体身上与天赋的特殊器官恰相适合，天造地设。 就此而言，这事实本身是无可比拟的。

2. 抽象的整体语言首先是一种手段、工具，不间断地、直接地实现其目标、意图和效果：使别人理解自己的意思。 人的习俗总是有一个意图（譬如节日），或一个颇为迂曲的事由。 而群体语言的目标既然是让人理解，那么，其在任何人类社会、在我们与之交融的情状之下都绝对是必不可少的，由此可知某种群体语言的存在是一切社会的特性。

详细说明：

1. 在一切人类社会群体中群体语言的必然存在。

2. 抽象的整体语言的绝对连续性：

a）中断是不可想象的。 我们无法设想一个人在一两天当中放弃说话，甚至处在使其他一切事情都中止的惊慌状态中放弃说话也是没法想象的。

b）一个人及几个人的初创一开始不可能是无意识的。 我们可以设想有些人的初创处于有意识的状态，但很快就受到了他们要让人理解这一事实的控制。 或者偶尔若是遇到了这种有意识的状态，一般也纯粹是词典（词汇）层面的创新，甚至即便是这样，材料也必定总是取自公众语言。〔只〕存在着损减，但没有什么是新创的。 一切都是转化、变形而已。 ——参见古尔替乌斯在第五版第二部分开头方法论部分的意见；

c）整个〔社会群体〕的有意识初创是无效的、不可想象的，没有实例存在。 如此，抽象的整体语言形成了一种传统，这种传统不断地自我改变，但时间和言说者却没法打破传统，除非由于此一或彼一原因传统消亡了。如果一个民族采用了一种外国语，那么，连续性的原则依旧是完好无损的。一种语言绝灭了；替代它的战胜者（与之）也完全是连续不断的。 如此，语言是永存的事实，它一经产生，我们就没法说它将持续存在多久，但可以确定能够尽最大可能地回溯，无论回溯到多么久远，其构成材料都从悠远的古代传引而来，恰似冰川的碛层一般。

发散的冰川对同族语来讲实在是个很好的比拟，可以让人领会共同的源起、新的成分、不同的时期以及有机生命的缺乏。

De L'anti-historicité du
langage.

Ou sur par exemple celui fait décrirait
la position en tantôt ce qui est,
tantôt ce qui a été, même dix secondes
auparavant,

32

s'occupe d'un objet double, mais double d'une façon qui semblerait inextricable si nous ne recourions ~~d'emblée~~ à une comparaison.

~~Une partie d'échecs comporte une succession~~

Dans une partie d'échecs, n'importe quelle position donnée a pour caractère singulier ~~éminent~~ d'être affranchie ~~des~~ de l'antécé= ~~dent~~ Donnée ~~historique~~, c'est-à-dire qu'il n'est pas "plus ou moins "indifférent," mais totalement indifférent, qu'on soit arrivé à ~~cette~~ telle position par une voie ou par une ~~ou~~ autre; ~~et~~ que celui qui connaît ~~tout~~ ce ~~à front~~ qui s'est passé ~~et jus~~ là depuis depuis ~~le commencement de la partie~~, n'a pas plus ~~de lumière la~~ ~~plus petite~~ lumière de plus sur l'état de la partie, que le passant qui y jette un coup d'œil,

le plus ~~petit~~ léger avantage sur le curieux qui ~~émue en passant~~ vient inspecte, la cette partie à n'importe quel moment, ~~au moment critique.~~

Tel est exactement le point de départ pour
la langue. Si on l'admet, il reste à se demander
par quel côté un tel objet peut être historique.
De son essence il paraît en effet rebelle à
toute considération historique, voué à
la ~~abstraite~~ bien plutôt voué depuis
~~le principe~~ à une considération présent
Spéculati ~~vement~~ abstraite que celle que peut comporter
~~une~~ la position d'échecs dont nous parlions.

Mais nous allons maintenir la compa-
-raison, ~~pour~~ bien persuadé qu'il n'y
en aurait pas beaucoup qui nous
permissent d'entrevoir aussi bien
~~dans la nature~~ la si complexe
nature de la sémiologie particulière
dite langage:

— pour définir une bonne fois cette
sémiologie ~~qui~~ particulière qui est le lan-
-gage non dans un de ses côtés, mais
dans cette irritante duplicité qui fait
qu'on ne le saisira jamais

参合 Simon Bouquet、Rudolf Engler 和 Claudia Mejía Quijano 的整理：

De l'anti-historicité du langage

［   ］s'occupe d'un objet double d'une façon qui semblerait inextricable si nous ne recourions à une comparaison.

Dans une partie d'échecs, n'importe quelle position donnée a pour caractère singulier d'être affranchie des antécédents, c'est-à-dire qu'il n'est pas "plus ou moins" indifférent, mais *totalement indifférent*, qu'on en soit arrivé à telle position par une voie ou par une autre; en sorte que celui qui depuis le commencement a suivi toute la partie n'a pas le plus léger avantage sur le curieux qui vient inspecter cette partie au moment critique. Ou encore que personne ne songera à décrire la position en mêlant tantôt ce qui *est*, tantôt ce qui *a été*, fût-ce seulement dix secondes auparavant.

Tel est exactement le point de départ pour la langue. Si on l'admet, il reste à se demander par quel côté un tel objet peut être *historique*. De son essence, il paraît en effet, rebelle à toute considération historique, bien plutôt voué, à une spéculation abstraite, telle que celle que peut comporter la position d'échecs dont nous parlions. Mais nous allons maintenir la comparaison, bien persuadés qu'il n'y en aurait pas beaucoup qui nous permissent d'entrevoir aussi bien la si complexe nature de la sémiologie particulière dite langage—pour définir une bonne fois cette sémiologie particulière qui est le langage non dans un de ses cotés, mais dans cette irritante duplicité qui fait qu'on ne le saisira jamais.

论语言的非历史性

〔   〕研究一个双重性之物，如果我们不求助于比较的话，看来就没法以一目了然的方式进行。

在一盘棋局当中，任何特定的位置都具有唯一的特性，摆脱了先前位置的束缚，也就是说，位置不是"基本上"无关紧要的，而是完全无关紧要的，我们经由此路径或彼路径达到那样的位置；因而自始追踪而观者绝不比关键时刻因好奇而细细品味者有一丁点的优势。此外，也没人会想到时而以现在是、时而以曾经是这样混杂着来描绘位置，即使对十秒钟前的棋局也不会。

这正好是抽象的整体语言（系统）的出发点。倘若我们认可这一点，就会寻思这般对象在哪方面可能具有历史性。而就其本质而言，它实际上呈现为抗拒一切历史角度的探究，更适宜于抽象的思索，就像我们提到的棋子之位置含有的特性。但我们将紧紧抓住这种比较，相信很少有另外的例子能让我们洞察语言这种特定的符号学（系统）的复杂性，为了一劳永逸地界定语言这种特定的符号学系统，不是根据它的某一个方面，而是依据这种总是让人难以把握的挑激人心的双重性〔译按：这里双重性指历史性和非历史性〕，我们将紧紧抓住这种比较。

(18)

il ne suit pas que la géol. soit une science
historique au moins au sens étroit et précis
que ns donnons à ce terme. quelle est donc la
2de condition précise impliquée par le mot de science
historiq. — c'est que l'objet qui fait la matière de
l'histoire représente, d'un sens quelconque, des
actes humains, régis par la volonté et l'intelligence
humaine, — et qui d'ailleurs doivent être tels
qu'ils n'intéressent pas seulement l'individu mais une
la collectivité.

p.ex.
l'art,
la religion,
le costume
etc

    Les faits linguistiques peuvent-ils passer
pour être le résultat d'actes volontaires ?
de notre volonté ? Telle est donc la question. La
science du langage, actuelle, y répond affirmativ.
Seulement il faut ajouter aussitôt que de tous
les actes qu'on pourrait mettre en parallèle,
l'acte linguistique, si je puis le nommer ainsi, est
le plus le moins réfléchi, le moins prémédité, le
plus machinal, en même temps que le en même
temps que le plus impersonnel de tous. Il y a
là une différence de degré, qui va si loin qu'elle
a longtemps donné l'illusion d'1 différence es-
= sentielle, mais qui n'est en réalité qu'1 diff. de degré.

+ puisqu'il y
a bcp de
degrés
coriers
de la
volonté
consciente
ou
inconsciente

Simon Bouquet 和 Rudolf Engler 的整理：

〔La Terre par exemple a une histoire, qui est racontée par la géologie, d'où〕 il ne suit pas que la géologie soit une *science historique*, au moins au sens étroit et précis que nous donnons à ce terme. Quelle est donc la seconde condition impliquée par le mot de science historique? C'est que l'objet qui fait la matière de l'histoire — par exemple l'art, la religion, le costume, etc.—représente, dans un sens quelconque, des *actes humains*, régis par la volonté et l'intelligence humaines, —et qui d'ailleurs doivent être tels qu'ils n'intéressent pas seulement l'individu mais la collectivité.

Les faits linguistiques peuvent-ils passer pour être le résultat d'actes de notre volonté? Telle est donc la question. La science du langage, actuelle, y répond affirmativement. Seulement il faut ajouter aussitôt qu'il y a beaucoup de degrés connus, comme nous savons, dans la volonté consciente ou inconsciente; or, de tous les actes qu'on pourrait mettre en parallèle, l'acte linguistique, si je puis le nommer ainsi, a ce caractère [d'être] le moins réfléchi, le moins prémédité, en même temps que le plus impersonnel de tous. Il y a là une différence de degré, qui va si loin qu'elle a longtemps donné l'illusion d'une différence essentielle, mais qui n'est en réalité qu'une différence de degrés.

〔譬如地球具有历史，地质学就讲述这一历史，〕但地质学并不因而就是一门历史科学，至少就我们赋予历史科学这术语的狭义而精确的意义上来说不是。 那么，历史科学这术语隐含的次要身份是什么呢？ 正是（研究）对象构成了历史的材料——譬如艺术、宗教、风俗之类——从任何意义上说，都再现、表象了人类的行为，都受人类意志和智慧的支配，——此外，必定都不仅跟个体、而且跟集体有关。

语言事实可以说是我们的意志行为的产物吗？ 这还真是个问题。 目前语言科学作出了肯定的回答。 只不过得马上添加一句，有程度不等的有意识的意志或无意识的意志；不过，所有可加以比较的行为中，语言行为跟一切最没个性的行为一样，具有最不假思索、最没预先考虑的特性。 其中有程度上的差异，相差太远，就呈现出根本性差异的错觉，虽则实际上只是程度上的差异而已。

主题索引

人名索引

图书在版编目(CIP)数据

索绪尔手稿初检/屠友祥著. —修订本. —上海：
上海人民出版社,2019
ISBN 978-7-208-15916-7

Ⅰ. ①索… Ⅱ. ①屠… Ⅲ. ①索绪尔(Saussure,
Ferdinand de 1857-1913)-语言学-研究 Ⅳ. ①H0-06

中国版本图书馆 CIP 数据核字(2019)第 183025 号

责任编辑 赵 伟
封面设计 夏 芳

索绪尔手稿初检(修订版)
屠友祥 著

出   版 上海人民出版社
         (200001 上海福建中路 193 号)
发   行 上海人民出版社发行中心
印   刷 江阴金马印刷有限公司
开   本 720×1000 1/16
印   张 24.5
插   页 7
字   数 369,000
版   次 2019 年 10 月第 1 版
印   次 2019 年 10 月第 1 次印刷
ISBN 978-7-208-15916-7/H·117
定   价 98.00 元